KAROLINE KLEINERT

SIE NANNTEN IHN VERRÄTER

Auf den Spuren meines Großvaters
zwischen Ost und West

Rowohlt

1. Auflage Juni 2018
Copyright © 2018 by Rowohlt Verlag GmbH,
Reinbek bei Hamburg
Redaktion Friederike Moldenhauer
Satz aus der Janson Text bei Dörlemann Satz, Lemförde
Druck und Bindung CPI books GmbH, Leck, Germany
ISBN 978 3 498 03418 4

Für meinen Vater

INHALT

Einleitung   9

Teil I: Wurzeln
1. Familiengeschichten   15
2. Nicht hier und nicht dort   36
3. Eine schicksalhafte Entscheidung   47
4. In allergrößter Dunkelheit   63

Teil II: Ein neues Leben
5. Ein anderes Deutschland   87
6. Auf dem Weg nach oben   103
7. Auf der Flucht   137

Teil III: Zwischen den Welten
8. Nirgendwo   195
9. Falsche Freunde   221
10. Im Netz der Geheimdienste   242
11. Am Ende des Weges   281

Epilog   302
Personenverzeichnis   304
Anmerkungen   309

EINLEITUNG

Dies ist die Geschichte meines Großvaters Heinz Lippmann. Sie beginnt vor fast einhundert Jahren, hier in Berlin, in der Stadt, in der er geboren wurde und zu Hause war, bis Ereignisse, von denen er die wenigsten selbst zu verantworten hatte, ihn zu dem Heimatlosen machten, der er sein Leben lang bleiben sollte. Es war ein aufregendes Leben, dramatisch wie ein Agententhriller, spannend für das Publikum. Aber wie fühlte es sich für ihn an, der selbst darin gefangen war?

Ich weiß nicht genau, wie und wann ich das erste Mal von meinem Großvater gehört habe. Irgendwann war mir jedoch klar, dass es neben meinen beiden Opas, die ich regelmäßig auf Besuchen und Familienfeiern sah, noch zwei weitere Großväter gab, die nur in der Erinnerung existierten: Albin, der Vater meiner Mutter, der nicht aus dem Zweiten Weltkrieg heimgekehrt war, und Heinz, mein Opa väterlicherseits, der erst seine Familie und dann sein Land verlassen hatte.

Von Albin hing bei uns zu Hause ein Foto an der Wand. Oma Elisabet zeigte uns Alben mit Bildern von ihm und erzählte viele kleine Begebenheiten aus seinem Leben, Geschichten voller Details und voller Liebe.

Von Heinz gab es kein einziges Foto und nur Bruchstücke einer Geschichte: Er lernte meine Großmutter Inge kurz nach dem Krieg kennen. Hinter ihnen lag eine furchtbare Zeit, die sie nur knapp und mit viel Glück überlebt hatten, meine Großmutter in der Emigration, mein Großvater in Auschwitz. Vor ihnen lag die Zukunft, zwei vielversprechende jüdische Funktionäre in der jungen DDR. Mein Großvater brachte es bis zum zweiten Vorsitzenden der Freien Deutschen Jugend und Stellvertreter Erich Honeckers. Dann setzte er sich in den Westen ab, plötzlich und mit einem Koffer voller Geld, das nicht ihm, sondern der FDJ gehörte.

So weit die Geschichte, mit der ich aufgewachsen bin – ein Prozess, der für mich neben den üblichen pubertären Erschütterungen auch eine friedliche Revolution, das Ende der DDR und die plötzliche Vergrößerung nicht nur meiner Heimatstadt Berlin, sondern auch der Welt an sich mit allen ihren Möglichkeiten bereithielt.

Eine dieser neuen Chancen, nämlich die, aus den nun zugänglichen Akten der Staatssicherheit mehr über das unbekannte Familienmitglied zu erfahren, haben zunächst weder ich noch mein Vater genutzt. Die Jahre vergingen. 1996 erschien ein Buch über Heinz Lippmann. Wir haben es alle gelesen. Ich habe vieles an Fakten erfahren, das ich bis dahin nicht wusste, doch der Mensch, der mein Großvater war, blieb mir fremd und unverständlich wie zuvor.

Erst als ich selbst losging, um Freunde und Weggefährten meines Großvaters zu treffen, habe ich zum ersten Mal so etwas wie Verbundenheit gespürt. Ich erfuhr, dass ich seine Augen habe, dass er Eisbein mochte und Krimis und auch dass er zu viel Alkohol trank und mehrfach versucht hatte, sich das Leben zu nehmen. Er war ein Charmeur und Lebemann, überzeugter Kommunist und Verfassungsschutzagent. Ein Mann mit vielen Gesichtern, aber auch ein Mensch, der Emotionen, Erinnerungen, Eindrücke hinterlassen hat, die selbst so viele Jahre nach seinem Tod noch lebendig sind und die mir zum ersten Mal das Gefühl gaben, dass dieser Großvater mehr als nur ein Phantom, mehr als ein Wesen aus Akten und Büchern war.

Von seinen Freunden erfuhr ich, dass er mehrmals begann, über sein Leben zu schreiben. Immer wieder haben sie ihn ermutigt, bestärkt, ihm klargemacht, dass eine Biographie wie die seine nicht in Vergessenheit geraten dürfe. Er konnte es nicht. Vielleicht gelang es ihm einfach nicht, sich seiner Zerrissenheit und seinen Irrtümern zu stellen, zu reflektieren, was hätte sein können, aber nicht gewesen war, all die losen Enden noch einmal in die Hand zu nehmen und sie irgendwie zu dem Ganzen zu machen, das sein Leben war. Geblieben sind

Bruchstücke, ein paar Seiten aus unterschiedlichen Jahrzehnten, kaum mehr als ein flüchtiger Blick auf das, was er hätte erzählen können.

Mit diesem Buch möchte ich die Leerstellen füllen, das Kaleidoskop von Briefen, Akten, Spitzelberichten und persönlichen Erinnerungen zu einem Bild verdichten, das den Menschen hinter der historischen Figur offenbart.

Sein früher Tod verwehrte mir die Chance, meinen Großvater selbst zu befragen. Soviel ich auch suche und forsche, mit wie vielen Menschen ich auch spreche, es bleiben Blicke von außen. Seine eigenen Gedanken und Gefühle, die Beweggründe für sein Handeln, bleiben mir, von den wenigen Seiten persönlicher Aufzeichnungen abgesehen, für immer verschlossen. Deshalb möchte ich versuchen, mich ihm anzunähern, indem ich mich in ihn hineindenke und so einen Teil seiner Geschichte aus seiner Sicht erzähle, ihm eine Stimme verleihe, auch wenn ich natürlich nicht weiß, ob er wirklich so gefühlt und gedacht hat, wie ich es mir vorstelle.

Dort, wo Fakten vorhanden sind, werde ich ihnen folgen, die Lücken dazwischen aber, so gut es geht, mit meinen eigenen Interpretationen füllen, meiner Vorstellung davon, wie die Ereignisse sich zugetragen haben könnten. Dabei werde ich mich von dem leiten lassen, was mir am wahrscheinlichsten und sinnvollsten erscheint, auch wenn das nicht bedeutet, dass es tatsächlich so gewesen sein muss, denn das Leben ist oft genug weder das eine noch das andere.

Dieses Buch ist mein Versuch, diesen Mann zu verstehen, der mir manchmal so nah scheint, dass ich fast erwarte, er würde die Fragen in meinem Kopf beantworten. Dann wiederum ist er mir so fern wie ein Fremder, wie eine Romanfigur am Anfang eines Buches. Seite für Seite, so meine Hoffnung, werde ich meinem Großvater näherkommen, ihn mir Stück für Stück erschreiben. Es ist nicht die Wahrheit, die Realität, die ich erzähle. Es ist eine Geschichte, die seine hätte sein können.

Das Leben meines Großvaters von seiner Geburt im Berlin der zwanziger Jahre bis zu seinem frühen, von Spekulationen begleiteten Tod steckt voller Spannung, Tragik und Widersprüche. Es gleicht einer Achterbahnfahrt durch die deutsche Geschichte des 20. Jahrhunderts. Wer seinem Lebensweg folgt, bekommt einen Eindruck davon, dass das, was wir in der Rückschau immer so schön sauber aufteilen in Nationalsozialismus und Neuanfang, in Ost und West, in Demokratie und Diktatur in der Wirklichkeit eines einzelnen Menschen doch unentwirrbar miteinander verwoben bleibt, dass das Eine noch vorhanden ist, auch wenn das Nächste längst begonnen hat.

TEIL 1
WURZELN

1 FAMILIENGESCHICHTEN

Geheimnisse, sagt man, gibt es in jeder Familie. Mein Großvater war unseres. Gesprochen wurde kaum über ihn. Ich selbst habe meinen Großvater nie kennengelernt, auch mein Vater hat keinerlei Erinnerung an ihn. Trotzdem war er in gewisser Weise immer präsent, einfach weil er nicht da war und weil sein Verschwinden so viele Fragen unbeantwortet ließ.

Als Kind habe ich mir oft vorgestellt, wie es wäre, meinem geheimnisvollen Großvater zu begegnen, und auch wenn ich inzwischen weiß, dass er seit vielen Jahren tot ist, ist der Wunsch, ihn kennzulernen, noch genauso stark wie zuvor. Wenn ich ihm auch nie gegenüberstehen und mit ihm sprechen werde, so möchte ich doch wissen, wer er war, mich auf seine Spuren begeben und seine Geschichte erzählen – eine Geschichte, die von Liebe und Verrat handelt, von Verbrechen und Krieg, von Freundschaft und Vertrauen, Macht und Geld, die aber auch eine Familiengeschichte ist, die Geschichte meiner Großeltern.

Ich habe meinen Vater oft gefragt, ob er nicht doch irgendeinen klitzekleinen Erinnerungsfetzen hat, irgendetwas, und sei es noch so verschwommen. Doch er kann sich an nichts erinnern, er war einfach zu klein, als sein Vater die Familie verließ.

Meine Großmutter blieb nach der Enttäuschung, die mein Großvater für sie war, nicht lange allein. Sie lernte Wolfgang Kleinert kennen – eine neue Liebe, ein neuer Vater für ihren Sohn. Zwei Geschwisterkinder wurden geboren, mein Vater adoptiert. So hätte er aufwachsen können in einer ganz normalen Familie, ohne je einen Gedanken an diesen anderen Vater zu verschwenden, doch so kam es nicht.

Seit er ungefähr zehn Jahre alt ist, besucht mein Vater manchmal seine Großmutter, und zwar immer allein, ohne seine beiden Geschwister. Sie heißt Charlotte, aber weil sie in der Nähe der Jannowitzbrücke wohnt, nennt er sie Oma Jannowitzbrücke. Wenn er dort ist, was nicht sehr häufig vorkommt, brät sie ihm meistens Buletten mit Kartoffelbrei. In den Brei macht sie eine Kuhle und gießt etwas zerlassene Butter hinein – das weiß Peter noch ganz genau. Es ist schon komisch, wie selektiv unser Erinnerungsvermögen arbeitet, wie willkürlich einiges hängenbleibt, während anderes in die Tiefen des Unterbewusstseins entgleitet.

Oma Jannowitzbrücke lebt allein in einer recht kleinen Wohnung. In ihrem Schlafzimmer steht eine Kommode, auf der sie mehrere Fotos arrangiert hat. Eines davon zeigt einen jungen Mann, blond und lächelnd. «Das ist dein Vater», sagt sie.

Sein Vater also. Noch einer. Zu Hause warten Mama und Papa, Bruder und Schwester, und hier aus diesem altmodischen Bilderrahmen lächelt ihn sein Vater an. Was fängt man an mit so einem Wissen?

Wenn er seine Mutter nach dem Mann vom Foto fragt, seinem Vater, nennt sie ihn nur «das Schwein», denn er hat alles verraten, woran sie glaubt: ihre Liebe, ihre Familie und die Idee, für die sie gemeinsam gekämpft haben, das sozialistische Deutschland. Inge ist maßlos enttäuscht von ihm, in jeglicher Hinsicht, persönlich wie politisch.

Es gibt also einen Zusammenhang zwischen dem lächelnden Mann auf dem Foto und dem Schmerz in den Augen seiner Mutter, eine Erkenntnis, die vor allem dazu führt, dass mein Vater nicht weiter nachfragt. Er will seine Mutter nicht traurig machen. Außerdem ist er mit anderen Dingen beschäftigt: in die Schule gehen, mit den Geschwistern spielen oder streiten. Die Eltern sind nur selten zu Hause, sie haben zu tun mit dem Aufbau des Landes.

Als mein Vater älter wird, beginnt er, doch wieder zu fragen. Er kann nicht sehr viel herausfinden, aber was er erfährt, bildet den Grundstock unseres Familiengeheimnisses: Mein Großvater ist jüdisch wie meine Großmutter, aber im Gegensatz zu ihrer Familie hat seine Berlin nie verlassen. Die Nazis deportieren ihn nach Auschwitz, da ist Heinz noch ein sehr junger Mann. Wie durch ein Wunder überlebt er. Als Inge ihm das erste Mal begegnet, ist er damit beschäftigt, im vom Krieg verwüsteten Weimar die Freie Deutsche Jugend aufzubauen. Sie arbeiten zusammen, kommen sich näher, heiraten, mein Vater kommt zur Welt. Zum Zeitpunkt, als die DDR gegründet wird, ist die Ehe schon zerrüttet, wenig später zerbricht sie ganz. Heinz hatte andere Frauen gehabt – der erste Verrat.

Seit 1949 arbeitet er in Berlin, 1952 wird er zum Stellvertreter Erich Honeckers ernannt, der damals selbst noch relativ jung der Freien Deutschen Jugend vorsteht. Man könnte sagen, mein Großvater zählt zum engeren Kreis der Macht – wenn auch an dessen Rand.

Dann der zweite Verrat: Er flüchtet in den Westen. Hals über Kopf. Ohne Vorwarnung. Ohne Erklärung. Aber mit einem Koffer voller Geld, das der FDJ gehört. Dreihunderttausend Mark. West! Ein Verräter also, ein Bandit, «das Schwein».

Die Ereignisse, die letztlich zum Zusammentreffen meiner Großeltern führen, nehmen ihren Anfang damit, dass meine Großmutter Inge und ihre Familie 1937 die Flucht aus ihrer Heimatstadt antreten. Sie müssen fliehen, weil sie als Juden nicht mehr erwünscht sind. Dass sie hellsichtig die drohende Gefahr rechtzeitig erkennen, rettet ihnen das Leben. Der Entschluss, zu gehen, fällt ihnen nicht leicht, denn Berlin ist ihnen Heimat und Lebensmittelpunkt.

Inge, ihre Schwester Lolo und die Eltern bewohnen vier Zimmer in einem schmucken Gründerzeithaus mit großzügigen Fensterfronten und gepflegtem Vorgarten. Die Hektorstraße 18 war auch damals schon eine feine Adresse – gleich um die Ecke vom Ku'damm. Der Familienvater Ernst Liechtenstein, gestandener Geschäftsmann und Direktor der Textilfirma Jakob & Richter, ermöglicht mit seinem Verdienst Frau und Töchtern ein weitgehend sorgenfreies Leben. Die Mädchen besuchen eine Privatschule. Am Wochenende stehen Ausflüge mit dem Firmenwagen in Berlins Umgebung auf dem Programm. Inge und Lolo sind nicht ganz zwei Jahre auseinander. Sie tragen fast immer dieselben Kleider, als wären sie Zwillinge. Fotos aus dieser frühen Berliner Zeit zeigen eine Bilderbuchfamilie: Vater Ernst im weißen Hemd, Mutter Hedwig im modischen Zwanziger-Jahre-

Kostüm, ein bunter Sonnenschirm in der Hand, links und rechts die Töchter in identischen Sommerkleidchen.

Mitte der dreißiger Jahre findet diese Idylle ein jähes Ende, auch wenn die Eltern so gut es geht versuchen, sich gegenüber den Kindern nichts von den Sorgen anmerken zu lassen, die sie quälen. Anfangs gelingt das ganz gut, doch schon bald zeigt es sich, dass die politischen Veränderungen auch vor ihrem Familienalltag nicht haltmachen.

Plötzlich gibt es kein Weihnachtsfest mehr. Der Vater will es nicht mehr feiern, weil es Hitler in einer seiner Hasstiraden als deutsches Fest bezeichnet hat. Es ist ein trauriger Dezember: kein Weihnachtsbaum, keine Geschenke und kein bunter Teller. Stattdessen bemühen sich Hedwig und Ernst mehr schlecht als recht, Chanukka zu zelebrieren, auch wenn zunächst keiner so recht weiß, wie das eigentlich geht und wann welche Kerzen angezündet werden.

In der Schule lernen die Töchter seit neuestem Hebräisch und beschäftigen sich mit der jüdischen Religion, die bisher in ihrem Leben kaum eine Rolle spielte. Vielleicht zwei oder drei Mal im Jahr sind sie in die Synagoge gegangen – das war alles, ansonsten unterschied sich ihr Alltag in keiner Weise von dem der Nachbarskinder. Doch nun soll sich alles ändern. Mit der Arisierung seines Betriebs verliert Ernst Liechtenstein seine Anstellung und Existenzgrundlage. Noch glaubt er, dass die Nazis sich nicht lange halten werden, dass die Barbarei, die wie ein böser Traum über sein geliebtes Deutschland hereingebrochen ist, in wenigen Jahren wieder verflogen sein wird. Es gilt also durchzuhalten und sich den Schmerz nicht anmerken zu lassen. Doch dass dann seine Tochter Lolo das Gymnasium verlassen muss, ist zu viel für Ernst. Er erleidet einen Herzinfarkt. Kaum ist er nach einigen Wochen im Sanatorium wieder zu Hause, beginnen die Eltern, die Auswanderung zu planen.

Dieser Schritt wird der Familie nicht nur die Heimat kosten, sondern sie auch ein für alle Mal auseinanderreißen. Die große Schwester Lolo geht als Erste. Im Sommer 1937 reist Hedwig mit ihr nach Nottingham, wo sie bei ihrer Tante unterkommen soll. Zumindest eins der Kinder ist nun in Sicherheit. Doch schon bald verlassen auch die Eltern mit Inge Berlin. Sie gehen nach Holland, beziehen eine Wohnung in der Amsterdamer Beethovenstraat inmitten eines Viertels voller Flüchtlinge. Es gibt also einiges Vertraute in der Fremde. Der Vater findet schnell wieder Arbeit, Inge besucht die Schule und lernt die neue Sprache problemlos. Es scheint, als hätte die Familie Liechtenstein Glück gehabt, als wäre sie dem Grauen gerade noch entronnen.

Doch dann erleidet Ernst den nächsten Herzinfarkt. Er stirbt – an gebrochenem Herzen, wie es später heißen wird. Jetzt sind Hedwig und Inge auf sich allein gestellt. Um die Wohnung halten zu können, nehmen sie Untermieter auf: die Familie Leiser, der in Berlin bis zu ihrer Flucht eine Schuhladenkette gleichen Namens gehörte. Da Liechtensteins nun ohne Ernährer sind, muss Inge die Schule verlassen und sich nach einem Beruf umsehen. Etwas Praktisches soll es sein, denn sie plant, möglichst bald nach Palästina auszuwandern. Viele der neuen Freunde, die sie in Amsterdam gefunden hat, sind Zionisten. Gemeinsam träumen sie vom Leben im Gelobten Land, vom Duft der Orangenbäume, dem Leuchten der weißen Städte am Meer. Inge beschließt, Gärtnerin zu werden, um mit den eigenen Händen die zukünftige Heimat zum Blühen zu bringen.

Im Mai 1940 marschieren die Deutschen in Holland ein. Unter den jüdischen Flüchtlingen bricht Panik aus. Wer irgend kann, versucht so schnell wie möglich außer Landes zu kommen. Auch die Leisers wollen raus, illegal übers Meer, nach England. Sie bieten Inge und ihrer Mutter an, sie mitzunehmen. Mit drei Taxis fahren sie im Schutz der Nacht an die Küste. Schnell finden sie ein Schiff mit Ziel England. Immer mehr Menschen strömen an Bord, sodass die Enge bald unerträglich wird. Sie warten und warten, doch nichts passiert. Dann wird klar, warum sie nicht auslaufen. Es findet sich kein Kapitän, der bereit ist, sich dem deutschem Befehl zu widersetzen und trotz des Verbots in See zu stechen.

Liechtensteins sind kurz davor, aufzugeben und nach Amsterdam zurückzufahren, als die Leisers doch noch einen Ausweg finden. Ein kleines Fischerboot ist bereit, sie mitzunehmen – gegen «angemessene» Bezahlung, versteht sich. Mit zwanzig Flüchtlingen, einem

Kompass und dem Wissen, dass England irgendwo Richtung Westen liegt, macht sich der Kutter auf den Weg.

Bis sie die rettende Küste erreichen, sind Minenfelder zu durchqueren und einige schwere Unwetter zu überstehen. In England angekommen, werden Hedwig und Inge sofort verhört und schließlich nach London ins berüchtigte Frauengefängnis Holloway gebracht. Familie Leiser bleibt dieses Schicksal erspart – sie bezieht in einem Londoner Hotel Quartier.

Die Wochen im Gefängnis sind eine schlimme Erfahrung für die 16-jährige Inge. Sie wird von der Mutter getrennt tagelang in einer dunklen engen Zelle eingeschlossen. In ihrer Verzweiflung weint sie fast ununterbrochen. Erst als sich eine in der Gärtnerei zugezogene Verletzung an ihrem Finger stark entzündet, wird sie auf die Krankenstation verlegt und kann sich fortan freier innerhalb des Gebäudes bewegen. Endlich sieht sie die Mutter wieder, und für die nächsten Wochen kehrt sogar in diesen so bedrückenden Mauern eine Art Alltag ein. Während der Hofgänge treffen Mutter und Tochter Liechtenstein einige alte Bekannte aus Amsterdam. Fluchtgeschichten werden ausgetauscht, man spricht viel von früher, um die Gegenwart so gut es geht auszublenden.

Noch sind die Flüchtlinge nicht am Ende ihrer Odyssee angelangt. Nächste Station ist die Isle of Man, gut fünfzig Kilometer von der englischen Ostküste entfernt. Nach den Wochen im Gefängnis empfinden Inge und ihre Mutter die Internierung auf der Insel als Erlösung. Sie sind in einem Hotel untergebracht, in dem sie sich ein Zimmer teilen. Die meiste Zeit können sie sich frei bewegen: Licht, Luft, das Meer, der weite Himmel – all das wirkt einerseits befreiend, andererseits unwirklich auf sie. Wenn die Erinnerungen nicht wären, die Angst und die Unsicherheit, hätte vielleicht sogar Urlaubsstimmung aufkommen können – so wie damals, als die kleine Familie noch komplett war und man gemeinsam in die Sommerfrische fuhr. Wie lange war das her? Eine gefühlte Ewigkeit, dabei waren es nur wenige Jahre.

Im Februar 1941, nachdem ein Tribunal entschieden hat, dass sie tatsächlich Flüchtlinge und nicht etwa Spione sind, dürfen die beiden zu Verwandten nach Nottingham. Dort kommt es nach fast vier

Jahren endlich zu einem Wiedersehen mit Inges großer Schwester Lolo. Im Haus der Tante ist inzwischen die halbe Großfamilie untergekommen, noch der kleinste Winkel ist bewohnt. Glücklicherweise findet sich nicht weit entfernt ein altes Gartenhäuschen, in das Hedwig Liechtenstein mit den beiden Töchtern zieht. So bewegt sich ihr Leben bald wieder in geregelten Bahnen: Lolo arbeitet als Sekretärin, und Inge findet eine Stelle als Gärtnerin.

In ihrer Freizeit sucht sie zunächst Anschluss an eine Gruppe von Zionisten, doch sie fühlt sich dort nicht recht willkommen. Anders als in Amsterdam sind hier vor allem orthodoxe Juden organisiert, die Religion steht im Vordergrund, und Inge kann ihre Unbedarftheit in diesem Bereich nicht lange verbergen.

Als wenig später junge deutsche Kommunisten in Nottingham einen Ableger der Freien Deutschen Jugend gründen, findet sie dort die Akzeptanz, die ihr bisher verwehrt blieb. Es wird viel gefeiert, Kulturveranstaltungen und Sommerlager finden statt, aber natürlich geht es auch um Politik. Die Ideen, die dabei im Mittelpunkt stehen – Gleichheit, Gerechtigkeit, Frieden – haben für diese jungen Leute, deren Leben in den letzten Jahren vor allem von Verfolgung, Flucht und Verlust geprägt war, einen ganz eigenen Wert. Inge fühlt, dass sie angekommen ist, dass sie nach langer Suche etwas gefunden hat, das ihrem Leben einen Sinn gibt. Und noch ein anderes Gefühl wird bald wichtig: ihre erste große Liebe: Rudi Guttmann, Flüchtling wie sie, überzeugter Kommunist und Rückgrat der Notthinghamer FDJ-Gruppe. Schon nach kurzer Zeit heiraten die beiden und ziehen zusammen.

Dann geht der Krieg endlich zu Ende. Für Inges Ehemann steht die Rückkehr nach Deutschland außer Frage. Jetzt, wo dort etwas Neues entsteht, es so viel einzubringen und zu formen gilt, möchte er nicht länger außen vor sein. Rudi möchte mitmischen, eingreifen und das Leben führen, von dem er all die Jahre geträumt hat. Auch Inge lässt sich von dieser Idee begeistern. Was dabei wohl den entscheidenden Impuls gegeben hat? Der Glaube an einen politischen Neuanfang in Deutschland? Heimweh? Die Liebe zu Rudi Guttmann? Jedenfalls werden im Frühjahr 1946 die Koffer gepackt. Den Hausstand in Nottingham lösen sie auf und begeben sich auf die Reise nach Deutschland.

Acht Jahre zuvor hat Inge ihre Heimat als 14-jähriges Mädchen verlassen müssen. Als junge Frau, verheiratet und mit großen Plänen kehrt sie nun zurück in ein zerstörtes, zerrissenes Land. Das Ziel ihrer Reise ist die sowjetische Besatzungszone, der Teil Deutschlands, in dem all das bald Realität werden soll, wovon sie an unzähligen Abenden im fernen Nottingham geträumt, was sie sich in vielen Details ausgemalt und worüber sie sich Stunde um Stunde die Köpfe heißgeredet haben: ein Ort der Gerechtigkeit, an dem alle gleich sind, an dem statt Hass Menschlichkeit regiert.

Die Guttmanns werden nach Weimar geschickt, denn die Thüringer Landesregierung benötigt dringend Unterstützung. Noch ist jeder willkommen, von dem klar ist, dass er kein Nazi war. Da stört es auch nicht, dass Inge eigentlich als Gärtnerin ausgebildet ist und nicht einmal einen Schulabschluss vorweisen kann. Ihr neues Arbeitsfeld wird die Kultur. Sie geht ihre Aufgabe mit Begeisterung an, organisiert Theaterabende, Laienspielzirkel und kleine Ausstellungen. Kollegen hat sie nur eine Handvoll, so lernt man sich schnell kennen.

Einem der Genossen kommt sie bald auch persönlich näher, Heinz Lippmann. Inge und Heinz haben vieles gemeinsam: ihre Herkunft, die schlimmen Erfahrungen, die sie in ihrer Kindheit und Jugend machen mussten, der Glaube an die kommunistischen Ideale, der in dieser Lebensperiode geboren wird, die Begeisterung für das Neue, das nun gerade hier, in ihrer Heimat entsteht und an dem sie mitarbeiten dürfen. Beide verbindet der Stolz und der Ernst, mit dem sie die ihnen übertragene Verantwortung annehmen. Die beiden verlieben sich, werden ein Paar. Inges erste Ehe wird geschieden. Sie stellt fest, dass sie schwanger ist. Ob sich all das so und in dieser Reihenfolge abgespielt hat, weiß ich nicht. Klar ist, dass die beiden Hals über Kopf im Sommer 1947 heiraten, im November desselben Jahres wird mein Vater geboren.

Zu ihrer Schwester und Mutter, die in England geblieben sind, hat Inge in diesen Jahren kaum Kontakt. Weder kommen sie zur Hochzeit noch ergibt sich sonst eine Gelegenheit, Inges neuen Ehemann kennenzulernen, denn Besuchsreisen in die sowjetische Besatzungszone sind nicht ohne weiteres möglich. Erst 1949 gibt es ein Wiedersehen in Bad Harzburg jenseits der Grenze, zu diesem Zeitpunkt ist die Liebe zwischen Inge und Heinz bereits zerbrochen.

Kamen meine Großtante Lolo und meine Uroma aus England zu Besuch, spielten Vergangenheit, Krieg und Flucht in den Gesprächen kaum eine Rolle. Man hielt sich lieber an die Gegenwart. Aber manche Episoden wurden doch ab und an erzählt, meistens die hoffnungsvollen Momente, wie die in letzter Minute geglückte Flucht aus Holland. Schmerzhaftes wie der Abschied von Berlin und die Wochen in Holloway Prison wurden im Familienkreis kaum erwähnt. Sie finden sich eher in persönlichen Aufzeichnungen, in Tagebüchern, dort wo niemand nachfragt und man selbst entscheiden kann, wie weit man gehen will, wie tief man sich vorwagt in die eigenen Erinnerungen.

Mein Großvater hat uns keinerlei Aufzeichnungen hinterlassen, und selbst das Foto, das bei Oma Jannowitzbrücke auf der Kommode stand, hat mein Vater nach ihrem Tod nie wiedergesehen. Dabei ist Heinz Lippmann nicht der Einzige in unserer Familie, der verschwunden ist. Albin Bigott, der Vater meiner Mutter, gilt seit dem Ende des Zweiten Weltkriegs als vermisst. Nach langen Jahren des Hoffens und Bangens kam meine Oma Elisabet nicht umhin, das Unausweichliche zu akzeptieren: Er war gefallen, einer von Millionen Todesopfern dieses Krieges. Später hat sie wieder geheiratet, doch immer wenn sie von ihrem Albin erzählte, die Fotoalben mit den Zeugnissen ihrer kurzen gemeinsamen Zeit hervorholte, kamen schnell auch die Tränen. Bis zu ihrem Tod mit neunzig Jahren ging das so. Da war es gut 65 Jahre her, dass sie ihren Albin zuletzt gesehen hatte.

Auch wenn meine Mutter ihn nie kennengelernt hat, ist Albin für sie trotzdem der Vater, den sie liebte und vermisste. Schließlich ging er alles andere als freiwillig. Und nichts hätte er sich mehr erhofft, als zu seiner Frau und dem Kind zurückzukehren, das er nur als leichte Rundung des Bauches seiner Liebsten kannte. Doch dieser Wunsch blieb ihm versagt.

Für meinen Vater stellen sich die Dinge von Anfang an komplizierter dar. Sein Vater war von sich aus gegangen und hatte seitdem nichts von sich hören lassen. Vergessen kann er ihn trotzdem nicht. Da sind so viele Fragen, die ihn umtreiben, wann immer er an ihn denkt. Eine drängt sich immer wieder in den Vordergrund: Warum hat sein Vater nie Kontakt zu ihm aufgenommen? Eine Karte, ein Anruf, ein Zeichen, irgendetwas – Grenze hin oder her – hätte doch möglich sein müssen.

Allerdings gibt es für den Heranwachsenden tausend Dinge, die ihm wichtiger scheinen, als sich mit seinem verschwundenen Vater oder überhaupt mit seinen Eltern zu befassen. Peter hat eine große Leidenschaft: das Theater. Mit siebzehn inszeniert er zum ersten Mal *Kippentütchen*, die Bühnenadaption eines Fernsehkrimis, die in der Aula seiner Schule aufgeführt und vom Publikum gefeiert wird. Für meinen Vater steht nun endgültig fest, dass diese Bretter ihm die Welt bedeuten. Und wenn er nicht mit neuen Bühnenprojekten beschäftigt ist, verbringt er viel Zeit im Haus der jungen Talente, wo er dem Club Junger Philosophen angehört.

In dieser Zeit lernt Peter viele neue Leute kennen, von denen einige seine Freunde werden. Fast alle von ihnen sind jüdisch, meist Kinder von sogenannten Westemigranten, die nach dem Krieg in den Ostteil Deutschlands zurückgekehrt sind und sich seitdem als überzeugte Funktionäre für ihr neues Heimatland abarbeiten. Während die Eltern ihre Zeit und Kraft dem großen Aufbauwerk widmen und überhaupt alles tun, um dazuzugehören und am Werden des neuen Deutschlands teilzuhaben, strebt die nächste Generation vor allem nach Abgrenzung.

Obwohl weder mein Vater noch die meisten seiner Freunde zu Hause im Sinne der jüdischen Religion erzogen werden, fühlen sie sich jüdisch und damit anders, wahrscheinlich auch ein Stück weit interessanter, nicht ganz so muffig-provinziell, wie Ostberlin in diesen Jahren nach dem Mauerbau erscheint. Judentum im Sinne von Religion spielt dabei kaum eine Rolle, es geht eher um ein Lebensgefühl. Sind die Eltern unterwegs, werden in den geräumigen Wohnungen der Künstler, Professoren und Funktionäre Partys gefeiert, gerne auch mal mitten im Pankower Regierungsviertel. Die jungen Leute lesen Kafka und verreisen gemeinsam – am liebsten ins Ausland. Der Jüdische Friedhof in Prag ist einer ihrer Lieblingsplätze, und in Budapest schauen sie sich als Erstes die Große Synagoge an.

Die DDR, das Land, in dem ihre Eltern ihre Ideale verwirklicht sehen, finden sie spießig und langweilig. Im Ausland geben sie sich ungern als DDR-Bürger zu erkennen. Auf die wird sowieso nur herabgeschaut, und überhaupt wollen sie nicht für Deutsche gehalten werden, denn die Verbrechen der Nazis sind noch sehr präsent.

Ansonsten beschäftigen sich mein Vater und seine Freunde kaum mit der Vergangenheit, auch nicht mit der ihrer Eltern. Sie leben für die Gegenwart, auf sie wartet die Zukunft. Und da wollen sie Großes leisten, in der Kunst oder den Wissenschaften – auf jeden Fall berühmt werden, so viel ist klar!

Zur Zeit meiner Kindheit in der DDR der achtziger Jahre war es mit dem Zelebrieren des Jüdischen längst vorbei. Bei uns zu Hause spielte das praktisch keine Rolle, weder im Alltag noch in Gesprächen. Was ich über Juden wusste, hatte ich größtenteils in der Schule gelernt. So war mein Verständnis von dem, was jüdisch sein bedeutet, geprägt von der Betrachtung der Juden als Opfer, denn das war es, was gelehrt wurde. Sie waren von den Nazis – damals sagte man Faschisten – ermordet worden, weil sie Juden waren. Was das eigentlich bedeutete, erklärte man uns nicht. Über Religion wurde nur widerwillig gesprochen im sozialistischen Bildungssystem.

Auch in meiner Familie war nicht viel mehr zu erfahren, was wohl vor allem daran lag, dass hier das Jüdische zum größten Teil etwas von außen Zugeschriebenes war, mit dem meine «englischen» Verwandten außer der Flucht und dem Zerbrechen ihrer Familie kaum etwas verbanden. Bevor die Nazis begannen, ihnen wegen des Wörtchens «mosaisch», das auf ihren Geburtsurkunden in der Spalte Religion vermerkt war, nach Besitz und Leben zu trachten, waren sie einfach Deutsche, die zweimal im Jahr in die Synagoge gingen, so wie die meisten anderen in die Kirche.

Obwohl oder vielleicht auch gerade weil ich so wenig darüber wusste, interessierte ich mich für das Jüdische in unserer Familie. Als ich mich nach dem Abitur entschloss, für ein halbes Jahr nach Israel zu gehen, um dort in einem Kibbuz zu arbeiten, war das ein Stück weit auch eine Suche nach meinen Wurzeln. Gefunden habe ich ein Land, das sich um vieles lebendiger und offener anfühlte als das heimatliche Deutschland. Es schien mir einfach, sich an einem Ort zu Hause zu fühlen, der seit Jahrzehnten Neuankömmlinge aufsaugt wie ein Schwamm. Ich jedenfalls kam, von Heimweh getrieben, immer wieder, habe dort Freunde gefunden und außergewöhnliche Menschen kennengelernt. Viele berichteten schier unglaubliche Lebensgeschichten, leider oft voller tragischer und schmerzhafter Erlebnisse. Irgendwann wurde mir klar, dass ich diesen freundlichen Fremden Fragen stellte, die ich in meiner eigenen Familie nie geäußert hatte. Im Grunde wusste ich weniger über die Vergangenheit meiner eigenen Großeltern als die meiner neuen Bekannten unter der alten Kibbuznikgeneration.

Auch mein Vater spricht jahrelang weder von Heinz Lippmann, noch fragt er nach ihm. Er wählt diejenigen, denen er von seinem leiblichen Vater erzählt, sorgfältig aus. Immer befürchtet Peter ein bisschen, dass ein Teil dessen, was man Heinz Lippmann vorwirft, an ihm hängenbleiben könnte, dass man die Tatsache, dass sein Vater ein erklärter Staatsfeind ist, in irgendeiner Weise gegen ihn verwenden würde.

Was seine Mutter betrifft, so reagiert sie so tief verletzt, sobald er versucht, mit seinen Fragen ein bisschen weiter vorzudringen, dass er es bald nicht mehr über sich bringt, das Thema überhaupt anzusprechen, zumal es ihr nicht besonders gut geht. Sie wird von Depressionen geplagt und versucht mehrfach, sich das Leben zu nehmen.

Mit Ende vierzig durchlebt sie eine Zeit, in der sich vieles verändert, in der alles, was ihr vertraut und gefestigt erschien, wie in einem Strudel von ihr weggezogen wird, sie allein zurücklässt, nackt und nutzlos.

Aus der fünfköpfigen Familie ist ein alterndes Ehepaar geworden, um dessen Partnerschaft es nicht zum Besten steht. Die Kinder gehen ihre eigenen Wege: Mein Vater hat geheiratet und lebt mit meiner Mutter und meiner älteren Schwester in Halle an der Saale. Susanne, meine Tante, studiert und hat inzwischen eine eigene Wohnung, der jüngere Bruder Wolfgang leistet seinen Armeedienst ab.

Dazu kommen berufliche Schwierigkeiten. Nachdem Inge jahrelang Direktorin des DEFA-Dokumentarfilmstudios war, legt man ihr 1968 nahe, ein Studium an der Parteihochschule zu absolvieren. Schließlich kann sie bisher nicht einmal einen Schulabschluss vorweisen – und das in so einer wichtigen Position. Man würde ihr auf jeden Fall die Stelle offenhalten, falls sie dorthin zurückkehren wolle, aber vielleicht würde sich sogar etwas Besseres ergeben, könne sie noch höher hinaus ...

Inge studiert also gemeinsam mit anderen Funktionären den Marxismus-Leninismus sowie die Geschichte der Arbeiterklasse – und nimmt das alles furchtbar ernst. Sie gibt ihr Bestes, auch wenn sie sich nicht immer im Klaren darüber ist, wie ihr das Gelernte in der Praxis weiterhelfen soll. Als sie dann nach erfolgreich absolviertem Kurs von der Parteihochschule zurückkehrt, ist ihr Posten längst besetzt, von einem Wiedereinstieg bei der DEFA plötzlich keine Rede mehr. Zunächst findet sich überhaupt keine Arbeit für sie, dann weist man ihr ein Büro bei ADN, der DDR-Nachrichtenagentur, zu. Doch zu tun hat sie dort so gut wie nichts. Seit Inge 1946 nach Deutschland zurückgekehrt war, hat sie unermüdlich gearbeitet, sich aufgerieben. Mit jeder neuen Herausforderung ist sie ein Stück gewachsen in der Überzeugung, Teil eines großen Gemeinschaftswerkes zu sein und mit ihrem Tun etwas zu dessen Vollendung beizutragen. Den Gedanken, ohne Aufgabe zu sein, nicht mehr gebraucht zu werden, kann sie nicht ertragen und droht daran zu zerbrechen.

Ob man schon mit der Delegierung zur Parteihochschule bezweckte, meine Großmutter abzuservieren, oder es Gedanken- und Instinktlosigkeit war, eine Situation, für die sich niemand verantwortlich fühlte, darüber kann ich nur spekulieren. War sie in irgendwelche Intrigen geraten, politische Machtspiele, stand sie einem rücksichtslosen Aufsteiger im Weg? Mit meinem Großvater und seiner Flucht hatte es wohl kaum zu tun, denn das war damals schon zu lange her, fast zwanzig Jahre.

Inge selbst war eine überzeugte Genossin, die ihren eigenen Weg ging und mit ihrer Meinung nicht hinterm Berg hielt. Besonders bekamen das die Genossen von der Staatssicherheit zu spüren, wenn ihr etwas nicht passte. Laut ihrer Stasiakte gibt es 1955 einen Versuch, meine Großmutter als IM, als inoffizielle Mitarbeiterin, anzuwerben, um andere Westemigranten zu bespitzeln. Er bleibt erfolglos, denn für so etwas will Inge sich bei allem Feuer für die Idee des Sozialismus nicht hergeben. Als es dann darum geht, ihr den Posten an der Spitze des Dokumentarfilmstudios anzuvertrauen, spricht sich der zuständige Stasimitarbeiter gegen sie aus, kann sich aber nicht durchsetzen. Kurze Zeit später bittet sie um eine Aussprache mit dem Ministerium für Staatssicherheit und beschwert sich über die vielen IMs unter ihren Mitarbeitern. Der Genosse, der ihr gegenübersitzt, scheint zu erstarren und fragt schließlich, woher sie das denn zu wissen glaube, worauf Inge erwidert, dass diese Leute kaum etwas leisten und ständig Ärger machen würden. Selbst dem sicher erst Stunden später verfassten Bericht des Stasimajors ist noch die enorme Entrüstung anzumerken, die diese ketzerische Äußerung in ihm ausgelöst hat.

So geschwätzig Stasiakten oft über Dinge berichten, die derart bedeutungslos erscheinen, dass man heute nur noch den Kopf schütteln kann über die Akribie, mit der sie festgehalten wurden, so unergiebig erweisen sie sich häufig, wenn es um wirklich entscheidende Fragen geht. Das ist auch der Fall bei der Akte über meine Großmutter. Weder über ihr Verhältnis zu meinem Großvater und ihre Reaktionen auf seine Flucht ist etwas vermerkt noch über den 1968 angetretenen Parteilehrgang und ihre anschließende Degradierung.

Seit längerer Zeit leidet Inge unter einer Herzschwäche, gegen die sie regelmäßig Tabletten einnehmen muss. Eines dieser Medikamente wird Jahre später vom Markt genommen, nachdem bekannt wird, dass es schwere Depressionen verursachen kann. Ihre letzten Lebenstage verbringt meine Großmutter im Regierungskrankenhaus. Dort weiß man von ihren Suizidversuchen und bittet ihre Bettnachbarin, ein Auge auf sie zu haben. Am Morgen des 22. Februars 1972 verlässt Inge das Krankenzimmer. Im Treppenhaus öffnet sie ein Fenster. Ihre Hausschuhe zieht sie aus und stellt sie ordentlich nebeneinander. Dann klettert sie auf die Fensterbank und springt in den Tod. Inge stirbt im Alter von nur 48 Jahren.

Mein Vater erhält die traurige Nachricht am Telefon. Die nächsten Wochen vergehen wie in Trance. An die Beerdigung hat er nur verschwommene Erinnerungen: Freunde der Eltern, ein Kissen mit Orden, lächerliche Zeichen einer genormten Wertschätzung, Hände, die er schüttelt, eine nach der anderen, wie ein Roboter neben dem offenen Grab, eine unerträgliche Traurigkeit, die sich über alles legt und von der er glaubt, dass sie alles verschlingen werde.

Als Peter wenig später seinen Adoptivvater Wolfgang besucht, ist die Trauer allgegenwärtig. Eine seltsame Stille hält die Räume der elterlichen Wohnung besetzt. Sie wirkt leer und fremd. Keiner der beiden weiß so recht, was er sagen soll. Also schweigen sie eine Zeitlang von dem, was sie wirklich bewegt, und reden dann den Rest des Nachmittags von Alltäglichem. Als mein Vater sich gerade zum Aufbruch fertig machen will, holt Wolfgang einen Brief aus einer Schublade der Wohnzimmerschrankwand: «Der ist von Heinz Lippmann.» Peter schweigt. Er ist jetzt 25 Jahre alt. Seit mehr als zwanzig Jahren hat er nichts von seinem Vater gehört. «Ich lese ihn dir vor.»

Mein Vater hört zu. Heinz Lippmann schreibt, dass ihn Inges Tod sehr getroffen habe. Er sei sehr traurig. Wenn er, Peter, Hilfe oder Beistand bräuchte, würde er versuchen, für ihn da zu sein.

Vielleicht hätte mein Vater genauer zugehört, versucht, sich den Wortlaut des Briefes, die einzelnen Formulierungen, die kleinen Details zu merken, hätte er gewusst, dass er ihn nur ein einziges Mal hören würde. Selbst gelesen hat er ihn nie. Wolfgang wollte ihm den Brief nicht geben mit der Begründung, es wäre nicht gut, Kontakt zu diesem Mann zu haben, schließlich sei Heinz Lippmann immer noch ein Staatsfeind.

Vielleicht hat sich Peter damals zu schnell geschlagen gegeben. Vielleicht war es aber auch einfach kein guter Zeitpunkt für einen Streit. Erst der plötzliche Tod seiner Mutter, dann das unerwartete

Lebenszeichen seines Vaters – nach Jahren, in denen ihm tausend Dinge wichtiger erschienen als seine Eltern, die einfach da waren oder im Fall seines Vaters eben nicht, kreisen Peters Gedanken nun fast nur noch um sie. Ihm wird klar, was alles er seiner Mutter nie gesagt hat, obwohl er es wollte – die Worte fehlten oder die Zeit. Nie wieder wird er nun die Chance dazu haben. Das Ungesagte begleitet ihn durch seine Tage und Nächte. Es bringt einen eigenen Schmerz mit, nicht den der Trauer, dem man nachgeben kann, sondern den der Reue, der sich festhakt und einen nicht wieder loslässt.

Peter, der inzwischen über einige Umwege seine Leidenschaft zum Beruf gemacht hat, genießt als Theaterregisseur einige besondere Freiheiten. So kann er schon Ende der siebziger Jahre das erste Mal in den Westen reisen, dienstlich und natürlich ohne seine Familie, doch ist dies etwas, von dem die meisten DDR-Bürger nur träumen können. In dieser Zeit lebt die Neugier auf seinen Vater noch einmal auf. Plötzlich scheint eine Begegnung kein Ding der Unmöglichkeit mehr. Doch weder weiß Peter, wo Heinz Lippmann wohnt, noch, wo er arbeitet oder ob er sich überhaupt in Deutschland aufhält. Im Zeitalter vor dem Internet sind solche Informationen nicht ohne weiteres zu beschaffen. Peter versucht es zunächst damit, Telefonbücher durchzusehen, was sich zu einer Aufgabe entwickelt, die sich kaum bewältigen lässt. Denn es gibt nicht etwa das eine zentrale Telefonbuch, zusammengefasst und mit Suchfunktion, wie wir es kennen, sondern jede Stadt und jeder Kreis hat ihr eigenes, und jedes muss per Hand durchgeblättert werden, um zwischen «Laf» und «Lit» möglicherweise irgendwo einen Lippmann zu finden. Leider bleibt Peters Suche erfolglos.

Die Kehrseite von Neugier ist Angst. Das kleine Türchen, das sich durch die Theaterarbeit für meinen Vater geöffnet hat, will er nicht sofort wieder zufallen sehen. Seine Tätigkeit ermöglicht ihm kleine Fluchten aus der relativen Enge der DDR in eine größere und spannendere Welt. Und während er darüber nachdenkt, wie gut die Chancen stehen, seinen Vater zu finden, und ob er das überhaupt wirklich will, sind da auch die Gedanken daran, was passieren würde, wenn denjenigen, die darüber entscheiden, ob er in den Westen darf oder nicht, klarwürde, wer er wirklich ist. Was wird geschehen, wenn bekannt würde, dass sein Vater, der verdiente Genosse, sein Adoptivvater und sein leiblicher Vater ein Verräter, ein Dieb, ein Republikflüchtling ist? Allein diese Tatsache würde ihn schon zum Unsicherheitsfaktor machen, zum Wackelkandidaten, dem man nicht trauen könne. Und wenn dann auch noch herauskäme, dass er diesen imperialistischen Agenten, diesen Volksfeind kennenlernen will – nie wieder würde man ihm einen Pass in die Hand geben.

Natürlich sind das keine existenziellen Ängste, es handelt sich vielmehr um die Befürchtung, ein Privileg zu verlieren, in dessen Genuss die meisten DDR-Bürger sowieso erst im Rentenalter kommen. Trotzdem, für Peter stellt sich die Frage, wie weit er gehen solle, welches Risiko einzugehen er bereit wäre, um mehr über diesen Mann zu erfahren, der zwar sein Vater ist, an den er sich aber nicht erinnert und der offensichtlich, bis auf einen einzigen Brief, nie etwas riskiert hat, um Kontakt zu seinem Sohn aufzunehmen. Trotz all dieser Zweifel kam sein Forscherdrang nie ganz zum Erliegen, doch sie haben ihn wohl gebremst und Peter Grenzen gesetzt, die er nicht zu überschreiten wagte.

Das Einzige, was Peter in diesen Jahren über Heinz Lippmann herausfindet, ist, dass er ein Buch veröffentlicht hat: die weltweit erste Biographie des ostdeutschen Regierungschefs Erich Honecker – ausgerechnet. *Honecker. Porträt eines Nachfolgers* erschien bereits 1971, nur wenige Monate nach dessen Machtantritt. In so kurzer Zeit konnte mein Großvater ein solches Buch wohl nur schreiben, weil er den Mann, um den es ging, sehr gut kannte. Einige Jahre lang hatten die beiden Seite an Seite gearbeitet, hatten eine Idee geteilt und, während sie sich ihrer Umsetzung widmeten, viele gemeinsame Stunden verbracht: im Büro, auf Reisen und auch privat.

In der DDR wird das im Westen erfolgreiche Buch freilich nicht vertrieben. Hier kann man es weder kaufen noch ausleihen, und auch in den Medien wird es nicht erwähnt. Deshalb liegt die Veröffentlichung fast zehn Jahre zurück, als mein Vater sie entdeckt. Natürlich würde er das Buch gern lesen, aber wie sollte er es in die Hände bekommen?

Anfang der achtziger Jahre wird meine Urgroßmutter Hedwig, die inzwischen in London lebt, schwer krank. Ernsthafte Erkrankungen, Todesfälle oder runde Geburtstage im hohen Alter sind Anlässe, die die DDR-Behörden manchmal dazu bewegen, eine Reiseerlaubnis zu erteilen. So ist es auch in diesem Fall. Zum ersten Mal kann mein Vater seine Verwandten in England besuchen. Er verbringt einige aufregende Tage in London, besucht Hedwig im Pflegeheim und wohnt im winzigen Reihenhaus seiner Tante Lolo im Stadtteil Hendon. Doch irgendwie geht ihm das Buch nicht aus dem Kopf. Der Gedanke, etwas Neues zu erfahren, Antworten auf einige seiner Fragen zu finden, lässt ihn nicht los. Zum ersten Mal, seit er davon weiß, ist er im Westen und ausgerechnet in London. Wo soll er hier ein deutsches Buch bekommen?

Lolo, für die London längst zur Heimatstadt geworden ist, die sie besser kennt als seinerzeit ihre Geburtsstadt Berlin, weiß Rat. Im Goethe-Institut gibt es eine Bibliothek voller deutscher Bücher, vielleicht ist auch dieses dort zu haben. Also machen sie sich auf den Weg nach South Kensington. Dort, gleich um die Ecke vom Hydepark, hat das Institut seinen Sitz. Und tatsächlich findet sich in der Bibliothek eine Ausgabe von Heinz Lippmanns Honecker-Biographie.

Irgendwie überrascht es Peter, das Buch nun in den Händen zu halten. Es ist, als würde plötzlich etwas Realität, das man sich schon so oft vorgestellt hat, dass es einem nun irreal erscheint. Unschlüssig blättert er in dem Band, auf dessen Umschlag über dem Namen des Regierungschefs der seines Vaters prangt. Zum ersten Mal seit den Kindertagen bei Oma Jannowitzbrücke sieht er ein Foto von ihm. Auf diesem Bild ist er im Profil zu sehen. Er überreicht Honecker einen Blumenstrauß, beide lächeln. Vielleicht ist es dieses Foto, die Vorstellung, etwas zu besitzen, das mit seinem Vater zu tun hat – sicher spielt auch die Tatsache eine Rolle, dass er schon am nächsten Tag die Heimreise antreten würde; und dann scheint auch noch die Gelegenheit günstig, denn sie sind in der weitläufigen Bibliothek zu diesem Zeitpunkt völlig allein –, jedenfalls trifft mein Vater den Entschluss, das

Buch einfach mitzunehmen. Er wird es nicht ausleihen, sondern aus der Bibliothek schmuggeln und behalten. Meine Tante muss Schmiere stehen, damit nicht doch zufällig jemand vorbeikommt, während er es unter seinen Pullover schiebt. Dann verlassen die beiden das Gebäude vorbei an der freundlich lächelnden Dame am Empfang. Mein Vater läuft etwas verkrampft, er spürt die kühle, glatte Oberfläche des Buches und hofft, dass ihm niemand das schlechte Gewissen ansieht. Lolo findet das Ganze äußerst amüsant.

Am nächsten Tag packt Peter das Buch mit seinen anderen Sachen in den Koffer. Ganz wohl ist ihm nicht dabei. Doch glücklicherweise wird er nicht kontrolliert, und so bringt er es wohlbehalten mit nach Hause, wo es heute noch im Regal steht samt Schutzumschlag und Stempel des Goethe-Instituts London. Es werden ja ständig Bücher aus Bibliotheken geklaut, aber ich glaube, nur selten aus so gutem Grund.

Leider erweist es sich als weit weniger aufschlussreich als erhofft. Der Klappentext beschreibt den Autor als auf die DDR spezialisierten Publizisten und Honecker-Intimus. Wodurch die Zusammenarbeit beendet wurde, bleibt ungesagt, und auch im weiteren Text lassen sich bestenfalls zwischen den Zeilen winzige Informationen ausmachen, die sich ausschließlich auf Heinz Lippmanns Erfahrungen mit dem DDR-Machtapparat beziehen. Persönliches lässt sich nicht ergründen.

Mit dem Erscheinen des Buches ist Heinz Lippmann zu einer öffentlichen Figur geworden. Für meinen Vater bedeutet das, dass es zum ersten Mal einen echten Ansatzpunkt für seine Suche gibt. Er bittet Lolo, von London aus an den Verlag zu schreiben und nach Heinz Lippmanns Adresse zu fragen. Nach Wochen des Wartens ist die Antwort ernüchternd: Man dürfe die Adresse des Autors nicht herausgeben.

Doch Peter ist nicht bereit aufzugeben. Jetzt, wo er das Gefühl hat, so nah dran zu sein, wenn auch mit einigen Zweifeln, wozu das eigentlich führen soll, ob es überhaupt richtig ist und was er seinem Vater schreiben oder sagen würde, wenn er die Möglichkeit dazu hätte. Das klare Nein des Verlags lässt die Bedenken schnell in den Hintergrund rücken. Er berät sich mit Lolo, und sie schickt nur wenige Wochen nach dem ersten ein weiteres Schreiben. Die zweite Antwort kommt schneller und ist tausendmal niederschmetternder als die erste: Der Autor des Buches, Heinz Lippmann, sei leider verstorben.

Als wenige Jahre später die Mauer fällt, scheinen Peter diese zaghaften und letztlich fruchtlosen Versuche, sich seinem Vater zu nähern, unwirklich und fern.

Überhaupt ist diese Zeit so bewegt, sind wir so plötzlich und nachhaltig über unseren Tellerrand katapultiert worden, dass das, was sich vor uns auftut, alle unsere Sinne gefangen nimmt. Die Blickrichtung geht ganz klar nach vorn. Wenn die völlig entfesselte Gegenwart es überhaupt zulässt, dann richten sich die Gedanken auf die Zukunft, auf das, was noch kommen würde, nicht auf das, was vergangen ist.

Dann erscheint Mitte der neunziger Jahre ein Buch über meinen Großvater: *Heinz Lippmann – Porträt eines Stellvertreters* von Michael Herms, einem Historiker. Mein Vater liest es als Erster, er verschlingt es regelrecht. Danach geht es durch die ganze Familie, meine Mutter, Onkel und Tanten, unsere englischen Verwandten, alle lesen es – auch ich. Es ist ein recht umfangreiches Buch, mehr als dreihundert Seiten lang, angefüllt mit Fakten, voller Details, eine wahre Schatztruhe. Für uns enthielt es neben Hintergründen zu vielem, über das wir bisher nur mutmaßen konnten, auch allerhand völlig Neues. Da waren ganzseitige Artikel aus Boulevardzeitungen der fünfziger Jahre, die meinen Großvater als «roten Lebemann» beschreiben. Auf Fotos trinkt er Champagner und hält Frauen im Arm. Es sind Details zu seiner Flucht und der ersten Zeit im Westen, als er im Untergrund lebte, ein Illegaler zwischen den Fronten, der niemandem traute und nirgends dazugehörte.

Trotzdem dieses Buch also viele Fragen beantwortet, wirft es mindestens genauso viele auf. Während einige Was und Wanns nun geklärt sind, liegen die meisten Gründe für sein Handeln nach wie vor im Dunkeln. Warum ist er geflohen, hat das Geld gestohlen? Warum mündete sein Leben im Westen in ein Chaos voller Verdächtigungen und Enttäuschungen? Nach der Lektüre fährt mein Vater nach Frankfurt am Main, denn nun weiß er, dass Heinz Lippmann dort begraben ist. Auf dem Frankfurter Hauptfriedhof sucht er stundenlang nach dem Grab und gibt am Ende auf, ohne es gefunden zu haben.

So richtig glaube ich nicht daran, dass er es einfach nicht finden konnte. Vielleicht ließ ihn im letzten Moment die Vorstellung zurückweichen, nun statt vor seinem Vater, den er nie kennengelernt hatte, vor einem Stein zu stehen, der dessen Namen trägt. Vielleicht fürchtete er, diese letzte Begegnung würde die Reue nähren, die er immer noch leise in seinem Inneren verspürte.

Jahre später erzählte er mir von der Trauer über den in jeglicher Hinsicht zu frühen Tod seines Vaters: «Er ist viel jünger gestorben, als ich es jetzt bin, und das ist wirklich bitter. Und mit den Jahren bedaure ich natürlich auch meine eigene Schwäche, die mich nicht alle Wege und Mittel hat ausschöpfen lassen, mit ihm in Kontakt zu kommen. Ich bedaure natürlich sehr, dass ich ihn nie kennengelernt habe. Darüber bin ich sehr traurig, aber das ist vorbei, das kann ich nicht mehr ändern.»

Dort, wo mein Vater seinen Schlussstrich zog, fing es für mich erst richtig an. Je mehr ich wusste, desto größer wurde meine Neugier, jede Antwort zog neue Fragen nach sich. Aus dem vielen, das ich gern wissen wollte, kristallisierte sich ein zentraler Punkt heraus: Ist es möglich, einen Menschen kennenzulernen, der schon mehrere Jahrzehnte tot ist, ihm zu begegnen durch die, mit denen er sein Leben geteilt hat – Freunde, Weggefährten, Frauen –, durch die Spuren, die er hinterlassen hat, sein Abbild in der Zeit?

2 NICHT HIER UND NICHT DORT

Heinz liegt in seiner Wiege und schreit. So weit nichts Besonderes. Schließlich ist er noch keine zwei Monate alt und kann sich kaum anders ausdrücken. Normalerweise würde jetzt seine Mutter kommen oder zumindest das Kindermädchen, aber heute ist alles anders. Er schreit und schreit, doch nichts passiert. Die schweren Vorhänge im Kinderzimmer sind zugezogen, sie schlucken seinen lauten Protest, während die Bettdecke seine Tränen aufsaugt. Sonst kümmert sich niemand um ihn in dieser Dezembernacht.

Durch die angelehnte Tür dringt ein schwacher Lichtschein. Der Flur und die angrenzenden Zimmer sind hell erleuchtet. Trotz der späten Stunde sind eine ganze Reihe Besucher anwesend im Hause Lippmann, doch die Stimmung ist alles andere als ausgelassen. Heinz' Vater Erich geht es sehr schlecht. Seit Jahren schon leidet er an schwerer Diabetes, und die Krankheit hat seinen Körper im Zeitraffer altern lassen. Seine Haut ist mit Wunden und Ekzemen übersät, die nicht mehr heilen. In seinen Füßen und Beinen hat sich der Tod längst festgesetzt, und nun droht er, ihn ganz zu überwältigen.

Erich Lippmann weiß, dass er sterben wird. Das neue Jahr wird er nicht mehr erleben, wahrscheinlich nicht einmal den nächsten Tag. Deshalb hat er seinen Bruder Paul hergebeten, der ihm, obwohl er mehr als zehn Jahre jünger ist, sehr nahesteht. Beide sind sie 1916 in den Krieg gezogen, haben das Grauen auf den Schlachtfeldern durchgestanden, immer in dem Glauben, damit ihre vaterländische Pflicht zu erfüllen.

Zwischen Angst, Dreck, Zweifel und Hunger sind sie dem Tod oft genug begegnet und ihm doch immer wieder entkommen. Das hat jeder in den Augen des anderen sehen können, als endlich der Frieden kam und die beiden sich beim ersten Wiedersehen in den Armen lagen. Die Berührung war schüchtern zuerst, wie die Blicke, die sie austauschten. Trotzdem verstanden beide, dass von diesem Krieg mehr hängengeblieben ist als das Eiserne Kreuz, das man ihnen als Anerkennung an die Brust geheftet hatte.

Worte haben sie über diese Jahre kaum gewechselt, sie sprechen lieber über die Zukunft, über die Firma, die sie seit dem Tod des Vaters gemeinsam führen. Das Unternehmen, nach dem Gründer und Vater Adolf Lippmann benannt, stellt seit 1878 Lampen her – ein gutgehendes Geschäft, das Paul, Erich und ihren Familien ein komfortables Leben sichert. Auch deshalb hat Erich den Bruder hergebeten. Er will mit ihm darüber sprechen, wie es mit dem Familienbetrieb weitergehen soll. Geschäftsmann durch und durch, will er nichts dem Zufall überlassen – auch nicht nach seinem Tod. Vor allem muss er sicherstellen, dass für seine Frau und seinen neugeborenen Sohn gesorgt ist.

Das Glück mit Charlotte war von kurzer Dauer. Ihre Hochzeit liegt noch nicht einmal zwei Jahre zurück. Sein zerrütteter Körper erlaubte ihm nur selten, die gemeinsame Zeit zu genießen, gerade deshalb erscheint ihm die Geburt seines Sohnes als ein Wunder, ein Geschenk Gottes. Der Gedanke an Gott erstaunt ihn. Religion hat Erich Lippmann nie besonders viel bedeutet, sie war ein eher unauffälliger Teil seines Alltags. Für ihn stellten die Feiertage einen Automatismus dar, der sich alljährlich wiederholte, ohne irgendwelche Spuren zu hinterlassen.

So hatte er entgegen aller Gebote und ohne jedes schlechte Gewissen eine Nichtjüdin geheiratet, genau wie sein Bruder. Dessen Frau Frida ist für ihn immerhin konvertiert. Das wollte er von seiner Charlotte nicht verlangen, neben alldem, was sie sowieso schon mitmachen musste als Frau eines todkranken Mannes. Wer weiß, wo ihr Leben sie noch hinführen würde und zu wem?

Das lange Nachdenken hat Erich erschöpft. Am liebsten würde er jetzt schlafen, lange und tief. Die Augen sind ihm schon zugefallen, doch bildet sich in der Dunkelheit hinter seinen Lidern eine Frage, die ihn wieder hochschrecken lässt. Würde er morgen früh wieder aufwachen, noch Teil dieser Welt sein? Plötzlich kümmert ihn die bleierne Müdigkeit nicht mehr, die sich über ihn gelegt hat. Dass sein Bruder voller Sorge im Nebenzimmer wartet, hat er vergessen. Er ruft nach Charlotte und bittet sie, ihm Heinz zu bringen, den gemeinsamen Sohn.

Als er ihn im Arm hält, fühlt er sich seltsam erleichtert. Auch Heinz, dessen Gesichtchen von den vergossenen Tränen heiß und nass ist, ist plötzlich ganz ruhig. Zwar sind es nicht die vertraute Stimme und der zuckrige Geruch der Mutter, die ihn umfangen, doch immerhin ist er nun nicht mehr allein. Während Erich das winzige, noch merkwürdig ungeformte Gesicht seines Sohnes betrachtet, denkt er zurück an seine eigene Kindheit in einem anderen Jahrhundert, an seine Eltern, die Wohnung, in der er aufgewachsen ist, nur ein paar Straßen von hier entfernt. Er versucht sich zu erinnern, wie er sich sein Leben vorgestellt hatte, damals, als es noch vor ihm lag. Reicher, aufregender, länger? Im Grunde hat er so gelebt, wie es vorauszusehen war und von ihm erwartet wurde – ein begabter und angesehener Geschäftsmann wie sein Vater. Erfolg und Wohlstand waren ihm selbstverständliche Begleiter. Erst in den letzten Jahren geriet einiges aus der gewohnten Bahn. Der Krieg, durch den der Tod zum ersten Mal zu etwas Persönlichem wurde, zu seinem Tod. In den Jahren danach war er ihm nicht mehr von der Seite gewichen, auch wenn er noch so beharrlich versuchte, sich von ihm abzuwenden, sich an das Leben zu klammern.

Immerhin sind seine Bemühungen nicht ganz fruchtlos geblieben. Endlich war es ihm gelungen, sich einer Frau zu öffnen, sich an sie zu binden. Und Charlotte hatte ihm einen Sohn geschenkt. So hatte er mit seinem verlöschenden Leben noch etwas geschaffen, das bleiben würde.

Welchen Weg würde dieses Kind gehen? Würde es den Fußstapfen folgen, die er ihm hinterlassen hatte, das Familienunternehmen weiterführen und der nächsten Generation wieder etwas mehr Vermögen und Bedeutung weitergeben? Würde es glücklich werden?

Wenn er ihm nur sagen könnte, wie kurz so ein Leben am Ende doch ist und wie wundersam.

Am 20. Dezember 1921, nicht einmal zwei Monate nach der Geburt seines Sohnes Heinz, stirbt mein Urgroßvater Erich Lippmann mit nur 47 Jahren an den Folgen einer schweren Diabetes. Dabei gab es einige Monate vor seinem Tod unvermittelt einen Hoffnungsschimmer. Ein ebenfalls zuckerkranker Freund aus Amerika schrieb, dass dort gerade ein neues Serum getestet würde, dieses Insulin würde wahre Wunder vollbringen. Er solle unbedingt kommen. Finanziell wäre das kein Problem gewesen, doch leider war Erich Lippmann zu solch einer langen und beschwerlichen Reise gesundheitlich nicht mehr in der Lage.

Was, wenn die Familie damals nach Amerika gegangen wäre, wenn Erich überlebt und dort einen Neuanfang gewagt hätte? Wie anders wäre das Leben meines Großvaters verlaufen.

Da es aber dazu nicht kam, wächst Heinz in Berlin auf. Vaterlos bleibt er nur kurz. Im Jahr 1923 heiratet Charlotte Lippmann den Börsenmakler Georg Lewinsohn. Heinz ist gerade zwei Jahre alt, er kennt und erinnert also nur den neuen Stiefvater. Von dem anderen, seinem leiblichen Vater, ist ihm nichts geblieben – außer dem Namen und einer Erbschaft, die ihm zusammen mit dem sicherlich ansehnlichen Einkommen, das Georg Lewinsohn in die Familie einbringt, eine materiell sorgenfreie Kindheit beschert haben dürfte.

Nach der Hochzeit zieht der neue Vater in die Familienwohnung ein, in der Charlotte seit dem Tod Erich Lippmanns mit dem kleinen Söhnchen lebt. Die Köpenicker Straße 86 befindet sich in der im Zentrum Berlins gelegenen Luisenstadt. Die Gegend gehört zu den am dichtesten besiedelten der Stadt und ist geprägt von einer Mischung aus Industrie und Wohnen, Arm und Reich, Alteingesessenen und Neuzugezogenen.

Heinz bleibt das einzige Kind der Familie und wird von den Eltern entsprechend behütet und verwöhnt. Religion spielt in seiner Erziehung keine Rolle – weder die evangelische Mutter noch der jüdische Stiefvater praktizieren ihren Glauben. Stattdessen stehen im Hause Lippmann-Lewinsohn Werte wie Nationalstolz, beruflicher Erfolg und öffentliches Ansehen im Mittelpunkt.

Ostern 1928 wird Heinz eingeschult, vier Jahre später wechselt er auf das Luisenstädtische Realgymnasium. Die Schülerschaft ist bunt gemischt wie die Bewohner des Viertels. Jüdische Kinder gehören genauso dazu wie Söhne aus ärmlichen Familien. Nur Mädchen gibt es nicht in den Klassenzimmern.

Während Heinz lernt und spielt, Freunde findet und langsam vom Kind zum jungen Mann heranwächst, nehmen in Deutschland Veränderungen ihren Lauf, die Millionen Menschen ins Verderben stürzen und auch seinem Leben eine Richtung geben werden, die damals vollkommen unvorstellbar erschien.

1934 müssen alle Juden das Luisenstädtische Realgymnasium verlassen – nur Heinz und ein Klassenkamerad dürfen bleiben. Ihre Väter haben sich als Frontkämpfer im Ersten Weltkrieg um ihre Heimat verdient gemacht und sind dafür mit dem Eisernen Kreuz ausgezeichnet worden. Nun schützt dieses kleine Stück Metall sie und ihre Familien vor der Ausgrenzung – zumindest vorerst.

Der Name des anderen Jungen ist Günter Tröster. Inzwischen lebt er in Israel und nennt sich Gershom Tryster. Er kann sich noch gut an seinen Klassenkameraden Heinz erinnern und lädt mich zu sich ein, um mir von der gemeinsamen Schulzeit zu erzählen.

Als mir Gershom Tryster seine Adresse gibt, bin ich im ersten Moment etwas schockiert, denn er wohnt in Ma'ale Adumim, einer jüdischen Siedlung in der Westbank. Obwohl ich zuvor schon mehrmals in Israel und auch in Städten und Dörfern in den palästinensischen Autonomiegebieten war, kenne ich solche Siedlungen nur vom Hörensagen: als Ansammlungen religiös-nationalistischer Fanatiker und weitestgehend prinzipienloser Menschen, die sich von den im israelischen Maßstab günstigen Preisen für Wohnraum dorthin locken lassen.

Nun sitze ich im am Flughafen gemieteten Auto – unterwegs in eine solche Siedlung. Zur Navigation dient mir eine über zehn Jahre alte Karte – einst anlässlich meines ersten Israel-Aufenthalts gekauft. Seitdem hat sich einiges verändert! So führt mich die dort ausgezeichnete Route direkt an die Mauer, die Israel von der Westbank trennt.

Die Straße endet abrupt und unangekündigt, durchschnitten von einem acht Meter hohen Betonwall, der selbst mir als Berlinerin mit Mauererfahrung überdimensioniert und unwirklich erscheint. In einem erinnert er dann doch an die Berliner Grenzanlagen: Der graue Beton ist bereits mit Graffiti, Gemälden und politischen Parolen in allen möglichen Sprachen bedeckt.

Hier sitze ich nun – unterwegs auf den Spuren meines Großvaters, dessen Lebensweg ganz erheblich bestimmt wurde von der Teilung seines Landes durch Eiserne Vorhänge, Stacheldraht und undurchdringliche Mauern, die inzwischen allesamt gefallen sind und mir dadurch den Zugang zu einem Teil seiner Vergangenheit ermöglicht haben – aufgehalten von einer neuen Grenze, von der ich zwar weiß, dass sie für mich nicht unüberwindbar ist, die mich aber in ihrer Absurdität und ihrem Anachronismus ratlos und irgendwie entmutig zurücklässt.

An einer Tankstelle frage ich nach dem Weg. Der arabische Tankwart klagt mir sein Leid: Vor ein paar Jahren noch liefen die Geschäfte gut. Tausende Autos passierten täglich die Straße, Pendler zwischen Ostjerusalem und den palästinensischen Dörfern im Westjordanland. Nun befindet er sich in einer Sackgasse – angewiesen auf ein paar treue Stammkunden und verirrte Touristen wie mich.

Leider ist mein Tank voll. Mehr aus Verlegenheit, als dass ich sie wirklich brauche, kaufe ich ein paar Batterien. Wahrlich kein großes Geschäft. Trotzdem erklärt er mir bereitwillig den Weg zur jüdischen Siedlung Ma'ale Adumim. Eine halbe Stunde später sitze ich in Gershom Trysters Wohnzimmer und fühle mich, als hätte ich Deutschland nie verlassen, als wäre meine lange Reise nur ein Traum gewesen. Eine Schrankwand, vollgestopft mit Büchern und allerlei Nippes, dunkle Polstermöbel, ein schwerer Teppich und weiße Spitzengardinen vor den Fenstern – fast genauso sah es in der Wohnung meiner Großeltern aus.

Gershom Tryster begrüßt mich herzlich. Er hat jungenhaft wachblickende Augen, die nicht so recht zu seinem spärlich weißen Haar passen wollen. Ich frage ihn nach seinen Erinnerungen an meinen Großvater. Ohne nachzudenken, fängt er an zu erzählen, ganz so, als hätte er schon lange darauf gewartet, seinen Teil dieser Geschichte loszuwerden.

«Heinz», sagt er, «war definitiv der schönste Junge in der Klasse, er war der am besten angezogene und der reichste Junge in der Klasse, und er war der generöseste. Wir haben jeden Monat einen Schulausflug machen müssen. Im Osten sind wir an den Müggelsee gefahren und im Westen an den Wannsee, an die Krumme Lanke oder nach Potsdam, und da sind wir mit der S-Bahn gefahren, mit der Straßenbahn oder mit der Untergrundbahn. Das war also keine große Sache, und trotzdem es doch ein Gymnasium war, und das war ja schon etwas mehr als eine Volksschule, hat die Hälfte der Kinder nicht zahlen können. Die konnten nicht mitkommen, weil sie das Fahrgeld nicht aufbringen konnten. Das war sehr wenig, zwanzig oder dreißig Pfennige oder so was – soweit ich mich erinnern kann. Da hat der Heinz immer volontiert und hat gesagt: Ich zahle für euch. Der halben Klasse hat er Geld gegeben, damit sie mitkommen konnte auf den Schulausflug.»

Für Heinz war Geld offenbar kein Problem. Hat er seine Eltern darum gebeten, oder hat er sein Taschengeld dafür eingesetzt? Half er, weil er es ungerecht fand, dass einige Mitschüler sonst hätten zu Hause bleiben müssen, oder wollte er sich bei den anderen beliebt machen? Empfanden die Mitschüler Sympathie und Dankbarkeit, oder fühlten sie sich gedemütigt, weil sein Reichtum sie ihre Armut umso mehr spüren ließ?

Gershom Tryster blättert in einem Fotoalbum. Auf einer Doppelseite sind zwei Klassenfotos aufgeklebt. Heinz, mit Anzug und Krawatte, steht auf beiden Bildern ziemlich in der Mitte. Er lächelt selbstbewusst in die Kamera. Gershom, damals noch Günter, steht neben beziehungsweise hinter ihm, die Hand auf seine Schulter gelegt. Sie scheinen sich sehr nahe zu sein.

Gershom berichtet, dass sie nicht wirklich befreundet gewesen seien, dass es eigentlich ihre Herkunft gewesen sei, die sie zusammenschweißte. Ab 1934 waren sie die einzigen jüdischen Schüler, die noch am Luisenstädtischen Realgymnasium geduldet wurden. Gut behandelt hat man sie trotzdem nicht. Man ließ sie spüren, dass sie in dieser Schule, in dieser Stadt, in diesem Land nicht willkommen waren.

Der Besuch der Schule muss schwer gewesen sein für die beiden Jungen, ein täglicher Spießrutenlauf. Dort saßen sie unter den Mitschülern und gehörten doch nicht dazu. Ob Heinz trotzdem weiter das Fahrgeld spendiert hat? Haben die anderen dadurch das Klischee des reichen Juden bestätigt gefunden, der glaubt, mit Geld alles kaufen zu können? Eines Tages fragt der Lehrer die Schüler nach ihren Berufswünschen. Einer nach dem anderen steht auf. Viele möchten Offizier werden, andere Kaufmann oder Handwerker. Als Gershom und Heinz an der Reihe sind, winkt der Lehrer ab. Sie könnten gleich sitzen bleiben, sie interessieren nicht, hätten hier sowieso keine Zukunft.

Gershom Tryster erzählt, er habe versucht, solche Demütigungen zu verarbeiten, indem er sich auf seine Herkunft und seinen Glauben konzentrierte. Heinz konnte das nicht, in seinem Elternhaus hatte das Judentum nie eine Rolle gespielt. Sein Stiefvater legte immer großen Wert auf eine deutschnationale Erziehung. Und aufgrund seiner christlichen Mutter war er nach dem jüdischen Religionsverständnis kein Jude. «Er war nicht hier, und er war nicht da», fasst Gershom Tryster Heinz' damalige Situation zusammen. Eine einfache Feststellung, und doch berührt sie mich mehr als alles andere, was er mir an diesem Tag erzählt. Es ist, als hätte in diesen jungen Jahren etwas seinen Anfang genommen, das das gesamte weitere Leben meines Großvaters bestimmen würde: Obwohl er unbedingt dazugehören wollte, war er immer ein Stück außen vor, hat nie ganz hineingepasst in die Schablonen, immer war da etwas, das fehlte oder zu viel war, durch das er anders war als die anderen.

In seinem Zimmer zieht Heinz die Uniform an. Er schließt die Gürtelschnalle, rückt die Armbinde mit dem Hakenkreuz zurecht. Noch einen Blick in den Spiegel. Er lächelt sich zu, dann blickt er ernst und wichtig. Steht ihm gut, dieser Aufzug, nur die Haare könnten etwas kürzer sein. Doch dafür ist jetzt keine Zeit, er muss los. Er läuft durch die altbekannten Straßen und fühlt sich ganz neu. In den Blicken der Passanten glaubt er Anerkennung und Respekt zu sehen. Er verlangsamt seinen Schritt, denn er will dieses Gefühl der Wichtigkeit noch ein bisschen auskosten. Als er am Sportplatz ankommt, sind die meisten anderen schon da. Viele kennt er aus der Schule, einige vom gemeinsamen Spiel auf der Straße – insgesamt haben sich weit über hundert Jungen versammelt, die alle die braun-schwarze Uniform tragen. Sie stehen in Trauben zusammen und reden aufgeregt durcheinander. Plötzlich übertönt eine Stimme im Kommandoton das Tohuwabohu: Der Gefolgschaftsführer ruft zum Antreten auf. Augenblicklich setzen sich Hunderte Jungen in Bewegung, und aus dem Durcheinander bilden sich drei Blöcke zu je fünf Reihen. Sie alle sollen heute feierlich aufgenommen werden in die Hitlerjugend. Einer nach dem anderen treten sie vor, wiederholen den Treueeid: «Ich verspreche, in der Hitlerjugend allezeit meine Pflicht zu tun und Liebe und Treue zum Führer und zu unserer Fahne.»

Der Gefolgschaftsführer überreicht das Halstuch und das HJ-Abzeichen, und die neuaufgenommenen Hitlerjungen treten zurück in die Reihe. Vortreten, abtreten, weiter … Der immer gleiche Rhythmus wirkt beruhigend auf Heinz. Vergessen sind die Zweifel, die ihn in den letzten Tagen und Wochen manchmal quälten. Ob er wirklich hierher gehört? Warum nicht? Wenn es ihm nicht gefallen sollte, kann er ja wieder austreten. Gleich ist er an der Reihe. Nun ist er doch aufgeregt, seine Knie fühlen sich weich an. Doch er tritt mit festem Schritt vor, will sich nichts anmerken lassen. Der Gefolgschaftsführer sieht ihn an. Seine Gesichtszüge wirken feindselig, was Heinz etwas irritiert, auch sagt er nichts, starrt ihn nur stumm an. Unsicher öffnet Heinz den Mund, will ansetzen, das Gelöbnis zu sprechen, da trifft ihn wie aus dem Nichts die flache Hand seines Gegenübers. Bevor er irgendetwas tun, denken oder fühlen kann, spürt er einen zweiten Schlag, diesmal auf der anderen Wange. Er kann sich nicht erklären, was da geschieht, denkt kurz an einen Albtraum, doch dafür ist der Schmerz zu real. Heinz steht da wie gelähmt, während Schläge und Worte auf ihn einprasseln. Den physischen Schmerz spürt er kaum, es sind die Worte, die ihn bis ins Innerste erschüttern. «Volksverräter! Judensau! Drecksjud! Abschaum!» Zuerst hört er nur eine sich schrill überschlagende Stimme, dann stimmen immer mehr andere ein. Heinz taumelt, fällt hin, steht wieder auf und rennt, rennt so schnell er kann, in seinem Rücken höhnisches Gelächter, das sich einbrennt und ihn verfolgt wie ein nicht enden wollendes Echo. Zu Hause, in seinem Zimmer, will sein Herz nicht aufhören zu rasen. Er versucht zu verstehen, was passiert ist. Warum er? Was ist so anders an ihm? Juden – das waren für ihn immer die alten Männer mit ihren Kaftanen und zerzausten Bärten. Was hat das alles mit ihm zu tun?

Ob Heinz mit seinen Eltern darüber gesprochen hat, was geschehen ist? Waren sie einverstanden, dass er Hitlerjunge wird, haben sie ihn ermutigt oder versucht, es ihm auszureden? Warum wollte er überhaupt beitreten? Es ist für mich, vor dem Hintergrund meines Wissens um die schrecklichen Gräuel, die die Nazis begangen haben, schwer, mich in die Faszination hineinzufühlen, die anfangs von dieser Bewegung ausgegangen sein muss und der so viele erlegen sind. Heinz war damals dreizehn oder vierzehn Jahre alt. Vielleicht wollte er einfach nur dasselbe tun wie seine Freunde und Klassenkameraden, vielleicht reizte ihn die Uniform, vielleicht wollte er auf der richtigen Seite stehen. Und die antisemitische Hetze der Nazis, hat er die einfach ausgeblendet? Schließlich hatte er einen jüdischen Stiefvater, jüdische Tanten, Onkel, Großeltern, Cousinen und Cousins. Was wäre passiert, wenn er nicht so schnell aus der Hitlerjugend hinausgeschmissen worden wäre? Wie weit wäre er mitgegangen?

Ein paar Tage nach diesem traumatischen Erlebnis fragt er seinen Schulfreund Günter, ob er ihn einmal mit in die Synagoge nehmen würde. Der ist einverstanden und will mit ihm zusammen den Gottesdienst besuchen, ihm alles erklären, was dort geschieht. Am Freitagabend wartet Günter auf Heinz. Er wartet, zehn, zwanzig, dreißig Minuten, dann muss er los, will er noch rechtzeitig in der Synagoge sein. Am darauffolgenden Montag fragt er den Freund in der Schule, was passiert, warum er nicht gekommen sei. Heinz reagiert abweisend, er habe es sich eben anders überlegt. Mehr will er nicht sagen.

Trotz der Verdienste ihrer Väter für das deutsche Volk werden Heinz und Günter nicht zum Abitur zugelassen. 1938 müssen auch sie vom Luisenstädtischen Realgymnasium abgehen. Die Familie Tröster wandert nach Australien aus, Jahre später siedelt Günter nach Israel über, nennt sich Gershom Tryster, zieht nach Ma'ale Adumim und geht ganz auf in seiner Religion.

Die Nazis hätten einen gläubigen Juden aus ihm gemacht, sagt er heute. Auch wenn er das Glück hatte, Deutschland mit seiner Familie gerade noch rechtzeitig zu verlassen – die Nazis haben seinem Leben eine Richtung gegeben, die er ohne sie nie eingeschlagen hätte: «Ich wäre ein ganz anderer Mensch. Ich könnte mir vorstellen, dass ich heute ein im Ruhestand stehender Oberst der deutschen Armee sein würde, mit einer nicht jüdischen Frau und mit Kindern, die vom Judentum nichts mehr wüssten. Doch es ist vollkommen anders gekommen. Aber ich konnte doch zumindest auf etwas zurückfallen. Man hat mich rausgeschmissen, ich war kein Deutscher mehr – dann bin ich eben Jude. Das könnt ihr mir ja nicht nehmen. Aber der Heinz konnte sich ja auf nichts berufen, er hat ja nichts gehabt, worauf sollte er denn zurückfallen? Alles, was aus ihm geworden ist, das Oberste und das Unterste, das ist alles ... Er wäre ein vollkommen anderer Mensch geworden, genau wie wir alle normale Menschen geworden wären. Wir sind alle keine normalen Menschen, ich auch nicht.»

3   EINE SCHICKSALHAFTE ENTSCHEIDUNG

Für Heinz und seine Familie kommt Auswandern nicht in Frage. Sie fühlen sich sicher – trotz allem. Die Zeiten werden auch wieder besser, schließlich ist Mutter Charlotte so deutsch, wie es nur geht, oder wie man das jetzt nennt: arisch. Stiefvater Georg Lewinsohn sieht sich als respektables Mitglied der Gesellschaft. Er hat Geld und damit, zumindest verspricht er sich das, Einfluss. Sohn Heinz, blond und blauäugig, charmant und clever, sollten alle Türen offenstehen. Doch die Realität, das zeigt sich bald, sieht anders aus. Heinz ist sechzehn Jahre alt und hat nur einen mittleren Schulabschluss – schon deshalb kann er seinen Plan, Medizin zu studieren, nicht verwirklichen. Ganz davon abgesehen, dass ihn als Mischling sowieso keine deutsche Universität mehr aufgenommen hätte. Eine Laufbahn als Offizier, die er sich auch hätte vorstellen können, bleibt ihm wegen seiner Herkunft ebenso verwehrt. Da steht er nun und weiß nicht, wohin mit sich. Woran Heinz auch denkt, wohin er sich wendet, ihn umgibt nur erdrückende Ungewissheit. Wie soll er seinen Weg aus diesem Labyrinth finden? Was wird ihm die Zukunft bringen? – Wenn er denn überhaupt eine hat. All die unbeantworteten Fragen lassen ihn müde und kraftlos zurück. Er ist sich selbst fremd geworden, von seinem früheren Selbstbewusstsein und seiner Zuversicht ist kaum etwas übrig. Am liebsten würde er den ganzen Tag in seinem Zimmer bleiben. Schlafen. In seinen Träumen trifft er sein altes Selbst. In seinen Träumen ist das Leben schön, bunt und voller Möglichkeiten.

Ein oder zwei Jahre nach seinem Rauswurf bei der Hitlerjugend schließt sich Heinz dem jüdischen Ruderclub «Undine» an. Er ist nicht gerade ein leidenschaftlicher Wassersportler, aber immerhin hat er dort die Möglichkeit, Sport zu treiben, und muss nicht fürchten, wegen seiner Herkunft davongejagt zu werden. Mit der Zeit wird ihm die lange S-Bahnfahrt nach Grünau zur lieben Gewohnheit. Fast sind es kleine Urlaubsreisen, die ihn den Alltag für ein paar Stunden vergessen lassen. Nach dem Rudern sitzt er mit seinen Vereinsgenossen oft im Bootshaus zusammen. Sie reden, manchmal bis spät in die Nacht. Es geht um Schule, um Sport – gerade haben die deutschen Ruderer bei den Olympischen Spielen triumphiert, hier auf der Grünauer Regattastrecke, sie konnten vom Steg aus zusehen. Ab und zu sprechen sie auch über Politik: über Hitler, die NSDAP, ihre Zukunft als deutsche Juden. Manche seiner Ruderkollegen wollen nach Palästina auswandern, einen jüdischen Staat gründen, andere träumen von Amerika, sie sehen ihr gelobtes Land jenseits des Atlantiks.

Als die jungen Leute gerade wieder in ihren Träumen vom neuen Leben in der Ferne schwelgen, springt ein schmaler Junge auf. Er wirkt so gar nicht wie ein Athlet, und wahrscheinlich ist auch er vor allem deswegen zur «Undine» gekommen, weil er hier nicht beschimpft, bespuckt oder verprügelt wird. Jedenfalls ist er sehr aufgeregt, seine Stimme überschlägt sich. Sein ganzer Körper scheint vor Anspannung zu zittern, so wütend ist er. Den gemütlich auf Sofas und Sesseln herumlungernden Ruderern wirft er vor, feige zu sein. Statt vom Weglaufen zu träumen, sollten sie lieber bleiben und sich wehren, es diesen Nazi-Schweinen zeigen! Die Kommunisten dagegen ständen auf ihrer Seite, denn sie kämpften für eine Gesellschaft, in der alle gleich sind – auch sie, die Juden. Mit seiner leidenschaftlichen Rede erntet er vor allem ungläubige Blicke. So richtig können sich diese Jungen, die noch immer in ihren gut behütenden Elternhäusern fest verwurzelt sind, nicht vorstellen, wie ein solcher Kampf aussehen soll. Und Heinz hat sowieso immer noch das Gefühl, dass es nicht um ihn gehe, wenn von Juden die Rede ist. So bleibt dieser hitzige Aufruf eine einmalige Episode. Bei der «Undine» wird weiter gerudert und geträumt, bis 1938 auch damit Schluss ist. Der Verein wird liquidiert, und fortan residiert die SA im Bootshaus an der Dahme.

Heinz' Eltern sorgen dafür, dass er sich um eine Ausbildung kümmert. Sie sind der Meinung, er dürfe keine Zeit verschwenden, sondern müsse das Beste aus der Gegenwart machen, um für eine Zukunft gerüstet zu sein, die sicher eine bessere wird. So tritt Heinz im Herbst 1938 eine Lehrstelle bei Lux & Co. an, einem Hersteller von Damenmode im Berliner Konfektionsviertel am Hausvogteiplatz. Zusätzlich zur kaufmännischen Ausbildung schreibt er sich an der Abendschule ein, wo er Modezeichnen lernt. Er hat sich also angefreundet mit seiner Situation und ein neues Ziel gefunden: Er möchte Modeschöpfer werden. Doch schon ein Jahr später zeigt sich, dass auch dieser Weg ins Nichts führt. Der Betrieb wird arisiert, allen jüdischen Mitarbeitern wird gekündigt. Auch Heinz wird entlassen, und schon wieder weiß er nicht, wie es weitergehen soll. In den folgenden Monaten und Jahren verliert er mehr und mehr die Kontrolle über sein Schicksal. Über diese Zeit existieren nur spärliche Daten aus Lebensläufen, Zahlen und Firmennamen – der Rest bleibt im Dunkeln. Im Winter 1939 wird Heinz vom Arbeitsamt zum Straßenreinigen und Schneeschippen eingesetzt, im folgenden Frühjahr bekommt er eine Stelle beim Hoch-, Tief- und Kesselhausbau in Spandau. Seine Tage sind bestimmt von schwerer körperlicher Arbeit, Schichtplänen und Langeweile. Der Alltag hat so gar nichts damit zu tun, wie er sich vor ein paar Jahren noch seine Zukunft vorgestellt hat. Deshalb hat er oft das Gefühl, als lebte er gar nicht sein eigenes Leben, als müsse er wechselnde Rollen spielen, nach Regeln, die er nicht wirklich versteht – so lange, bis er endlich würde zurückkehren können zu seinem eigentlichen Ich, um da weiterzumachen, wo er sich von seinen Wünschen und Plänen hat verabschieden müssen.

Eines Tages trifft Heinz auf dem Nachhauseweg zufällig den kommunistischen Ruderer von der «Undine». Es dauert einen Moment, bis er ihn einordnen kann. Die gemeinsame Zeit im Ruderclub erscheint ihm unglaublich fern, wie aus einem anderen Leben. Sie gehen ein Stück zusammen, während Heinz von der schweren Arbeit, der Einsamkeit und der Langeweile erzählt. Sie laufen, und Heinz redet. Er redet und redet und kann nicht aufhören. Es ist, als müsse er sich übergeben und ist nicht fähig, mittendrin innezuhalten. Irgendwann kommt nichts mehr.

Sie schweigen, und erschrocken stellt Heinz fest, wie unglücklich er ist. Der Ruderkollege sagt, er könne vielleicht helfen und ihm eine Anstellung bei einem Bekannten verschaffen: Es sei ein guter Mann – bei ihm arbeiten Juden, Kommunisten und Ausländer, Nazis dagegen suche man dort vergebens.

Heinz nimmt das Angebot an. Bei Fritz Schuster in der Schönhauser Straße lernt er tischlern und polstern, aber offensichtlich liegen seine Stärken außerhalb des handwerklichen Arbeitens. Jedenfalls bindet ihn sein Chef schon nach kurzer Zeit in die Geschäftsleitung des Betriebes ein und überlässt ihm einen Großteil der unternehmerischen Entscheidungen. Heinz ist froh, endlich eine Aufgabe gefunden zu haben, die ihn fordert und erfüllt. Doch leider ist damit schon bald wieder Schluss. Ende 1941 wird die Tischlerei als «nicht kriegswichtig» geschlossen. Beruflich steht Heinz also wieder vor dem Nichts, aber wenigstens ist er nicht mehr allein. Er hat Freunde gefunden, von denen er sich verstanden und akzeptiert fühlt: Da ist Gerhard, fast gleichaltrig, der ganz in seiner Nähe wohnt. Oft sind sie gemeinsam zur Arbeit und wieder nach Hause gelaufen. Nach und nach hat sich jeder dem anderen geöffnet, und so sind sie schließlich Freunde geworden. Horst und Henny haben sich in der Polsterei kennengelernt. Erst kürzlich haben sie geheiratet, und Heinz war eingeladen. Es war seine erste Hochzeit, wenn er die seiner Mutter nicht mitzählt – aber an die hat er keinerlei Erinnerungen, denn er war damals erst zwei Jahre alt.

Auf dem Fest hat er Dora kennengelernt: dunkelhaarig, bildhübsch und sehr selbstbewusst. Heinz ist verliebt, und plötzlich erscheint ihm das Leben nicht mehr trostlos. Selbst als er zur Arbeit bei der Vesma, einem Planungsbüro für die Herstellung und Verteilung von Gasmasken, dienstverpflichtet wird, kann das seine Stimmung zunächst nicht trüben. Als Sachbearbeiter ist er für die Kartei zuständig – an sich keine schlechte Arbeit, allenfalls langweilig. Doch leider muss er seinen Schreibtisch ausgerechnet mit einem Zellenobmann der Deutschen Arbeitsfront teilen, einem überzeugten Nazi, der ihn seine Verachtung deutlich spüren lässt.

Um die fünfzig, mit spärlichem Haarkranz und dicker Brille, erscheint er Heinz unendlich alt. Dieser Eindruck wird von einer Verwachsung an seinem Rücken, die ihn wie einen Buckligen wirken lässt, noch verstärkt. Heinz hat ihn noch nie lächeln sehen. Jeder Blick, jedes Wort strahlt Missgunst, Ablehnung und Widerwillen aus. Tag für Tag ersinnt er neue Gehässigkeiten, mit denen er Heinz das Leben zur Hölle macht.

Zum ersten Mal erlebt Heinz, wie es ist, gehasst zu werden, ganz persönlich und hautnah, nicht als Idee, sondern als tägliche Erfahrung. Nicht als Teil einer Gruppe, sondern als ein Mensch von einem anderen, der ihm in die Augen schaut, ihn einen Feind des deutschen Volkes schimpft und ihm droht, ihn bald auch dorthin zu bringen, wo schon die meisten seiner Stammesgenossen seien. Auch wenn er versucht, sich nichts anmerken zu lassen, dieser Hass macht etwas mit Heinz. Gern würde er ihn als dumm und belanglos abkanzeln, doch er dringt in ihn ein und bestimmt zunehmend seine Gefühlswelt. Große Wut, Hilflosigkeit, aber auch Trotz steigt in Heinz auf. Trotz, der dazu führt, dass er sich selbst mehr und mehr als der wahrnimmt, den der andere in ihm sieht – einen Juden. Vielleicht ist das einer der Gründe dafür, dass, als ihm die Freunde eröffnen, aus Deutschland fliehen zu wollen, er sich ihnen ohne Zögern anschließt.

Die Deportationen der deutschen Juden in die osteuropäischen Ghettos sind zu diesem Zeitpunkt bereits in vollem Gange. Zwar ist Heinz als Mischling nicht unmittelbar gefährdet, doch seine jüdischen Freunde verzweifeln von Tag zu Tag mehr. Hilflos müssen sie zusehen, wie Bekannte und Verwandte verschwinden. Obwohl sie nicht genau wissen, welches Schicksal die Deportierten im Osten erwartet, ahnen sie, dass es dort um einiges schlimmer sein wird als in der Heimat. Und selbst in Berlin ist es schon schlimm genug: Sie haben ihre Arbeit, ihre Wohnung und fast alle Rechte verloren. Auf ihren Kleidern tragen sie den gelben Stern. Jederzeit können sie verhaftet werden. Und dann, das wissen sie, ist ihr Leben nicht mehr viel wert. Aus der täglichen Angst, der wachsenden Verzweiflung, fassen die Freunde den Entschluss, zu fliehen. Heinz ist sofort Feuer und Flamme. Endlich ein Ziel, dass ihm lohnenswert erscheint: alles hinter sich lassen, noch einmal ganz von vorne anfangen in der Fremde, frei sein und er selbst. Die anderen beschwören ihn, es sich doch noch mal zu überlegen, ob er hier nicht sicherer sei, ob er wirklich seine Eltern verlassen, sein Leben aufs Spiel setzen wolle, wo er doch diese unschöne Zeit auch in der Heimat aussitzen könne. Irgendwann müsse er doch vorüber sein, dieser Spuk, dieser unverständliche Rückfall in mittelalterliche Dunkelheit. Doch Heinz hat sich längst entschieden. Schließlich will auch seine Dora mitgehen. Und dass die ganze Sache illegal und unter höchster Geheimhaltung ablaufen muss – seit einigen Monaten ist den Juden die Ausreise generell verboten –, macht es für ihn nur interessanter. Die drohende Gefahr schweißt die jungen Leute noch enger zusammen.

Doch bevor es losgehen kann, benötigen die Freunde erst einmal eine ganze Stange Geld. Sie müssen einen Schleuser bezahlen, der sie auf verdeckten Wegen in die Schweiz bringen soll. Die Flucht ist gefährlich und entsprechend teuer. Bereits 1938 haben die Eidgenossen ihre Grenzen für jüdische Flüchtlinge geschlossen. Da sie nicht politisch verfolgt würden, bekämen sie kein Asyl. Illegal Eingereiste werden zurückgeschickt oder gar der SS übergeben. Trotzdem reißt der Flüchtlingsstrom nicht ab. Letztlich bleibt den Verfolgten keine Wahl. Wo sollen sie hin? 1942 ist halb Europa von den Nazis besetzt, und auch die andere Hälfte will keine Flüchtlinge aufnehmen, da ist die Schweiz keine Ausnahme. Immerhin hat sie den Vorteil, dass sie direkt an Deutschland grenzt. Und dieses Grenzgebiet ist groß und unübersichtlich genug, um es mit etwas Glück, Geschick und tatkräftiger Unterstützung unbemerkt zu durchqueren. Viele der Fluchthelfer handeln aus Überzeugung, anderen geht es um das Geld, das sich mit dem Menschenschmuggel verdienen lässt. Heinz und seine Freunde kennen weder die eine noch die andere Sorte. Für die geplante Flucht müssen sie zwei Hürden überwinden: zunächst einmal bis zur Grenze kommen und diese dann unbemerkt passieren. Schon Ersteres ist eine große Herausforderung: Juden ist es untersagt, ihren Wohnort ohne polizeiliche Genehmigung zu verlassen. Zwar ist Heinz wegen seines Mischlingsstatus bisher noch von dieser Regelung ausgenommen, doch alle anderen benötigen falsche Papiere, also Ausweise ohne den Aufdruck «Jude», um sicher durch die Kontrollen zu gelangen, von denen ihnen auf ihrem Weg wahrscheinlich einige begegnen würden. Die Freunde hören sich zunächst unter einigen ehemaligen Kollegen von der Polsterei Schuster um. Zumindest können sie sich dort einigermaßen sicher sein, dass sie niemand verrät. Mehrere Namen werden genannt, Treffen finden statt: Sie lernen Teile Berlins kennen, die ihnen so fremd erscheinen, als hätten sie ihr Heimatland bereits verlassen. Manch einer möchte nur im Schutze der Dunkelheit mit ihnen sprechen. Dann schicken sie Heinz als ihren Abgesandten, denn die anderen dürfen wegen der Ausgangssperre für Juden nach acht Uhr abends nicht auf die Straße. Heinz genießt das Vertrauen, das die anderen ihm entgegenbringen, fast genießt er auch die Aufregung und die Angst, die ihn während dieser verbotenen Zusammenkünfte ergreift. Immerhin fühlt er sich wieder lebendig, er hat einen Plan, den er unbedingt verwirklichen will. Endlich tut er etwas, statt wie bisher alles mit sich machen zu lassen. Schließlich findet er einen Mann, der ihnen die gewünschten Pässe beschaffen und den Kontakt zu einem Fluchthelfer vermitteln will. Dafür fordert er dreitausend Reichsmark pro Person. Zunächst sind die vier Freunde euphorisch, sehen sich schon in der Schweiz, doch schnell folgt die Ernüchterung: Woher sollen sie das viele Geld nehmen? Dreitausend Mark sind eine unvorstellbar hohe Summe – schon in guten Zeiten wäre es für die meisten schwer gewesen, so viel aufzutreiben, aber nach jahrelangem Berufsverbot, Zwangsabgaben und Sondersteuern ist das Gros der jüdischen Familien so ausgeblutet, dass nur noch von der Hand in den Mund gelebt wird.

Heinz denkt kurz darüber nach, seine Eltern um Hilfe zu bitten. Obwohl er weiß, dass ihnen noch ein kleiner Teil des einstigen Vermögens geblieben ist, verwirft er diesen Gedanken schnell. Sie würden ihm das Geld nie geben, da sie über den kümmerlichen Rest ihres Reichtums wachen, als wäre er die einzige Überlebensgarantie. Außerdem will er verhindern, dass seine Mutter von seinen Plänen erfährt. Nie und nimmer würde sie ihn gehen lassen, nichts würde sie unversucht lassen, die Flucht zu verhindern. Schließlich kommt Heinz die rettende Idee: Schon eine Weile bessert er sein spärliches Einkommen mit dem Schieben von Lebensmitteln und Wolle auf, genauer gesagt seit seiner Zeit bei Schuster. Als leitender Angestellter kam er mit den unterschiedlichsten Leuten in Kontakt. Ein Zulieferer schlug ihm vor, ihn in seine Geschäfte einzubinden, und nach kurzem Zögern nahm Heinz an. Nicht dass er das Geld unbedingt brauchte. Damals noch ohne jegliche Fluchtgedanken, wohnte er bei den Eltern und hatte keine nennenswerten Ausgaben. Deren Haushaltseinkommen mit den zusätzlichen Einnahmen aufzubessern, kam nicht in Frage, denn die Eltern hätten sofort wissen wollen, woher das Geld stammte. Und der Gedanke, mit irgendetwas Verbotenem in Berührung zu kommen, war ihnen unerträglich – immer noch und trotz allem. Heinz dagegen juckte es in den Fingern. Irgendetwas an dem Angebot reizte ihn, machte es ihm letztlich unmöglich, das Naheliegende zu tun und dankend abzulehnen. Wenn man ihn doch sowieso schon wie einen Verbrecher behandelte, ihn bestrafte für etwas, das zu ändern nicht in seiner Macht stand, warum sollte er sich dann an Regeln und Gesetze halten? Wie konnte das eine richtig sein, wenn das andere so offensichtlich falsch war? Und letztendlich würde er damit den Nazis schaden, dann konnte es doch nicht ganz verkehrt sein. So wälzte er in Gedanken das Für und Wider, wobei ihm nicht allzu viele Gegenargumente einfielen. Ein wenig Angst hatte er, dann wiederum klang alles so einfach. Was sollte schon passieren? Er durfte sich nur nicht erwischen lassen. Sein Selbstvertrauen, durch die gehobene Position bei Schusters wieder ein wenig gestärkt, lechzte nach weiterer Bestätigung. Mehr und mehr sah Heinz das Angebot als Herausforderung. Abzulehnen erschien ihm feige und langweilig, also nahm er es an.

Dann war eigentlich alles ganz einfach. Von seinem Kontaktmann bekam er regelmäßig Ware: meistens Fleisch, manchmal auch andere Lebensmittel, ab und zu Wolle, die unter den Kollegen, deren Verwandten und Bekannten immer genügend Käufer fanden. Weil er mit dem verdienten Geld eigentlich nicht so recht etwas anzufangen wusste, besuchte Heinz Cafés und Restaurants, bestellte feines Essen und teure Getränke. Allmählich fand er Gefallen daran, verbrachte immer mehr Zeit an diesen Orten, wo ihn niemand kannte und ihm niemand ansah, wer er war.

Die Einzige, die bislang von diesen Geschäften weiß, ist Dora, seine große Liebe. Ihr vertraut er alles an, und sie hat nichts einzuwenden, im Gegenteil, sie bestärkt ihn in seinem Tun. Das Geld gemeinsam verprassen können sie nicht, denn Dora muss den Judenstern tragen, öffentliche Gaststätten sind für sie tabu. Heinz kauft ihr schöne Kleider, Schmuck und immer wieder Blumen. Im Grunde ist sein Verhalten komplett verrückt in diesen Zeiten, aber er kann sich nicht an Doras Lächeln, an der kindlichen Freude, die ihr die Geschenke entlocken, sattsehen. Wenn sie ihm dann um den Hals fällt, gibt es nur das Hier und Jetzt, nur sie beide und sonst nichts und niemanden. Diese Momente sind wie rettende Inseln in einem Meer von Sorgen und Ungewissheit, kleine Kostbarkeiten, die ihnen alles bedeuten. Dafür lebt er, und es kommt Heinz überhaupt nicht in den Sinn, das Geld zurückzulegen und für ein unbestimmtes Später anzusparen, bis jetzt.

Er bespricht zuerst seinen Plan mit Dora, und sie entscheiden, Horst, Henny und Gerhard einzuweihen. Wenn alle mitmachen, können sie mehr Ware annehmen und unter die Leute bringen. So würden sie das benötigte Geld recht bald zusammenhaben.

Nach anfänglichem Zögern willigen die anderen ein. Die nächsten Wochen vergehen wie im Rausch. Tagsüber arbeitet Heinz weiterhin bei der Vesma und lässt die Hasstiraden seines Nazi-Kollegen über sich ergehen. Abends und am frühen Morgen ist er unterwegs, verteilt Waren, verkauft und tauscht. Alles läuft wie am Schnürchen. Das Grüppchen kann sich vor Kaufwilligen kaum retten. Der Schwarzhandel blüht in diesen Sommermonaten des Jahres 1942, denn auch in Berlin wird die kriegsbedingte Lebensmittelknappheit allmählich spürbar. Besonders trifft sie die Juden, denen die Zuteilungsmarken immer weiter gekürzt werden. Da es den meisten auch an Geld mangelt, wird häufig mit Naturalien gezahlt: Kleidung, Schmuck, Möbel und Antiquitäten – alles, was nicht mehr unbedingt benötigt wird und was angesichts der schwierigen Gegenwart und ungewissen Zukunft entbehrlich scheint.

Fühlt Heinz sich schuldig, diese Dinge anzunehmen? Liebgewordene Erinnerungen, Familienerbstücke ... oder sieht er sich als Helfer, der Bedürftigen Lebensmittel verschafft, die sie dringend benötigen? Denkt er überhaupt noch in Kategorien von richtig und falsch, oder haben sie für ihn bereits jegliche Bedeutung verloren? Ich kann es nicht sagen, genauso wenig, wie ich weiß, ob sich diese Begebenheiten überhaupt so zugetragen haben. Mein Großvater hat den Schwarzhandel nur ein einziges Mal erwähnt, mit einem einzigen Satz, in einem Brief – einer Art Lebensbeichte, geschrieben 1953, als sein Leben gerade eine weitere unerwartete Wendung genommen hatte.

Eine solche Umwälzung steht ihm auch jetzt bevor. Der 23. August 1942 ist der Tag ihrer lang geplanten Flucht – herbeigesehnt, aber auch gefürchtet. Am Morgen treffen sie sich in der Wohnung von Horst und Henny am Fehrbelliner Platz. Es ist ein Sommersonntag wie aus dem Bilderbuch, die Sonne strahlt von einem makellos blauen Himmel. Die Menschen auf Berlins Straßen wirken seltsam sorglos und ausgelassen. Fast scheint es, als wolle sich ihre Heimatstadt heute von ihrer beste Seite zeigen, ganz so als würden sie dann ihren Entschluss noch einmal überdenken. «Ist doch alles gar nicht so schlimm», zwitschern die Vögel, rauschen die Blätter, kichern die Kinder.

Doch ihr Plan steht fest, unumstößlich. Horst und Dora machen sich auf den Weg, um ihren Kontaktmann zu treffen, dem sie die Hälfte des geforderten Geldes übergeben sollen. Dann würden sie gemeinsam zurückkommen, um Heinz, Henny und Gerhard abzuholen. Morgen um diese Zeit wären sie schon in der Schweiz – wenn alles gut geht.

Das Warten fällt ihnen schwerer, als sie einander eingestehen wollen. Henny hat belegte Brote gemacht und Kaffee gekocht, natürlich keinen echten, den haben sie seit Monaten nicht mehr getrunken. Mit Lebensmitteln müssen sie nicht mehr geizen, außer etwas Proviant für die Fahrt werden sie nichts mitnehmen. Der Tisch ist also reich gedeckt. Trotzdem will niemand so recht zugreifen. Die Gastgeberin wird mit jeder Minute des Wartens blasser und knabbert schon seit Ewigkeiten an ein und demselben Stück Brot. Gerhard hat sich gar nicht erst etwas zu essen genommen, und jedes Mal, wenn er die Kaffeetasse zum Mund führt und wieder hinstellt, verrät ein leises Klappern, wie sehr ihm die Hände zittern. Heinz will sich nichts anmerken lassen, spielt den Zuversichtlichen und hat schon drei Stullen vertilgt. Allerdings muss er sich dazu zwingen. In seinem Mund verwandelt sich das Brot in einen klebrigen Brei, den zu schlucken ihm schwerfällt. Langsam würgt er ihn hinunter, Bissen für Bissen. Es dauert so lange, dass er bald schon das Gefühl hat, die Zeit wäre stehengeblieben.

Ihre anfänglich aufgeregte Unterhaltung ist längst erstorben. Schweigend sitzen Heinz, Henny und Gerhard sich gegenüber und versuchen, einander nicht in die Augen zu schauen. Irgendwann hält Heinz es nicht mehr aus, läuft zum Fenster und starrt auf die Straße, als könnte er die anderen herbeisehen. Er macht sich Vorwürfe. Vielleicht hätte er Dora nicht gehen lassen sollen. Nicht dass sie auf ihn gehört hätte ...

Inzwischen stehen alle drei am Fenster. Wie lange schon, wissen sie nicht. Dann kommt ein Auto um die Ecke und hält vor dem Haus. Sie werfen sich verschämt erleichterte Blicke zu: Wie dumm, dass sie sich solche Sorgen gemacht haben. War doch klar, dass alles gut gehen würde! Als sie wieder aus dem Fenster schauen, öffnen sich die Autotüren, und vier Männer in Ledermänteln steigen aus. Heinz denkt sofort: Gestapo. Auch den anderen ist klar, dass etwas nicht stimmt. In wilder Hast stürzen sie aus dem Zimmer, aus der Wohnung, die Treppe hinunter. Obwohl ihre fertiggepackten Taschen mit Geld, Proviant und Kleidung im Nebenzimmer stehen, denkt niemand daran, etwas mitzunehmen.

Zum Glück verfügt das Haus über zwei Treppenhäuser. Sie können nur hoffen, dass diese Tatsache den Gestapomännern nicht bekannt ist. Vorsichtig öffnen sie die Tür zum Hinterhof. Niemand ist zu sehen. Heinz, Henny und Gerhard hasten von Hof zu Hof, bis sie plötzlich auf eine belebte Straße treten. Die Normalität der Szene erscheint Heinz unwirklich: Familien flanieren im Sonnenschein, Autos hupen, Zeitungsjungen preisen die aktuelle Sonntagsausgabe an. Nichts deutet darauf hin, dass soeben all seine Träume in sich zusammengefallen sind und dabei seine gesamte Existenz in Frage gestellt haben. Heinz will diese Gedanken nicht zulassen. Nur weg von hier, so weit und so schnell wie möglich, ohne dabei aufzufallen. Er läuft weiter wie in Trance, achtet nicht auf die Menschen um ihn herum, weiter und weiter, als gäbe es nur noch ihn auf dieser Welt.

Dann hört er seinen Namen, leise und drängend. Er dreht sich um, Henny steht hinter ihm, erschöpft und verzweifelt. Sie sieht nicht aus, als könnte sie noch weiterlaufen. Gerhard ist nirgends zu sehen. Heinz fragt nach ihm, doch sie zuckt nur mit den Schultern. Hier können sie jedenfalls nicht länger stehen bleiben. Er hat das Gefühl, dass alle sie anstarren. Aber wohin? Es fällt Heinz unglaublich schwer, auch nur einen klaren Gedanken zu fassen. Wo sind sie hier überhaupt? Fasanenstraße – von hier aus ist es nicht weit bis zum Tiergarten. Dort könnten sie sich relativ unbehelligt zwischen all den anderen Sonntagsausflüglern niederlassen, um sich auszuruhen und nachzudenken.

Sie bleiben bis zum Abend im Tiergarten. Als es dunkel wird, ziehen sie sich in die Büsche zurück, in der Hoffnung, dass niemand sie entdeckt. Im Notfall könnten sie so tun, als wären sie ein Liebespaar, das ins Grüne ausweichen musste. Zum Glück hatte Henny wegen der geplanten Flucht bereits den gelben Stern von ihrer Jacke entfernt, sodass sie nicht gleich als Juden zu erkennen sind.

Beide sind zutiefst verzweifelt, wissen sie doch die von ihnen geliebten Menschen in den Händen der Gestapo. Henny weint viel, sie spricht davon, sich zu stellen, ohne ihren Horst könne sie nicht weiterleben. Heinz versucht, ihr Mut zu machen, doch er glaubt sich selbst nicht so recht. Im Grunde hat er keine Ahnung, wie es weitergehen soll. Henny und er haben kaum Geld, nur die Kleidung, die sie am Körper tragen, keinen Platz zum Übernachten. Mehr als zwei, drei Tage könnten sie sich nicht in den Parks und auf den Straßen herumtreiben, ohne Verdacht zu erregen.

Trotz allem muss Heinz irgendwann eingeschlafen sein. Als er aufwacht, beginnt gerade die Morgendämmerung. Henny sitzt noch immer neben ihm, als hätte sie sich die ganze Nacht nicht von der Stelle gerührt. Sie erzählt ihm von ihrer Idee, Bekannte aufzusuchen, die in der Nähe des Ku'damms leben und vielleicht helfen können. Es wäre wohl am besten, wenn sie erst einmal allein hinginge. Heinz ist einverstanden. Sie verabreden, sich mittags am Wittenbergplatz zu treffen.

Als Heinz ein paar Stunden später dort eintrifft, ist Henny nirgends zu sehen. Er wartet, umkreist den Platz wieder und wieder, doch sie kommt nicht. Um nicht aufzufallen, dreht er immer größere Runden, doch seine Hoffnung, Henny wiederzusehen, nimmt immer mehr ab. Als es dunkel wird, gibt er auf und macht sich auf den Weg zurück zum Tiergarten. Obwohl er völlig erschöpft ist, kann er nicht schlafen. Er denkt an die Freunde: an Henny, Horst und Gerhard und vor allem wieder und wieder an Dora. Jetzt sollten sie eigentlich schon in der Schweiz sein und gemeinsam ein neues Leben beginnen. Vielleicht hätten Dora und er geheiratet, eine Familie gegründet, wären zusammen alt geworden. Zwar haben sie davon nie gesprochen, doch es war eine Möglichkeit. Diese Chance hat er verloren, ein solches Leben werden sie nie führen. Diese Gedanken kann Heinz nicht ertragen, und er versucht mit aller Kraft, ein Szenarium zu ersinnen, in dem sie sich wiedersehen, wo doch noch alles gut wird. Er verliert sich in Tagträumereien und schläft irgendwann doch noch ein. Im Traum begegnet ihm Dora. Er ist glücklich, und obwohl alles wie immer scheint, stimmt etwas nicht. Er versucht herauszufinden, was es ist, kann es aber nicht fassen. Dieses Ungewisse quält und ängstigt ihn. Im Morgengrauen erwacht er, erschöpfter als am Abend zuvor. Trotzdem läuft er los – ohne Ziel. Noch nie hat Heinz sich so allein gefühlt. Wenn er nur mit jemandem reden könnte! Dabei traut er sich nicht, auch nur nach der Uhrzeit zu fragen – aus Angst, seine Stimme, sein Geruch, sein Blick, einfach alles könne ihn verraten. Irgendwann findet er sich in der Luisenstadt wieder, nur zwei Straßenecken entfernt von dem Haus, in dem er aufgewachsen ist, sein Zuhause, das er vor drei Tagen verlassen hat, damals dachte er ohne Wehmut, es sei für immer.

Obwohl er weiß, dass es ein Fehler ist, geht er durch die Haustür und steigt die Treppe hinauf. Er kann nicht anders, er will einfach nicht länger allein sein. Kaum hat er die Hand nach dem Klingelknopf ausgestreckt, öffnet sich die Wohnungstür – ganz so als hätte seine Mutter die letzten drei Tage dahinter ausgeharrt.

Was dann passiert, wird Heinz später verdrängen, verleugnen, zu vergessen suchen. Es wird ihm als ganz und gar unvereinbar erscheinen mit dem, was er inzwischen gelebt hat, mit dem, der er geworden ist. Damals, am späten Nachmittag des 26. August 1942, sitzen Heinz, seine Mutter und sein Stiefvater um den Esstisch und wissen nicht weiter. Die Gestapo ist längst dort gewesen, die Eltern wissen von der gescheiterten Flucht und dass er gesucht wird. Ohne über das Geschehene viele Worte zu verlieren, versuchen sie zu entscheiden, was zu tun ist. Heinz könnte wieder verschwinden, sich verstecken. Aber wo, bei wem und wie lange? Wovon würde er leben? Gibt es irgendeine Hoffnung, doch noch ins Ausland fliehen zu können? Und was ist, wenn ihn jemand im Hausflur oder auf der Straße gesehen hat? Was, wenn die Gestapo-Männer zurückkommen, wenn sie statt ihm die Eltern verhaften? Im Grunde müssten sie alle drei untertauchen. Doch es gibt noch eine zweite Möglichkeit, die keiner so recht auszusprechen wagt, die aber trotzdem im Raum steht.

So sitzen sie sich schweigend gegenüber. Wenn es möglich gewesen wäre, wenn sie nicht hätten essen, trinken, schlafen und auch sonst reagieren müssen auf die Welt um sie herum, dann wären sie womöglich einfach so sitzen geblieben und hätten darauf gewartet, dass sich irgendwo ein Ausweg aufgetan oder der Spuk dadraußen ein Ende gefunden hätte. Da das aber natürlich nicht geht, muss eine Entscheidung fallen.

Und so kam der Wahnsinnsentschluss aus Verzweiflung geboren in tiefer Unkenntnis der wirklichen Brutalität des Faschismus. Ich sagte mir, wenn ich hingehe und alles auf mich nehme, kommt Dora vielleicht wieder frei und dir kann auch nicht viel passieren, wir sind ja noch gar nicht weggewesen usw. usw. – wie das so ist, wenn man sich an etwas klammert, macht man die Umstände so wie sie einem am günstigsten scheinen. Von meiner Mutter noch bestärkt, die auf keinen Fall mit den Gesetzen in Konflikt kommen wollte, ging ich dann, drei Tage nach der Verhaftung von Dora und Horst, von Mutti begleitet zur Burgstraße.

Diese Sätze richtete Heinz in einem Brief an Erich Honecker. Man schrieb das Jahr 1953, Honecker war FDJ-Vorsitzender und er sein Stellvertreter. Bisher hatte er verschwiegen, dass er sich im August 1942 der Gestapo stellte, eine Entscheidung, die gerade zum zweiten Mal dabei war, sein Leben zu zerstören.

In der Burgstraße 28, unweit des heutigen S-Bahnhofs Hackescher Markt, hat von 1941 bis 1943 das Judenreferat der Gestapo seinen Sitz. Von hier aus werden die Deportationen der Berliner Juden organisiert. Außerdem befinden sich in dem weitverzweigten Gebäude etliche Vernehmungsräume und Gefängniszellen, in denen Menschen ohne Gerichtsurteil in sogenannte «Schutzhaft» genommen werden, in denen die Gestapo foltert und mordet.

Als Heinz am 26. August 1942 mit seiner Mutter in der Burgstraße eintrifft, geht alles ganz schnell. Niemand will hören, was er zu sagen hat. Sein Name genügt. Statt Worten gibt es Schläge. Nach wenigen Minuten findet er sich in einer der Arrestzellen im Keller des Gebäudes wieder. Helfen kann er weder sich noch den anderen. Horst sieht er einmal kurz, als er an seiner Zelle vorbeigeführt wird. Sprechen können sie nicht. Was mit ihm und den anderen – auch seiner Dora – passiert, weiß Heinz nicht und wird es wohl auch nie erfahren, jedenfalls nicht schwarz auf weiß. Doch dass Dora, Gerhard, Horst und Henny das gemeinsame Abenteuer wahrscheinlich nicht überlebt haben, dürfte ihm in den nächsten Wochen und Monaten immer klarer geworden sein.

Im Gedenkbuch für die Opfer der NS-Judenverfolgung in Deutschland finde ich unter 128 000 Namen deutscher Juden einige von Heinz' Freunden. Horst und Henny sind am 4. September 1942 nach Riga deportiert und dort direkt nach ihrer Ankunft ermordet worden.

Henny war dreiundzwanzig, Horst sechsundzwanzig Jahre alt. Für Gerhard vermerkt das Gedenkbuch als Todesdatum den 8. Juli 1943 in Berlin-Plötzensee. Da war er zweiundzwanzig Jahre alt. Zu den Todesumständen gibt es keine Informationen. In seinem Brief an Erich Honecker schrieb Heinz später, dass Gerhard hingerichtet wurde. Einzelheiten erwähnt er nicht, auch nicht, woher er diese Informationen hatte. Zu Dora finden sich überhaupt keine Daten. Was aus ihr geworden ist, bleibt im Dunkeln. Unklar ist auch, wer die Freunde verraten hatte. War es der Mann, der ihnen die falschen Papiere besorgen sollte? War es einer von ihnen – gar mein Großvater selbst? Nachdem er 1953 aus der DDR geflohen ist, wurde ihm genau das von den ehemaligen Genossen vorgeworfen: Er sei ein Gestapoagent gewesen. Beweise für diese Anschuldigungen blieben sie allerdings schuldig.

Ich glaube nicht, dass mein Großvater der Verräter war, ausschließen kann ich es aber nicht. Außer einer Karteikarte mit seinem Schutzhaftbefehl existieren keinerlei Unterlagen zu den Vorgängen. Die Akten der Berliner Gestapo sind fast vollständig im Krieg verbrannt oder vernichtet worden. Warum hätte Heinz seine Freunde verraten sollen? Um sich selbst Vorteile zu sichern und das eigene Leben zu erleichtern? Aber wäre das nach einer geglückten Flucht in die Schweiz nicht nachhaltiger und sicherer der Fall gewesen? Hatten die Eltern von der geplanten Flucht erfahren und ihn gedrängt zu bleiben? Aber warum hätte er sich dann stellen und die anderen verraten sollen? Heinz hätte einfach sein Leben weiterführen können wie zuvor.

4   IN ALLERGRÖSSTER DUNKELHEIT

Am 15. Januar 1943, gut vier Monate nach seiner Verhaftung, steigt Heinz aus dem Zug, mehr als fünfhundert Kilometer von seiner Heimatstadt entfernt. Auschwitz ist das größte und entsetzlichste Vernichtungslager der Nationalsozialisten. Ob er damals ahnte oder gar wusste, was ihn erwartet? Es ist nicht sein erstes Lager. Aus der Burgstraße hatte man ihn in das Arbeitserziehungslager Großbeeren gebracht. Dort waren vor allem ausländische Zwangsarbeiter inhaftiert, denen Sabotage oder mangelnder Einsatz vorgeworfen wurde, aber auch Deutsche, denen es an Arbeitseifer fehlte. Da jedoch im Herbst 1942 das Berliner Gestapogefängnis aus allen Nähten platzte, verlegte man einen Teil der Häftlinge dorthin. Auf diesem Weg gelangte auch Heinz nach Großbeeren.

Dort musste er Schwerstarbeit leisten, Hunger und Kälte ertragen. Doch inmitten all dieses Elends konnte er sich immerhin der Hoffnung hingeben, bald wieder freizukommen, um nach Hause zurückzukehren. Anders als in den KZs herrschte in den Arbeitserziehungslagern eine rege Fluktuation. Da die inhaftierten Zwangsarbeiter an ihren ursprünglichen Einsatzorten gebraucht wurden, blieben sie in der Regel nur für eine begrenzte Zeit in Großbeeren und wurden nach erfolgreicher «Erziehungsmaßnahme» zu ihren Arbeitgebern zurückgeschickt. So wurden im Lager Tag für Tag Nummern der zu Entlassenden verlesen; Momente, in denen Hoffnung und Verzweiflung eng beieinanderlagen.

Am 2. Oktober 1942 erlässt der Chef des Gestapo, Heinrich Müller, den Beschluss, sämtliche im Deutschen Reich gelegene Konzentrationslager «judenfrei zu machen» und die dort inhaftierten Juden nach

Majdanek oder Auschwitz zu deportieren. Die Anweisung betrifft auch «Mischlinge I. Grades», nur als unverzichtbar angesehene Arbeitskräfte sind ausgenommen. Dieses Dekret besiegelt auch Heinz' Schicksal. Als dessen Nummer mehr als drei Monate nach seiner Inhaftierung endlich aufgerufen wird, bringt man ihn zwar zunächst nach Berlin, dort wird er jedoch nicht entlassen, sondern einem Sammeltransport nach Auschwitz zugeteilt.

Den Neuankömmlingen, 113 Männern und 135 Frauen, werden die Haare geschoren, dann bekommen sie Häftlingskleidung ausgehändigt und eine Nummer zugewiesen. Aus Heinz Lippmann wird die «87 467». Die Ziffern werden auf seinen linken Unterarm tätowiert. Schließlich wird er mit gestreifter Häftlingsmütze von vorne und im Profil fotografiert. Auf dem mittleren Bild schaut er geradeaus in die Kamera. Er sieht unglaublich jung aus, sein Blick verrät viele Fragen und Angst. Einundzwanzig Jahre ist er alt, wohlbehütet aufgewachsen. Seine Eltern hatten sich um ihn gesorgt, ihn beschützt und alles unternommen, um ihm einen guten Start ins Leben zu ermöglichen. Sie hatten ihn nicht einmal zu Beerdigungen enger Verwandter mitgenommen, um ihn nicht mit der Tragik des Todes zu belasten. Jetzt ist der Tod sein täglicher Begleiter – auf dem Appellplatz des Quarantäneblocks in Auschwitz, wo er vier Wochen lang zwölf Stunden am Tag in eisiger Kälte strammzustehen hat, in den Baracken von Birkenau, wohin er im Februar 1943 mit Tausenden anderen Häftlingen verlegt wird, und in den Massengräbern, aus denen er Leichen ausgraben muss, um sie in die Krematorien zu schleppen.

Fast siebzig Jahre später gehe ich über das ehemalige Lagergelände, sehe den Appellplatz, die Baracken, Reste des Krematoriums – all das nun mehr ein Schatten des Schreckens, der sich hier abgespielt hat. Ich sehe die Spuren des Unaussprechlichen, das mir die Worte raubt und mein Herz beengt. Die Sonne scheint. Es ist still. Friedlich könnte es wirken, wäre es ein anderer Ort. Aber hier? In den Baracken, auf den Wiesen und Wegen herrscht eine gefräßige Leere, die alles in sich aufgesogen hat, mehr als eine Million Männer, Frauen und Kinder, mehr als eine Million gelebte Leben, lange und kurze,

Träume und Pläne, Lügen und Ängste, alles verloren, verschwunden, vernichtet. Nur die Leere bleibt.

In die Stille hinein erklingt ein Lied, eine einfache Melodie, nicht traurig und nicht froh. Eine kleine Gruppe ultraorthodoxer Juden in schwarzen Anzügen und Hüten kommt die Lagerstraße hinunter, einige haben sich den Gebetsschal um Schultern und Kopf geschlungen. Sie laufen durch das Lager und singen ihre Lieder, als wäre es das Selbstverständlichste, ja das einzig Mögliche an diesem Ort. Und obwohl ich die Bedeutung der hebräischen Worte nicht verstehe oder vielleicht auch gerade deshalb, berühren sie mich.

Auf den Gleisen, die entlang des Hauptweges durch das Lager Birkenau verlaufen, steht ein einzelner Eisenbahnwaggon. Er mahnt zum Gedenken an die Hunderttausenden, die so in ihr Verderben reisten. Ein paar junge Männer, vielleicht siebzehn, achtzehn Jahre alt, lösen sich aus der Gruppe, klettern auf den Wagen, fotografieren sich gegenseitig, lächelnd. Wären es deutsche Jugendliche, ich hätte ihr Verhalten als respektlos und unangebracht empfunden. Doch das Lachen dieser jüdischen Jungen erscheint mir wie ein Sieg über den teuflischen Plan der Nazis, alle Juden zu vernichten. Ich spüre Erleichterung, dass sie hier sind, am Leben und dass sie lachen können – selbst an diesem Ort.

Den wenigen, die die Hölle von Auschwitz überlebten, fiel es schwer, über ihre Erlebnisse im Lager zu sprechen. Manche machten es sich trotzdem zur Lebensaufgabe, von den Verbrechen und ihren Opfern Zeugnis abzulegen. Andere schwiegen und versuchten irgendwie weiterzuleben, mit und trotz ihrer Erinnerungen. Mein Großvater gehörte wohl zu Letzteren. Über seine Zeit im Konzentrationslager sprach er kaum. Erst 1960, fünfzehn Jahre nach der Befreiung, fand er Worte für das, was ihm in Auschwitz widerfahren war. In einem unveröffentlichten autobiographischen Text schilderte er seine Lagerzeit:

Ich arbeitete einige Tage in einem Kommando, das verweste Leichen aus einem riesigen Massengrab in die Krematorien zu transportieren hatte, dann bekam ich Typhus und wurde in einen Sonderblock gebracht. Hier gab es nicht die sonst im Lager üblichen

3-stöckigen Pritschen, sondern große pferdestallähnliche Kojen, die durch zwei Böden unterteilt waren. In jeder der drei Etagen lagen 20–30 Häftlinge, nackt, ohne Strohsäcke und ohne Decken. Wer noch Kraft hatte, stieg in die oberste Koje, wer schwächer war, kam noch in die mittlere, die Schwächsten krochen nur noch in die unterste zu den Toten. Es gab weder Medikamente, noch Wasser, noch Nahrung.
Mehrmals in der Woche erschien die sogenannte Ärztekommission mit dem SS-Lagerarzt. Dann wurden die Toten aussortiert.

Die Lebenden mussten am Lagerarzt vorbeikriechen, der mit einer Daumenbewegung nach rechts die Entscheidung für die Gaskammer oder einer Daumenbewegung nach links die Kranken zum weiteren langsamen Sterben verurteilte. Alle für die Gaskammer Bestimmten wurden auf Lastwagen geworfen und abtransportiert.

Zweimal entging ich der Vergasung und wurde von dem SS-Arzt in den Block zurückgeschickt, doch ich wurde zunehmend schwächer. Ich war nicht mehr fähig, meine Umgebung wahrzunehmen, und erinnere mich heute nur noch daran, dass ich zuletzt zwischen vielen Toten lag. Dann setzte meine Erinnerung aus.
Als ich wieder zu mir kam, lag ich in einer kleinen Barackenkoje. Erst Tage später, als ich etwas kräftiger war, erfuhr ich, was sich abgespielt hatte. Einer kleinen gut organisierten Gruppe politischer Häftlinge, zumeist Kommunisten, war es gelungen, Funktionen im Arbeitsbereich des Lagerarztes zu erobern. Sie hatten sich zur Aufgabe gestellt, junge Häftlinge, die die Chance hatten zu überleben, der Vergasung zu entreißen. So hatten sie auch mich gerettet.

Der Ort des fast sicheren Todes und der unwahrscheinlichen Rettung meines Großvaters war die Baracke 7 des Krankenreviers von Birkenau. Hierher wurden schwerkranke und völlig entkräftete Häftlinge gebracht. Für die allermeisten führte der einzige Ausweg direkt in die Gaskammer, weshalb sie im Lagerjargon «Todesbaracke» hieß.

Hier, in allergrößter Dunkelheit, war Heinz etwas geschehen, das ihn für immer veränderte. Er erfuhr am eigenen Leib, wozu Menschen fähig sind, im schlimmsten wie im besten Sinne. Inmitten sadistischer Mörder und geschundener Leiber traf er auf Menschen, die ihr Leben riskierten, um anderen zu helfen. Sie hatten ihn gerettet, ohne ihn zu kennen, obwohl er kein Kommunist war und sie keine Juden.

Seine Retter versteckten ihn in einer anderen Krankenbaracke, und einer von ihnen, ein bayrischer Kommunist, stellte ihm sogar sein Bett zur Verfügung und versorgte ihn mit Nahrung. Dieser Josef Luger, zehn Jahre älter als Heinz, hatte eine völlig andere Kindheit und Jugend verlebt als er. Als uneheliches Kind war er bei seinen Großeltern in ärmlichen Verhältnissen aufgewachsen, hatte sich zunächst als Knecht in der Landwirtschaft verdingt und sich später zum Hilfsschlosser ausbilden lassen. Schon früh fühlte er sich von der Arbeiterbewegung angezogen und schloss sich der Kommunistischen Jugend an. Mit dem Machtantritt der Nationalsozialisten begann seine Verfolgungsgeschichte. Als er 1942 nach Auschwitz verlegt wurde, lagen bereits sieben Jahre Haft im Zuchthaus und mehreren Konzentrationslagern hinter ihm. Trotzdem hatte er weder seinen Mut noch seine Menschlichkeit verloren.

Josef, genannt Jupp, kümmert sich aufopfernd um diesen jungen Mann, von dem kaum etwas übrig ist, schmal und blass liegt er auf seiner Pritsche, notdürftig zugedeckt windet er sich im Fieber und murmelt Unverständliches. Kaum wieder bei Bewusstsein, gibt Jupp ihm zu essen, obwohl er selbst gut eine Extraration vertragen könnte. Er kennt nicht einmal den Namen des Häftlings, weiß nicht, woher er kommt und weshalb er hier ist. Es genügt ihm zu sehen, wie langsam die Farbe in dessen Gesicht zurückkehrt, wie sein stumpfer Blick klarer wird. Jedes Leben zählt.

Heinz bleibt auch nach seiner Genesung im Krankenbau. Seine Retter sorgen dafür, dass er als Pfleger arbeiten kann, es ist eine Tätigkeit mit weit größeren Überlebenschancen als die Schwerstarbeit in den Außenkommandos.

Was die Kommunisten sonst noch für Heinz getan haben, lässt sich kaum feststellen. Haben sie dafür gesorgt, dass seine Häftlingskategorie, die ursprünglich als «Jude» auf seiner Personalkarte eingetragen war, durchgestrichen und in «Reichsdeutsch» geändert wurde?

Solche Fälle hat es gegeben. Oder hat hier nur sein unklarer Status als Mischling für Verwirrung gesorgt? Ich weiß es nicht. Waren sie auch dafür verantwortlich, dass er von Birkenau in den Krankenbau des Außenlagers Monowitz verlegte wurde, eines der Zentren des Widerstandes in Auschwitz? Das ist durchaus wahrscheinlich, aber nicht mit Sicherheit festzustellen. Über all diese Fakten und Details hat mein Großvater nie ein Wort verloren, entweder hat er sie vergessen, oder sie sind hinter dem, was das eigentlich Wichtige und Rettende für ihn war, verblasst:

> *In den Monaten meiner Haft war ich bisher nur mit verzweifelten Menschen zusammengekommen, ich hatte körperlich widerstandsfähige Athleten an ihrer Hoffnungslosigkeit zugrunde gehen sehen. Diese Kommunisten aber waren felsenfest von der Niederlage des Hitler-Faschismus und dem Sieg der Sowjetunion überzeugt. Zu einer Zeit, als die Armeen Hitlers ganz Europa von Narvik bis Sizilien und von den Pyrenäen bis zur Wolga besetzt hielten, bewiesen mir die Kommunisten die Unausweichlichkeit der Niederlage Hitler-Deutschlands. Ihr ans Überirdische grenzender gläubiger Optimismus war mein größtes Erlebnis im Lager. Solange ich denken konnte, hatte ich nichts Ähnliches erlebt. Und dieser Glaube, das spürte ich bald an mir selbst, konnte Berge versetzen. Ich wurde ein anderer Mensch. Plötzlich hatte ich ein Ziel vor Augen, wusste, wofür ich lebte. Plötzlich war es nicht mehr gleichgültig, ob ich mit den anderen Millionen krepierte, die Lethargie, die jeden, der sich in einer ausweglosen Lage befindet, bedroht, war gewichen.*
> *Mehr noch, ich entwickelte zum ersten Mal ein politisches Bewusstsein. Ich glaubte, endlich zu wissen, wofür es sich zu leben lohnt, und hielt es plötzlich für wesentlich, zu überleben.*

Während Heinz dank seiner kommunistischen Helfer langsam wieder zu Kräften kommt, bleibt auch seine Mutter nicht untätig. Sie ist wild entschlossen, ihren Sohn zu retten. Kaum vorstellbar, wie es in ihrem Inneren ausgesehen haben muss, wie in ihr Angst und Schuldgefühle wüteten – schließlich hatte sie Heinz darin bestärkt, sich der Gestapo zu stellen, und ihn sogar dorthin begleitet. Seitdem hatte sie ihn nicht wiedergesehen.

Viele Möglichkeiten bleiben ihr nicht. Mit Bitten und Briefen ist kaum etwas zu erreichen. In ihrer Verzweiflung wendet sich Charlotte Lewinsohn an einen befreundeten Anwalt. Der schlägt ihr einen Weg vor, der in diesen Jahren nicht ungewöhnlich ist, wenn es um die Statusverbesserung von Mischlingen geht: Er rät ihr, eine Vaterschaftsanfechtung durchzusetzen.

In all seiner Barbarei ist das Dritte Reich ein hochbürokratischer Staat und darüber hinaus Geisel seiner eigenen Rassentheorie. Wenn die Abstammung eine so überhöhte Rolle spielt wie im Nationalsozialismus, ist die Klärung der Identität und insbesondere der Rasse des Vaters von größter Bedeutung. Für Tausende Deutsche, die Verbindungen von «arischen» Müttern mit jüdischen Vätern entstammen, stellen die Anfechtungen den einzigen Ausweg aus dem Diskriminierungssystem der Nazis dar. Es geht um die Möglichkeit, zu studieren oder in Berufen zu arbeiten, die Mischlingen verwehrt sind, um die Chance, einen nichtjüdischen Partner zu heiraten, aber manchmal auch ums nackte Überleben oder, wie im Fall meines Großvaters, um eine Hintertür aus Auschwitz.

Die Männer, deren Vaterschaft angefochten wurde, waren meist schon verstorben. Das dürfte es den Müttern vom moralischen Gesichtspunkt her erleichtert haben, die Klage einzubringen, was aber auch bedeutet, dass fast die gesamte Beweislast nun bei ihnen lag. Sie mussten eingestehen, dass sie gelogen hatten, und öffentlich zu ihren sexuellen Kontakten Stellung nehmen – in der Hoffnung, damit das Leben ihrer Kinder zu erleichtern oder gar zu retten.

Charlotte entschließt sich im Frühjahr 1943 für diesen Weg, wenige Wochen nachdem Heinz nach Auschwitz überstellt wurde. Sie behauptet, nicht ihr verstorbener jüdischer Gatte Erich Lippmann sei der Vater ihres Sohnes, sondern ein ehemaliger arischer Bekannter namens Edwin Genovich, der nicht mehr am Leben ist. Zum Beweis legt sie ein Gutachten des behandelnden Arztes Erich Lippmanns, Professor Dr. Sandmeyer, vor, aus dem hervorgeht, dass er schwer zuckerkrank war und in seinen letzten Lebensjahren kaum noch zeugungsfähig gewesen sein dürfte. Des Weiteren gibt sie nicht nur eine eidesstattliche Erklärung darüber ab, im Empfängniszeitraum nicht mit ihrem Ehemann, sondern mit ihrem langjährigen Freund Edwin Genovich geschlechtlich verkehrt zu haben, sondern beschreibt darüber hinaus in einem längeren Brief sehr detailliert und überzeugend die Schwierigkeiten ihrer Ehe und die Konsequenzen, die sich daraus ergaben.

Am 7. April 1920 habe ich den Kaufmann Erich Lippmann zu Berlin geheiratet. Er war schon vor der Eheschließung stark zuckerkrank und war im letzten Jahre seines Lebens nur noch eine Ruine. Er zog von Heilstätte zu Heilstätte, ohne seiner Vernichtung entgehen zu können. Er benötigte, wenn er daheim war, der aufopferndsten Pflege und sachgemäßer korrekter Diätbesorgung. Er starb am 20. Dezember 1921.
Eine eheliche Gemeinschaft war unter diesen Umständen nicht möglich. Als junge 30-jährige Frau war diese kurze Ehe ein Leidensweg für mich. Mein langjähriger Freund Edwin Genovich, mit dem ich in der Empfängniszeit geschlechtlich verkehrt habe, ist der Vater meines Sohnes Heinz. Edwin Genovich ist rein arisch.
Der Eindruck, den mein Sohn macht, ist rein arisch. Er ist 1,73 m groß, schlank, hellblond und hat blaue Augen. Er ist von Anfang an christlich erzogen worden und hat sowohl in der Vorschule als auch im Luisenstädtischen Realgymnasium, welches er bis zur Obersekunda besuchte, am evangelischen Unterricht teilgenommen. Er gilt bis jetzt als Mischling I. Grades ohne Stern und hat eine arische Kennkarte. Er ist deutscher Staatsangehöriger und gehört der Deutschen Arbeitsfront an.
Ich bitte, falls noch irgendwelche Bedenken bestehen, ein erbbiologisches Gutachten auf meine Kosten einzuholen. Derartige Gutachten sind nach dem jetzigen Stande der Rechtsprechung unbedingtes Beweismittel. Der Gutachter wird nach meiner festen Überzeugung sich dahin äußern, daß mein Sohn rein arisch ist.
Zu meiner Ehe selbst möchte ich noch folgendes bemerken: Während

der Jahre meiner Bekanntschaft mit Edwin Genovich lernte ich durch ihn den Kaufmann Erich Lippmann kennen. Seine generöse Art und finanzielle Unabhängigkeit einerseits, seine glänzende Position als Mitinhaber einer vom Vater übernommenen, seit ca. 50 Jahren bestehenden Lampenfabrik andererseits, ließen bei mir alle Bedenken, einen zuckerkranken Mann zu heiraten, schwinden. Ganz abgesehen davon, daß ich, da ich aus einer gesunden Familie stamme (mein einziger Bruder fiel mit 31 Jahren im Weltkrieg), überhaupt keine Ahnung hatte, welche furchtbaren Folgen eine Zuckererkrankung, verbunden mit Blutzucker, haben kann, hatte ich das Herumziehen mit meinem Bekannten, ohne eine direkte Aussicht auf eine Heirat, satt. Außerdem war ich mit 30 Jahren auch nicht mehr jung genug, um noch wer weiß wie lange zu warten. Dieses alles hat mich bestimmt, ohne weitere Bedenken Erich Lippmann zu ehelichen. Wichtig für ihn war es, eine energische Frau zu haben, die mit großer Sorgfalt und Korrektheit seine Diät besorgte, denn wir haben mit einer Waage, eigens von Herrn Prof. Dr. Sandmeyer konstruiert, alle Speisen abwiegen und genau Buch darüber führen müssen ...
Dieses und vieles, vieles andere noch habe ich durchmachen müssen. Ich bin lediglich die Krankenpflegerin meines Ehemannes gewesen. Edwin Genovich verkehrte von Anfang an bei uns im Hause und war unser ständiger Freund und Gast. [...]

Ihrem gütigen Bescheide entgegensehend, zeichne ich

Heil Hitler!

Frau Charlotte Lewinsohn
verwitwete Lippmann
geb. Hertzog

<u>arisch</u>

Ihr Brief ist von erschreckender Offenheit, Charlotte Lewinsohn schont sich nicht. Sie gesteht oder konstruiert einen Ehebruch, um damit die arische Abstammung ihres Sohnes glaubhaft zu machen. Es erschreckt und verstört, wie hier Privatestes nach außen gekehrt wird, um den verzerrten Ansprüchen eines deformierten Systems zu genügen.

Das Gericht ist mit der Vielzahl solcher Anfragen überlastet, und so verstreicht die vorgesehene Frist, ohne dass eine Entscheidung fällt. Von Ungeduld und Angst getrieben, begibt sich Charlotte persönlich zum Landgericht in der Moabiter Turmstraße, um das Verfahren zu beschleunigen. Sie erklärt, dass ihr Sohn wegen einer «Frauensache» in Auschwitz einsitze, als Arier schon längst freigekommen wäre und nur wegen seiner fälschlich als halbjüdisch angenommenen Abstammung überhaupt noch inhaftiert sei. Dabei würde er mit seinen zweiundzwanzig Jahren so gerne Soldat werden. Keine Frage, Charlotte Lewinsohn ist eine Kämpferin, die sich so schnell nicht geschlagen gibt. Doch die Mühlen der Justiz mahlen langsam. Mehr als drei Monate dauert es, bis endlich das erbbiologische Gutachten eingeholt wird, das das Gericht für seine Entscheidung benötigt. Dafür, so viel Gründlichkeit muss sein, wird Heinz sogar aus dem KZ Auschwitz geholt und zur Begutachtung an das Anthropologische Institut der Universität Breslau überstellt. Dort treffen am 13. Oktober 1943 Mutter und Sohn nach mehr als einem Jahr wieder aufeinander.

Als Heinz mit seinen Bewachern den Raum betritt, ist seine Mutter schon dort. Sie stürzt auf ihn zu und umarmt ihn – so fest, dass ihm die Luft wegbleibt und Tränen in die Augen schießen. Für einen kurzen Moment sind sie sich ganz nah, dann werden sie unsanft auseinandergerissen, doch ist dieser Moment von so großer Intensität, dass er Heinz in der Erinnerung ungleich länger erscheinen wird. Allein die Zeit, die er benötigt, um sich all die kleinen Details ins Gedächtnis zu rufen, die in diesen Sekunden auf ihn einstürmen: ihr vertrauter Geruch, die Weichheit ihrer Haare an seiner Wange, die Farbe ihrer Sommersprossen, die feinen Fältchen in ihrem Gesicht und der Ausdruck ihrer Augen. Nacheinander werden sie fotografiert. Dann tritt ein Mann in weißem Kittel an ihn heran und beginnt, sein Gesicht zu vermessen. Augen, Ohren, Nase, Mund – überall setzt er seine Instrumente an. Er arbeitet routiniert und gründlich, ohne ein Wort mit Heinz zu wechseln oder ihn auch nur einmal wirklich anzusehen, weshalb Heinz das Gefühl hat, er sei für den anderen lediglich eine zufällige Ansammlung von Körperteilen.

Das alles verwirrt ihn sehr. Schon als ihm vor einigen Tagen mitgeteilt wurde, dass er nach Breslau zu einer Untersuchung gebracht werden solle, war er außer sich. Sollte es für ihn aus diesem Lager, dem sonst nur die Toten entkommen, doch einen Ausweg geben? Schlaflose Nächte folgten voller Angst und Hoffnung. Doch schon einmal war seine Hoffnung enttäuscht worden – damals in Großbeeren, als er dachte, nun endlich nach Hause zu kommen, und sich dann in dieser noch schlimmeren Hölle wiederfand.

Viel hatte er nicht erfahren können, nur dass es um seine Herkunft ginge, es gäbe da vielleicht einen anderen, einen arischen Vater. Heinz hatte seinen Vater nie kennengelernt, daher rührte der Sturm der Gefühle, die diese Eröffnung in ihm auslöste, wohl eher nicht. Trotzdem fühlte er sich eines Teils seines Selbsts beraubt. Sollte all das, was er in den letzten Jahren durchgemacht hatte, Folge eines Fehlers oder gar einer Lüge gewesen sein, einer Lüge seiner Mutter, die ihn doch mehr liebte als alles andere auf der Welt? Das hatte sie ihm doch immer wieder versichert, so lang er sich erinnern konnte. Hatte er also das Leben eines anderen gelebt, der nie geboren worden war? Und doch hatten nicht gerade diese Erfahrungen, die er seines jüdischen Vaters wegen gemacht hatte, ihn verändert und letztlich den aus ihm geformt, der er heute war? So absurd dieser Gedanke auch erscheinen mochte, gerade jetzt, gerade hier an diesem Unort, wo Individualität tausendfach vernichtet wurde, fühlte er sich zum ersten Mal eins mit sich oder mit dem, der er vor kurzem noch zu sein glaubte. Vielleicht lag es daran, dass er dem Tod so knapp entronnen war und dass er im Grunde täglich damit rechnen musste, ihm wieder zu begegnen – oder an den neuen Kameraden, denen seine Herkunft so viel weniger bedeutete als das, was er heute und morgen für die gemeinsame Sache zu tun bereit war.

Merkwürdigerweise war es ihm tagelang nicht in den Sinn gekommen, dass der arische Vater der falsche sein könnte und nicht der jüdische, dass seine Mutter nicht damals gelogen hatte, sondern heute. Seine Mutter, die korrekteste und gesetzestreueste Person, die er kannte, sollte eine solche Lügengeschichte konstruiert haben? Als er Tage später im Auto unterwegs nach Breslau ist, links und rechts von ihm ein SS-Mann zur Bewachung, ist er noch immer unsicher, was er glauben soll. Andererseits hofft er sehr, dass die Mutter mit der Geschichte durchkommt, ob sie nun stimmt oder nicht. Würde er dann tatsächlich wieder nach Hause können, weg aus Auschwitz, weg von dem Grauen, der Angst, den Toten und Noch-nicht-Gestorbenen, dann hätte dieser neue Vater ihm in jedem Fall das Leben geschenkt, ohne vielleicht wirklich sein Erzeuger zu sein.

Am Fenster ziehen Wiesen, Felder, Dörfer vorbei, und Heinz kann noch immer nicht glauben, was mit ihm geschieht. Monatelang hat er nur Stacheldraht und Baracken gesehen und darüber einen fahlen rauchgeschwängerten Himmel. Nun erscheinen ihm die Farben der Welt dadraußen grell und unwirklich.

Heinz schreckt aus seinen Gedanken hoch. Der Mann im weißen Kittel hat etwas zu ihm gesagt. Nur was? Er schaut verständnislos, worauf ihn der andere mürrisch in die andere Ecke des Raumes direkt neben seine Mutter schiebt. Der Weißbekittelte starrt auf imaginäre Punkte in ihren Gesichtern und macht sich Notizen. In diesen kurzen Momenten können Mutter und Sohn ein paar Worte wechseln, zumindest die Stimme des anderen hören, wirklich reden können sie nicht. Sie versichern einander, dass es ihnen gut geht, dass sie einander vermissen und hoffentlich bald wiedersehen. Kein Wort darüber, wie es wirklich in ihnen aussieht, kein Wort über das Lager und keins über die Väter, um die es hier heute geht.

Ein paar Stunden später ist Heinz bereits wieder im Lager, seine Mutter auf dem Weg nach Berlin. Der Direktor des Anthropologischen Instituts der Universität Breslau, Prof. Freiherr von Eickstedt, lässt sich mit der Abfassung seines Gutachtens noch gut zwei Monate Zeit. Erst kurz vor dem Jahreswechsel trifft es bei der Staatsanwaltschaft in Berlin ein. In dürrem Beamtendeutsch zerstört es alle Hoffnungen von Mutter und Sohn:

> *Es lässt sich danach insgesamt nicht eine größere Ähnlichkeit des Prüflings mit Genovich als mit dem gesetzlichen Vater feststellen, die für die Abstammung des Prüflings von Genovich spricht. In allen Merkmalen des Prüflings, die von der Mutter abweichen und sich bei beiden fraglichen Vätern feststellen lassen, besteht vielmehr größere Ähnlichkeit mit dem gesetzlichen Vater. Wenn es sich auch nur um wenige vergleichbare Merkmale handelt, so kann danach doch nicht die Vaterschaft des gesetzlichen Vaters als unwahrscheinlich bezeichnet werden. Es ergeben sich gleichzeitig auch keine verwertbaren positiven Hinweise auf die Vaterschaft des Genovich.*

Charlotte Lewinsohns Rettungsversuch ist gescheitert, auch wenn sie sich das zunächst nicht eingestehen will und sich bemüht, das Verfahren mittels Fristverlängerungen und neuen eidesstattlichen Erklärungen doch noch in ihrem Sinne zu entscheiden. Erfolg hat sie mit diesen Bemühungen nicht – die Hoffnung, ihren Sohn aus dem Lager zu befreien, schwindet mit jedem Tag, den sie wartet, und jeder ablehnenden Entscheidung, die ihr zugeht. Nach nationalsozialistischem Recht obliegt die Anfechtung der Vaterschaft dem Staatsanwalt. Nur er kann die Sache vor Gericht bringen. Im Falle meines Großvaters tut er das nicht. Letztendlich spricht wohl einfach zu viel gegen ihn: das negative Gutachten, die Tatsache, dass seine Mutter nach dem Tode Erich Lippmanns mit Georg Lewinsohn noch einmal einen Juden geheiratet hat und auch weiterhin zu ihm steht, Heinz' Verhaftung und Deportation nach Auschwitz ...

Hat Charlotte Lewinsohn die Wahrheit gesagt oder eine Lüge geschickt konstruiert? Ich weiß es nicht. Der Vorfall wurde nie wieder thematisiert, weder in Akten noch in Gesprächen. Letztendlich hat sie getan, was sie konnte, um ihr einziges Kind aus den Fängen der SS zu befreien. Vielleicht hätte ihr Unterfangen mehr Aussicht auf Erfolg gehabt, wenn sie sich von Heinz' jüdischem Stiefvater Georg Lewinsohn getrennt hätte. Allerdings hätte für ihn eine Scheidung fast sicher die Deportation bedeutet. Nur als mit einer Deutschen in Mischehe lebender Jude war er geschützt. Insofern befand sich meine Urgroßmutter Charlotte in einer furchtbaren Zwickmühle. Sollte sie ihren Ehemann demselben Schicksal überlassen, vor dem sie ihren Sohn zu retten versuchte? Sie tat es nicht. Georg Lewinsohn überlebte den Krieg gemeinsam mit ihr in Berlin. Die Vaterschaftsanfechtung wurde nie vor Gericht gebracht, Erich Lippmann blieb der gesetzliche Vater von Heinz, der deshalb weiterhin als Halbjude galt und nicht aus Auschwitz freikam.

Seit August 1943 befindet sich Heinz nicht mehr in Birkenau, sondern im Nebenlager Monowitz. Hier lässt die IG Farben von KZ-Häftlingen aus dem sechs Kilometer entfernten Stammlager Auschwitz ein Werk zur Herstellung von Kunstkautschuk errichten. Um deren Arbeitskraft noch besser ausbeuten zu können, richtet die IG Farben eigens ein Lager in Monowitz ein, das sie selbst finanziert. Einige der dort eingesetzten Häftlinge haben sich zu einer konspirativen Organisation zusammengeschlossen, deren Ziel es ist, möglichst viele Menschenleben zu retten und den Alltag der Häftlinge, wo immer es geht, zu erleichtern. Sie stehlen Materialien und Gerätschaften von der Werks-Baustelle und fertigen daraus medizinische Instrumente. Auf diese Weise entstehen mit der Zeit vier zumindest notdürftig ausgestattete Operationssäle. Sogar ein Röntgengerät können die Häftlinge zusammenbasteln.

Bei den meisten dieser Männer handelt es sich um Kommunisten, die bereits in anderen Konzentrationslagern inhaftiert waren und über Erfahrungen im Widerstand verfügen. Viele von ihnen sind Juden. Sie stammen aus Deutschland, Österreich, Polen, Tschechien und Ungarn. Basis der Gruppe ist der Häftlingskrankenbau, der wegen der schlechten hygienischen Bedingungen und der Ansteckungsgefahr von der SS so weit wie möglich gemieden wird.

Aufgrund der harten Arbeitsbedingungen und des schlechten Gesundheitszustandes der Insassen ist der Krankenbau chronisch überbelegt. Eine Erweiterung lehnt die IG Farben ab, sodass 1944 wöchentlich eintausend Patienten in den neun Baracken aufgenommen werden müssen. Dazu kommen mindestens noch einmal so viele ambulant Behandelte. Hunderte sterben, Tausende werden selektiert und in Birkenau vergast. Nur wenige können die Widerständler retten, indem sie sie vor Selektionen verstecken, ihnen zusätzliches Essen beschaffen oder dafür sorgen, dass sie in einem der Kommandos mit etwas leichterer Arbeit eingesetzt werden. Die Entscheidung, wem zu helfen und wem nicht, ist fast immer eine Entscheidung über Leben und Tod. Josef Luger, der in Birkenau Bett und Essen mit Heinz geteilt hat, ist Blockältester der chirurgischen Station. Heinz selbst arbeitet in der Infektionsbaracke, zunächst als Pfleger und ab Anfang 1944 selbst als Blockältester. In dieser Funktion muss er an den regelmäßig im Krankenbau durchgeführten Selektionen teilnehmen. Er ist dabei, wenn SS-Arzt Dr. Hans Wilhelm König durch die Reihen geht und mit einem einzigen Fingerzeig über das Schicksal der Kranken entscheidet. Diejenigen, die er als zu krank befindet, werden noch am selben Tag in den Gaskammern ermordet. Manchmal kann Heinz einzelne Patienten vor der Vergasung retten. So erinnert sich Ernest W. Michel, der als Pfleger im selben Block arbeitete, dass es ihm mit Heinz' Hilfe gelang, einen engen Freund so lange vor den Selektionen zu bewahren, dass ihm, auch wenn sie ihn nicht retten konnten, zumindest der Tod in der Gaskammer erspart blieb und Michel bei ihm sein konnte, als er starb.

Ich frage mich, welchen Preis mein Großvater für einen solchen Akt der Menschlichkeit zahlte. Reichte es aus, die Listen zu manipulieren? Oder musste er einen anderen Namen anstelle des Geretteten setzen, sich selbst zum Richter über Leben und Sterben erheben? Was macht das mit einem Menschen, solche Entscheidungen treffen zu müssen? Dass Widerstand an einem Ort wie Auschwitz überhaupt möglich war, erschien mir lange schwer vorstellbar. Unter den Augen der SS und trotz der allgegenwärtigen Angst, den täglichen Erniedrigungen, Hunger und unermesslichem Leid stellten sich die Inhaftierten gegen ihre Peiniger. So richtig geglaubt habe ich es eigentlich erst, als ich Justin Sonder getroffen und seine Geschichte gehört habe.

Justin Sonder wird 1925 in Chemnitz geboren und wächst dort

auf. Im Mai 1942 werden seine Eltern nach Theresienstadt deportiert. Er bleibt zurück und muss sich von nun an allein durchschlagen. Im Februar 1943 wird auch er verhaftet und einem Transport nach Auschwitz zugeteilt. Von dort kommt er nach Monowitz, wo er auf der Baustelle der IG Farben arbeitet. Justin Sonder ist jung, relativ kräftig und sportlich. Eine Zeitlang sieht es so aus, als würde er die schwere Arbeit gut bewältigen. Doch dann zieht er sich eine Knieverletzung zu, die sich verschlimmert, bis er die Schmerzen nicht mehr ertragen kann und ihm nichts anderes übrig bleibt, als den Krankenbau aufzusuchen. Wie die meisten Häftlinge macht er normalerweise einen großen Bogen um diesen Block, aus Angst, einmal dort aufgenommen, unweigerlich einer Selektion zum Opfer zu fallen und als arbeitsunfähig vergast zu werden.

Oberster SS-Arzt in Monowitz ist Horst Fischer. Er wird nach dem Krieg in der DDR weiter als Mediziner praktizieren, unentdeckt und unter seinem richtigen Namen, bis er schließlich 1965 verhaftet, zum Tode verurteilt und hingerichtet wird. Als sich Fischer an diesem Septemberabend des Jahres 1944 Justin Sonders Knie ansieht, ist er bester Laune und zum Scherzen aufgelegt. Er nimmt einen Pinsel mit Jod und malt ein Hakenkreuz auf Justin Sonders geschwollenes Knie. Dann schickt er ihn zur chirurgischen Baracke. Der behandelnde Arzt, selbst ein Häftling, entscheidet, dass sofort operiert werden muss. Betäubungsmittel gibt es nicht. Vier Häftlinge halten Justin Sonder fest, ihm wird ein Stück Holz in den Mund geschoben. Der Arzt setzt das Skalpell an und öffnet das Knie.

Es müssen unvorstellbare Schmerzen gewesen sein, die Justin Sonder aushalten musste. Doch während er mir davon berichtet, wirkt er gut gelaunt, fast fröhlich. Er erzählt von dieser entsetzlichen Zeit, als wären es Anekdoten aus einer unbeschwerten Jugend. Vielleicht ist es nur so möglich, über das Unerträgliche zu sprechen.

Es entwickelte sich nun nach der Operation folgender Dialog. Ich sagte: Doktor, ich bin 18 Jahre alt, und ich will nicht sterben. Ich weiß, wie oft im Krankenbau Selektionen durchgeführt werden. Ich möchte diese Nacht noch entlassen werden. Ich will wieder zurück ins Hauptlager. Der sagte: Du kannst doch nicht einmal stehen, dich halten sie noch zu zweit nach der Operation, das geht gar nicht. Und wieso sprichst du so gut Deutsch? Ich hab gesagt: Ich bin aus Deutschland. Und der: Woher? Aus Chemnitz. Ach, sagte er, da sind wir fast Nachbarn. Ich war Chefarzt in Berlin.

Doch es ist nicht nur die Angst vor der Selektion, die Justin Sonder umtreibt. In letzter Zeit wird im Lager viel über den «Tag X» gesprochen. So bezeichnen die Häftlinge den heiß ersehnten Tag ihrer Befreiung. Die Rote Armee ist nur noch hundert Kilometer von Auschwitz entfernt. Ein baldiges Ende ihrer Leidenszeit scheint möglich. Doch niemand weiß, wie die SS-Bewacher reagieren werden: Werden sie sich einfach aus dem Staub machen oder versuchen, alle noch lebenden Zeugen ihrer Verbrechen umzubringen?

Justin Sonder hat auf jeden Fall eine sehr klare Vorstellung davon, wie er sich verhalten wird.

Am Tag X will ich kämpfend sterben, habe ich gesagt. Da sagt der Arzt: Das ist ja ganz schön, aber ich habe noch ein freies Bett, und in ein paar Tagen sehen wir weiter. Leg dich jetzt hier rein.

Bereits am nächsten Morgen um fünf Uhr steht eine Selektion an. Justin Sonder kann nicht alleine an den SS-Ärzten vorbeilaufen, zwei Mithäftlinge müssen ihn stützen. Die beiden Mediziner halten ihn an, tuscheln, dann eine Handbewegung, er solle weiterlaufen. Die folgenden dreißig Minuten, bis die Nummern der Selektierten verlesen werden, sind die schlimmsten seines Lebens. Doch wider Erwarten ist er nicht unter den Todeskandidaten. Er kann sein Glück kaum fassen. Kurze Zeit später berichtet ihm ein Pfleger, dass sein Name schon auf der Todesliste stand, der Häftlingsarzt aber so lange mit den SS-Männern diskutiert hat, bis sie ihn wieder gestrichen haben.

Als eine knappe Woche später die nächste Selektion ansteht, kann Justin Sonder noch immer nicht richtig laufen. Noch einmal wird ihn sein Retter nicht von der Liste streichen können. Er kommt zu ihm ans Bett und schlägt vor, ihn in die Isolierstation mit den Fleckttyphuskranken zu verlegen. Die wären praktisch alle dem Tod geweiht und hochansteckend, da ginge die SS nicht mehr rein. Dort könne er ihn verstecken, und Sonder hätte eine Überlebenschance. Justin Sonder stimmt zu und wird noch vor dem Eintreffen der SS-Ärzte in den neuen Block gebracht. Als er dort ankommt, traut er seinen Augen nicht.

Diese Baracke war eigentlich äußerlich wie alle anderen. Aber sie war von mustergültiger Sauberkeit. Ich war schon zwei oder drei Mal im Krankenbau, aber so was hab ich vorher noch nicht gesehen. Der dort zuständige Krankenpfleger hat mir ein Bett zugewiesen, und auch das war anders. Das Bettzeug war weiß überzogen, und es gab ein weißes Laken, natürlich auf Strohsäcken, aber ich habe mich gar nicht hingelegt, erst nach mehrmaliger Aufforderung habe ich mich dann wirklich ins Bett gelegt. Ich konnte das gar nicht verstehen, dass es in einem Krankenbau in einem KZ so eine Ordnung gibt, dass es so sauber war und hygienisch einwandfrei, ich kam mir vor wie in einem besseren Lazarett. Ich konnte es nicht begreifen.

Ein Pfleger wechselt seinen Verband und sagt, dass er sich gerne mit ihm unterhalten möchte, aber nicht jetzt, er käme später wieder. Mitten in der Nacht weckt er ihn.

Der Pfleger stellte sich vor: «Mein Name ist Heinz Lippmann, ich komme aus Berlin. Ich habe eine einzige Frage zu stellen: Wie verhältst du dich am Tage X?» Also dieselbe Frage, die ich Tage vorher selbst schon mal ins Spiel gebracht habe, kam nun wieder. Da habe ich gesagt: «Das kann ich sofort beantworten, da brauche ich gar nicht überlegen. Ich kämpfe bis zum letzten Atemzug für eine gerechte Sache.» Und er sagte zu mir: «Das haben wir eigentlich von dir erwartet. Über das Gespräch zu keinem ein Wort, und zu gegebener Zeit bekommst du von uns einen Auftrag.»

Mein Großvater hat also Unterstützer für den Widerstand angeworben. In späteren Aufzeichnungen berichtet er, dass er selbst kein offizielles Mitglied der Gruppe war, ihm aber durchaus immer wieder kleinere Aufgaben übertragen wurden, die er im Auftrag der Kameraden erledigte. Das ihm entgegengebrachte Vertrauen muss ihm viel bedeutet haben. Wie wichtig es war, inmitten der Brutalität des KZ-Alltags etwas zu haben, woran man glauben konnte, daran erinnert sich auch Sonder.

Es hatte für mich eine außergewöhnlich große Bedeutung, weil ich jetzt das Gefühl hatte, ich werde gebraucht. Man ist auf mich aufmerksam geworden. Ich will etwas machen, ich will etwas bewerkstelligen. Seit Jahren warte ich eigentlich auf diesen Moment, aktiv handeln zu können im Kampf gegen den Faschismus.

Doch erst einmal vergehen die Tage und Wochen, ohne dass Justin Sonder etwas vom Widerstand hört. Da sein Knie längst geheilt ist, kehrt er wieder auf die Baustelle zurück und leistet täglich Schwerstarbeit. Der Winter 1944 ist sehr kalt. Ständig frieren die Aggregate im Rohbau der Kautschuk-Werke ein und müssen von den Häftlingen mühsam vom Eis befreit werden. Kaum sind sie mit einem fertig, ist das nächste schon wieder zugefroren, der Baufortschritt stockt. Eines Tages spricht ihn ein ihm unbekannter Häftling an: Er habe einen Auftrag für ihn. In den nächsten Stunden käme ein LKW mit Säcken voller Enteisungsmittel. Es wäre sehr teuer und schwer zu beschaffen und dürfe auf keinen Fall auf die Baustelle gelangen. Dann ist der andere auch schon verschwunden. Justin Sonder weiht einen Kameraden ein, den er gut kennt und dem er vertraut. Sie suchen ein paar größere Nägel und warten. Wenig später kommt der Wagen, begleitet von bewaffneten SS-Männern. Sonder und sein Kamerad melden sich freiwillig zum Entladen. Unbemerkt von den Bewachern ritzen sie die Säcke mit den Nägeln an. Als sie sie dann von der Ladefläche tragen, zerreißen sie, und der Inhalt ergießt sich über Schnee und Eis auf den Bauplatz. Lautstark beschweren sich die beiden über die kaputten Säcke. Plötzlich herrscht große Aufregung. Es wird gebrüllt und geflucht, doch die SS-Männer schöpfen keinen Verdacht. Am Ende ist das Enteisungsmittel unbrauchbar, kein Schuss ist gefallen. Justin Sonder und sein Kamerad haben unter Einsatz ihres Lebens – Sabotagehandlungen wurden mit dem Tod bestraft – einen kleinen Teil dazu beigetragen, dass die IG Farben in Monowitz nie auch nur ein Gramm Kautschuk für das deutsche Heer produzieren konnte. Justin Sonder ist meinem Großvater nach seiner Entlassung aus dem Krankenbau nie wieder begegnet – weder im KZ noch nach dem Krieg. Trotzdem hat er ihn nicht vergessen.

Dieser Akt des Widerstandes ist für mich so wichtig, dass ich seit Jahrzehnten, wann immer ich von diesen Vorgängen berichte, Heinz Lippmann erwähne, weil ich mich erinnert habe an den Namen. Die meisten Häftlinge kannte ich gar nicht namentlich, aber das war so bedeutend, der Einschnitt, diese Vorstellung: Ich bin Heinz Lippmann, und damit haben wir gerechnet, dass du kämpfen willst. Es war auch ein gewisser Stolz bei mir entstanden, muss ich ganz ehrlich sagen, dass ich so einen Auftrag mal übernehmen sollte.

Zum Zeitpunkt ihres Zusammentreffens ist Justin Sonder achtzehn Jahre alt, Heinz dreiundzwanzig. Wären diese zwei jungen Männer unter anderen Umständen zusammengekommen, hätten sie vielleicht Freunde sein können, sich über Frauen, Sport, Musik oder ihre Zukunftspläne unterhalten ... Doch treffen sie sich in einem Moment und an einem Ort, wo all diese Dinge außerhalb ihres Vorstellungsvermögens liegen, weil es ums nackte Überleben geht – ihr eigenes und das möglichst vieler Kameraden. Und doch sind sie keine Helden, keine Kämpfer, sondern Jungs mit Ängsten, Träumen und Heimweh. Heinz kann immerhin nach Hause schreiben – zweimal im Monat, wenn es gut läuft. Er kann auch von den Eltern Pakete empfangen. Einer seiner Briefe ist erhalten geblieben, geschrieben im Herbst 1944, kurz nach seinem 23. Geburtstag:

Auschwitz, den 22. X. 1944

Meine liebe liebe Mutti!!
Habe mit sehr großer Freude Deinen Brief vom 10. Oktober und Dein Paket vom 5. Oktober (Nr. 61) erhalten. Das Paket war mit

soviel Liebe gepackt und unerwartet reichhaltig. Am meisten habe ich mich über die Blechkiste mit Keks gefreut, da sie mir altbekannt war. Wie oft habe ich zu Hause heimlich als Junge einen Griff hinein getan, und was für gute Dinge hast Du immer dort vorrätig gehabt! – Ha, auch diese Zeit kommt einmal wieder! – Jedenfalls habe ich Paket und Brief in sehr kurzer Zeit (in fünf Tagen) unbeschädigt gut erhalten empfangen. Mir geht es unverändert gut und ist hier alles beim alten. Hoffentlich seid auch ihr gesund und ist auch bei euch alles unverändert. Ich hoffe auf ein recht schnelles Ende und ein gesundes Wiedersehen. Bleibt nur gesund und verliert nicht den Mut. –
Alles alles Gute wünscht euch
euer Sohn Heinz

Natürlich kann Heinz nicht schreiben, wie es ihm wirklich geht oder was er im Lager täglich sieht und erlebt. Trotzdem erzählt der Brief in seinen wenigen Sätzen von Liebe, Sehnsucht, Erinnerungen und Hoffnung auf ein «schnelles Ende». Wobei offenbleibt, ob mein Großvater damit den Krieg und die Herrschaft der Nationalsozialisten meint, was die lagereigene Postzensur ja eigentlich hätte unterbinden müssen, oder seine eigene Haftzeit, die zu diesem Zeitpunkt schon zwei lange Jahre andauert.

TEIL 2
EIN NEUES LEBEN

5   EIN ANDERES DEUTSCHLAND

Sie stehen auf dem Appellplatz. Einundzwanzigtausend Männer und Jungen in gestreiften Anzügen, die Mützen in der Hand. Vor ihnen das Lagertor, dahinter die Wipfel der Bäume auf dem Ettersberg. Schon oft haben sie hier gestanden, manche von ihnen hundert, einige mehr als tausend Mal. Doch heute ist alles anders. Keinen einzigen SS-Mann gibt es mehr in Buchenwald, stattdessen haben amerikanische Soldaten das Kommando übernommen. Nicht in Todesangst sind sie hier angetreten, sondern aus eigenem freien Willen, um derer zu gedenken, die die Befreiung nicht mehr erlebt haben, die verhungert sind, zu Tode gequält und ermordet wurden. Gut eine Woche ist es her, dass aus den Lagerlautsprechern der Satz erklang – Kameraden, wir sind frei – der Satz, der alles verändert, der ihnen ihr Leben, ihre Würde wiedergegeben und ihnen eine Zukunft geschenkt hat.

Auch Heinz ist unter den befreiten Buchenwaldhäftlingen, die sich am 19. April 1945 zu einer Trauerandacht versammelt haben. Fast genau drei Monate zuvor, am 18. Januar, wurde das KZ Monowitz evakuiert. Dem sechzigstündigen Todesmarsch nach Gleiwitz folgte eine fünftägige Bahnfahrt in offenen Kohlewaggons durch Schnee und Eis. Tausende starben an Hunger, Kälte und Entkräftung. Am 26. Januar trafen die Überlebenden in Buchenwald ein. Hier existierte bereits eine gut organisierte Widerstandsbewegung, der sich Heinz und seine Monowitzer Kameraden anschlossen. Er erlebte, wie es den Buchenwaldern Anfang April 1945, als die SS plante, das gesamte Lager zu räumen, gelang, Tausende vor den Todesmärschen zu bewahren, indem sie Listen fälschten, Identitäten besonders der jüdischen Häftlinge verschleierten und Befehlen der Lagerleitung verzögert oder gar nicht Folge leisteten.

Jetzt steht Heinz inmitten seiner Kameraden und Tausender Unbekannter, mit denen ihn vor allem das verbindet, was sie in den letzten Jahren durchlitten haben. Es fällt ihnen schwer, nicht unentwegt den Satz vor sich hin zu murmeln, an dem sie sich nicht satthören können, den sie immer wieder aussprechen müssen, um ihn endlich auch zu glauben: Wir sind frei.

Von einigen der ehemaligen Häftlinge werden Ansprachen gehalten – in französischer, russischer, polnischer, englischer und deutscher Sprache.

Die Vernichtung des Nazismus mit seinen Wurzeln ist unsere Losung. Der Aufbau einer neuen Welt des Friedens und der Freiheit ist unser Ziel. Das sind wir unseren gemordeten Kameraden, ihren Angehörigen schuldig. Zum Zeichen Eurer Bereitschaft für diesen Kampf erhebt die Hand zum Schwur und sprecht mir nach: WIR SCHWÖREN!

Tausende Hände schnellen in die Höhe. Auch Heinz erhebt die Hand und wiederholt im Chor mit den Umstehenden: «Wir schwören!» Eine neue Welt des Friedens und der Freiheit – das ist auch sein Ziel. Deshalb tritt er wenige Tage nach der Befreiung des Lagers endlich offiziell in die KPD ein, die er durch seine Arbeit für den Widerstand faktisch schon länger unterstützt hat. Wenig später ergibt sich für ihn die Gelegenheit, diese neue Welt selbst aktiv mitzugestalten. Er bekommt eine Anstellung in der gerade gegründeten Volksbildungsverwaltung. Als er sich auf den Weg nach Weimar und in ein neues Leben macht, trägt er seinen ersten Zivilanzug, geschneidert aus einem grünen Stoff, der sich in einer der vielen Vorratskammern des Lagers gefunden hat.

In diesen Tagen scheint das beschauliche Städtchen aus allen Nähten zu platzen. Ehemalige KZ-Häftlinge, Flüchtlinge, Ausgebombte strömen in die Stadt und müssen untergebracht werden: Also requiriert die Militärverwaltung kurzerhand Zimmer. Wer Platz hat, muss zusammenrücken. Auch Heinz bekommt eine solche Unterkunft zugeteilt, doch ganz wohl fühlt er sich nicht mit dem Gedanken, bei Menschen einzuziehen, die er nicht kennt und die ihn nur aufnehmen, weil man es ihnen befohlen hat. Er erinnert sich noch gut an seine ersten Besuche in Weimar. Bereits wenige Tage nach der Befreiung des Lagers ist er mit einigen Kameraden in der Stadt gewesen. Damals trugen sie noch die gestreiften Häftlingsanzüge, an denen jeder sehen konnte, woher sie kamen. Aus den Blicken, die ihnen begegneten, sprachen Mitleid, Angst, Scham und Hass, manchmal auch alles zusammen. Aber die meisten schauten einfach weg, wechselten die Straßenseite, gaben vor, sie nicht zu sehen, so wie sie es zuvor auch getan hatten.

Nun soll er mit diesen Menschen zusammenleben, die ihm über die Jahre seiner Haft so fremd geworden sind. Was würde er ihnen sagen? Wie würden sie ihn aufnehmen? Ehe es Heinz gelingt, sich geeignete Worte zurechtzulegen, steht er auch schon am Rathenauplatz. Kurz zögert er und spielt mit dem Gedanken, einfach weiterzugehen. Doch wo soll er hin? Er öffnet die Haustür, steigt langsam die Treppe hinauf. Als er die richtige Wohnung gefunden hat, klopft er, zaghaft erst, dann bestimmt. Die Tür öffnet sich, und bevor er irgendetwas sagen kann, wird er von einer ganzen Schar Kinder umringt. Sie ziehen ihn in die Wohnung, reden durcheinander, sodass er anfangs kein Wort versteht. Ein kleiner Junge zerrt an seiner Hand, die den zerknüllten Zettel mit der Adresse umklammert, als wäre er unendlich kostbar. Am anderen Ende des langen Flurs steht eine Frau, die ungefähr so alt wie seine Mutter ist. Erneut öffnet sich die Wohnungstür, eine zweite Frau, etwas jünger als er, kommt herein und sieht ihn fragend an. Er schaut von einer zur anderen, unfähig, etwas zu sagen. Die ganze Situation ist ihm schrecklich unangenehm.

Die Frau, die damals in ihrer elterlichen Wohnung zum ersten Mal mit meinem Großvater zusammentraf, heißt Anne Klein. Ich besuche sie in ihrer Wohnung in einer Frankfurter Seniorenresidenz. So ziemlich das Erste, das sie nach dem Austausch von einigen Begrüßungssätzen sagt, ist, dass ich die Augen meines Großvaters hätte. Das rührt mich und sorgt für ein kurzzeitiges Durcheinander von Gedanken und Gefühlen, meine zuvor geplante Gesprächseröffnung ist unversehens dahin. Also sage ich erst einmal gar nichts. Während Anne Klein mich weiterhin anschaut, habe ich das Gefühl, sie sieht in diesem Moment nicht nur mich, sondern auch meinen Großvater. In ihrer Erinnerung ist der Mann, den ich nie getroffen habe, noch immer lebendig.

Später zeigt sie mir Fotos von Heinz. Als ich sie ihr wiedergebe, schiebt Anne Klein sie zurück, ich solle sie behalten. Einerseits bin ich unsicher, ob ich das annehmen kann, andererseits freue ich mich sehr, denn bisher besitze ich kein einziges Bild meines Großvaters. Ich bedanke mich und bitte Anne Klein, mir zu erzählen, wie sie Heinz kennengelernt hat.

Sie berichtet, dass sie sich noch ganz genau an diesen Nachmittag im Frühsommer 1945 erinnere, als sie von der Arbeit nach Hause kam und im Flur diesen Mann mit dem «entsetzlichen grünen Anzug» erblickte. Sie weiß noch, wie verklemmt sie alle waren in den ersten Tagen des Zusammenlebens:

Wir haben ihm das Zimmer gezeigt, das fand er in Ordnung und war verschwunden. Und eigentlich war er dann immer verschwunden. Es war für den Mann ganz fürchterlich. Er ist früh aus dem Haus und kam irgendwann abends spät in der Nacht wieder, und wir alle sind umeinandergeschlichen wie die Katze um den heißen Brei, bis meine Mutter gesagt hat, also Kinder, so geht das nicht, und hat Herrn Lippmann abgefangen, muss ich fast sagen, im Flur. Sie hat ihn gefragt, ob er bereit wäre, mit uns zu essen, und da hat er gestrahlt. An diesem Abend kam er eher nach Hause. Es gab sicher nicht viel zu essen, aber es war so, dass er uns endlich alle einmal registriert hat. Also es war eine Kommunikation plötzlich da, und das war ja schon einmal eine Basis.

Mit fünf Frauen und sechs Kindern lebt Heinz nun unter einem Dach, nachdem er jahrelang fast ausschließlich von Männern umgeben war. Mit der Zeit stellt er fest, dass sich Annes Familie nicht so sehr von seiner eigenen unterscheidet. Die Wohnung, die Möbel erinnern ihn an sein Elternhaus. Allerdings ist ihr Leben in den letzten Jahren ganz anders verlaufen. Während Annes Familie die Nationalsozialisten unterstützte, erfuhren Heinz und seine Eltern Diskriminierung und Verfolgung. Während er nun nach Jahren des Leidens beginnt, seine neugewonnene Freiheit zu leben, befinden sich die Ehemänner von Anne und ihren Schwestern als Wehrmachtsoffiziere in Kriegsgefangenschaft.

Anne und Heinz kommen sich schnell näher. In ihren vielen Gesprächen versucht Heinz sie von der neuen Welt zu überzeugen, die er mitgestalten möchte. Doch Anne, deren alte Welt gerade erst zusammengebrochen ist, bleibt skeptisch. Wie fast alle jungen Menschen ihrer Generation hat sie Hitler zugejubelt, ist dem Bund Deutscher Mädel beigetreten, hat Arbeitsdienst geleistet – weil es von ihr erwartet wurde und weil sie glaubte, das Richtige zu tun. Und nun soll sie sich einer neuen Bewegung anschließen?

Heinz nimmt sie mit auf den Ettersberg, zeigt ihr, wie er die letzten Jahre gelebt hat, erzählt von den grausamen Verbrechen, deren Zeuge er dort und in Auschwitz geworden ist. Anne Klein kann bis heute nicht sprechen über das, was sie in Buchenwald gesehen hat. Dieses Erlebnis hat sie verändert und zu Heinz eine Bindung entstehen lassen, die so stark wurde, dass sie ihr ganzes Leben hielt, auch wenn sie sich zeitweise sehr weit voneinander entfernten.

Heinz pendelt nun tagtäglich zwischen den Welten, hier Anne und ihre Familie, bis vor kurzem überzeugte Nationalsozialisten, und dort die neue Landesregierung, wo so viele ehemalige Kameraden aus Auschwitz und Buchenwald arbeiten. Als sein Vorgesetzter leitet Walter Wolf das Volksbildungsressort. Stephan Heymann kennt er schon aus Auschwitz, er steht jetzt der neugegründeten KPD in Thüringen vor. Ernst Busse fungiert als Thüringer Innenminister, und sein Kollege Johannes Brumme engagiert sich für eine Schulreform im Sinne einer demokratischen Ordnung. Von ihm erhält Heinz den Auftrag, sich um die Rekrutierung von Neulehrern zu kümmern, eine im Sommer 1945 vordringliche Aufgabe. Das neue Schuljahr steht vor der Tür, und politisch unbelastete Lehrer werden händeringend gesucht.

Überhaupt gibt es in diesen ersten Nachkriegsmonaten viel zu tun und für fast alles zu wenig Arbeitskräfte. Und so kommt es, dass der KPD-Funktionär Kurt Goldstein auf der Suche nach einem Mitarbeiter, der ihn beim Aufbau der Jugendarbeit in Thüringen unterstützt, auch in der Volksbildungsverwaltung nachfragt. Dort wird ihm nach einigem Hin und Her schließlich Heinz zugeteilt. Die neuen Kollegen verstehen sich gut, haben sie doch vieles gemeinsam. Beide sind jüdischer Herkunft, stammen aus bürgerlichen Familien, haben Auschwitz und Buchenwald überlebt. Der einige Jahre ältere Kurt Goldstein ist auch der politisch Erfahrenere. Seit 1930 KPD-Mitglied, kämpfte er im Spanischen Bürgerkrieg und unterstützte in Auschwitz den Widerstand.

Als ich ihn in seiner Wohnung in Berlin-Biesdorf besuche, ist er mit über neunzig Jahren noch immer politisch aktiv, sagt von sich selbst, er sei Kommunist, Deutscher und Jude. Mittlerweile gehört Kurt Goldstein nach KPD, SED und PDS der Linkspartei an. Regelmäßig spricht er vor Schulklassen und auf Demonstrationen über sein Leben und seine Ideale. Von meinem Großvater erzählt er in einer warmherzigen und freundschaftlichen Art, sodass ich das Gefühl habe, die beiden wären sich einmal sehr nahe gewesen. Goldstein sagt, er hätte in Heinz so etwas wie seinen politischen Sohn gesehen, dem er viel vermitteln konnte und der alles begierig in sich aufsog, sehr ehrgeizig und fleißig war – ein echtes Arbeitstier. In dessen Flucht sieht er anders als die meisten der damaligen Genossen weniger einen Verrat als einen tragischen Fehler, vor allem deshalb, weil Heinz im Westen nie wirklich glücklich geworden sei. Er hätte ihn gern in die DDR zurückgeholt, wenn es ihm möglich gewesen wäre, sicherzustellen, dass man ihn nicht einsperrte. Doch unglücklicherweise konnte er das nicht. Ich spüre, dass es Kurt Goldstein auch heute noch um seinen ehemaligen Genossen leidtut, und ich empfinde es als ermutigend, dass es jemandem, der so lange gelebt und dabei auch vieles unfassbar Schlimmes gesehen und erfahren hat, dennoch gelungen ist, seine Menschlichkeit zu bewahren.

Anders als die meisten Überlebenden der Konzentrationslager

spricht Kurt Goldstein von Anfang an über die schrecklichen Erfahrungen dort. Schon in den ersten Nachkriegsmonaten hält er Vorträge an Schulen und Universitäten, erzählt den Jugendlichen von dem, was er durchlitten hat. Heinz dagegen schweigt über das Erlebte. Das Gespräch mit Anne über seine Lagerzeit bleibt eine Ausnahme. Er baut eine Wand zwischen sich und seine Vergangenheit.

Kurt Goldstein und er widmen sich zunächst der Gründung antifaschistischer Jugendausschüsse. Sie sind als überparteiliche Zusammenschlüsse konzipiert, denen Vertreter aller Parteien und gesellschaftlichen Gruppen angehören sollen und deren Ziel es ist, möglichst eine große Zahl Jugendlicher zu erreichen, um sie nach Jahren der nationalsozialistischen Erziehung in Hitlerjugend und BDM für einen Neuanfang zu gewinnen.

Goldstein erinnert sich, wie wichtig es ihnen damals war, die Jugendlichen statt mit theoretischen Betrachtungen mit praktischer Arbeit zu beschäftigen. Sie initiieren Hilfsaktionen: Mädchen und Jungen pflücken Äpfel für die hungernden Kinder in Berlin, basteln Spielzeug für die Kriegswaisen und sammeln Holz für die Witwen. Gemeinsam mit Kurt Goldstein fährt Heinz im September 1945 nach Berlin. Vier Tage dauert die Reise in einem altersschwachen, von einem Holzofen betriebenen LKW voller Äpfel. Als sie endlich ankommen, erkennt Heinz den Ort, an dem er aufgewachsen ist, kaum wieder. Ehemals vertraute Straßen sind nur noch Ansammlungen von Ruinen und Haufen von Schutt. Wo früher Häuserzeile auf Häuserzeile folgte, hat man nun einen freien Blick auf die Trümmerfelder ringsum. Heinz kann sich nicht erinnern, in Berlin jemals so viel Himmel gesehen zu haben. Ihm kommt es vor, als habe sich das Verhältnis von Stadt und Firmament umgekehrt. Auch die Menschen erscheinen ihm orientierungslos, sie bewegen sich durch die Steinwüste wie Verirrte.

Nachdem sie die Äpfel abgeliefert haben, durchstreifen Heinz und Kurt gemeinsam die zerstörte Stadt. An diesem 9. September 1945 wird erstmals der Gedenktag für die Opfer des Faschismus begangen. Überall hängen Transparente und Fahnen mit Trauerflor, angebracht an Ruinen, Laternenpfählen und U-Bahn-Eingängen. Demonstrationszüge aus allen Teilen Berlins ziehen zum Stadion Neukölln, das vor kurzem in «Werner-Seelenbinder-Kampfbahn» umbenannt worden ist. Als eine Gruppe Demonstranten an ihnen vorbeiläuft, schließen Heinz und Kurt sich spontan an. Am Stadion angekommen, sehen sie die Tausenden Kränze, niedergelegt zur Ehrung der Toten. Sie hören die Reden von Überlebenden und Politikern aller Couleur, in denen von Trauer und Gedenken, vom Aufbau eines neuen, eines besseren Deutschlands die Rede ist, eines Deutschlands, in dem solch schreckliche Verbrechen nie wieder geschehen dürften. Es ist die erste politische Demonstration, an der Heinz teilnimmt. Viele werden folgen, auf zahlreichen wird er selbst sprechen, wird versuchen, das weiterzugeben, was sich ihm an diesem Septembersonntag in Berlin eingeprägt hat.

Wahrscheinlich hat Heinz dann noch seine Mutter und den Stiefvater besucht. Von dem Haus, in dem er aufgewachsen ist, stehen nur noch ein paar demolierte Wände. Die Eltern wohnen jetzt ein paar Straßen weiter. Vielleicht sind sie bei Freunden untergekommen, vielleicht wurde ihnen ein leerstehendes Zimmer zugeteilt. Ist es ein glückliches Wiedersehen? Sind sie sich über die Jahre der Trennung fremd geworden? Was halten seine einst politisch konservativ eingestellten Eltern von der kommunistischen Überzeugung ihres Sohnes? Fällt Heinz der Abschied schwer, oder ist er froh, nach ein paar Stunden die Wohnungstür hinter sich schließen und in sein eigenes Leben zurückkehren zu können?

Zurück in Weimar, geht die Arbeit mit ungebremster Energie weiter. Der Thüringer Landesjugendausschuss wird gegründet, Heinz zu dessen Vorsitzendem ernannt. Mit seinen gerade einmal 24 Jahren und recht überschaubarer politischer Erfahrung ist er ein echter Exot in solch einflussreicher Position. Er fährt regelmäßig nach Berlin, wo er mit anderen Jugendvertretern zusammentrifft. Dabei lernt er auch Erich Honecker kennen, der den dort ansässigen Zentralen Jugendausschuss leitet. Immer öfter ist jetzt von der Gründung einer einheitlichen Jugendorganisation die Rede. Dieser Freien Deutschen Jugend soll jeder angehören können, unabhängig von Rasse, Religion oder politischer Einstellung. Die Idee einer Vereinigung, die niemanden ausschließt, hatte sicher eine besondere Bedeutung für Heinz, dem aufgrund seiner Herkunft vieles versagt blieb. Jedenfalls ist er Feuer und Flamme, als Kurt Goldstein vorschlägt, auf der für Ende des Jahres geplanten Landesjugendkonferenz über die Gründung der Freien Deutschen Jugend Thüringens abzustimmen. Der Vorschlag findet Akzeptanz, und so wird in den letzten Dezembertagen des Jahres 1945 in Gera der erste Landesverband der FDJ gegründet.

In Berlin ist Erich Honecker nicht begeistert von so viel unabhängigem Entscheidungswillen. Der Verband soll schließlich als einheitliche und zentral gesteuerte Jugendorganisation gegründet werden, wofür jedoch noch die Zustimmung der sowjetischen Besatzer fehlt. Alleingänge wie der der Thüringer Genossen passen da nicht ins Konzept. Deshalb wird die verfrühte Gründung kurzerhand totgeschwiegen und der Landesverband der FDJ mit dem Einverständnis der Besatzungsmacht am 24. März 1946 noch einmal aus der Taufe gehoben. Als Hauptredner der feierlichen Gründungsveranstaltung ist Heinz Lippmann vermerkt. Anne Klein, die ihn damals immer mal wieder zu solchen Auftritten begleitet hat, erinnert sich: «Das Reden musste er noch lernen. Ein guter Redner war der Heinz am Anfang nicht. Aber er war mitreißend, weil er immer alles in die Waagschale geworfen hat, was er war, und versucht hat, der Jugend zu erzählen, was man aus dem ganzen Trümmerhaufen wieder machen kann.»

So vieles gilt es zu organisieren, so vielen zu helfen. Im Grunde sind sie alle Überlebende, Übriggebliebene einer zerstörerischen Zeit. Eines Tages bringt Heinz' Kollege Hans Koch eine junge Frau mit ins Büro: Die 17-jährige Dorothea Stenzel hat in einer einzigen Nacht alles verloren, ihre Eltern kamen beim Bombardement von Dresden ums Leben, auch all ihren materiellen Besitz haben die Flammen zerstört. Hans Koch ist sie in einem von der FDJ gegründeten Theaterclub in Gera aufgefallen. Er lud sie nach Weimar ein, um mit ihr über ihre Zukunft zu sprechen.

Als ich Dorothea Stenzel mehr als 65 Jahre später treffe, begegnet mir eine selbstbewusste Frau, die auf ein erfülltes Leben zurückblickt. Damals, kurz nach dem Kriegsende, war sie allein und in ihrer Orientierungslosigkeit für jede Hilfe dankbar. Trotz der langen Zeit, die seitdem vergangen ist, erinnert sie sich noch an die Worte, mit denen sie Heinz bei ihrem ersten Zusammentreffen begrüßte: «Wir wollen hier keine großen Sonntagsreden halten oder trösten, es würden bessere Zeiten kommen, sondern wir haben uns überlegt, wie wir dir tatkräftig helfen können. Wir fördern ja viele junge Leute. Und nun ist hier im Schloss Belvedere eine neue Schauspielschule eröffnet worden, und da gehste hin und da studierst du jetzt.»

Auf ihren Einwand, sie hätte doch gar kein Geld, um ein solches Studium zu finanzieren, entgegnet er, sie würde ein Stipendium von 250 Mark bekommen, und außerdem könne sie im Internat der Schule wohnen. Als ich frage, ob es nicht merkwürdig gewesen sei, einen völlig Fremden so über ihr Leben bestimmen zu lassen, antwortet Stenzel, dass die Vermittlung des Studienplatzes für ihr Leben eine Initialzündung war. Einen solchen Anstoß von außen brauchte sie damals, denn sie sei wie gelähmt gewesen und hätte niemanden gehabt, mit dem sie sich über ihre Zukunft beraten konnte. Dorothea Stenzel studiert an der Weimarer Theaterschule Dramaturgie und schreibt sich später an der Universität Jena für Germanistik ein. Im Jahr 1947 tritt sie in die SED ein – aus Überzeugung, wie sie sagt. Heinz greift ihr während der Zeit in Weimar noch mehrmals helfend unter die Arme, dann verloren sie sich aus den Augen.

Im Sommer 1946 bekommt Heinz einen neuen Kollegen. Klaus Herde ist ein einundzwanzig Jahre alter Neulehrer, der sich um den Aufbau einer Kinderorganisation kümmern soll. Er bezieht das Büro neben Heinz und wohnt zur Untermiete in einem von ihm vermittelten Zimmer. Sie kommen schnell ins Gespräch und verstehen sich gut. Klaus Herde erinnert sich, dass sie sich in vielem ähnelten, so auch in dem, was sie Tag für Tag antrieb. «Für uns stand unsere Arbeit damals unter der großen Überschrift: Das neue Leben muss anders werden, und man muss der Jugend ersparen, das zu erleben, was wir durchgemacht haben, also er im KZ, ich als Angehöriger der Wehrmacht und als Soldat, der erlebt hat, was Krieg bedeutet.»

Dafür reiben sie sich auf, planen, diskutieren, organisieren – und diese Arbeit, so erinnert sich Klaus Herde, ist ihr Lebenselixier, einen Feierabend kennen sie nicht. Wenn es sehr spät wird und sie es wegen der ab 22 Uhr geltenden Ausgangssperre nicht mehr nach Hause schaffen, schlafen sie eben auf ein paar zusammengerückten Stühlen im Büro. Eine Decke findet sich immer, und am nächsten Morgen wird gleich weitergearbeitet. Der Glaube, wirklich etwas gestalten zu können, wirkt neben der Erfahrung, dass es möglich ist, Neues zu schaffen, Dinge zu verbessern und Einfluss zu nehmen, wie eine Droge. Das Engagement ist aufputschend und zugleich beruhigend, es macht die Wunden vergessen, die die Kriegsjahre gerissen haben. Aber heilt es sie auch?

Nicht alles läuft so, wie Heinz es sich erhofft hat. Mit zunehmender politischer Erfahrung und wachsendem Selbstbewusstsein beginnt er die Grenzen des von ihm erträumten sozialistischen Deutschlands zu erkennen. Immer stärker nimmt er die Unterschiede zwischen Theorie und Praxis wahr. So treten bei den Zusammenkünften des FDJ-Zentralrats in Berlin erste Konflikte auf, insbesondere mit dessen Vorsitzendem Erich Honecker, den er als herrschsüchtig und kompromisslos empfindet. Auch inhaltlich gehen ihre Vorstellungen auseinander. Während der FDJ-Vorsitzende die Thüringer Landesleitung wegen der mangelnden politisch-ideologischen Ausrichtung ihrer Aktivitäten kritisiert, vertritt Heinz die Ansicht, man könne die Jugend besser über Sport und Spiel, Musik und Kultur gewinnen statt mit stundenlangen theoretischen Exkursen. In einem autobiographischen Text von 1960 beschreibt er diese ersten Bedenken und Vorbehalte rückblickend:

Natürlich gab es schon damals vieles, was mir nicht gefiel. Da waren die Moskauer Immigranten, die alles besser wissen wollten und die sowjetische Militärmacht im Rücken hatten. Da waren korrupte Funktionäre und Opportunisten, die das Hakenkreuz mit der roten Fahne vertauscht hatten und nun glaubten, auch jetzt wieder an die Futterkrippe gelangen zu können. Da gab es die internen Auseinandersetzungen innerhalb der Partei um Macht und Einfluss und vor allem die Unfähigkeit schnell avancierter Genossen, die den ihnen gestellten Aufgaben nicht gewachsen waren. Das alles sah ich natürlich und das alles behagte mir nicht. Aber was bedeuten diese Mängel schon im Verhältnis zu den schrecklichen Erfahrungen der letzten Jahre?!

Diese ersten Friedensmonate sind vor allem geprägt von Arbeit, für Privates bleibt Heinz wenig Zeit. Anne, seine Mitbewohnerin der ersten Wochen in Weimar, trifft er nur noch selten. Ihr Ehemann ist inzwischen aus der Kriegsgefangenschaft gekommen. Wegen seiner Vergangenheit traut Alfred sich nicht in die sowjetische Zone und wohnt deshalb in Frankfurt am Main. Anne hat ihn dort besucht und ist schwanger zurückgekehrt. Inzwischen ist das Baby da, und Anne möchte zu ihm ziehen. Doch es gibt Schwierigkeiten, denn für Reisen zwischen den Besatzungszonen muss man einen Interzonenpass beantragen, den Anne nicht bekommt. Obwohl Heinz ihr schon in einem ihrer ersten Gespräche gesagt hat, dass er mit ihrem Mann, dem Wehrmachtsoffizier, nichts zu tun haben will, hilft er ihr. Er schmuggelt sie mit ihrer sechs Monate alten Tochter und ihrer Mutter in einem Bus voller Kinder nach Frankfurt. Auf Einladung der FDJ haben die Mädchen und Jungen ihre Sommerferien in Thüringen verbracht, damit sie mal aus dem Grau der kriegszerstörten Stadt herauskommen konnten. Weil die Rückreise eine offiziell angemeldete Fahrt ist, sind Kontrollen kaum zu erwarten.

Heinz stellt sicher, dass die drei einen Platz im Bus haben, ihr Gepäck gut verstaut ist. Viel Zeit zum Reden bleibt nicht, was eigentlich nicht weiter schlimm ist, denn so recht wissen sie nicht, was sie einander sagen sollen. Es ist ein Abschied für eine lange Zeit, damals dachten sie vielleicht für immer. Erst Jahre später sollten sie sich wieder begegnen.

Neben der politischen Arbeit hat Heinz eine zweite große Leidenschaft: Frauen. Von vielen Freunden und Weggefährten wird er als Mann beschrieben, dem es leichtfällt, das andere Geschlecht für sich einzunehmen, und der davon ausgiebig Gebrauch macht. Kurt Goldstein erinnert sich, dass er damit nicht immer auf Gegenliebe stieß:

Der Heinz hatte eine Schwäche für Frauen, und der Schwäche ist er immer wieder erlegen. Er hat es nie lange bei einer Frau ausgehalten. Als wir in Weimar waren und ich alle vierzehn Tage in die Schauspielschule gefahren bin, um dort Vorträge zu halten, kriegte ich immer von den Leitern dort gesagt, dass mein Mitarbeiter da wieder bei den Mädels rumgewildert habe. Die sagten, ich solle doch mit ihm reden. Und ich antwortete, was soll ich mit dem reden, der muss doch selbst wissen, was er tut, und die Mädels müssen auch wissen, mit wem sie ins Bett gehen.

Auch sein Kollege Klaus Herde berichtet, dass Heinz immer wieder neue Freundinnen mitbrachte. Das ist im Grunde nicht weiter verwunderlich: Er ist damals Mitte zwanzig, ungebunden und hat die letzten Jahre praktisch komplett unter Männern verbracht. In einer deutschen Kleinstadt der 1940er Jahre fällt er damit dann aber doch negativ auf. Schließlich sind alle Bekannten froh, als er 1947 endlich in festen Händen ist. Das hätte damals das ganze FDJ-Sekretariat bewegt, erinnert sich Klaus Herde.

Die junge Frau, an die er sich schließlich bindet, ist Inge, meine Großmutter. Im Frühjahr 1946 kehrt sie mit ihrem damaligen Ehemann Rudi Guttmann aus der englischen Emigration nach Deutschland zurück. Die Berliner FDJ-Zentrale schickt die beiden nach Weimar. Inge arbeitet dort als Referentin für Kultur und Erziehung eng mit Heinz zusammen, der diese Bereiche in der FDJ-Landesleitung vertritt. Die beiden sind sich von Anfang an sympathisch und kommen sich schnell näher. Sie haben vieles gemeinsam – beide sind jüdischer Herkunft und in Berlin aufgewachsen, beide haben trotz ihres jugendlichen Alters schon Schlimmes erlebt, sind Überlebende, davongekommen um Haaresbreite. Und nun widmen sie all ihre Anstrengungen dem Traum von einem besseren Leben in einem sozialistischen Deutschland. Vielleicht ergibt sich deshalb zwischen ihnen eine ganz besondere Nähe, die es ihnen erleichtert, sich zu öffnen und zu vertrauen. Doch was letztlich dazu geführt hat, dass die beiden sich verlieben, dass Inge sich von ihrem ersten Ehemann Rudi scheiden lässt und am 25. Juli 1947 Heinz heiratet, weiß ich nicht. Überhaupt ist nur sehr wenig über diese Liebe, am wenigsten über ihre glückliche Zeit, die es auch gegeben haben muss, zu erfahren. Nach dem Schmerz zu urteilen, den meine Großmutter auch lange nach Ende der Verbindung noch empfand, müssen diese Jahre sehr intensiv und hoffnungsvoll gewesen sein.

Bei der Hochzeit ist Inge schon sichtbar schwanger. Es ist durchaus möglich, dass auch diese Tatsache eine Rolle für die Entscheidung spielte, zu heiraten. Keine vier Monate später wird mein Vater geboren. Es ist ein grauer regnerischer Tag, an dem Heinz Inge und seinen neugeborenen Sohn im Krankenhaus besucht. Der Anruf kam bereits vor einigen Stunden. Die Geburt sei problemlos verlaufen, Mutter und Kind sind wohlauf. Heinz verspürt Erleichterung, Freude und noch etwas, von dem er nicht sicher sagen kann, was es ist. Angst? Ehrfurcht? Unsicherheit? Nun ist er also Vater, verantwortlich nicht mehr nur für sich selbst, sondern auch für diesen neuen kleinen Menschen, den es ohne ihn nicht geben würde. Trotz all dieser Gedanken, die ihm durch den Kopf gehen und dort ein veritables Chaos anrichten, geht er weiter seiner Arbeit nach wie an jedem anderen Tag – unterbrochen nur von den Glückwünschen der Kollegen. Die Routine beruhigt ihn, und erst als alles erledigt ist, macht er sich auf den Weg ins Krankenhaus.

Dort hält er ihn zum ersten Mal im Arm, seinen winzigen Sohn, der Peter heißen soll. Er fühlt sich weich an, warm und sehr zerbrechlich, so zerbrechlich, dass Heinz unwillkürlich daran denken muss, was ihn auf dieser Welt und in diesem Leben erwarten wird, das erst vor wenigen Stunden begonnen hat. Heinz spürt, wie Angst in ihm aufsteigt, eine alte, ihm allzu gut bekannte Angst, die immer da ist, auch wenn er sie so gut er kann zu ignorieren versucht. Im Grunde hat sie ihn nie wieder verlassen, seit jenen Tagen im Lager, an denen das Grauen über ihn hereinbrach und alles mit sich riss, was ihm bis dahin sicher und vertraut erschien. Damals erkannte er, dass ihm niemand helfen konnte, dass selbst seine Mutter nichts tun konnte, als ihn vollkommen ohnmächtig seinem Schicksal zu überlassen. Es ärgert ihn, dass er in einem solch glücklichen Moment daran denken muss. Er wünscht sich sehr, seinen Sohn immer beschützen zu können, doch zur gleichen Zeit spürt er, wie schwer dieser Anspruch auf ihm lastet.

Einige Tage später können Mutter und Kind das Krankenhaus verlassen. Vor wenigen Wochen haben Inge und Heinz ein kleines Einfamilienhaus bezogen, ein komfortables Zuhause für die junge Familie, die sie jetzt sind. Heinz verdient nicht schlecht als Parteifunktionär, und materiell fehlt es ihnen an nichts. Trotzdem mag sich kein wirkliches Familienglück einstellen. Es scheint, als wolle Heinz der neuen Rolle als Ehemann und Vater entfliehen. Er arbeitet noch mehr als zuvor und ist oft tagelang unterwegs. Vielleicht ist es auch nicht nur der Arbeit geschuldet, wenn er nachts nicht nach Hause kommt. Jedenfalls gibt es häufig Auseinandersetzungen zwischen ihm und Inge, die immer erbitterter geführt werden. Woran ihre Liebe letztendlich zerbricht, lässt sich nicht sagen. Die einzigen Informationen in dieser Richtung stammen ausgerechnet aus einem Schreiben, das Heinz 1951 auf Anfrage der Zentralen Parteikontrollkommission verfasst. Grund ist eine Überprüfung aller Genossen, die wie meine Großmutter aus westlicher Emigration zurückgekehrt sind. Und obwohl er bereits von Inge geschieden ist, legt er gegenüber der Partei intime Details über seine Ehe offen.

Sehr bald stellte ich fest, dass ich sehr überstürzt und unüberlegt gehandelt hatte. Bereits nach dem ersten Jahr unserer Ehe kam es zu ernsten Zerwürfnissen zwischen meiner Frau und mir, die nicht politischer Natur waren, die aber ihre Ursache in der verschiedenartigen Auffassung von einem gemeinsamen Leben hatten. Dies wurde begünstigt durch meine lange Abwesenheit aufgrund meiner Tätigkeit und hatte auch seine Ursachen zum Teil darin, dass ich durch die Haftzeit mich einfach nicht an ein Familienleben gewöhnen konnte, meine Frau stark vernachlässigte und eine Reihe Eigenschaften, die mir an ihr missfielen, nicht versuchte, durch Erziehung zu überwinden, sondern ihnen dadurch aus dem Wege gehen wollte, indem ich so wenig als möglich mich zu Hause sehen ließ, so dass zum Ende 1948 von einem Zusammenleben nicht mehr gesprochen werden konnte.

In den ersten Monaten unseres Auseinanderlebens kam es häufig zu ernsten Meinungsverschiedenheiten zwischen uns, an denen ich ein Großteil Schuld trug. Inge bekam nach der Geburt des Kindes, durch die Aufregung in unserer Ehe und auch durch ein bestimmtes Maß an Einbildung häufig Anfälle (sie war schon vorher herzkrank), so dass ihr auf Beschluss der amtlichen Ärztekommission ein zweites Kind im frühen Stadium aus Krankheitsgründen genommen wurde.

Es ist schade, dass ich keinen von beiden fragen kann, was sie damals wirklich auseinandergerissen hat. Von meinem Vater weiß ich nur, dass es Inge ganz furchtbar verletzt hat, so kurze Zeit nachdem sie ihr bisheriges Leben und ihre Liebe aufgegeben hatte, um mit Heinz zusammen zu sein, verlassen zu werden. Sie hat ihm das nie verziehen. Vielleicht hat sie ihn mitverantwortlich gemacht für den Verlust des zweiten Kindes und nannte ihn deshalb später immer nur «das Schwein».

6   AUF DEM WEG NACH OBEN

Applaus. Aufbrausend. Abschwellend. Ein Meer von Händen, aus dem Tausende Gesichter zu ihnen heraufschauen, jung, froh, hoffnungsvoll. Heinz lässt sich von der Begeisterung der Delegierten umbranden, verspürt große Freude und Befriedigung über das, was sie erreicht haben in den letzten vier Jahren. Mehr als eine halbe Million Mitglieder zählt die FDJ inzwischen, junge Menschen, verwirrt und verblendet durch den Faschismus, traumatisiert und abgestumpft durch das Erlebnis von Krieg und Tod, eine verlorene Generation, der sie versuchen, eine Perspektive zu geben, die sie begeistern wollen für die Idee eines sozialistischen Deutschlands. Während er den Blick schweifen lässt über die zweitausend jungen Männer und Frauen in der Leipziger Kongresshalle, erinnert er sich an seine öffentlichen Auftritte, Reden, die er gehalten hat vor zwanzig, dreißig Jugendlichen irgendwo in der Thüringer Provinz. Anfangs war er unendlich nervös und hundertprozentig davon überzeugt, dass niemand ihm zuhören, dass man ihn unterbrechen, beschimpfen, womöglich sogar rausschmeißen würde. Doch nichts davon passierte, er blickte in offene Gesichter, manche waren abweisend, doch die wenigsten gleichgültig. Er hielt sich an die Interessierten, freute sich, wenn am Ende der Veranstaltungen einige der Jugendlichen zu ihm kamen, um von sich zu erzählen, Fragen zu stellen oder um Hilfe zu bitten. Heinz half, wo er konnte, und fand sich von Woche zu Woche besser in seine neue Rolle hinein.

Zum ersten Mal in seinem Leben fühlt er sich wirklich akzeptiert, und zwar nicht nur von einigen wenigen ihm Nahestehenden, sondern von Freunden wie Genossen und auch von den meisten derer, mit denen er im Zuge seiner Arbeit zusammentrifft. Er spürt, wie er daran wächst und die Verletzungen der Vergangenheit, der Hass, die Demütigungen, hinter ihm zurückbleiben. Doch vergessen wird er nie, was er erlebt und gesehen hat. Und alles dafür zu tun, dass sich dieser Schrecken niemals wiederholt, ist sein Weg, sich zu schützen vor den Fragen nach dem Warum, den Erinnerungen an die Freunde, die nicht zurückgekehrt sind. Seine Arbeit, sein Kampf für eine neue Welt geben seinem Überleben einen Sinn. Und nun also Berlin. Eine Rückkehr und auch ein Neubeginn.

Auf dem III. Parlament der FDJ im Juni 1949 wird Heinz ins Sekretariat des Zentralrats gewählt und gehört damit zum Leitungsgremium der Jugendorganisation. Jedes dessen dreizehn Mitglieder ist für ein anderes Themenfeld zuständig. Den Vorsitz hat Erich Honecker als Erster Sekretär inne. Heinz' Aufgabenbereiche sind Personalpolitik und Westarbeit, wobei Letztere den Schwerpunkt bildet. In dieser Funktion ist er zuständig für den westdeutschen Verband der FDJ. Seit seiner Befreiung aus dem KZ und dem Beginn seiner politischen Laufbahn hat sich vieles verändert. Aus den einstigen Alliierten, die ihm die Freiheit und Deutschland den Frieden brachten, sind Gegner im Kalten Krieg geworden. In ihren jeweiligen Besatzungszonen verfolgen sie eine gegensätzliche Politik. Amerikaner, Engländer und Franzosen arbeiten daran, den Westen Deutschlands wirtschaftlich und politisch zu stabilisieren und ihn möglichst eng in den eigenen Machtbereich einzubinden, um damit gleichermaßen den der Sowjetunion zu begrenzen. Diese versucht wiederum im Osten ihren Einfluss so weit es geht zu festigen, wozu dort der Aufbau des Sozialismus weiter vorangetrieben wird. Die Gegensätze verschärfen sich, die Teilung des Landes scheint unabwendbar. Kurz nachdem Heinz seine neue Aufgabe angetreten hat, erfolgt die Gründung der Bundesrepublik, die der DDR steht unmittelbar bevor. Trotzdem erstreben Politiker beider deutscher Staaten weiterhin ein einheitliches Deutschland. Jedoch liegen ihre Vorstellungen davon, wie ein solcher gemeinsamer Staat aussehen sollte, weit auseinander.

Das Ziel der Deutschen Einheit hat sich auch die FDJ in Westdeutschland auf die Fahnen geschrieben. Allerdings ist sie dort eine Jugendorganisation unter vielen und verfügt über einen vergleichsweise geringen Zulauf und wenig Einfluss. Gerade einmal dreizehntausend Mitglieder zählt die Organisation in der Bundesrepublik. Um die Defizite zu beseitigen und auch die West-FDJ zu einer Massenorganisation auszubauen, soll sie enger an Ostberlin angebunden werden. Dazu wird im Sekretariat des Zentralrats ein spezielles Westbüro geschaffen, mit dessen Aufbau und Leitung Heinz beauftragt wird. Er und seine Mitarbeiter, 1950 sind es bereits mehr als sechzig, nehmen an Tagungen der West-FDJ teil, überbringen Beschlüsse des Zentralrats und berichten über deren Umsetzung. Sie kümmern sich um die Finanzplanung und stellen die Mittel zur Verfügung, die der mitgliederschwache Verband im Westen selbst nicht in ausreichender Höhe aufbringen kann. So gestärkt und instruiert, soll es der FDJ gelingen, mehr Jugendliche in der BRD für den Sozialismus zu begeistern.

Analog zum Westbüro der FDJ hat sich Anfang des Jahres 1949 beim Politbüro der SED eine Westkommission konstituiert. Dort kümmert man sich um die Kontrolle und Anleitung der KPD in Westdeutschland, aber auch um die FDJ, weshalb Heinz an deren Sitzungen teilnimmt. So erhält er Einblick in das innere Machtzentrum der DDR, wo er der Jüngste zwischen lauter altgedienten Kommunisten aus beiden Teilen Deutschlands ist. Der Vorsitzende der Kommission, Franz Dahlem, wird zu seinem politischen Mentor. Er nimmt sich Zeit für den fast dreißig Jahre jüngeren FDJ-Funktionär. Dahlem hört sich dessen Probleme an, erteilt Ratschläge und versucht schlichtend einzugreifen, wenn Konflikte zu eskalieren drohen. Heinz nimmt die Hilfe und das ihm entgegengebrachte Vertrauen dankbar an.

Die Nähe zu Franz Dahlem, einem der einflussreichsten Funktionäre der jungen DDR, wirkt sich in unterschiedlicher Weise auf Heinz' Arbeit aus. So wird er einerseits in die Machtkämpfe auf oberster Ebene hineingezogen, wo Dahlem als größter Rivale von Staatschef Walter Ulbricht gilt. Als Dahlem im Oktober 1949 die Zuständigkeit für das einflussreiche Personalressort des Politbüros verliert, muss auch Heinz diesen Arbeitsbereich im FDJ-Zentralrat abgeben. Dass

Heinz' direkter Vorgesetzter Erich Honecker wiederum von Ulbricht protegiert wird, führt zwangsläufig zu Spannungen in ihrem Verhältnis, das von Anfang an getrübt ist. Andererseits bringt die Nähe zu Dahlem auch einen gewissen Schutz mit sich und hilft, Heinz' Position zu festigen.

Gemeinsam mit ihm sind eine ganze Reihe anderer Funktionäre neu ins Sekretariat des FDJ-Zentralrats berufen worden, fast alle kommen aus den Führungen der Landesverbände, wo sie wie auch Heinz ein relativ selbstbestimmtes und unabhängiges Arbeiten gewohnt waren. In Berlin läuft alles etwas anders. Honecker ist es gewöhnt, Parteibeschlüsse direkt nach unten durchzureichen. Widerspruch würgt er ab, Diskussionen geht er aus dem Weg. Einige der Neuen wollen sich das nicht gefallen lassen. Auch Heinz, den Genossen als eigenwilligen Charakter beschreiben, der gerne Anweisungen gibt und sich nur ungern unterordnet, als jemand, der Entscheidungen oft impulsiv trifft, auch wenn sie nicht ganz mit den Direktiven von oben in Einklang zu bringen sind, hat seine Probleme mir dem neuen Arbeitsumfeld. Er zählt sich zu einer kleinen Gruppe von Neulingen, die sich gegen die Bevormundung stemmen. Auf Sekretariatssitzungen brechen sie heftige Auseinandersetzungen vom Zaun und kommen gar überein, bei der Partei Honeckers Absetzung zu fordern. Inwieweit Heinz dabei offen Stellung bezieht, bleibt unklar. So ist er, nachdem Honecker den Machtkampf für sich entschieden hat, nicht unter denen, die in weniger einflussreiche Positionen abgeschoben werden. Das mag an der Protektion Franz Dahlems gelegen haben oder auch daran, dass er möglicherweise vorsichtiger agiert und sich weniger aus der Deckung gewagt hat als andere.

Sein Verhältnis zum FDJ-Vorsitzenden erscheint zwiespältig. Einerseits gibt es, wie er selbst, Weggefährten und auch Honecker berichten, durchaus Konflikte, andererseits kommt es in den Jahren ihrer Zusammenarbeit immer wieder vor, dass Honecker ihm ungewöhnliches Vertrauen entgegenbringt, ihn protegiert und fördert. So beauftragt er Heinz im September 1949, wenige Monate nach seinem Einstand im Sekretariat, ihn während seiner Abwesenheit zu vertreten. Kurz darauf reisen sie gemeinsam ins Ruhrgebiet. Auf einer Kundgebung in Duisburg überbringt der FDJ-Vorsitzende die Einladung zum für Pfingsten 1950 geplanten Deutschlandtreffen der Jugend in Ostberlin. In den gemeinsamen Tagen dort erlebt Heinz einen ganz anderen Erich Honecker als den beherrschten Machtpolitiker, den er kennt. Honecker gibt sich gefühlsbetont, zugänglich, spontan und temperamentvoll. Mit Begeisterung spricht er zu den westdeutschen Jugendlichen, scheint sie mit seinem Enthusiasmus anstecken zu wollen. Auf der Rückfahrt zeigt er sich so ergriffen von seinen Erlebnissen, dass er Heinz anvertraut, er würde am liebsten selbst den zu diesem Zeitpunkt vakanten Posten an der Spitze der West-FDJ übernehmen. Doch dazu kommt es nicht. Dieses Amt wird Kurt Goldstein übertragen, Heinz' Genosse aus Thüringer Tagen, durch den er überhaupt erst zur Jugendorganisation gekommen ist. Goldstein erinnert sich an das neuerliche Miteinander: «So wie wir 45 in Thüringen alles miteinander besprochen haben, da war ich der Leiter und er der junge Mitarbeiter, so saßen wir jetzt zusammen, gewissermaßen beide auf gleicher Augenhöhe, und so wie wir in Thüringen gut zusammengearbeitet haben, so haben wir auch diese Arbeit in der Bundesrepublik zusammen gemacht.»

Neben den Erinnerungen an die gemeinsame Pionierarbeit in der unmittelbaren Nachkriegszeit teilen die beiden auch das etwas angespannte Verhältnis zu Erich Honecker. «Zwischen uns stimmte auch die Chemie insofern, dass zwischen dem Heinz und dem Genossen Honecker die Chemie nicht stimmte.»

Auch Erich Honecker ist nicht besonders gut auf Kurt Goldstein zu sprechen, wahrscheinlich kann er ihm nicht verzeihen, dass er 1945 trotz seiner anderslautenden Anweisungen in Thüringen vorzeitig die FDJ gegründet hat. Jedenfalls sträubt er sich zunächst gegen Goldsteins Beförderung, wobei er seine Meinung damit begründet, dass dieser Jude sei, sein Name jüdisch klinge, er jüdisch aussehe und dass diese Tatsache in manchen Kreisen der Bevölkerung Ablehnung hervorrufen und damit der Massenwirksamkeit der FDJ schaden könnte. Durchsetzen kann er sich damit jedoch nicht.

Das erste Projekt, das Kurt und Heinz gemeinsam angehen, ist die Vorbereitung des ersten Deutschlandtreffens der Jugend. Zwanzigtausend westdeutsche Jugendliche sollen sie mobilisieren. Anfang des Jahres 1950 ist Heinz fast pausenlos unterwegs, den Großteil seines Einsatzes verbringt er in Westdeutschland. Er stürzt sich in die Umsetzung seiner Aufgaben und genießt es, vom Sekretariat und allen langwierigen Diskussionen weit weg zu sein. In der praktischen Arbeit fühlt er sich frei, und seine Anstrengungen tragen Früchte: Dreißigtausend junge Leute aus der Bundesrepublik reisen Pfingsten 1950 zum Deutschlandtreffen der FDJ nach Ostberlin.

Mit siebenhunderttausend Teilnehmern ist es die größte Jugendveranstaltung seit Ende des Krieges. Zahlreiche Veranstaltungen aus Politik, Kultur und Sport werden geboten. Das Deutschlandtreffen soll der Welt, vor allem der westlichen, Stärke und Einheit des sozialistischen Lagers demonstrieren. Doch für viele der Jugendlichen ist die Reise nach Berlin und der Austausch mit jungen Leuten aus anderen Städten und Ländern vor allem ein prägendes persönliches Erlebnis. Sie gehören einer entwurzelten Generation an, die aus ihren Familien, soweit noch vorhanden, kaum Halt und Anerkennung zieht. Bestätigung finden sie im Zusammensein mit anderen Jugendlichen, in Kultur- und Sportgruppen, in denen sie ihre Fähigkeiten ausprobieren und weiterentwickeln können.

Heinz ist seit Wochen zum ersten Mal wieder in Berlin. Er erkennt die Stadt kaum wieder, so bunt, so jung, so voller Leben erscheint sie ihm. Auch jetzt ist er rund um die Uhr unterwegs von einer Veranstaltung zur nächsten, vom Zentralrat zum Politbüro. Er organisiert, telefoniert, diskutiert und kommt kaum zum Essen, geschweige denn zum Schlafen. In seine spartanisch eingerichtete Zwei-Zimmer-Wohnung in der Cantianstraße fährt er nur, um sich umzuziehen. Trotzdem fühlt er sich weder müde noch gestresst. Seine Energie scheint unerschöpflich, je mehr er gefordert wird, desto mehr zu geben ist er fähig. Er genießt die Herausforderungen. Neue Aufgaben zu übernehmen und sie dann nach und nach abzuarbeiten, verschafft Heinz eine tiefe Befriedigung. Manchmal, in ruhigen Momenten, spürt er in seinem Inneren eine Leere – zurückgelassen von all dem, was er verloren hat: seine Freunde, die Welt seiner Kindheit mit ihren Gewissheiten, sein Glaube an das Leben und die Menschen. Je mehr er in seine neue Rolle hineinwächst und in der Arbeit an einem besseren, einem sozialistischen Deutschland aufgeht und je mehr er sich aufreibt, diesen Traum zu realisieren, desto stärker füllt ihn das Hier und Heute aus. Es legt sich auf die Wunde in seinem Inneren wie ein heilender Verband.

Unmittelbar nach Ende des Deutschlandtreffens bastelt Heinz gemeinsam mit Kurt Goldstein am nächsten großen Propaganda-Coup. Über den nahe Schwerin gelegenen Grenzübergang Herrnburg sollen zehntausend westdeutsche Teilnehmer des Deutschlandtreffens als geschlossener Block und vor den Augen der dortigen Öffentlichkeit in die Bundesrepublik zurückkehren. Allerdings fühlen sich die westdeutschen Behörden durch die Aktion provoziert und verweigern den FDJlern zunächst die Einreise. Dann verlangen sie von den Jugendlichen, sich vor dem Grenzübertritt einzeln registrieren und wegen angeblicher Seuchengefahr medizinisch untersuchen zu lassen. Das wird von der Ostseite entschieden abgelehnt. Der Zentralrat schickt Zelte, Betten, eine Gulaschkanone und reichlich Pressevertreter nach Herrnburg. Und so campieren die jungen Westdeutschen öffentlichkeitswirksam auf der grünen Wiese am Rande der DDR. Zwei Tage später entscheiden die bundesdeutschen Behörden, dass auf diese Weise wohl mehr Schaden angerichtet als verhindert wird, und geben nach. Heinz überbringt die freudige Nachricht persönlich. Das *Neue Deutschland* widmet dem Ereignis eine Sonderausgabe, auf der in übergroßen Lettern das Wort «Sieg» prangt. In den Artikeln wird geschildert, wie die FDJler Fahnen schwingend und singend über die Grenze und durch die nahegelegene Stadt Lübeck marschieren.

Rückblickend trägt das Ganze absurde Züge, mehr ein Scharmützel zwischen geltungssüchtigen Kindern als eine politische Auseinandersetzung zweier Staaten und den hinter ihnen stehenden Systemen. Mitten im Kalten Krieg wird es aber durchaus ernst genommen. Bertolt Brecht und Paul Dessau verewigten die Episode gar in einem Chorwerk mit dem Titel «Herrnburger Bericht».

Für Kurt Goldstein und meinen Großvater ist die Aktion ein Paradestück. Beiden liegt solch eine abenteuerliche Arbeitsweise – auch etwas, das sie verbindet und zu einem gut funktionierenden Gespann macht. Ist Heinz in der Bundesrepublik unterwegs, hat sein Auftreten oft ein bisschen etwas von einem Geheimagenten. Die westdeutsche Polizei hat längst ein Auge auf die Aktivitäten der FDJ geworfen – dessen ist man sich auch in Ostberlin bewusst. Folglich versuchen Zentralrat und Politbüro, ihren Einfluss möglichst konspirativ auszuüben. Für Heinz bedeutet das illegale Grenzübertritte, falsche Papiere, häufig wechselnde Autos, geheime Treffen auf Waldlichtungen und an anderen abgelegenen Orten. Kommuniziert wird über spezielle Kuriere, er übernachtet meist in Privatwohnungen statt in Hotels. Schriftliche Unterlagen werden an sicheren, den Behörden unbekannten Orten hinterlegt und keinesfalls länger als unbedingt nötig herumgetragen, damit sie bei Verhaftungen, mit denen immer gerechnet werden muss, nicht der Polizei in die Hände fallen.

Einmal, Anfang 1950, hat Heinz auf dem Weg zu einer Konferenz in München einen Unfall. Sein Fahrer übersieht auf der Autobahn eine Baustelle, und obwohl er im letzten Moment bremsen kann, prallt der Wagen recht heftig gegen eine Straßensperre. Heinz verliert kurzzeitig das Bewusstsein. Kaum wieder zu sich gekommen, verbrennt er alle mitgeführten Papiere, die auf seine Rolle und Tätigkeit in der Bundesrepublik hinweisen könnten. Als schließlich die Polizei eintrifft, schöpft sie keinerlei Verdacht. Die Beamten fahren Heinz nach Nürnberg, wo er sich leichtverletzt ein Hotelzimmer nimmt. Telefonisch dirigiert er trotz allem das Münchener Konferenzgeschehen. Das ist eine der abenteuerlichen Geschichten, die man sich im Zentralrat über den Genossen Lippmann erzählt.

Eine andere trägt sich im Gebäude des KPD-Parteivorstands in Düsseldorf zu, wo sich Heinz im Herbst 1950 anlässlich einer Besprechung aufhält. Als er gerade in der Kantine Zigaretten kaufen will, wird das Haus von der Polizei gestürmt. Schnellentschlossen geht er um den Verkaufstresen in den Küchenbereich, wirft sich eine Schürze über und beginnt unter den erst verdutzten, dann betont desinteressierten Blicken des Personals, Kartoffeln zu schälen. Als die Polizisten kurz darauf die Kantinenmitarbeiter nach Hause schicken, kann auch er unerkannt verschwinden.

Im Jahr darauf trifft er sich mit der Führungsriege der West-FDJ in einem abgelegenen Gasthof im Bergischen Land. Auch hier taucht alsbald die Polizei auf, riegelt das Haus ab und verhaftet alle Anwesenden. Nur Heinz ist nicht unter den Festgenommenen. Es gelingt ihm, in einen der Toilettenräume zu fliehen und von dort durch ein Fenster zu entkommen. Bei anderen Gelegenheiten kann er der Polizei mit Hilfe falscher Papiere und überzeugender Geschichten weismachen, dass es sich bei ihm um einen gänzlich Unbeteiligten oder bestenfalls ein ganz kleines Licht handelt. Für die westdeutschen Behörden bleibt er ein Phantom, dessen Name und Funktion bekannt ist, ein geheimnisvoller Ost-Instrukteur, der sogar in der Presse Erwähnung findet, den sie aber nicht zu fassen bekommen.

Diese improvisierten Rollenspiele, das schnelle Schlüpfen in eine andere Identität, scheinen ihm zu liegen, ihm sogar ein bisschen Spaß zu machen. Er ist ein Abenteurer, der den Nervenkitzel genießt. In Ausnahmesituationen fühlt Heinz sich lebendig und stark. Jedes Mal, wenn es ihm gelingt, aus einer brenzligen Lage unbeschadet zu entkommen, stellt sich bei ihm ein Gefühl der Überlegenheit ein, das er bis zum Letzten auskostet, denn es beweist ihm, dass er ein anderer geworden ist. Längst ist er nicht mehr der wehrlose Junge, der er einmal war und der sich nicht anders zu helfen wusste, als sich selbst denjenigen auszuliefern, die ihn ins Verderben stürzten. Noch immer schämt er sich dafür, dass er sich damals der Gestapo gestellt hat. Er hat nie wieder davon gesprochen, und außer seinen Eltern weiß niemand, was seinerzeit passiert ist. Im Angesicht dessen, dass so viele seiner Genossen ihr Leben riskiert und aktiv im Widerstand gegen die Nazis gekämpft haben, scheint ihm sein eigenes Verhalten umso unverständlicher.

Auch die Teilnahme an Konferenzen gehört zu Heinz' Arbeitsalltag. Manchmal hält er sich im Hintergrund, beobachtet, berät. Von Zeit zu Zeit tritt er selbst als Redner in Erscheinung, so auch im Februar 1950 in Essen. Von dieser Rede existiert sogar ein Filmmitschnitt – leider ohne Ton. Der visuelle Eindruck ist sehr eindringlich. Mein Großvater spricht frei mit ausladenden, energischen Gesten. Er spricht wie ein Mensch, der an das glaubt, was er sagt. An diesem Tag lernt er einen Mann kennen, mit dem ihn eine lange Freundschaft verbinden wird, allerdings sollten bis zu deren Beginn noch einige Jahre vergehen. In Essen sitzt Hermann Weber im Präsidium neben Heinz. Weber, den zu diesem Zeitpunkt schon ernsthafte Zweifel plagen und der insbesondere den Stalinismus innerlich ablehnt, empfindet Heinz' Gläubigkeit an den Kommunismus als absolut:

> *Er war hundertprozentig überzeugt von dem, was in der DDR geschieht, von dem, was Stalin in der Sowjetunion macht, davon, dass dies der richtige Weg ist. Den Kommunisten fühlte er sich verpflichtet, weil die ihn im KZ gerettet hatten und er aus Buchenwald lebend wieder rauskam – das war die emotionale Seite. Denn sonst hatte er von seiner Familie her mit dem Kommunismus überhaupt nichts zu tun. Und die rationale Seite war bei ihm die Vorstellung, die DDR ist der bessere deutsche Staat und die Bundesrepublik ist eine Kolonie Amerikas. Er hat keinen Hehl daraus gemacht, dass er völlig überzeugt war und zu jedem Einsatz auch bereit.*

Unter diesen Umständen entsteht zwischen den beiden eine recht distanzierte Arbeitsbeziehung, die sich noch weiter abkühlt, als Heinz einige Monate später Hermann Weber im Auftrag Honeckers seines Postens enthebt. Der Grund: Weber, Chefredakteur der von der West-FDJ herausgegebenen Zeitschrift *Das junge Deutschland*, hat einem Telegramm, das Stalin an die Teilnehmer des Deutschlandtreffens geschickt hat, nicht die nötige Aufmerksamkeit zuteilwerden lassen. Während die *Junge Welt* in Ostberlin aus den zwei Sätzen, in denen Stalin der deutschen Jugend weitere Erfolge bei ihrer Aufbauarbeit wünscht, eine Sonderausgabe fabriziert, veröffentlicht Weber es zwar auf Seite eins, aber lediglich in einem unauffälligen kleinen Kästchen, was Honecker als Beleidigung auffasst und sofort ahndet. Er schickt Heinz nach Frankfurt am Main, um Weber von seiner Absetzung zu informieren und ihn nach Ostberlin zu beordern, wo er in Anwesenheit Honeckers eine offizielle Rüge erhält. Nach diesem Ereignis reden Weber und mein Großvater nur noch das Nötigste miteinander.

Erst Jahre später, nachdem beide mit dem Kommunismus gebrochen haben, kommen sie sich näher.

Neben all der Arbeit und dem ständigen Reisen bleibt Heinz wenig Zeit für ein Privatleben. Schon seit dem Umzug von Weimar nach Berlin lebt Heinz nicht mehr mit meiner Großmutter Inge zusammen. Die Trennung ist endgültig, die Scheidung eingereicht. Inge arbeitet inzwischen nicht mehr bei der FDJ, sondern im Amt für Information. So gibt es zwischen ihnen kaum noch Berührungspunkte. Inge findet in Wolfgang Kleinert, dem stellvertretenden Intendanten des DDR-Rundfunks, eine neue Liebe und heiratet ein drittes Mal. Mein Großvater sieht sie nur selten. Auch den Kontakt zu seinem Sohn bricht er fast vollständig ab. In einem für die Parteikontrollkommission verfassten Lebenslauf begründet er diesen Schritt:

Um unserem gemeinsamen Sohn Peter eine ruhige und gleichmäßige Entwicklung zu sichern, sind wir nach unserer Scheidung und vor allem bei Inges erneuter Heirat übereingekommen, dass Gen. Kleinert auch die Vaterpflichten für Peter mit übernimmt, damit das Kind nicht in einem Zwiespalt aufwächst, bevor es in der Lage ist, die wirklichen Zusammenhänge zu verstehen. Das ist auch eine wesentliche Ursache dafür, dass ich mich bisher fast nicht um Peter gekümmert habe, da ich der Auffassung bin, dass er in erzieherisch guten, materiell gesicherten Verhältnissen aufwächst. Lediglich an Festtagen (Geburtstag, Weihnachten) habe ich ihm oft durch meine Mutter Geschenke zukommen lassen.

Hatte er aus eigener Initiative so entschieden, oder hatte Inge ihn in diese Richtung gedrängt? Fiel meinem Großvater dieser Schritt schwer? Fehlte ihm sein Sohn? Wollte er wissen, wie er aufwächst, oder hatte er im Grunde kein Interesse an ihm? Vielleicht war es für ihn klar, dass mit der Beziehung zu Inge auch die zu seinem Sohn gescheitert war, vielleicht war das eine ohne das andere für ihn undenkbar, vielleicht entsprach sein Handeln Anfang der 1950er Jahre den Erwartungen, und ihm fehlte die Kraft, der Mut oder der Wille, sich davon zu lösen. Sicher spielten auch seine Arbeit und seine politischen Aktivitäten eine Rolle. Mein Vater hat mir oft erzählt, dass seine Mutter und sein Adoptivvater nur wenig Zeit für ihn und seine jüngeren Geschwister hatten, weil sie in ihren beruflichen Verpflichtungen stark eingespannt waren, sodass sie Kinder meistens von der Haushälterin betreut wurden. Der Aufbau des neuen Deutschlands schien ungleich wichtiger, alles andere musste sich ihm unterordnen – auch das Familienleben.

Heinz hat weiterhin Affären, manchmal mehrere zur gleichen Zeit. Er scheint rastlos suchend und doch nicht bereit, sich zu binden. Rücksicht auf die Gefühle anderer nimmt er kaum. Als eine seiner Geliebten schwanger wird, bietet er ihr zwar an, sie «pro forma» zu heiraten, lässt sie ansonsten aber völlig mit ihrem «Problem» allein. Helga G. entschließt sich, das Kind abtreiben zu lassen, was zu diesem Zeitpunkt nicht nur illegal, sondern auch gefährlich ist. Nach dem Eingriff hat sie wochenlang mit gesundheitlichen Problemen zu kämpfen. Da sie eine enge Mitarbeiterin Erich Honeckers ist, gelangt die ganze Geschichte auch zu dessen Ohren und letztendlich in die Akten der Zentralen Parteikontrollkommission. Auch der Staatssicherheit bleibt die Affäre nicht verborgen. Den Mitarbeitern der unter anderem für die Sicherung und Überwachung der Massenorganisationen zuständigen Hauptabteilung VI kommt dieses Wissen sehr gelegen. Sie nutzen es, um die junge Frau unter Druck zu setzen und sie als Geheime Informantin anzuwerben. Dabei greifen sie auch auf Informationen zu ihrer nationalsozialistischen Vergangenheit zurück. So hatte Helga G. 1943 als Siebzehnjährige ein Ehepaar wegen ihrer abweichenden politischen Ansichten denunziert und ins Zuchthaus gebracht. Nach dem Krieg wurde sie deswegen vor Gericht gestellt und entging nur aufgrund der Fürsprache einiger FDJ-Funktionäre, die sich wegen ihrer Jugend für sie einsetzten, einer Verurteilung.

Nun wird sie auf Heinz und einige andere Funktionäre im Zentralrat angesetzt. Laut der Akten bemüht sich GI «Hildegard», ihre Fehler wiedergutzumachen, und liefert ihren Auftraggebern fortan ausführliche Berichte über die Zustände im Leitungsgremium der FDJ.

Heinz hat indes Gefallen an einer Genossin der West-FDJ gefunden. Inge Buchmann stammt aus einer kommunistischen Familie. In ihrer Kindheit erlebte sie, wie ihre Eltern wegen ihrer politischen Aktivitäten von den Nationalsozialisten verfolgt und jahrelang in Zuchthäusern und Konzentrationslagern interniert wurden. Nach Kriegsende schloss sie sich der FDJ in Westdeutschland an. Als Mitglied der Landesleitung Baden-Württembergs trifft sie einige Male mit Heinz zusammen, ohne dass die beiden enger miteinander zu tun haben. Auf seine Empfehlung übernimmt sie ab Januar 1950 den Posten der Pionier-Sekretärin im Frankfurter Zentralbüro. Im Herbst desselben Jahres wird entschieden, dass Heinz aus Sicherheitsgründen in Westdeutschland eine ständige Begleitung benötigt. Er bittet Inge, diese Aufgabe zu übernehmen, sie zögert, stimmt dann aber doch zu. Von nun an sind die beiden fast ununterbrochen zusammen unterwegs. Inge stellt die nötigen Verbindungen vor Ort her, nimmt an den Besprechungen teil und macht Notizen zur Auswertung und Berichterstattung. Die erst Dreiundzwanzigjährige sieht in Heinz einen erfahrenen Genossen, den sie für seine unerschöpflich scheinende Energie, seine Entscheidungsstärke und sein Organisationstalent bewundert. Dass Heinz versucht, sie vor Kritik in Schutz zu nehmen und wegen ihres schlechten Gesundheitszustands auch ihre Arbeitsbelastung zu begrenzen, stört sie jedoch, und sie gibt sich oft ruppig und zugeknöpft. Trotzdem kommen Heinz und Inge sich durch die gemeinsam verbrachte Zeit näher. Er beginnt, ihr vorsichtig seine Zuneigung zu zeigen. Aus einem Erholungsurlaub über den Jahreswechsel 1950/51 in der Sowjetunion schreibt er ihr Briefe und bringt kleine Geschenke mit, die er verlegen überreicht. Es dauert noch fast ein halbes Jahr, bis er zum ersten Mal offen über seine Gefühle spricht. Auch dann reagiert Inge eher ablehnend, weil sie glaubt, nicht die richtige Frau für ihn zu sein. Außerdem hat sie bereits einen Freund, von dem sich zu trennen ihr schwerfällt.

Doch Heinz gibt nicht auf. Er beteuert, sie sei die Frau, die ihm helfen könne, seine Fehler zu überwinden, und er könne ohne sie nicht sein. Auch den Genossen bleiben seine Gefühle nicht verborgen. Einer berichtet später der Staatssicherheit, Heinz wäre in Inge verliebt gewesen wie ein Achtzehnjähriger. Immer wieder schreibt er ihr. Einer der Briefe – verfasst am 19. 9. 1951 von Heinz in Ostberlin an Inge, die sich in Frankfurt am Main aufhält – findet sich in seiner Stasiakte. Auf zehn engbeschriebenen Seiten antwortet er auf mehrere Schreiben von ihr, die ihm am Abend zuvor zusammen mit der internen Post der West-FDJ von einem Kurier überbracht wurden. Dieser Brief ist für mich in vielerlei Hinsicht besonders. Er stammt aus einer Zeit, aus der sonst nur Dokumente politischen oder organisatorischen Inhalts sowie für offizielle Stellen verfasste Lebensläufe und Erklärungen überliefert sind. Ich denke sogar, dass es unter allem, was ich von ihm gelesen habe, kaum ein zweites Schriftstück gibt, in dem mein Großvater sich so weit öffnet, so eins mit sich und dem Leben ist, das er führt. Es werden noch viele Briefe folgen, gerade auch an Inge, doch sie werden fast nur noch auf Vergangenes zurückblicken, auf das, was er getan hat, und voller Rechtfertigungen und Reue sein. Von der Hoffnung auf eine gemeinsame Zukunft, die aus diesen Zeilen spricht, wird dann nur eine wehmütige Erinnerung geblieben sein.

Liebes!
Ich hab doch noch gar keinen Geburtstag! – und du hast mich so reich beschenkt! – 3 Briefe und eine liebe Karte auf einmal! – Ich wollte es zuerst gar nicht glauben, hatte ein bisschen Herzklopfen, bis ich sie gelesen hatte, war auf allerhand gefasst. Du hast mir eine riesige Freude gemacht!! – Ich wollte mich erst sofort hinsetzen antworten – aber mir schossen so viele Gedanken durch den Kopf, dass ich zehn Arme und zehn Federhalter gebraucht hätte, wollte ich sie so schreiben wie mir die Gedanken durch den Kopf schossen!! [...] Inzwischen hab ich alles fünfmal gelesen und viel an dich gedacht! Gestern bei einer Besprechung mit namhaften Künstlern über die Auswertung der W.F.S. [Weltfestspiele] hab ich die [geschwärzt] 2x mit «Inge» angesprochen! – Im Präsidium habe ich das Ende dieser Veranstaltung gar nicht erwarten können – sie müssen das gespürt haben – fünf Stunden ist eine unmögliche Zeit – das haben sie wahrscheinlich meinetwegen gemacht!! – Ich saß zwischen den ehrwürdigen Nationalpreisträgern und hab unentwegt mit dem

Schlaf gekämpft. – Aber jetzt ist ja alles vorbei und ich kann mich ungestört mit dir unterhalten! – Nur keine Missverständnisse, schreibst du, darum will ich dir auf einiges antworten! – Du, Liebes, bitte halt mich nicht für schwach und energielos! – Vielleicht, nein bestimmt, hab ich viele und große Schwächen, Du kennst sie am besten und hilfst mir, ohne dass du es oft merkst, sie zu überwinden, aber ich hab bis jetzt nicht bemerkt, dass ich feig bin, nicht mehr jedenfalls als ein Gesunder krank ist und auch nicht mehr und nicht weniger als die meisten von unseren Leuten! – Sieh doch, jammere ich vielleicht, weil du dort und ich hier bin? (übrigens jammere ich gar nicht!) – Geht es mir denn um den kleinbürgerlichen Begriff von «Trautes Heim – Glück allein»? – Nein Liebes, dafür liebe ich unsere Arbeit, die Partei, den Verband viel zu sehr!!! – Nie könnte ich auf meine oder eine ähnliche Funktion verzichten ohne totunglücklich zu sein! [...]

Ist es denn ein Verbrechen, sich um einen lieben Menschen zu sorgen? – Ist das nicht gerade ein Teil unserer Stärke, unsere Sorge und Solidarität um alle und besonders um die, die uns am nächsten stehen!! – Aber würde ich denn in jedem Fall so grübeln? – Du, Inge, seit deinen Briefen gestern grübele ich weniger, ich weiß jetzt neben vielem, was ich wusste, mehr!! – Meine ständigen Minderwertigkeitskomplexe sind stark zusammengeschrumpft, Du, ich weiß jetzt, dass Du Dich wenigstens, ein «bissel» freust, ein «bissel» an mich denkst – das genügt mir. [...]

Weiterhin geht es in Heinz' Brief um einen geplanten Urlaub und die Entscheidung, ob sie ihn in Westdeutschland oder in der DDR verbringen werden. Heinz schreibt, dass es wohl einige Widerstände geben würde, wenn er zu ihr in den Westen kommen wolle. Er müsse unter anderem eine Aussprache mit Erich Honecker führen, was er unangenehm fände, aber auf sich nehmen würde. Andererseits sei es für sie sicher wünschenswert, noch einige Tage in der Nähe ihrer Familie zu verbringen, da dann ein längerer Aufenthalt in der DDR geplant sei, wo sie einen Lehrgang auf der Parteischule besuchen solle. Letztlich, schreibt Heinz, würde er ihr die Entscheidung überlassen, es wäre ihm egal, solange sie den Urlaub nur gemeinsam verbrächten. Schließlich kommt er noch auf seine Gesundheit zu sprechen, die ihm schon damals Probleme bereitet.

> *Die Frage der Gesundheit macht mir überhaupt erst richtig Sorge, seit du da bist – vorher hab ich mich wenig darum gekümmert. – Das war ein großer Fehler, war verantwortungslos!! – Dafür gibt es auch keine Entschuldigung auch nicht mit dem Lager und meinen vielfältigen Erlebnissen im neuen Leben!! – Naja, warten wir in Ruhe ab und retten wir noch, was zu retten ist!! [...]*
> *Vorläufig hab ich hier soviel zu tun, dass ich keine Nacht vor 3–4 Uhr ins Bett komme und auch nur die Hälfte geschafft hab. – Es ist schwer, sich dabei an Deine Vorschläge Essen, Arzt, pünktlich aufstehen usw. zu halten. Stell Dir vor, trotzdem geht es! – Ich, Du wirst es kaum glauben, nehme jeden Morgen und Abend eine kalte Dusche (aus gesundheitlichen Gründen – zweimal schon ausgeführt) – es ist eine wahre Heldentat bei diesem Wetter!! – Jeden Morgen mache ich fünf Minuten Gymnastik – und ich flunkere wirklich nicht!! – [geschwärzt] holt mir jeden Morgen Frühstück – [geschwärzt] der sich rührend um mich kümmert, holt mich fast jeden Tag zum Essen ab (wer ihm das wohl gesagt hat?) Nur mit dem Abendbrot will es nicht klappen, einige Male hab ich im Büro gegessen, aber im Allgemeinen kommt das noch nicht hin.*
> *[...]*
> *Nun komm ich (endlich was?) zum Schluss!! – Kann Dir nur noch sagen, dass Du mich sehr froh gemacht hast mit deinen lieben Worten. [...]*
> *Denk immer daran, dass wir als Kommunisten die besten Menschen sein sollen! – Die besten Menschen sein, heißt aber auch neben vielem anderen, mit den Menschen fühlen, mit ihnen denken, ihre Sorgen genau so empfinden, nur besser zu verstehen und Wege zu wissen, wie sie (die Verhältnisse) zu ändern sind!! – Deshalb ist es keine Schande, einen anderen lieb zu haben, sich um ihn zu sorgen, mit ihm zu denken und zu fühlen – auch nicht für einen FDJler!! –*

Schluss für heute – Grüße alle in der Leitung, die sich darüber freuen würden (nur die, verstehst Du!) – denk bitte auch an Deinen Arzt [...]

Liebe Grüße, Heinz

Wenig später verbringen Heinz und Inge vierzehn Tage im Erholungsheim des FDJ-Zentralrats am Döllnsee. Immer wieder macht er ihr Heiratsanträge. Schließlich lässt sie sich erweichen, am 27. Dezember 1951 heiraten sie, und Inge zieht zu Heinz nach Ostberlin.

Trotz seiner vielen Kontakte und Verbindungen hat Heinz kaum wahre Freunde. Eine Ausnahme ist Gerhard Heidenreich. Wie Heinz gehört er seit 1949 der Leitung des FDJ-Zentralrats an. Zwischen ihnen gibt es zahlreiche Übereinstimmungen, insbesondere was ihre Arbeitsauffassung und die sich daraus ergebenden Meinungsverschiedenheiten mit dem FDJ-Vorsitzenden Honecker betrifft. Aus dem kollegialen Verhältnis entwickelt sich eine persönliche Verbundenheit. Wie eng diese ist, lässt sich schwer sagen. Einerseits verbringen die beiden auch freie Zeit zusammen, vertraut Heinz ihm seine Probleme und sogar seinen Wohnungsschlüssel an, andererseits äußert er gegenüber ebenjener Geliebten, die ihn später im Auftrag der Staatssicherheit bespitzeln würde und die er über Gerhard Heidenreich kennengelernt hat, er hätte anfangs vermutet, sie wäre nur mit ihm zusammen, um in Heidenreichs Auftrag sein persönliches Leben zu beobachten. Es scheint, als wäre damals schon ein Misstrauen aufgekeimt, das Heinz in den folgenden Monaten und Jahren immer stärker bedrängen würde. Vielleicht hängt diese Vermutung auch mit der Tätigkeit seines Freundes für den gerade entstehenden Auslandsgeheimdienst der DDR zusammen. Der residiert unter dem Tarnnamen *Institut für wirtschaftswissenschaftliche Forschung (IWF)* in Berlin-Pankow und beschäftigt sich vor allem mit der geheimdienstlichen Beobachtung der Bundesrepublik und den dort stationierten Alliierten. Heidenreich bekleidet die Funktion des stellvertretenden Leiters und verfügt als dessen Mitbegründer über so großen Einfluss, dass der Dienst intern oft als «Apparat Heidenreich» bezeichnet wird. Heinz weiß dank seiner Freundschaft zu ihm schon früh über die Spionagetätigkeit des IWFs Bescheid. Und es dauert nicht lange, bis auch er sich aktiv an dessen Arbeit beteiligt. Heinz' Aufgabenbereich, die Westarbeit der FDJ, bildet dafür einen optimalen Ansatzpunkt. Da regelmäßig FDJler aus der DDR als Instrukteure zur Schwesternorganisation in die Bundesrepublik reisen, wo sie anleitend tätig werden, sieht das IWF in ihnen ideale Informanten und wirbt einige von ihnen an. Auch darüber hinaus kommt es zu einer recht intensiven Zusammenarbeit zwischen dem neugegründeten Geheimdienst und der unter Heinz' Leitung stehenden Westabteilung des FDJ-Zentralrats. Gerhard Heidenreich erteilt Heinz den Auftrag, aus seinen Mitarbeitern einige auszuwählen und zu einer Gruppe für Sonderaufgaben zusammenzufassen. Zwar arbeiten diese Kollegen offiziell weiter für die FDJ, inoffiziell führen sie Aufträge des IWFs aus. So sollen sie im Westen Kontakt zu Mitgliedern von Parteien und Jugendorganisationen aufnehmen, Informationen über deren Lebensumstände und politischen Einstellungen sammeln. Aus den von ihnen beobachteten Kreisen sollen dann für eine Mitarbeit beim IWF geeignete Personen ausgewählt und angeworben werden. Zu den «Sonderaufgaben» der FDJler gehört es auch, im Westen geheime Quartiere zu beschaffen und korrupte Beamte zu rekrutieren, um über sie offizielle Dokumente oder gefälschte Papiere zu beschaffen.

Die geheimdienstliche Arbeit scheint Heinz zu liegen, jedenfalls findet er offensichtlich Gefallen daran. Er widmet sich seinen zusätzlichen Aufgaben voller Enthusiasmus, auch wenn sie seine ohnehin schon langen Arbeitstage noch später enden lassen und er sein Büro meist nicht vor Mitternacht verlässt. Dass seine Verbindungen zu den mächtigen und einflussreichen Männern, die dort im Hintergrund die Fäden ziehen, auch eine Stärkung seiner eigenen Position bedeuten, ist ihm wohl bewusst. Immer mal wieder lässt er gegenüber Kollegen Bemerkungen fallen, mit denen er auf seine Spionagetätigkeit anspielt.

Währenddessen lassen konkrete Erfolge der Westarbeit auf sich warten. Der aus der Mobilisierung für das Deutschlandtreffen erwachsene Popularitätsschub hält nicht an. Obwohl Heinz für seine Aktivitäten beträchtliche Mittel zur Verfügung stehen und ihm nachgesagt wird, er würde nach der Devise «Geld spielt keine Rolle» vorgehen und das schon mal damit begründen, dass ein Dritter Weltkrieg, an dessen Verhinderung sie ja täglich arbeiten, noch viel teurer wäre, halten sich die sichtbaren Ergebnisse in Grenzen. Der aktuellen Kampagne vom «Verband der Hunderttausend» zum Trotz, stagnieren die ohnehin schon bescheidenen Mitgliederzahlen der West-FDJ und gehen zeitweise noch weiter zurück.

Die fehlende Massenwirksamkeit versucht die FDJ durch spektakuläre und provokative Aktionen wettzumachen. Von einer zur nächsten hangelt sich die Jugendorganisation. Gegen die Atombombe, für den Frieden, gegen die Wiederbewaffnung, für die Einheit Deutschlands. Und Heinz immer dabei, immer unterwegs: planen, organisieren, Anweisungen überbringen, Gelder aushändigen, Ergebnisse auswerten, Kritik und Selbstkritik üben. Und schon geht es weiter zur nächsten Aktion – rastlos, rauschhaft, voller Zuversicht. Im September 1950 bringen zu Hunderten angereiste FDJler Bundespräsident Theodor Heuss, der auf einer Kundgebung in Bochum eine Rede hält, mit konzertierten Sprechchören und Zwischenrufen völlig aus dem Konzept. Wenige Wochen später kommt es im Anschluss an den «Kongress junger Friedenskämpfer» in Dinslaken zu gewalttätigen Zusammenstößen mit der Polizei, bei denen es etliche Verletzte gibt. Mit ihrem konfrontativen Auftreten sichert sich die FDJ zwar eine gewisse öffentliche Aufmerksamkeit, zahlt dafür aber einen hohen Preis. Das Verhältnis zu den westdeutschen Behörden spitzt sich zu. Es häufen sich Verhaftungen, Hausdurchsuchungen, Anklageerhebungen gegen FDJ-Mitglieder. Einige Bundesländer verbieten FDJ-Veranstaltungen unter freiem Himmel. Solche Repressionen haben in der Bundesrepublik Anfang der 1950er Jahre genügend Rückhalt, da das Klima vom Antikommunismus geprägt ist und viele Westdeutsche eine Invasion aus dem Osten fürchten.

Der Verband reagiert mit einem «Nun erst recht!» und veranstaltet ausgerechnet direkt gegenüber dem Petersberg bei Bonn, auf dem sich der Sitz der Alliierten Kommissare befindet, eine Tagung. Hauptthema der Konferenz und der sich anschließenden Demonstration ist die Remilitarisierung. Die westdeutsche Regierung strebt den

Beitritt zur Nato und den Aufbau einer eigenen Armee an, wogegen sich breiter gesellschaftlicher Protest regt, den auch die FDJ aufgreift. Heinz tritt als Organisator und Redner in Erscheinung. Kämpferisch beschwört er die Stärke der Freien Deutschen Jugend, der man auch mit Verboten nicht beikommen könne, und hebt hervor, dass die antifaschistischen Widerstandskämpfer, in deren Tradition er sich zweifelsohne sieht, unter weitaus härteren Bedingungen gearbeitet hätten.

Als er dort am Rednerpult steht, vor sich mehrere tausend FDJler, hinter sich eine der wichtigsten Machtzentralen der Bundesrepublik, fühlt er sich denen, die dort residieren, ebenbürtig. Warum sollten diese älteren Herren ein größeres Recht haben, über das Schicksal ihres Landes zu bestimmen, als sie, die Jugend, der doch wohl niemand verwehren könne, über ihre Zukunft selbst zu entscheiden? Schließlich geht es ihnen um den Frieden, denkt er, während er in die Gesichter der um ihn herumstehenden Demonstranten blickt, die trotz ihrer jungen Jahre allesamt schon erfahren mussten, was Krieg bedeutet. Und einmal mehr erinnert er sich an den Schwur, den er geleistet hat, damals vor den Toren von Buchenwald, alles dafür zu tun, um eine neue Welt des Friedens und der Freiheit zu errichten. Und für nichts anderes kämpfen sie heute hier, sagt er sich. Warum sollte man ihnen das verbieten dürfen? Gegen Ende der Veranstaltung kommt es zu gewaltsamen Zusammenstößen mit der Polizei und Hunderten Festnahmen. Die Busse, mit denen die etwa dreitausend FDJler angereist sind, werden beschlagnahmt, also müssen andere Wege gefunden werden, um die Jugendlichen aus der Gefahrenzone zu bringen. Hermann Weber, damals für die Presseabteilung der westdeutschen FDJ vor Ort, erinnert sich:

Heinz hat drei weitere Funktionäre und mich zu seinem Auto gerufen, und da habe ich gesehen, wie er da eine Tasche rausholte. Ich konnte das schwer schätzen, aber da waren bestimmt so an eine Million Westmark drin, und da hat er uns Geld gegeben, das wir verteilen sollten, damit die Leute wieder nach Hause fahren konnten.

Auch Heinz gelingt es einmal mehr, dem Polizeikessel unerkannt und unbehelligt zu entfliehen. Doch die Demonstration am Petersberg bleibt nicht ohne Folgen. Die Bundesregierung nimmt sie zum Anlass, die FDJ mit der Begründung zu verbieten, ihre Tätigkeit richte sich gegen die verfassungsmäßige Ordnung der BRD. Sämtliche Aktivitäten der Jugendorganisation im Westen gelten von nun an als illegal. Das Verbot bedeutet einen empfindlichen Rückschlag für die Westarbeit von SED und FDJ. Jahrelang hat die Partei weder Mittel noch Aufwand gescheut, um die Jugendorganisation im Westen zu ähnlicher Stärke aufzubauen wie ihr Äquivalent in der DDR. Letztlich konnten nur ein paar tausend Jugendliche gewonnen werden – die große Mehrheit aus dem Umfeld der KPD –, die schon länger gesellschaftlich isoliert sind und nun auch noch illegal arbeiten müssen. Bei der Suche nach einem Schuldigen gerät Heinz als Verantwortlicher für die West-FDJ und Organisator des Petersberg-Treffens sofort ins Blickfeld. Erich Honecker teilt ihm mit, dass die Aktion von einigen Genossen sehr kritisch gesehen und als unnötige Provokation gewertet werde. Heinz selbst äußert seiner Frau gegenüber, dass er sich große Vorwürfe macht, gar an seinen Fähigkeiten und seiner Eignung für die Tätigkeit zweifelt, der er doch seit Jahren begeistert nachgeht. Trotzdem scheinen ernsthafte Konsequenzen auszubleiben. In der ostdeutschen Presse wird das Treffen vom Petersberg gar als großer Erfolg dargestellt, und auch FDJ-intern gibt es durchaus Zustimmung. So geht die Arbeit im Grunde weiter wie bisher, denn eine Beendigung der Aktivitäten im Westen steht keinesfalls zur Debatte. Stattdessen hofft man im Zentralrat, dass sich die Verhältnisse bald bessern und man dann auf die Strukturen des weiter ausgebauten Verbandes zurückgreifen könne. Der gesamte Westapparat wird in die Illegalität überführt. Alles bekommt Decknamen – so heißt die Kaderabteilung des FDJ-Zentralbüros fortan «Müller». In der Korrespondenz werden statt Namen nur noch Nummern verwendet – im Falle von Heinz die «14». Aus Sicherheitsgründen dürfen fortan FDJ-Funktionäre aus der DDR, die im Westen bereits einmal verhaftet wurden und deshalb polizeilich bekannt sind, nicht mehr in die Bundesrepublik reisen. Heinz wird von Walter Ulbricht persönlich ein Westreiseverbot erteilt. Obwohl er überhaupt nicht einverstanden ist, vielleicht weil ihm die Freiheiten, die er auf seinen Reisen genießt, fehlen werden, vielleicht weil er ahnt, dass ihm die Schreibtischarbeit weniger liegt als das praktische Wirken vor Ort, muss er sich damit abfinden.

Allerdings reichen die Auswirkungen des Petersberg-Desasters und des darauf folgenden Verbots der FDJ weit über Ostberlin und die DDR hinaus. In sowjetischen Regierungskreisen wird damals schon an der Vorbereitung einer Initiative gearbeitet, mit der den Westmächten der Abschluss eines Friedensvertrages angeboten werden soll, der auch die Option auf ein geeintes und neutrales Deutschland mit einschließt.

Eine weitere Zuspitzung des deutsch-deutschen Verhältnisses passt also gerade nicht ins Konzept. Die Sowjetische Kontrollkommission, die Moskaus Interessen in der DDR vertritt, wirft ein kritisches Auge auf Heinz. Ohne dass er es ahnt, wird eine erste Untersuchung gegen ihn eingeleitet.

Trotz der ihm von außen aufgezwungenen Beschränkungen widmet sich Heinz weiterhin mit unvermindertem Einsatz und beträchtlichem Ehrgeiz seinen Aufgaben als FDJ-Westsekretär. Oft verbringt er nach einem langen Tag noch die halbe Nacht im Büro, arbeitet bis zur Erschöpfung und darüber hinaus. Er steht ständig unter Strom, ist angespannt, oft überlastet, fast immer in Eile. Seine Sekretärin treibt er mehrmals an den Rand des Nervenzusammenbruchs. Sie benötigt regelmäßig Erholungskuren. Auf die anderen Genossen im Zentralrat wirkt er häufig nervös und fahrig. Obwohl der Krieg und seine Haftzeit nun schon einige Jahre zurückliegen, lebt er sein Leben noch immer, als gäbe es kein Morgen. Doch sein Köper ist der ständigen Überforderung nicht mehr gewachsen, beginnt zu rebellieren. Monatelang quält ihn ein ernstes Magengeschwür, das sich verschlechtert, bis er sich Anfang 1952 eine Auszeit gönnt und es im Krankenhaus behandeln lässt.

So unerbittlich wie mit sich selbst ist Heinz auch mit anderen. Mit Kritik hält er sich nicht zurück. Manche Mitarbeiter empfinden ihn dabei als grob, fast beleidigend. Dann wieder kann er auch sehr freundlich sein, hilfsbereit und zuvorkommend. Er ist dafür bekannt, dass er sich um die Sorgen und Nöte der Mitarbeiter in seiner Abteilung kümmert, und ist deshalb bei ihnen beliebt. Alles in allem gilt er als unberechenbar. Im Zentralrat wird er neben Erich Honecker als Autorität angesehen, doch persönlich halten die meisten Genossen Abstand.

Im Mai 1952 tagt in Leipzig das IV. Parlament der FDJ, dessen Sitzung Heinz leitet. Er sitzt im Präsidium zwei, drei Plätze vom Vorsitzenden Erich Honecker entfernt. Von dem Treffen existiert ein DEFA-Dokumentarfilm, der aufwendig in Farbe gedreht wurde und zeigt, welche Bedeutung der sozialistischen Jugendorganisation im Ganzen und solchen Veranstaltungen im Besonderen in jener Zeit beigemessen wird. Die Farbigkeit der Bilder stellt eine seltsame Nähe her, sie lässt durch ihre Klarheit und Detailfülle die Jahre zusammenschrumpfen, die seitdem vergangen sind, und erzeugt die Illusion, ganz nah dran zu sein an dem, was damals passiert ist. In den Sequenzen, in denen mein Großvater zu sehen ist, macht er einen gelösten und selbstbewussten Eindruck, erscheint wie ein Mann, der von sich und seiner Sache überzeugt ist. In einer kämpferischen Rede spricht er über die Ziele der West-FDJ, fordert offen den Sturz der Regierung Adenauer, die er als verbrecherische Kriegstreiber beschimpft. Ein anderes Mal ruft er den zweieinhalbtausend im Saal Versammelten zu: «Es lebe der Kampf um den Frieden und der große Inspirator dieses Kampfes, der große Stalin.» Dafür bekommt er lebhaften Beifall. Als Erich Honecker – natürlich einstimmig – ein weiteres Mal zum Vorsitzenden gewählt wird, überreicht er ihm mit einer herzlich wirkenden Umarmung einen Blumenstrauß.

Steht mein Großvater damals wirklich noch zu einhundert Prozent hinter seinen Worten und Taten? Beunruhigen ihn die wachsenden Widersprüche zwischen Theorie und Realität, oder hat er mit ihnen leben gelernt? So wie auf dem FDJ-Parlament, wo er sich gegen die Wiederbewaffnung der Bundesrepublik und den Militarismus des Westens echauffiert und kurz darauf wie alle anderen applaudiert, als bewaffnete FDJler in den Saal marschieren und dem Genossen

Honecker feierlich ein Gewehr überreichen? Musste das womöglich so sein, in einer Zeit, als der Frieden die Ausnahme und der Krieg die Regel schien? Wenn er damals schon Zweifel gehabt haben sollte, dann überwiegt in jedem Fall noch immer sein Glaube an den Kommunismus und an ein sozialistisches Deutschland. Und der Kalte Krieg bringt es mit sich, dass das Bekenntnis zu einer Seite die Ablehnung der anderen einschließt. Es gibt kein Sowohl-als-auch, nur ein Entweder-oder. So speist sich Heinz' Engagement für ein sozialistisches Deutschland zu großen Teilen aus seiner Abneigung gegen die kapitalistische Idee. Er ist überzeugt, dass dieses Wirtschaftssystem und besonders die großen Unternehmen am Aufstieg der Nationalsozialisten eine Mitschuld tragen. Schließlich hat er in Monowitz die Verstrickung der IG Farben in den Massenmord mit eigenen Augen gesehen. Auch stört er sich daran, dass im Westen so viele Personen einflussreiche Positionen innehaben, die zur Machtergreifung Hitlers beigetragen oder von ihr profitiert haben.

Doch im darauffolgenden Jahr sollte sein Glaube immer stärkere Risse bekommen, bis er schließlich kaum noch aufrechtzuerhalten sein würde. Dieser Prozess nimmt paradoxerweise seinen Anfang damit, dass Heinz auf der Karriereleiter noch ein Stück höher klettert. Im Juli 1952 wird er auf Initiative des Zentralkomitees der SED zum Zweiten Sekretär des Zentralrats der FDJ und damit zum Stellvertreter Erich Honeckers ernannt. Die Verantwortung für die Westarbeit muss er jedoch abgeben, was ihm schwerfällt. Er ist der Meinung, dass niemand anderes diese Aufgabe bewältigen kann, und wehrt sich mit Händen und Füßen gegen seine Ablösung – anfangs mit Erfolg, was wohl auch daran liegt, dass er bei vielen Genossen einen starken Rückhalt genießt. Trotzdem tritt im Oktober 1952 Rolf Schnabel seine Nachfolge als Leiter der Westarbeit an. Seine Tätigkeit für den Geheimdienst setzt Heinz allerdings fort. Und obwohl es auch hier Bestrebungen gibt, ihm diese Aufgaben zu entziehen, ist sich im Nachhinein niemand sicher, ob und wann er damit aufgehört hat. Warum ihm diese Arbeit so wichtig ist, lässt sich nur erahnen. Fühlt er sich geschützt durch seine Kontakte zu den Genossen im Sicherheitsapparat? Hält er sich tatsächlich für unersetzbar? Oder braucht er einfach diesen Schuss Abenteuer inmitten der gesammelten Parteibürokratie? Heinz' neue Ehefrau Inge Buchmann berichtet, dass er sich über die Ernennung zum Zweiten Sekretär freut, er darin eine Anerkennung seiner bisherigen Arbeit sieht. Dennoch macht sich Heinz auch Sorgen, ob er der neuen Aufgabe gewachsen sei.

Weil er in seiner neuen Funktion zwangsläufig enger mit Erich Honecker zusammenarbeitet, kommt es vermehrt zu Konflikten. Regelmäßig lässt er sich gegenüber seiner Frau über die Probleme mit dem FDJ-Vorsitzenden aus. Der hätte kein Vertrauen zu ihm, sein Verhalten sei diktatorisch, Kritik blocke er ab, und wann immer nötig, ziehe er sich mit Schönfärberei aus der Affäre. Mehrmals versucht Heinz durch klärende Aussprachen das Verhältnis zu bessern, doch außer dass Honecker ihm versichert, er persönlich hätte nichts gegen ihn und es gäbe auch sonst keinerlei Vorbehalte, bleibt alles beim Alten.

Auch Kurt Goldstein erinnert sich, dass Heinz' Verhältnis zu Honecker konfliktbeladen war. Das äußerte sich darin, dass Letzterer regelmäßig an Heinz' Arbeit rummäkelte, während der immer wieder Honeckers Führungsstil kritisierte. Heinz sei sehr ehrgeizig gewesen, und seine Arbeit hätte ihm viel bedeutet. Vielleicht, so Goldstein, wäre aus ihm gar ein besserer FDJ-Vorsitzender geworden. Und ich denke, wenn mein Großvater das auch geglaubt und Honecker es gespürt hat, dann konnte das nicht gutgehen zwischen den beiden. Goldstein berichtet darüber hinaus, dass er Heinz immer dazu geraten habe, den Konflikt nicht auf die Spitze zu treiben. Da Honecker von Walter Ulbricht protegiert wurde, hätte er keine Chance gehabt, sich gegen ihn durchzusetzen.

Gedankenspiele: Was hätte mein Großvater tatsächlich verändert, wäre er an Honeckers Stelle gewesen? Wäre die FDJ unter seiner Führung demokratischer gewesen, offener, hätte sie mehr den Idealen entsprochen, aufgrund derer sie gegründet worden ist? Ich weiß es nicht, bezweifle aber, dass es dafür viel Spielraum gegeben hätte. Letztlich teilte mein Großvater zu großen Teilen die Überzeugungen seiner Genossen, wie sie war er eingebunden in ein komplexes Interessengeflecht. Wer weiß, ob er nicht aus einer Position der Macht so manchen Zweifel, der ihn zuvor quälte, einfach verdrängt hätte?

Das angespannte Verhältnis zu Erich Honecker führt dazu, dass Heinz immer stärker bedrückt und mutlos wird. Zu weiteren Aussprachen fehlt ihm die Kraft, auch hat er das Gefühl, dass sie seine Situation nur schlimmer machen. Dass die Vorbehalte durchaus beidseitig sind, zeigt eine Bemerkung, die Erich Honecker gegenüber Heinz' Ehefrau Inge Buchmann macht. Ihr und nicht etwa seinem Stellvertreter selbst sagt er, er würde Heinz nicht mehr trauen, unter anderem weil der sich mehrmals bei strittigen Fragen direkt an Genossen der Partei gewendet hätte, ohne ihn vorher zu informieren.

Auch mit einigen seiner neuen Kollegen hat Heinz Probleme. So beschwert sich Karl Thomasius, der Abteilungsleiter für Finanzen, im Frühjahr 1953 bei Honecker über Heinz' Arroganz und Überheblichkeit ihm gegenüber. Als der davon erfährt, hat er nach Thomasius' Aussage keine Skrupel, ihm mit der Staatssicherheit und sogar mit Verhaftung zu drohen. In seiner neuen Position, in der er für die Organisationsarbeit, Finanzen, Internationales und die Innere Verwaltung zuständig ist, bekommt Heinz ein klareres Bild von den Zuständen in der DDR. Er verbringt viel Zeit in Berlin beim Zentralrat und sieht, mit welchen Problemen sich die Genossen Tag für Tag herumplagen, erkennt aber auch, wie vieles einfach ignoriert oder schöngeredet wird. Mitgliederversammlungen und Parteiaktivsitzungen kann er nicht viel abgewinnen. Er drückt sich, wann immer es geht, und nimmt er doch einmal teil, fällt er eher durch konsequentes Schweigen als durch Meinungsäußerungen auf. Er ist und bleibt ein Praktiker. Statt im Westen ist er nun regelmäßig in der ostdeutschen Provinz unterwegs, wo er zum ersten Mal seit langer Zeit Kontakt hat zu den Menschen, für die er ja eigentlich sein neues sozialistisches Deutschland erbaut. Es fällt ihm immer schwerer, vor den Missständen, die es in vielen Bereichen gibt, die Augen zu verschließen. Er nimmt die schlechte Stimmung, die in Teilen der Bevölkerung herrscht, und vor allem die Diskrepanz zwischen der offiziellen Propaganda und dem wirklichen Leben wahr. In seinen Begegnungen vor Ort merkt Heinz, dass man ihm und seiner Partei immer weniger mit Hoffnung als mit Angst und Ablehnung begegnet. Zurück in Berlin, gibt er seine Eindrücke den Genossen weiter. Im Jahr 1960 schreibt er über diese Zeit:

Die Reaktion der Parteiführung war für mich eine große Enttäuschung. Anstatt die mit vielen konkreten Beispielen belegten Feststellungen zu beachten, richtete sich die Wut der Parteiführung gegen mich. Ich wurde des Defaitismus, der Parteispaltung, des Sozialdemokratismus bezichtigt, man warf mir vor, ich ignoriere die Politik und meine Analyse verfolge die Absicht, der Parteiführung in den Rücken zu fallen. Es wurde mir klar, dass die Fehler nicht bei den unteren Organen, sondern bei der Parteiführung lagen. Ich begann kritischer denn je jeden Schritt der Partei zu beobachten.

Wie tief seine Zweifel damals wirklich gehen, ist schwer zu sagen. Ich konnte mit keinem derer, denen er sich damals vielleicht anvertraut hat, direkt sprechen. Seine Ehefrau Inge Buchmann berichtet zwar der ZPKK nach Heinz' Flucht von Problemen und Unstimmigkeiten, jedoch nur in einem auf konkrete Sach- und Personalfragen beschränkten Rahmen. Allerdings hätte sie das Eingeständnis, von ernsthafteren Abweichungen ihres Mannes gewusst zu haben, zu diesem Zeitpunkt durchaus selbst in Schwierigkeiten bringen können, weshalb sie dessen Zweifel vielleicht eher kleingeredet hat. Auf der anderen Seite beschreibt mein Großvater diese Zeit rückblickend, als er längst in Westdeutschland lebt. Es ist natürlich möglich, wenn nicht sogar wahrscheinlich, dass er durch den zeitlichen und räumlichen Abstand einen klareren und kritischeren Blick auf die Situation hatte als zu dem Zeitpunkt, als er selbst noch Teil des Systems war und er seine Gefühle vielleicht mehr als ein diffuses Unbehagen wahrnahm.

Zu den inhaltlichen Zweifeln gesellen sich bald auch ganz existenzielle Ängste. Seit Heinz die Verantwortung für die Westarbeit abgegeben hat, mehren sich dort die Schwierigkeiten. Sein Nachfolger, Rolf Schnabel, verfügt kaum über Erfahrung in diesem Bereich und kann wenig dagegen tun, dass es der bundesdeutschen FDJ im zweiten Jahr der Illegalität immer schwerer fällt, ihre Aktivitäten aufrechtzuerhalten. Als dann noch mehrere führende Funktionäre verhaftet werden, droht die Organisation vollends in der Bedeutungslosigkeit zu versinken. Um das zu verhindern, wird unter der Bezeichnung «Westkommission» ein Gremium ins Leben gerufen, das Schnabel zur Seite stehen soll und dem auch Heinz angehört. Als dort über die Gründe für den schlechten Zustand der West-FDJ gesprochen wird, ist auch von Verrat und in den Apparat infiltrierten Agenten die Rede. Und obwohl niemand ihn direkt angreift, empfindet Heinz diese Behauptungen als Vorwürfe, die sich gegen ihn persönlich richten. Wachsende Unsicherheit und Angst vor Ablösung oder Schlimmerem sind die Folge, hat er doch selbst schon erlebt, wie schnell aus einem verdienten Genossen ein feindlicher Agent werden kann.

Bereits 1951 trifft dieser Vorwurf seinen Zentralratskollegen Peter Heilmann. Er und Heinz sind fast gleich alt, beide mussten als «Halbjuden» unter den Nationalsozialisten Haft und Verfolgung erdulden. Peters Vater, Ernst, ein bekannter Sozialdemokrat, wurde 1940 im KZ Buchenwald ermordet. Peter Heilmann selbst gehörte wie Heinz zu den FDJ-Funktionären der ersten Stunde, seit 1945 ist er kontinuierlich in der Kaderhierarchie aufgestiegen. Sein tiefer Fall kommt auch für sein direktes Umfeld plötzlich und unerwartet. Unter fadenscheinigen Gründen festgenommen, wird er verurteilt, ohne dass irgendwelche Beweise die gegen ihn konstruierten Vorwürfe stützen. Er wird einfach zum Agenten gestempelt, eine Bezeichnung, die im Grunde alles und nichts bedeutet, die jeden treffen kann und alle so Titulierten rechtlos und ohnmächtig zurücklässt. Peter Heilmann erscheint einfach nicht mehr zur Arbeit beim Zentralrat, verschwindet für fünf lange Jahre im Gefängnis. Der Fall wird in der FDJ-Führung nicht diskutiert, Widerspruch ist unerwünscht, und so nehmen die Genossen es allesamt einfach hin, dass einer der ihren von einem Tag auf den anderen zum Feind erklärt wird.

Obwohl Heinz das Schicksal Peter Heilmanns innerlich stark erschüttert, begehrt er nicht gegen dessen Verhaftung auf. Jahre später schreibt er, ihm sei damals zum ersten Mal klargeworden, dass auch er nicht unantastbar sei, weil sich in seiner Vergangenheit genug finden ließe, was man ihm zum Vorwurf machen könne. Schon damals, mehr als zwei Jahre vor seiner Flucht, hätte er sich gesagt, wenn es wirklich einmal so weit käme, würde er nicht warten, bis die Polizei ihn hole. Und trotzdem macht Heinz weiter – mit vollem Einsatz, denn er ist weiterhin überzeugt, im Grunde das Richtige zu tun. Wie oft mögen ihn in diesen Monaten Gedanken gequält haben, die er nicht zulassen konnte, weil sie all das in Frage stellten, was er in den Jahren seit seiner Befreiung, seit dem Beginn seines neuen Lebens getan und gelebt hatte, all das, was er war und sein wollte?

Doch Peter Heilmann bleibt nicht das einzige Opfer der sich kontinuierlich steigernden Agentenhysterie in Heinz' Umfeld. Der Kampf gegen die Gegner in den eigenen Reihen ist bald allgegenwärtig. Zunächst werden alle Genossen überprüft, die aus westlicher Emigration oder Gefangenschaft zurückgekehrt sind. Kleinste Unstimmigkeiten genügen, um langjährige und verdiente Parteigenossen ihrer Posten zu entheben, sie aus der Partei auszuschließen oder gar in Haft zu nehmen. Diese kommunistische Hexenjagd ist kein ostdeutsches Phänomen, sondern durchzieht Anfang der 1950er Jahre, ausgehend von der Sowjetunion, den gesamten Ostblock. In den Hauptstädten der sozialistischen Bruderstaaten fallen den Säuberungen neben vielen überzeugten Kommunisten, die nichts weniger als feindliche Spione sind, auch Parteiführer und Minister zum Opfer. Schauprozesse werden geführt, Unschuldige auf Jahre eingesperrt, Todesurteile vollstreckt. Dabei ändert sich das Feindbild im Laufe der Jahre. Anstelle des jugoslawischen Titoismus und amerikanischen Imperialismus tritt der jüdische Zionismus.

Ende 1952 erreicht die Welle stalinistischer Säuberungen die Tschechoslowakei. Dort werden der stellvertretende Ministerpräsident, Rudolf Slansky, und dreizehn weitere führende Kommunisten, von denen die meisten im Kampf gegen die Nationalsozialisten ihr Leben eingesetzt oder in Gefängnissen und Konzentrationslagern gelitten haben, wegen Hochverrats vor Gericht gestellt. Nach Monaten der Isolation und der Folter durch ihre Genossen verleugnen die Angeklagten in erpressten Geständnissen sich selbst und alles, wofür sie gelebt und gekämpft haben. Rudolf Slansky sagt aus, er hätte seine bourgeoise Herkunft und kleinbürgerliche Ansichten nie abgelegt. Von frühester Jugend an wäre er ein imperialistischer Spion, ein trotzkistischer Verräter und zionistischer Agent gewesen mit dem einzigen Ziel einer Verschwörung zum Sturze der volksdemokratischen Ordnung. Ähnliche Erklärungen geben auch seine Mitangeklagten ab. Kein Einziger widerspricht, weist die offensichtlich absurden Vorwürfe von sich. Fast alle Beschuldigten sind Juden, der Schauprozess trägt ganz klar antisemitische Züge. Am 27. November 1952 werden alle Angeklagten verurteilt, elf von ihnen, darunter auch Slansky, zum Tode. Am 3. Dezember werden sie hingerichtet.

Auch in der DDR wird an der Vorbereitung von Schauprozessen gearbeitet. Paul Merker, der zwar selbst kein Jude ist, sich aber seit Jahren für die Entschädigung für von den Nationalsozialisten enteignetes jüdisches Vermögen und die Anerkennung der Juden als nationale Minderheit in Deutschland einsetzt, wird verhaftet, nachdem sein Name in einer der im Slansky-Prozess erpressten Aussagen gefallen ist. Die Zentrale Parteikontrollkommission ordnet zudem die Überprüfung der Kaderunterlagen aller Genossen jüdischer Abstammung an. Besondere Aufmerksamkeit widmet sie den Vorstandsmitgliedern der Vereinigung der Verfolgten des Nationalsozialismus, zu denen auch Heinz gehört. Kurze Zeit später wird die Organisation, die in den Nachkriegsjahren soziale Hilfe für NS-Opfer leistet und sich für einen demokratischen Neubeginn engagiert, aufgelöst, wobei der Vorwurf laut wird, aus ihren Reihen sei systematisch Spionage betrieben worden. An ihre Stelle tritt das Komitee der antifaschistischen Widerstandskämpfer, in dem andere als politische Verfolgungsgründe keine Rolle mehr spielen.

Im Januar 1953 veröffentlicht das ZK der SED im Parteiorgan *Neues Deutschland* die Lehren, die es aus dem Slansky-Prozess zu ziehen gedenkt. Dort wird argumentiert, dass die zionistischen Agenten die Gutmütigkeit der Werktätigen auf perfide Weise ausnützten, könnten sie doch darauf zählen, dass diese im Sinne der Völkerfreundschaft jeglichen Antisemitismus ablehnten und deshalb gegenüber der Gefahr einer zionistischen Verschwörung nicht aufmerksam genug sein würden. Kurz darauf wird bekannt, dass in Moskau einige renommierte jüdische Ärzte unter dem Vorwurf verhaftet wurden, sie hätten geplant, Stalin und die sowjetische Staatsführung zu vergiften. Aus Angst vor Verfolgung verlassen daraufhin viele Juden die DDR und fliehen panisch in den Westen. Unter ihnen befinden sich fast alle Vorsitzenden der jüdischen Gemeinden Ostdeutschlands. Als Reaktion auf diese Ausreisewelle wird offiziell verlautbart, die zionistischen Agenten wären ihrer drohenden Enttarnung zuvorgekommen und hätten sich durch ihre Flucht selbst entlarvt. Eine ganze Reihe jüdischer Kommunisten werden ihrer Funktionen enthoben, einige von ihnen inhaftiert.

Wie hat mein Großvater diese Wochen erlebt, als sich in der DDR die Ereignisse zu überschlagen scheinen? Wie konnte er es mit sich selbst und seinen Erfahrungen vereinbaren, dass in dem Land, in dem doch alles anders und besser sein sollte, einmal mehr Menschen wegen ihrer Herkunft verfolgt und verurteilt wurden? Als im Februar 1953 seine Personalakte von der Kaderabteilung des SED-Zentralkomitees zur Überprüfung angefordert wird, geht er trotz allem noch von einer Routinekontrolle aus. Kurze Zeit später wird er vom zuständigen Mitarbeiter Anton Joos zu einer persönlichen Befragung vorgeladen.

Nun sitzt er in dessen Büro, wo der zwanzig Jahre ältere Genosse in Akten blättert und ihn kaum eines Blickes würdigt. Dann wieder erkundigt er sich unvermittelt nach Dingen, die für Heinz weder einen Sinn ergeben noch sich in einen nachvollziehbaren Zusammenhang bringen lassen und ihn schon deshalb dazu zwingen, selbst die einfachsten Antworten mehrmals zu hinterfragen, bevor er sie auszusprechen wagt. Immer wieder sucht er in den Augen seines Gegenübers nach einem Zeichen des Verständnisses, der Sympathie. Gleichzeitig fühlt er einen maßlosen Ärger darüber aufsteigen, dass ein Mann in seiner Position und mit seinen Verdiensten sich hier behandeln lassen muss wie ein ungezogener Schuljunge. Trotzdem fehlt meinem Großvater der Mut, einfach aufzustehen und zu gehen, ja er wagt es nicht einmal, genau nachzufragen, warum er überhaupt vorgeladen wurde und ob etwas gegen ihn vorliege. Mit einem Mal wird ihm klar, dass sich der Parteiapparat, von dessen Macht er als Funktionär seit

Jahren profitiert hat, als gefährlicher und unberechenbarer Gegner erweisen könnte, sollte er aus irgendeinem Grund in Ungnade gefallen sein. Heinz' Befürchtungen verstärken sich noch, als bei einer zweiten Vorladung Anton Joos Unklarheiten im Zusammenhang mit seiner Verhaftung durch die Gestapo zur Sprache bringt. Die unerwartete Konfrontation mit diesem von ihm verdrängten Kapitel seiner Vergangenheit lässt in seinem Inneren endgültig Panik die Oberhand ergreifen. Ein falsch ausgefüllter Fragebogen droht, ihm zum Verhängnis zu werden. Im Jahr 1954 beschreibt Heinz, wie es dazu kam:

Bei der Ausfüllung der ersten Fragebogen habe ich verschwiegen, dass ich mich damals der Gestapo stellte, sondern schrieb, dass ich zusammen mit der Familie S[...] verhaftet wurde. Ich hatte vorher erlebt, wie ein guter Kommunist, der tapfer im Lager gekämpft hatte, deshalb sofort ausgeschlossen wurde, weil man ihm das als Verrat anrechnete. Aus Angst, dasselbe Schicksal zu erleiden und wieder zu den Ausgestoßenen zu gehören, machte ich diese falsche Angabe, dachte aber später nicht mehr daran, da ich alle folgenden Fragebogen, die damals ja in großer Anzahl ausgefüllt werden mussten, von meiner Sekretärin abschreiben ließ.

Plötzlich holt ihn nun seine sorgfältig ausradierte Vergangenheit ein. Möglichkeiten, die Dinge richtigzustellen, sieht er nicht. Zu groß ist angesichts dessen, wofür er Genossen in seinem Umfeld hat in Ungnade fallen sehen, die Angst vor den Folgen, die es für ihn hätte, wenn die Wahrheit ans Licht käme. Stattdessen lebt er von nun an in ständiger Furcht. Seiner Frau gegenüber spricht er immer wieder davon, dass sie ihn nun bald abholen werden. Doch die wahren Gründe für seine Befürchtungen vertraut er selbst ihr nicht an.

Am 5. März 1953 stirbt Stalin. Wenige Wochen später erklärt die neue Parteiführung in Moskau die angebliche Ärzteverschwörung zu dessen Erfindung. Die Verhafteten kommen frei und werden rehabilitiert, die Welle des Antisemitismus verebbt. Eigentlich ein Grund zum Aufatmen, doch Heinz kommt nicht zur Ruhe. In der DDR ist ein Ende der politischen Säuberungen nicht in Sicht. Ausgerechnet seinen Mentor und Förderer, Franz Dahlem, trifft es als Nächsten. Im Zusammenhang mit der Slansky-Affäre wird er mit einer feindlichen Verschwörung in Verbindung gebracht. Ausgangspunkt ist die Zeit, als der Westemigrant Dahlem in Paris Ende der 1930er Jahre der Leitung der Exil-KPD angehörte und den «Fehler» beging, sich statt an den Anweisungen Moskaus an denen der französischen Kommunisten zu orientieren. Auch der populäre Vorwurf, er hätte nicht verhindert, dass imperialistische Agenten in die Partei eindrängen, findet Anwendung. Erschwert wird Dahlems Situation durch die Entschlossenheit, mit der er sich gegen den Angriff zur Wehr setzt. Wohl im Vertrauen auf seinen Einfluss und Rückhalt in der Partei schreibt er Briefe an alle möglichen Spitzenfunktionäre bis hin zur sowjetischen Parteiführung und kritisiert offen die Arbeitsweise der Zentralen Parteikontrollkommission und deren Vorsitzendem Hermann Matern. Jener verkehre seine Aussagen ins Gegenteil und lasse ihm keinerlei Möglichkeit zur Verteidigung, nicht einmal die angeblich gegen ihn vorhandenen Beweise dürfe er einsehen. Letztendlich kann Franz Dahlem es nicht verhindern, dass er Ende Mai 1953 seiner Ämter enthoben und aus SED-Sekretariat und Politbüro ausgeschlossen wird. Damit gelingt es Parteichef Walter Ulbricht, sich eines ernstzunehmenden Rivalen zu entledigen. Zwischen beiden gab es immer wieder politische Differenzen, und auch die innerparteiliche Popularität des anderen ist Ulbricht ein Dorn im Auge. Dahlem empfiehlt Heinz, jeglichen Kontakt zu ihm zu meiden: «Verkehr nicht mehr mit mir, sonst wirst du auch ausgeschlossen und bist ein Kind des Todes», rät er ihm, daran erinnert sich Heinz noch Jahre später.

Auch wenn Franz Dahlem als das ranghöchste Säuberungsopfer seiner Zeit im Gegensatz zu vielen anderen nicht verhaftet wird, schwebt das monatelang andauernde Parteiverfahren wie ein Damoklesschwert über ihm und wirkt darüber hinaus als probates Mittel zur Einschüchterung und Disziplinierung innerhalb der Partei. Auch Heinz' Ängste wachsen nach Dahlems Entmachtung weiter an:

Ich war schwer erschüttert. Einmal, weil ich in Franz meinen eigentlichen Lehrmeister sah, der mir zu allen Erfolgen hier verholfen hat und zweitens, weil ich mir sagte: «Wenn man mit Franz so verfährt, der doch neben seinen Fehlern so gewaltige Verdienste um die Sache besitzt, der sich zich mal mit seinem Leben eingesetzt hat und der auch kein Agent ist, wie wird man dann mit dir verfahren, wo doch deine Erfolge in keinem Verhältnis zu der Vergangenheit von Franz stehen?»

Trotz allem macht Heinz weiter. Ungeachtet dessen, was in ihm vorgeht, vertritt er nach außen hin die Politik einer Partei, mit der ihn nun mehr Angst als Überzeugung verbindet. Er erlebt, wie sich am 17. Juni 1953 Honecker, Ulbricht und das gesamte Politbüro aus Angst vor dem eigenen Volk hinter Panzern verschanzen, wie die Protestierenden zusammengeschossen, verhaftet und verurteilt werden, wie mit der Degradierung von Wilhelm Zaisser, Rudolf Herrnstadt und Anton Ackermann auch der letzte Keim einer Opposition gegen Ulbricht erstickt wird. Dies alles trägt dazu bei, dass seine Zweifel bis zur Verzweiflung anwachsen, und doch kann und will er sich nicht lossagen, lebt und arbeitet weiter wie zuvor. Heinz weiß, dass sich die Zentrale Parteikontrollkommission noch immer mit ihm beschäftigt, doch welchen Umfang die Ermittlungen haben und in welche Richtung sie gehen, kann er nur erahnen. Seit dem Sommer 1953 ist auch das Ministerium für Staatssicherheit involviert. Heinz' Wohnung und auch die seiner Mutter werden überwacht, Überprüfungen von ihm nahestehenden Menschen eingeleitet und zwei inoffizielle Mitarbeiter auf ihn angesetzt. Es ist, als habe sich ein Netz um ihn gelegt, das sich mal klar sichtbar und mal von ihm unbemerkt immer enger zieht.

7   AUF DER FLUCHT

Am 29. September 1953 wacht Heinz wie immer früh auf. Kaum hat er die Augen aufgeschlagen, sind sie wieder da, die Gedanken, die ihn seit Wochen quälen, die eine, alles entscheidende Frage, auf die er keine Antwort findet. Soll er bleiben oder gehen? Heinz zieht sich reisefertig an. Im Flur stehen bereits die gepackten Koffer. Heute sollen Inge und er in den Urlaub fliegen – nach Bulgarien –, so hat es die Partei entschieden. Er wäre viel lieber irgendwo in der Nähe geblieben, am liebsten am Döllnsee, wohin Inge und er immer mal wieder fahren, wenn sie ein paar Tage frei machen können. Mit diesem Ort verbinden ihn schöne Erinnerungen, und er ist weit genug weg, um die Ruhe und die Natur zu genießen, aber nah genug, um schnell wieder in Berlin zu sein, wenn er gebraucht wird.

Aber vielleicht will man ja nicht, dass er zurückkehrt, vielleicht haben die Genossen deshalb darauf bestanden, ihn so weit weg zu schicken, trotz seiner Einwände. Vielleicht planen sie, dass er eine Weile von der Bildfläche verschwindet, damit sie in Ruhe die Ermittlungen gegen ihn abschließen können. Niemand spricht mit ihm darüber, aber er weiß, dass es sie gibt, und zerbricht sich Tag für Tag den Kopf über ihren Inhalt. Als wäre er selbst der Ankläger, formuliert er Anschuldigungen, konstruiert Zusammenhänge und sucht nach dunklen Flecken in seiner Vergangenheit, die ihn zu Fall bringen könnten. Und indem er sich mit den Augen der Ankläger sieht, fühlt er sich schuldig, obwohl er doch seit Jahren nichts anderes tut, als sich voll und ganz für die gemeinsame Sache einzusetzen. Wie an sonst nichts auf dieser Welt glaubt er an seine Ideale, so wie er es nie zuvor getan hat und wohl auch nie wieder tun wird, sollte es gelingen, ihm diesen Glauben zu nehmen. Vor seinem inneren Auge hat er seine Verhaftung schon tausendmal durchgespielt: Auf dem Flughafen kurz vor dem Abflug, nach der Ankunft in Bulgarien, irgendwo in dem fremden Land, wo es ein Leichtes wäre, ihn einfach verschwinden zu lassen. Schließlich weiß er vieles, von dem niemand möchte, dass es an die Öffentlichkeit dringt, ganz besonders nicht an die westdeutsche. Ungezählte Male schon haben sich die Gefängnistore hinter ihm geschlossen, hat die Verzweiflung ihn verschluckt. Trotzdem lebt er weiter, arbeitet, funktioniert. So auch heute.

Gegen acht Uhr lässt er sich von seinem Fahrer zur Wohnung der Mutter fahren, um ihr wie jeden Monat etwas Geld zu bringen. Seit der Stiefvater im Jahr zuvor gestorben ist, lebt sie allein, und von dem bisschen Rente, das ihr zusteht, kommt sie eher schlecht als recht über die Runden. Dagegen verdient Heinz mehr als genug, und zum Geldausgeben fehlen ihm größtenteils Zeit und Ideen. Nachdem er ein paar Worte mit seiner Mutter gewechselt hat, die nichts von seinen Sorgen ahnt und ihm mit der Ermahnung, anständig und regelmäßig zu essen, einen schönen Urlaub wünscht, macht er noch ein paar Besorgungen und fährt schließlich ins Büro. Er setzt sich an den Schreibtisch, atmet tief durch und versucht sich auf das zu konzentrieren, was er vor seinem Abflug noch zu erledigen hat. Als sein Blick auf seine Hände fällt, stellt er erschreckt und verwundert fest, dass sie zittern.

Und wieder einmal denkt er, dass es so nicht weitergehen kann, er wegmuss, solange noch die Möglichkeit dazu besteht. Doch gleich darauf zweifelt er wieder: Sind seine Ängste übertrieben, wird sich alles klären und er hier weiterleben und -arbeiten können – so wie er es sich eigentlich wünscht? Obwohl ihn seit Monaten schon diese Fragen quälen, gelingt es Heinz nicht, eine Entscheidung zu treffen. Er spürt, wie das Misstrauen ihm gegenüber wächst und wie die Angst immer stärker Besitz von ihm ergreift. Manchmal hat er das Gefühl, die Wände würden sich mit Eis überziehen, sobald er den Raum betritt. Wenn unvorhergesehene Sitzungen einberufen werden, abends das Telefon klingelt oder noch Besuch kommt, fürchtet er jedes Mal, dass man ihn nun holen komme. Nachts lässt er immer ein Fenster als möglichen Fluchtweg offen. Er merkt, wie sich Freunde und Bekannte vor ihm zurückziehen, und fühlt sich zunehmend isoliert.

Es klopft. Sein Stellvertreter Horst Spaar kommt zu einer Besprechung. Er soll ihn für die Zeit seines Urlaubs vertreten. Heinz gibt Anweisungen, macht Pläne. Sie gehen durch, was ansteht, vereinbaren einige Termine für die Zeit nach seiner Rückkehr. So vertieft ist Heinz in die Arbeit, dass er seine Ängste vergisst – zumindest für eine kleine Weile. Es gelingt ihm sogar, ein paar Witze zu machen und sich lachend von seinem Stellvertreter zu verabschieden. Und auch nachdem sich die Bürotür geschlossen hat und er wieder allein ist, verspürt er eine Zuversicht, an die er sich zu halten beschließt.

Gegen zehn Uhr ruft Heinz seine Frau Inge an und sagt ihr, dass in seinem Vorzimmer noch drei Leute säßen, die ihn sprechen wollten, er aber anschließend gleich nach Hause käme, spätestens halb eins würde er da sein. Als er schon dabei ist, seine Sachen zusammenzupacken, wird er ins Büro des Leiters der Westabteilung, Rolf Schnabel gerufen, wo es zu einer ernsten Auseinandersetzung kommt. Auslöser ist ein Bericht des Hamburger Genossen Franz Kahl über den Personalbestand der FDJ in der Bundesrepublik. Eine der drei Kopien des als geheim eingestuften Dokuments hat Franz Kahl auf dessen Bitte hin Heinz gegeben – sehr zum Missfallen von Horst Schnabel.

Denn obwohl bisher offiziell keinerlei Verurteilung erfolgt ist, ja nicht einmal Anschuldigungen offen formuliert worden sind, ist doch klar, dass etwas nicht stimmt mit Heinz. Obwohl vorgesehen war, dass er für einen Jahreskurs an die Komsomolhochschule nach Moskau gehen sollte und er bereits die Aufnahmeprüfung bestanden hatte, wurde er im letzten Moment grund- und kommentarlos von der Liste gestrichen. Auch zu den Weltfestspielen in Bukarest, wo Heinz eigentlich die ostdeutsche Delegation hätte leiten sollen, durfte er dann doch nicht fahren. Die offizielle Begründung lautete, dass er vor Ort im Zentralrat gebraucht würde – doch es fällt ein Schatten auf ihn, eine Aura des Misstrauens umgibt ihn, die längst nicht mehr nur er selbst wahrnimmt. Laut einer späteren Aussage Honeckers besteht zu diesem Zeitpunkt bereits eine Übereinkunft, sensible Informationen über die West-FDJ vor Heinz geheim zu halten. Horst Schnabel weiß von diesen Absprachen, und vielleicht ist das ein Grund dafür, dass er recht heftig reagiert, als er Franz Kahls Bericht in Heinz' Händen weiß, vielleicht ist er aber auch nur genervt, dass dieser sich noch immer in seine Arbeit einmischt. Jedenfalls kommt es zum Streit. Und als Heinz darauf besteht, seine Kopie zu behalten, weil er über dessen Inhalt mit Erich Honecker sprechen will, reißt ihm Horst Schnabel das Papier aus der Hand. Beide sind wütend und aufgeregt, wahrscheinlich fallen grobe Worte, und vielleicht ist es einer dieser Momente, an denen Heinz die Flucht als die einzige Lösung seiner Probleme erscheint.

Trotzdem kehrt er zunächst in sein Büro zurück und ordnet die Papiere auf seinem Schreibtisch. Dabei fällt ihm ein Zettel in die Hände, auf dem steht, er solle sich dringend bei Hermann Matern, dem Leiter der Zentralen Parteikontrollkommission, melden. Er liegt dort schon seit einigen Tagen, doch Heinz hat sich bisher nicht zu einem Anruf überwinden können. Er hat Angst, es gäbe dann kein Zurück mehr und dass es ihm wie so vielen vor ihm ergehen würde, die von einer Befragung bei der ZPKK nicht mehr zurückgekehrt sind.

Nun also, wenige Stunden vor dem geplanten Abflug nach Bulgarien, greift er zum Hörer und lässt sich mit dem Büro von Matern verbinden. Wahrscheinlich weiß er, dass er es nicht länger aufschieben kann, will er seine Angst weiter hinter der Maske der Normalität verstecken und seine Rolle in dem Spiel aufrechterhalten, das hier alle spielen und das heißen könnte: Es ist alles in Ordnung, und es gibt nichts, worüber man sich sorgen müsste. So ruft er also an und hört, dass man dort schon auf ihn warte, er so schnell wie möglich kommen solle. Panik ergreift ihn, doch noch gelingt es ihm, ruhig zu bleiben und einzuwenden, dass er in kaum mehr als drei Stunden in den Urlaub fliegen werde. Daraufhin bittet man ihn zu warten. In diesen quälend langen Minuten sucht Heinz nach möglichen Entgegnungen, auf das, was man ihm nun sagen würde. Letztlich lautet die Entscheidung, er solle sofort nach seiner Rückkehr kommen. Da Heinz sich nicht traut, direkt zu fragen, worum es geht, erkundigt er sich, ob Honecker das nicht in seiner Abwesenheit erledigen könne, damit man nicht so lange warten müsse. Ihm wird daraufhin entgegnet, er müsse selbst kommen, denn es gehe um eine persönliche Angelegenheit. Kaum hat er aufgelegt, gewinnt die Panik die Oberhand. Aus dem Chaos in seinem Kopf kristallisiert sich ein einziger Gedanke heraus: Weg von hier, ehe es zu spät ist!

Das ist eine Version dieser entscheidenden Minuten. So schildert sie Heinz seiner Frau Inge in einem Brief, den er wenige Tage nach seiner Flucht verfasst. In späteren Darstellungen, so in seiner autobiographischen Skizze von 1956, beschreibt er die Situation anders:

> *Ich hatte bereits meine Arbeit abgeschlossen und war dabei, mich zu verabschieden, als mein Telefon klingelte. Am Apparat befand sich das Sekretariat der ZPKK. Schon seit Monaten, seitdem ich die Verfolgung spürte, meldete ich mich nicht mehr mit meinem Namen, sondern mit dem Namen meiner Abteilung. Als ich mich auch diesmal unter «Sekretariat Lippmann» meldete, erfuhr ich, dass die ZPKK am Telefon sei und mich sofort zu sprechen wünsche. Blitzartig tauchte vor mir das Bild Peter Heilmanns auf, der auf ähnliche Weise zum ZK gelockt worden war und dann niemals zurückgekehrt ist. Ich sagte deshalb, dass der Genosse Lippmann nicht mehr da wäre, sich bereits auf dem Weg zum Flugplatz befände, und fragte gleichzeitig, zur Kontrolle, worum es sich handeln würde und ob dies nicht ein anderer erledigen könnte. Die Antwort war für mich wie eine kalte Dusche. Sie lautete ungefähr: «Nein, das betrifft den Genossen Lippmann persönlich, er sollte sofort zum Genossen Matern kommen.»*

Warum hat Heinz die Darstellung dieses entscheidenden Momentes über die Jahre verändert? Fand mein Großvater sie im Rückblick zu wenig plausibel? Konnte er selbst, je mehr Zeit vergangen war, seine Panik, den Entschluss, gerade zu diesem Zeitpunkt zu fliehen, immer weniger nachvollziehen und musste deshalb eine Version konstruieren, die sein Verhalten verständlicher erscheinen ließ? Nach seiner Flucht in den Westen stand er unter einem permanenten Rechtfertigungsdruck, der vielleicht dazu beigetragen hat, dass er die damaligen Ereignisse dramatisierte und zuspitzte, um so den Weg, den zu gehen er sich entschied, zum einzig möglichen zu erklären. So konnte er sich vorrangig als Opfer, als Objekt von Umständen darstellen, auf die er keinen Einfluss hatte.

Worin alle seine Beschreibungen dieses Vorfalls übereinstimmen, ist die Tatsache, dass dieses Gespräch mit der ZPKK der unmittelbare Auslöser für seine Entscheidung war, zu flüchten. Die Angst vor dieser Vorladung war so groß, dass mein Großvater nur noch diesen einen Ausweg sah. Vielleicht erinnerte er sich dabei auch an den Tag, der fast genau elf Jahre zurücklag, an dem er sich selbst auslieferte, indem er zur Gestapo ging und sich «freiwillig» meldete. Damals hatte er sich nie und nimmer die Konsequenzen vorstellen können, die dieser Entschluss für ihn haben würde und die ihn noch immer verfolgten, nicht nur in Form der Erinnerungen an die schrecklichen Lagerjahre, sondern auch als etwas, was er seither verschwiegen hatte und das ihn deshalb umso mehr quälte. Unter diesen Voraussetzungen musste die Vorstellung, noch einmal selbst in sein Unglück zu laufen, für ihn unerträglich gewesen sein.

Auf die Idee, dass er vielleicht «nur» von seinem Posten abberufen würde, um sich in einem sozialistischen Betrieb zu bewähren, kommt er gar nicht. Für ihn gibt es nur noch ganz oder gar nicht, alles oder nichts. So oft hat er all diese Dinge in seinem Kopf umhergedreht, dass sie jegliche Farbe verloren haben und nur noch Schwarz und Weiß übrig geblieben sind. Für ihn, der schon einmal alles, was es an Gewissheiten gab in seinem Leben, hat zusammenstürzen sehen, ist es wohl schwierig, nun nicht mit dem Schlimmsten zu rechnen.

Bleibt die Frage, warum er nicht erst nach Hause zu seiner Frau Inge und mit ihr zusammen in den Urlaub gefahren ist. Schließlich sollte er erst nach seiner Rückkehr bei der ZPKK erscheinen. In Bulgarien wäre Zeit zum Reden gewesen, er hätte sich ihr anvertrauen und gemeinsam mit ihr nach einer Lösung suchen können. Möglicherweise fürchtete er, sie würde ihn und seine Vergangenheit verurteilen, denn auch ihr hatte er die Umstände seiner Verhaftung verschwiegen. Wahrscheinlich ging er davon aus, dass sie, die überhaupt nur einen kleinen Teil seiner Sorgen und Ängste kannte, die noch viel stärker an den Kommunismus und an die Partei glaubte, ihm raten würde, Vertrauen zu haben und mit den Genossen über alles zu sprechen. Dem, so fürchtete Heinz wohl, würde er nichts entgegenzusetzen haben. Er würde sich fügen und so das Verderben seinen Lauf nehmen.

Heinz packt ein paar persönliche Dinge zusammen, steckt den Personalausweis des Hamburger Genossen Franz Kahl ein, den er sich schon einige Tage zuvor unter einem Vorwand geliehen hat. Auch gut zehntausend Westmark aus seinem persönlichen Vermögen, die er eigentlich für die Zeit seines Urlaubs im Stahlschrank seines Büros einschließen wollte, nimmt er mit. Ohne sich etwas anmerken zu lassen, verabschiedet er sich von seinen Mitarbeitern und Genossen – auch von Erich Honecker. Welche Worte bei diesem letzten Zusammentreffen der beiden fallen, ist leider nicht zu ermitteln. Blicken sie sich in die Augen, geben sich die Hand, oder umarmen sie sich gar? Wahrscheinlich halten beide an ihren Rollen fest, klärt Heinz noch ein paar sachliche Fragen, während der FDJ-Vorsitzende ihm zum Abschied einen schönen Urlaub wünscht. Das, was es wirklich zwischen ihnen zu sagen gegeben hätte, bleibt unausgesprochen.

Einer der Letzten, die Heinz aufsucht, bevor er das Gebäude des Zentralrats verlässt, ist Karl Thomasius, Leiter der Finanzabteilung. Bei diesem Zusammentreffen händigt jener ihm dreihunderttausend Westmark aus, die zur Unterstützung der Bundesdeutschen FDJ bestimmt sind und die Heinz vorgibt, im ZK der SED abliefern zu wollen.

Karl Thomasius konnte ich persönlich nach seinen Erinnerungen an diesen Tag fragen. Zwar war er zunächst nicht zu einem Gespräch mit mir bereit, hat sich dann aber doch überzeugen lassen. Dafür bin ich ihm sehr dankbar, denn als ich ihn besuchte und ihm in seinem kleinen Wohnzimmer direkt gegenübersaß, spürte ich, wie sehr ihn diese Geschichte nach all den Jahren noch immer belastete. Wahrscheinlich hat er sich in seiner beruflichen Laufbahn nie etwas zuschulden kommen lassen, und wie hätte er auch ahnen können, dass ausgerechnet sein direkter Vorgesetzter mit dem ihm anvertrauten Geld durchbrennt? Dieses letzte Zusammentreffen mit Heinz Lippmann ist ein Ereignis, das er nie vergessen wird:

An dem Tag rief er bei mir an und sagte: «Du, Karl, du weißt doch, dass ich heute nach Bulgarien fahre, und ich möchte vorher noch die Frage des Geldes erledigen. Du weißt von Erich Honecker, dass ich dir Bescheid sagen soll. Mache doch bitte das Geld fertig, bevor ich wegfliege, heute Mittag möchte ich das erledigen und möchte das Geld abliefern.» Ich sage, gut, ich mache das fertig, und nach einer halben Stunde oder Stunde kam Heinz Lippmann mit einer einfachen, ich glaube, es war sogar nur eine einfache Kollegtasche, nicht mal eine große Aktentasche. Da haben wir das Geld abgezählt. Er hat es noch eingewickelt in Zeitungspapier und in seine Kollegtasche gepackt. Die langte zu, die Kollegtasche, denn es waren ja alles 50- oder 100-Mark-Scheine. Es war also nicht groß und nicht auffällig. Darauf war mir klar, dass das seinen normalen Gang geht. Wie das bei solchen Beträgen üblich ist, hab ich eine Quittung ausgeschrieben. Heinz Lippmann hat mir diese Quittung unterschrieben und hat sich verabschiedet. Ich sagte: «Mach's gut! Einen schönen Urlaub in Bulgarien.»

Dies ist Karl Thomasius' Version der Ereignisse. Die meines Großvaters weicht insofern davon ab, dass er behauptet, nicht er hätte Thomasius nach dem Geld gefragt, sondern der hätte ihn darauf angesprochen, als er sich eigentlich nur von ihm verabschieden wollte. In einer Kurzschlussreaktion hätte er das Geld an sich genommen. Es wie versprochen im ZK abzuliefern war ihm wegen der geplanten Flucht nicht möglich. Stattdessen behielt er den Koffer und wurde so vom Flüchtling zum Kassenräuber.

Es ist schwierig zu sagen, welche der beiden Versionen der Wahrheit am nächsten kommt, denn außer Karl Thomasius und meinem Großvater gibt es keine Zeugen, und beide standen wegen ebendieses Ereignisses im Nachhinein unter hohem Rechtfertigungsdruck. Einerseits lag es nahe, den Leiter der Finanzabteilung, der Heinz das Geld übergeben hatte, für dessen Verlust mitverantwortlich zu machen. Thomasius wurde entsprechend eingehend von der Zentralen Parteikommission befragt, und da hat es unter Umständen schon einen Unterschied gemacht, ob er seinem Vorgesetzten das Geld auf dessen Verlangen hin oder ungefragt und auf eigene Initiative übergeben hatte. Dass er im Vorfeld die Anweisung bekommen hatte, mit Heinz Lippmann zu klären, wie und wann das Geld an die West-FDJ weitergeleitet würde, bestätigen im Nachhinein sowohl Horst Schnabel als auch Erich Honecker, wodurch sie Thomasius wohl vor weitergehenden Konsequenzen bewahren. Jedenfalls kommt er mit einer Verwarnung davon und behält seine Position im Zentralrat.

Mein Großvater auf der anderen Seite hatte natürlich ein mindestens ebenso großes Interesse, seine Rolle bei dem Diebstahl, den er als solchen ja nicht leugnen konnte, als möglichst passiv darzustellen. Als er Ende 1954 in der Bundesrepublik wegen Unterschlagung und Untreue angeklagt ist, kann er durchaus davon ausgehen, dass es für das Gericht von beträchtlicher Bedeutung ist, ob er geplant hatte, das Geld zu entwenden, oder es in einer Kurzschlussreaktion an sich nahm.

Vielleicht ist das Wie auch unerheblich, unbestritten bleibt, dass mein Großvater das Geld mitgenommen hat, obwohl es ihm nicht gehörte, er also einen Diebstahl beging. Er hat das wohl sein Leben lang bereut, es gar als seinen größten Fehler angesehen. Was also brachte ihn dazu, so zu handeln?

*Ich war fertig. Ich wollte meine Ruhe. Ich wollte leben ohne Bespitzelungen, Misstrauen, Verhöre, ohne Politik. Ich wollte in Ruhe arbeiten, meinen Interessen nachgehen. <u>Vor allem</u> aber wollte ich eines nicht, Menschen verraten müssen, die ich persönlich geachtet habe und auch noch als Menschen achtete. Ich wollte nicht die vielen FDJler im Westen angeben müssen, die ich lange kannte und die ihre Überzeugung vertraten, so wie ich sie lange mit Begeisterung vertreten hatte. Ich war mir darüber klar, dass ich das <u>musste</u>, wenn ich offiziell und ohne Mittel in die Bundesrepublik kam. […]
<u>Ich stand zwischen den Fronten</u>. Deshalb schien es mir, das kleinere Übel – herrenloses Geld –, das niemandem wehe tat, zu nehmen, als Menschen ins Unglück zu stossen und mich aufs neue politisch binden zu lassen und neuen Qualen entgegenzugehen. Jawohl, ich weiß, ich habe mit der Wegnahme des Geldes ein Verbrechen begangen, aber ich schwöre hier, dass ich dieses Verbrechen aus höchster*

Angst, seelischer Not und Gewissenskonflikten begangen habe und klage damit <u>auch</u> jene an, die mich jahrelang verfolgt und bespitzelt haben, ohne mir die Möglichkeit zu geben, mich zu verteidigen.
(Hervorhebungen von Heinz Lippmann)

Der offizielle Weg für Flüchtlinge aus der DDR sieht ein langwieriges Aufnahmeverfahren vor, in dessen Verlauf neben der Registrierung der Personalien und der Fluchtgründe durch staatliche Stellen auch die Befragung durch westliche Geheimdienste die Regel ist. Damit soll einerseits verhindert werden, dass sich östliche Spione unter die Geflohenen mischen, und andererseits sollen Informationen über die andere Seite gewonnen und womöglich Informanten angeworben werden. Das ist offenbar auch Heinz bewusst, und davor, dass es ihm unter diesen Umständen unmöglich sein würde, seine eigene politische Verfolgung nachzuweisen, ohne seine ehemaligen Genossen zu verraten, fürchtet er sich. Das gestohlene Geld, so hofft er, würde ihm helfen, sich aus diesem Dilemma zu befreien.

Heinz tritt aus der Bürotür, die Tasche an die Brust gepresst. Er läuft durch die Gänge, die ihm mit einem Mal fremd erscheinen, als würde er schon nicht mehr hierher gehören. Die Lichter sind zu grell, die Stimmen zu laut. Trotzdem kann er sein Herz schlagen hören – leise und schnell, als wäre es ebenfalls auf der Flucht. Wann immer ihm ein Kollege begegnet, grüßt er lächelnd und inständig hoffend, man möge ihm seine Nöte nicht ansehen. Als er endlich auf die sonnenbeschienene Straße tritt, fühlt er sich erleichtert, als hätte er den entscheidenden Schritt schon hinter sich gebracht. Sein Fahrer, Max Kleinke, wartet im Dienstwagen auf ihn. Kleinke pfeift vor sich hin und scheint bester Laune, als sei er derjenige, dessen Urlaub heute beginnt. Sie fahren los, und Heinz weiß, wenn er jetzt nichts sagt, wird Kleinke ihn nach Hause bringen. Und für einen kurzen Moment schließt er die Augen und stellt sich vor, einfach weiterzuleben wie zuvor, mit Inge, seiner Arbeit, der Partei.

Als er die Augen wieder öffnet, sind sie bereits von den Linden in die Friedrichstraße eingebogen, und Heinz weiß, er muss sich entscheiden. Entweder zum ZK, das Geld abliefern, dann in den Urlaub und am Ende unweigerlich zur Befragung bei der ZPKK – oder in den Westen, weg, für immer. Er bittet Kleinke, am Bahnhof Friedrichstraße anzuhalten und kurz auf ihn zu warten, er müsse schnell noch etwas besorgen.

Als Heinz den Bahnsteig erreicht, ist er noch immer unschlüssig. Drei Züge sieht er ein- und wieder ausfahren, ohne dass er eine Entscheidung trifft. Er könnte in die S-Bahn nach Westen einsteigen, sein altes Leben zurücklassen und eine Reise ins Ungewisse antreten. Aber er könnte auch – immer noch – umkehren, zurück zu seinem Fahrer, der unten vor dem Bahnhof auf ihn wartet, zu seiner Frau, den Genossen – und der Dinge harren, die da kommen und die ihn wohl seine Position und vielleicht auch die Freiheit kosten würden. Und obwohl er weiß, dass mit jeder Minute, die er zögert, die Gefahr wächst, dass er Aufmerksamkeit erregt, dass ihm ein Bekannter begegnet, kann Heinz sich nicht vom Fleck rühren. Paralysiert sieht er die Züge vorbeifahren, ohne sie wahrzunehmen.

Der Bahnsteig ist belebt. Fahrgäste steigen ein und aus, Menschen fahren los, andere kommen an. Heinz weiß, wenn er jetzt durch diese Tür tritt, der Zug sich in Bewegung setzt, gibt es kein Zurück mehr. Lange Zeit scheint es ihm unmöglich, diesen Schritt zu tun, doch dann lässt er sich einfach im Strom der Reisenden, der Pendler und Ausflügler treiben. Er wird in einen Waggon geschoben, die Menschenmenge schneidet ihm den Rückweg ab und verhindert den Blick auf das, was er zurücklässt. Er wird auf einen Sitz gedrückt, und als sich die S-Bahn in Bewegung setzt, weiß er nicht, ob er vor Angst zittert oder aus Erleichterung. Am Bahnhof Zoo steigt Heinz aus. So unentschieden er noch vor kurzem war, so entschlossen handelt er jetzt. Er nimmt ein Taxi zum Flughafen Tempelhof, kauft ein Ticket und besteigt die nächste Maschine nach Hamburg. Während er aus dem Fenster, auf die Stadt unter ihm blickt, die immer kleiner und fremder wird – wartet dort, inmitten des Gewühls von Häusern und Straßen, noch immer sein Fahrer auf seine Rückkehr.

Max Kleinke sitzt im Wagen und weiß sich nicht zu helfen. Um 12.30 Uhr, nachdem er bereits mehr als eine Stunde auf Heinz gewartet hat, ist er ins Bahnhofsgebäude gegangen, um nach ihm zu suchen – allerdings ohne Erfolg. Nun ist es fast 14 Uhr, und Heinz hat noch immer nichts von sich hören lassen. Kleinke kann sich nicht erklären, wo sein Chef so lange bleibt. So langsam glaubt er nicht mehr daran, dass er noch kommt, hat aber auch keinerlei Vorstellung davon, wohin er verschwunden sein könnte. Vielleicht ist er mit der S-Bahn nach Hause gefahren oder schon zum Flughafen? Schließlich sucht der Fahrer eine Telefonzelle und wählt die Nummer von Heinz' Pankower Wohnung. Dort meldet sich Inge, die genauso ratlos ist, was den Verbleib ihres Mannes betrifft. Sie klingt verärgert und besorgt. In wenigen Minuten würde ihr Flug nach Sofia starten – ohne sie, so viel ist klar. Bis eben war Inge davon ausgegangen, dass es mal wieder die Arbeit war, die ihre Pläne durchkreuzt hat, doch nun beginnt sie sich zu ängstigen. Was, wenn Heinz etwas passiert ist? Sie ruft mehrmals bei der ZPKK an, erreicht aber niemanden. Offenbar weiß sie von dem Termin, den Heinz seit Tagen schon vor sich herschiebt. Vielleicht fürchtet sie, die zumindest einen Teil seiner Ängste kennt, dass sie sich bewahrheitet haben, dass Heinz dort festgehalten, verhört wird, vielleicht gar schon im Gefängnis sitzt. Wäre das für sie leichter zu verstehen und zu ertragen gewesen als das, was tatsächlich passiert ist?

Max Kleinke wartet noch eine Stunde, dann holt er Inge aus Pankow ab. Gemeinsam fahren sie zur Friedrichstraße zurück, suchen den Bahnhof und das Umfeld noch einmal ab, ohne fündig zu werden. Gegen 17 Uhr begeben sie sich zum Zentralrat. Noch immer glaubt Inge eher an ein Unglück als an Flucht, doch als sie Erich Honecker von Heinz' Verschwinden in Kenntnis setzt, schaltet der sofort die Staatssicherheit ein, lässt die Leitung der westdeutschen FDJ in ein anderes illegales Quartier verlegen und fordert deren Funktionäre auf, geeignete Vorsichtsmaßnahmen für den Fall zu treffen, dass Heinz Lippmann sein Wissen den dortigen Behörden zur Verfügung stellen sollte.

Am selben Abend kommt das Sekretariat des Zentralrats zu einer Sitzung zusammen. Es handelt sich um eine reguläre Arbeitsbesprechung, von Heinz' Verschwinden ist zunächst nicht die Rede. Auch der Leiter der Finanzabteilung, Karl Thomasius, nimmt, völlig ahnungslos, was den Verbleib seines Vorgesetzten angeht, an der Zusammenkunft teil:

> *Als meine [Thomasius] Vorlage dran war, ich weiß nicht mehr, um welche Sache es sich handelte, wurde ich gefragt von Erich Honecker: «Mit wem hast du das abgesprochen?» Ich sagte: «Das hab ich abgesprochen mit Heinz Lippmann und ich glaube, mit dem Finanzminister.» Da fragte mich Erich Honecker: «Wieso sprichst du das mit Heinz Lippmann ab?» Na ich sagte: «Heinz Lippmann ist mein Sekretär. Es ist doch üblich, dass solche prinzipiellen Vorlagen mit dem Sekretär abgesprochen werden.» Daraufhin sagte Erich Honecker: «Der Lippmann ist doch weg!» – «Na das weiß ich doch. Der ist heute nach Bulgarien. Der hat sich bei mir verabschiedet und hat vorher das Geld in Empfang genommen.» Da trat eine große Stille ein im Sekretariat, weil diese Leute ja schon wussten, dass er weg war, was ich nicht wusste. Und daraufhin sagte dann der Erich Honecker: «Der Lippmann ist doch weg.» Ich sage: «Ja, er ist weg. Er ist im Urlaub.» – «Nein, der ist heute abgehauen.» Daraufhin sagte ich: «Er hat doch heute früh von mir noch die 300 000 DM geholt.» Dann war natürlich eine große Erschrockenheit im Raum, und die Kurbeln begannen zu drehen.*

Sofort trifft die Staatssicherheit erste Maßnahmen, um dem Flüchtigen auf die Spur zu kommen. Post, Telefon und seine Wohnung werden überwacht, ebenso die seiner Mutter. Außerdem sieht der Plan vor, am Flughafen Schönefeld nachzufragen, ob er nicht doch nach Bulgarien geflogen sei. Es wird der Befehl erteilt, Heinz, sobald er irgendwo auftaucht, festzunehmen – das Gleiche gilt für seine Ehefrau, sollte sie versuchen, ihm in den Westen zu folgen.

Was Inge an diesem Abend durchmacht, ist schwer vorstellbar. Nicht einmal vierundzwanzig Stunden ist es her, da haben sie ihre Koffer gepackt, Pläne für die folgenden gemeinsamen Wochen gemacht, und nun sitzt sie hier, allein und verzweifelt. Sie muss sich doppelt und dreifach verraten gefühlt haben. Nicht nur, dass ihr Mann sie ohne ein Wort der Warnung oder des Abschieds verlassen hat, auch dass er nicht genügend Vertrauen zu ihr hatte, um sich zu öffnen und ihr zu sagen, wie es um ihn stand. Außerdem hatte er mit der Flucht in den Westen – wo sollte er auch sonst sein – auch das Land verraten, für das zu kämpfen doch ihr gemeinsamer Lebensinhalt gewesen war. Immerhin an diesem Abend hat sie noch Hoffnung, er habe kopflos gehandelt und werde zurückkehren, sodass sich alles im Guten regeln ließe.

Vielleicht entscheidet sie deshalb, einen dicken Packen Briefe, die Heinz ihr in den ersten Wochen und Monaten ihrer Liebe geschrieben hat und die ihr offenbar viel bedeuten, ihrer Freundin und Genossin Gerda Eichler zu geben, die im selben Haus wohnt. Sie erklärt ihr, sie rechne mit einer Hausdurchsuchung und möchte nicht, dass diese sehr persönlichen Dokumente von Fremden gelesen würden. Am nächsten Morgen übergibt Gerda Eichler die Briefe Erich Honecker, der sie an Hermann Matern von der ZPKK weiterreicht. Offensichtlich gilt in diesen Zeiten Parteidisziplin mehr als Freundschaft.

Am nächsten Tag kommt das Sekretariat des Zentralrats ein weiteres Mal zusammen und trifft folgenden Beschluss:

Das Mitglied des Zentralrats der FDJ, Heinz Lippmann, wird wegen feindlicher Tätigkeit, die sich gegen die Lebensinteressen der deutschen Jugend richtete, und Unterschlagung von Verbandsgeldern aus dem Zentralrat der FDJ ausgeschlossen und aus den Reihen der Freien Deutschen Jugend ausgestoßen.

Diese Entscheidung wird innerhalb des Zentralrats und an die Bezirkssekretariate weitergegeben. Nach außen, an die breitere Öffentlichkeit, dringt zunächst nichts.

So kommt es, dass Heinz' Mutter Charlotte sich wundert, als sie am Tag nach der vermeintlichen Abreise ihres Sohnes den Anruf einer Genossin aus dem Zentralrat erhält, die nach Heinz fragt und sich erkundigt, ob er bei ihr wäre. Irgendwie scheint sie das Gespräch beunruhigt zu haben, jedenfalls begibt sie sich am Nachmittag zum Büro Honeckers und bittet, Heinz, wenn möglich, ein Telegramm nach Bulgarien zu senden und ihn von dem Telefonat in Kenntnis zu setzen. Honeckers Mitarbeiter verspricht ihr zu sehen, was sich machen lässt, und schickt sie weg, ohne ihr vom Verschwinden ihres Sohnes zu erzählen.

Einen Tag später erlässt die Staatssicherheit einen offiziellen Fahndungsaufruf. Darin wird Heinz präzise beschrieben. Von seiner Größe (170 cm) über seine Gestalt (schlank), seine Gesichtsform (schmal) bis zu seinen Haaren (blond, glatt, ohne Scheitel nach hinten gekämmt) ist alles penibel aufgeführt. Nur seine Augenfarbe hat man vergessen oder vielleicht einfach nicht gekannt. Aus den beigelegten Schwarz-Weiß-Fotos lässt sie sich jedenfalls nicht ersehen. Als besonderes Kennzeichen steht dort, dass er manchmal eine helle Hornbrille trägt. Außerdem wird ihm eine «nervöse Erscheinung» nachgesagt. Auf gute Kleidung scheint er einigen Wert gelegt zu haben, ist er doch bei seiner Flucht mit einem neuen hellgrauen zweireihigen Anzug, neuen braunen Schuhen und einem ebenso neuen grün schillernden Popelinemantel bekleidet, zu dem die Staatssicherheit in Klammern «Westmantel» vermerkt. In diesem Fahndungsschreiben wird auch darauf hingewiesen, dass Heinz Lippmann in Westdeutschland alle Verbindungen zur illegalen FDJ und zur KPD kennt sowie über Kenntnisse des geheimen Grenzapparats der SED verfügt.

Währenddessen treffen bei Erich Honecker zahlreiche Briefe und Telegramme aus den Städten und Bezirken der Republik ein, in denen die dortigen Jugendfunktionäre wortreich die Verbannung Heinz Lippmanns begrüßen. So schreibt die FDJ-Kreisleitung Freiberg: «Wir verurteilen auf das Schärfste das verräterische Treiben des ehemaligen 2. Vorsitzenden der Freien Deutschen Jugend Heinz Lippmann. Dank Deiner Wachsamkeit wurde dieser Schädling entlarvt und ihm sein verbrecherisches Handwerk gelegt.» Die Bezirksleitung der FDJ Schwerin fügt hinzu: «Wir danken dem Sekretariat des ZR für die eingeleiteten Maßnahmen zur Liquidierung des Agenten Lippmann.» Und die FDJ Rostock hat Folgendes zu sagen: «Nicht hart genug, kann unserer Meinung nach, die Strafe für solche Elemente sein, die ihre verantwortlichen Funktionen ausnutzen, um damit unseren Todfeind, den angloamerikanischen Imperialismus und seinen deutschen Handlangern, von der Sorte eines Adenauers und der westdeutschen Finanzmagnaten zu dienen.»

Während also in Ostberlin die Verfolgungsmaschinerie anläuft, sitzt Heinz in einem Hamburger Hotel und schreibt sich seine Verzweiflung von der Seele. Elf Seiten ist sein Brief an Inge lang, zwei Tage arbeitet er daran. Er unterzeichnet ihn mit «Dieter Berger», dem Decknamen, den er bei seinem letzten Westeinsatz genutzt hat. Adressiert ist das Schreiben an Gerda Eichler. Doch wie schon bei den Liebesbriefen, die Inge ihr anvertraut hat, fühlt sie sich nicht den Freunden gegenüber loyal, sondern den Anweisungen der Partei verpflichtet, und so gelangt auch dieser Brief in die Hände der Staatssicherheit. Inge bekommt die an sie gerichteten Zeilen, in denen Heinz ihr alles zu erklären sucht, nie zu sehen, sie erfährt nicht einmal von seiner Existenz.

> *Mein liebes, liebes Mädel!*
>
> *Was habe ich nur getan! – Ich weiß nicht mehr ein noch aus. Alles, was mich zu diesem verbrecherischen Schritt zwang, zerrinnt in ein Nichts vor dem, was ich jetzt empfinde! Ich sehe nur noch einen Weg, Schluss zu machen mit mir und damit mit dem Schandfleck und der Schmach, den ich unseren Leuten und unserer Familie zugefügt habe. Ich halte es nicht länger aus, ich muss dir alles sagen, was ich dir bis jetzt verheimlicht habe und längst hätte tun müssen, dann wäre alles anders gekommen. [...]*
> *Ich habe immer etwas Angst vor dir gehabt. Wollte dir schon oft sagen, was mit mir los ist, habe mich aber immer geschämt.*

Mehr als einmal wird mein Großvater in diesem und in folgenden Briefen damit drohen, sich umzubringen. Ist es ihm ernst damit? Geht es ihm wirklich so schlecht? Oder sind es eher Hilferufe, verzweifelte Versuche, sich aus der ausweglosen Situation, in der er sich zu befinden glaubt, zu befreien? Auf den nächsten Seiten seines Briefes an Inge bemüht sich Heinz, ihr sein Handeln begreiflich zu machen, er schreibt über seine von ihm verdrängte Vergangenheit, seine Ängste, seine Zweifel und die wachsende Isolation. All das, was er bisher verschwiegen hat, offenbart er in diesem Brief. Dann beschreibt er das wachsende Misstrauen um ihn herum, wie er sich durch die immer wiederkehrenden Befragungen durch Anton Joos in die Ecke getrieben fühlte und wie schmerzlich es für ihn war, dass die Kollegen nicht mehr offen mit ihm sprachen, sich die Freunde zurückzogen.

> *Ich kann dir nicht beschreiben, was in mir in dieser Woche bis zu meinem Urlaub vorging. – Zweimal versuchte ich anzusetzen und mit dir zu sprechen, es misslang, weil mir der Mut zur Offenheit fehlte. – Mit wem konnte ich darüber sprechen? – Mit niemandem – früher hatte ich mit Gerd [Gerhard Heidenreich] über alles reden können, jetzt war der Kontakt seit einigen Monaten weg. – Trotzdem versuchte ich es doch. – Das ist der eigentliche Grund, warum ich am Sonntag nach D. [zum Döllnsee] fuhr. Aber vergebens. – Die einzige Gelegenheit, die bestand bei der Motorbootfahrt, wurde zerschlagen, weil G. noch das eine Küchenmädel mitnehmen wollte, wahrscheinlich weil er nicht mit mir allein gesehen werden wollte!*

Wie begründet waren die Ängste meines Großvaters vor der gegen ihn eingeleiteten Untersuchung? War es wirklich ausgemacht, dass an ihrem Ende seine Verurteilung gestanden hätte? Ausgangspunkt der Verdächtigungen ist die Sowjetische Kontrollkommission (SKK), die sich bereits 1951 nach dem Desaster vom Petersberg gegenüber den Spitzen von Partei und FDJ kritisch über ihn äußerte und ein Jahr später, im Sommer 1952, darauf drängte, Heinz gründlicher zu durchleuchten. Anfang 1953 verliehen die «Freunde» diesem Ansinnen nochmals Nachdruck. Sie übergaben der Staatssicherheit belastendes Material und informierten Erich Honecker über die bestehenden Verdachtsmomente.

Was genau die sowjetischen Genossen gegen Heinz vorzubringen hatten, geht leider aus den Akten nicht hervor. Dort ist immer nur von «Hinweisen» oder «Signalen» die Rede. Einmal erwähnt

Honecker, dass ihm die «Freunde» sieben Punkte über Lippmann zugestellt hätten. Und tatsächlich findet sich in den Akten der ZPKK ein solches Papier. Es trägt weder einen Briefkopf noch eine Unterschrift, nur den Hinweis: «Abschrift, 2 Exemplare» und das Datum 14.7.1953. Da Memoranden der Sowjetischen Kontrollkommission sich häufig auf diese Weise abgefasst und schwer zuordenbar inmitten deutscher Akten finden, spricht einiges dafür, dass es sich dabei um die von den sowjetischen Genossen gesammelten Anklagepunkte handelt.

1.) In den Fragebogen Lippmanns gibt es Widersprüche hinsichtlich seiner Verhaftung durch die Gestapo beim Überschreiten der Schweizer Grenze.

Als Beispiele werden zwei Kurzbiographien vom 28.11. und 22.12.1951 angeführt, in denen einmal das Jahr 1939 und einmal 1941 als Zeitpunkt der Festnahme angegeben sind. Beide Daten sind falsch, und die wahren Umstände seiner Inhaftierung erwähnt Heinz in keinem der Fragebögen. Offensichtlich hatte er sich aber auch keine konsistente Alternative überlegt, sondern mehrmals unterschiedliche Versionen angeführt, womit er sich letztlich erst recht verdächtig machte.

2.) Die frühere Frau Lippmanns, Inge Guttmann-Lichtenstein, die bis vor kurzem als Abteilungsleiterin im Amt für Information beschäftigt war, schreibt in einer Kurzbiographie, dass ihr Mann ebenfalls in englischer Emigration gewesen sei.

Erich Honecker, den die sowjetischen Genossen in dieser Frage um Auskunft baten, erklärte, dass damit wahrscheinlich nicht Heinz Lippmann, sondern Inges erster Ehemann Rudi Guttmann gemeint war. Trotzdem blieben die sowjetischen Genossen misstrauisch und vermerkten, dass Heinz in einer Kurzbiographie vom 12.12.1951 für den Zeitraum von 1941 bis 1945 «politische Entwicklung im Ausland» angegeben hätte. Ich nehme an, mein Großvater meinte damit seinen Weg zum Kommunismus während der Jahre in KZ-Haft, die er ja größtenteils außerhalb Deutschlands verbrachte. Doch die sowjetischen Genossen verdächtigten ihn offensichtlich der Westemigration – ein Missverständnis mit unklaren Folgen.

3.) Zu ernsthaftem Verdacht gibt die Tatsache Anlass, dass sich Lippmann in fünf verschiedenen Konzentrationslagern und vielen Blocks befand.

Daraus schließen die Verfasser, dass er möglicherweise ein von der Gestapo eingeschleuster Agent war, denn angeblich wären diese unter Häftlingen, die von Lager zu Lager geschoben wurden, zahlreich vertreten gewesen. Heinz' Leidensweg von Großbeeren über Auschwitz nach Buchenwald war sicher kein Sonderfall. Hunderttausende mussten Ähnliches durchstehen. Außergewöhnlich ist an seinem Schicksal, dass es ihm mit Hilfe seiner kommunistischen Retter gelang, das Vernichtungslager Birkenau lebend zu verlassen und von dort nach Monowitz verlegt zu werden. Alle der in Folge seiner Flucht befragten ehemaligen Kameraden aus den KZs hatten im Übrigen nichts an seinem Verhalten zu beanstanden, niemand äußerte den Verdacht, er habe irgendjemanden verraten.

4.) Wie Honecker mitteilte, weigerte sich Lippmann nach seiner Befreiung aus dem KZ aus unbekannten Gründen, nach seiner Heimatstadt Berlin zurückzukehren, wo seine Mutter wohnte.

Dass Heinz zunächst nicht zum Zentralrat nach Berlin wollte, entspricht den Tatsachen. Allerdings hatte er durchaus gute Gründe dafür, die er Honecker gegenüber wohl aber nicht kommuniziert haben dürfte. Wie er in einem 1954 verfassten Text schreibt, fürchtete er, mit ebendessen diktatorischen Leitungsstil nicht zurechtzukommen, und stemmte sich deshalb so lange es ging gegen die Versetzung nach Berlin, die schon 1947 und 1948 hätte erfolgen sollen.

5.) Im Juni 1951 wurde in Düsseldorf eine Gruppe leitender Funktionäre des Zentralen Büros der FDJ mit Lippmann an der Spitze von der Polizei verhaftet. Die Verhaftung erfolgte während einer

Sekretariatssitzung des Zentralen Büros der FDJ, welche in einer Privatwohnung stattfand.

Verdächtig fanden die SKK-Genossen, dass sämtliche Verhaftete bereits am nächsten Tag wieder freikamen, insbesondere da der Polizei laut Aussage eines Mitarbeiters der Westabteilung umfangreiche Dokumente in die Hände fielen. Heinz behauptete allerdings gegenüber Honecker, dass lediglich das Notizbuch eines Genossen beschlagnahmt wurde, und versuchte, den gesamten Vorfall runterzuspielen.

6.) Am 17. Juni 1951 wurde auf Initiative Lippmanns vor dem Sitz der Hohen Kommission der westlichen Besatzungsmächte am Petersberg eine große Demonstration der FDJ durchgeführt, die mit einem Zusammenstoß mit der Polizei endete. Dabei wurden 800 Personen verhaftet. Diese Demonstration, die offenbar provokatorischen Charakter trug, diente den Bonner Behörden als Anlass, um die Tätigkeit der FDJ in Westdeutschland zu verbieten.

Laut diesem Papier hat Heinz die Demonstration selbständig und ohne Anweisung vom Zentralrat der FDJ oder ZK der SED organisiert. Ob das stimmt, lässt sich aus den Akten nicht rekonstruieren. Zu ihm passen würde es, schließlich wurde er von Genossen als Menschen beschrieben, der sich nicht gerne unterordnet und am liebsten selbst Entscheidungen trifft. Allerdings entsprach die Veranstaltung durchaus dem in dieser Zeit praktizierten aktionistischen Vorgehen der West-FDJ, das wiederum als politisches Leitbild sehr wohl den Parteioberen bekannt war, von ihnen gebilligt und gefördert wurde.

7.) In der Zeit von September bis Oktober 1952 vertrat Lippmann den im Urlaub weilenden Erich Honecker. In dieser Zeit hat das Sekretariat des Zentralrates in seiner Arbeit eine Reihe ernster Fehler begangen, für die Lippmann die Hauptschuld trägt.

Dabei geht es vor allem um den «Dienst für Deutschland», einen nach sowjetischem Vorbild eingerichteten Arbeitsdienst für Jugendliche zwischen 17 und 21 Jahren. Konkret sollten mit Hilfe dieses Programms dringend benötigte Arbeitskräfte für den Bau von Kasernen und Unterkünften der Kasernierten Volkpolizei, einer Vorstufe für die noch zu schaffende Volksarmee der DDR, bereitgestellt werden. Darüber hinaus sollten die Teilnehmer über den Wehrsport für das Militär begeistert und so Nachwuchs für die Streitkräfte rekrutiert werden.

Allerdings gestaltete sich der Start des Projekts äußerst holprig. Die ersten Lager für circa zehntausend Jugendliche wurden im Sommer 1952 völlig überstürzt eingerichtet. So blieb kaum Zeit, die Unterkünfte ausreichend auszustatten und geeignetes Personal zu finden, geschweige denn es zu schulen. Als Heinz im September in Abwesenheit Honeckers die Verantwortung für das Programm übertragen wurde, potenzierten sich die Probleme mit Organisation und Durchführung des Arbeitsdienstes. Wegen fehlender sanitärer Anlagen und schlechten hygienischen Zuständen in den Lagern häuften sich Krankheitsfälle unter den Jugendlichen, es mangelte an Verpflegung, Bekleidung und medizinischer Versorgung. Mädchen und Jungen waren gemischt untergebracht, und zudem befanden sich in der näheren Umgebung mehrere, mit einer großen Anzahl junger Männer besetzte Kasernen. So kam es zu einem für die Zeit recht lockeren Liebesleben, in dessen Folge sich zahlreiche Schwangerschaften und Geschlechtskrankheiten einstellten. Die Bewohner der umliegenden Städte und Dörfer beklagten den hohen Alkoholkonsum und die ungepflegte Erscheinung der Jugendlichen. Nicht nur litt die Arbeitsdisziplin, darüber hinaus führten fehlende Ausrüstung und schlechte Planung dazu, dass weitaus weniger Arbeitsstunden geleistet wurden als vorgesehen.

Heinz sah offensichtlich keine Möglichkeit, diese Masse an Missständen zu beheben, und setzte das Politbüro von den Problemen in Kenntnis. Daraufhin besuchte eine Delegation unter Führung von Wilhelm Pieck die Lager. Die Genossen zeigten sich entsetzt und beschlossen, die ZPKK solle die Angelegenheit genauer untersuchen. Die kam jedoch nicht weit, denn als Ulbricht, der den Dienst für Deutschland gemeinsam mit Honecker initiiert hatte, aus dem Urlaub zurückkehrte, verwies er auf die sowjetischen Genossen, die sich das Ganze so gewünscht hätten, und warf den ZPKK-Bericht kurzerhand in den Papierkorb, womit sich die Sache erledigt hatte. Trotzdem wurde die Organisation wenige Monate später still und leise aufgelöst und blieb ein teurer Fehlschlag, über den nicht gesprochen wurde.

In ihrem Sieben-Punkte-Papier machten die sowjetischen Genossen Heinz für dieses Fiasko verantwortlich, monierten, dass sich der Zentralrat der FDJ unter seiner Leitung zu liberal zu den Missständen verhalten und zu wenig unternommen hätte, um die Situation in den Lagern zu verbessern. Neben diesen einzelnen Punkten gibt es keinerlei Schlussfolgerung oder Handlungsanweisungen. Leider lässt sich aus der Auflistung auch nicht ersehen, woher das anhaltende Misstrauen der Sowjets gegenüber Heinz rührte. Wurden für jeden Funktionär solche Dossiers angelegt, oder gab es einen konkreten Ansatzpunkt dafür, sich eingehender mit ihm zu beschäftigen? War es die Aktion vom Petersberg, seine bürgerlich-jüdische Herkunft oder vielleicht seine Nähe zu Franz Dahlem, die ihn verdächtig machte?

Versucht man die einzelnen Schritte in einen größeren Zusammenhang zu bringen, zeigt sich, dass im Sommer 1952, also dem Zeitpunkt, als die Sowjetische Kontrollkommission zum ersten Mal auf eine intensive Untersuchung von Heinz' Person drängte, Pläne für einen ostdeutschen Schauprozess gegen Feinde im Inneren der Partei gemacht wurden. Hauptanklagepunkte sollten «Zionismus» und «bürgerlicher Nationalismus» sein. Neben Paul Merker stand damals auch schon Franz Dahlem im Zentrum der Ermittlungen. Um die Jahreswende 52/53, nach dem Slansky-Prozess in Prag, wurden diese Bestrebungen noch einmal intensiviert. Kommunisten jüdisch-bürgerlicher Abstammung gerieten unter eine Art Generalverdacht. Heinz passte wegen seiner Herkunft und Nähe zu Franz Dahlem gleich doppelt gut ins Raster. Geriet er deshalb ins Fadenkreuz der Sowjetischen Kontrollkommission?

Anfang 1953 wurde bereits von mehreren Stellen gegen Heinz ermittelt. Anton Joos, Leiter der Kaderabteilung des ZK der SED, der ihn mehrfach vorlud und befragte, stieß dabei ebenfalls auf Widersprüche und Unklarheiten im Zusammenhang mit seiner Verhaftung durch die Gestapo. Allerdings schien ihm das nicht zu genügen, denn statt den Vorgang umgehend der Zentralen Parteikontrollkommission zur weiteren Untersuchung zu übergeben, behielt er ihn auf dem eigenen Tisch. Die Staatssicherheit vermerkte noch Ende Juni 1953, dass Joos die Angelegenheit Lippmann weiter bearbeitete. Leider geben die Akten keine Auskunft darüber, mit welchem Ziel und welchen Mitteln der Kaderleiter sich Heinz widmet. Auch über die genauen Mechanismen der Zusammenarbeit von Sowjetischer Kontrollkommission, Kaderabteilung der Partei, ZPKK und Staatssicherheit konnte ich wenig herausfinden. Es scheint mir jedoch, als ob zumindest zeitweise die eine Hand nicht wusste, was die andere tat, und sich möglicherweise auch deshalb die Untersuchung so lange hinzog.

Die Genossen von der Staatssicherheit fertigten mehrere Charakteristiken an, wobei sie sich zunächst auf Heinz' unmoralischen Lebenswandel konzentrierten und sich über seine wechselnden Affären ausließen. Dazu kamen die Unklarheiten über seine Verhaftung. Schließlich wurden einige Maßnahmen ergriffen: Es wurde Postüberwachung für ihn und seine Mutter und die Überprüfung ihm nahestehender Personen angeordnet. Honecker und andere Genossen wurden befragt, ohne dass sich daraus neue Anhaltspunkte ergaben.

Die ZPKK beschäftigte sich erst seit Juli 1953 mit Heinz, nachdem sie nicht etwa von der Kaderabteilung, sondern «von einer anderen Stelle» Signale erhalten hatte. Wahrscheinlich ist damit einmal mehr die Sowjetische Kontrollkommission gemeint. Doch auch die ZPKK ließ die Angelegenheit langsam angehen, was später mit Zeitmangel und Schwierigkeiten bei der Beschaffung benötigten Materials und Befragung von genügend Genossen begründet wird. Priorität hatten in diesen Wochen nach dem 17. Juni 1953 sicherlich andere Dinge.

So wurde also von allen Seiten untersucht und untersucht, ohne zu Ergebnissen und Schlussfolgerungen zu kommen. Heinz' Schicksal blieb in der Schwebe. Mal sprach man ihm scheinbar das Vertrauen aus, etwa als er im Sommer 1953 trotz der bereits ein Jahr lang dauernden Ermittlung als Zweiter Sekretär des Zentralrats bestätigt wurde, dann wieder ließ man ihn das Misstrauen spüren, indem ihm schon sicher geglaubte Funktionen wie die Leitung der DDR-Delegation zu den Weltfestspielen wieder entzogen wurden. Diese quälende Situation zerrüttete nicht nur Heinz zunehmend, sondern verunsicherte auch andere Beteiligte. Selbst Erich Honecker schien nicht im Klaren darüber zu sein, wie er sich Heinz gegenüber verhalten sollte:

> *Man kam doch ins Schwanken und wusste nicht mehr, was man nun glauben soll. Ich habe mir bei allen Fragen, die ich mit ihm zu besprechen hatte, immer die Frage gestellt, ist das richtig, kann man das machen, ist er ein Schuft oder ist er keiner. Aber ich habe mich verwirren lassen.*

In den Akten finden sich keinerlei Hinweise auf geplante Beschlüsse. Dass das gesammelte Material ausreichend war, um daraus eine jahrelange Agentenlaufbahn zu konstruieren, zeigt sich nach Heinz' Flucht, als genau das geschah. Genauso gut hätte man auch alles als kleinere Verfehlungen abtun und ihn sich weiter in seiner damaligen oder einer anderen Position bewähren lassen können. Für welche der beiden Möglichkeiten man sich am Ende der ZPKK-Untersuchung entschieden hätte, wird sich nie feststellen lassen, denn allein die Vorstellung davon, was die Vorladung zu Matern für ihn hätte bedeuten können, versetzte meinen Großvater so in Panik, dass er durch seine Flucht alles, was geplant war oder auch nicht, hinfällig machte und alles, was ihm etwas bedeutete, hinter sich ließ: seine Familie, seine Arbeit und die Partei.

> *Wenn ich jetzt daran denke, verzweifle ich – was denkt ihr nur! – Ich will dir erklären, auch wenn du es nicht glaubst, ich werde nicht zum Verräter! Wenn ich klar wüsste, wie ich alles rückgängig machen kann. Sie werden alles hier umbauen und ändern. Ich will nur sagen, ich habe hier zu niemandem Verbindung und werde nie eine haben.*

Ich weiß nicht, wie mir zu Mute ist, wenn ich an dich denke, deine Gesundheit und Entwicklung. Liebes bitte, bitte, mach keine Dummheiten, hilf mir zurück, ehe es zu spät ist. Materiell ist noch alles da, das wenige kann ich abarbeiten. Sage E. [Erich Honecker], er soll hier Hamburg postlagernd schreiben. – Kennzeichen für Postlagernd schreibe ich noch, jetzt ist es schon zu spät.
Schreibe ob und wie es ein Zurück gibt! – Ich warte 14 Tage, wenn da nichts da liegt, mache ich Schluss. So wie jetzt kann ich nicht leben! – Wenn sie glauben, es ist eine Falle, kann man alle Sicherungen schaffen. Bitte lass mich nicht im Stich!!! – Liebes, ich kann jetzt nicht mehr, ich schreibe nochmal.

Dieter

Auf Heinz' Beteuerung, er würde keinesfalls zum Verräter werden, geben die Genossen vom Politbüro nicht viel. Wie er selbst vermutet, werden umgehend umfangreiche Umstrukturierungen des Westapparats vorgenommen. Fast die gesamte Führungsebene der West-FDJ wird ausgetauscht, mehrere hundert Funktionäre versetzt.

Nach außen hin wird die Flucht von Honeckers Stellvertreter noch immer geheim gehalten. Auch Heinz' Mutter Charlotte weiß von nichts, doch langsam beginnt sie zu ahnen, dass irgendetwas nicht stimmt. Ihr Verdacht wächst, als sie bemerkt, dass sie von zwei Männern beschattet wird. Sie berichtet Heinz' Ehefrau Inge davon und fragt sie, ob Heinz etwas passiert sei. Inge gibt den Vorfall sofort an die Staatssicherheit weiter. Leider ist in der Aktennotiz nicht vermerkt, was Inge auf Charlottes Frage geantwortet hat. Obwohl sie ja zu diesem Zeitpunkt selbst noch nicht genau weiß, was mit Heinz passiert ist, und es höchstens ahnen kann, muss sie seiner Mutter gegenüber irgendwie begründet haben, dass sie nicht mit Heinz nach Bulgarien gefahren ist. Sehr beunruhigt soll Charlotte Lewinsohn gewesen sein und nicht gewusst haben, was sie tun könne, berichtet Inge dem zuständigen Major der Staatssicherheit.

Zunächst versucht Charlotte noch, andere Bekannte zu befragen, was vorgefallen sei. So ruft sie bei Heinz' Fahrer Max Kleinke an. Der will sich aber zuerst bei der FDJ-Leitung Rückendeckung holen, wo man ihm zu verstehen gibt, er solle besser nicht mit Heinz' Mutter sprechen.

Und mein Großvater? Hat er auch seiner Mutter einen Brief oder ein Telegramm geschrieben, sie wissen lassen, was passiert ist? In den Stasiakten findet sich nichts dergleichen. Wie lange hat sie um ihn gebangt und auf ein Lebenszeichen warten müssen?

Die Observation durch die dekonspirierten Stasimitarbeiter wird jedenfalls eingestellt, vielleicht auch weil nach dem Erhalt von Heinz' Brief klar ist, dass er wohl nicht einfach so in Ostberlin auftauchen wird. Um ihn trotz allem zur Rückkehr zu bewegen, schreibt Erich Honecker einen Brief an Heinz:

Lieber Dieter!

Habe Deinen Brief von Deinem Mädel erhalten. H.M. [Hermann Matern] kennt ihn ebenfalls. Wie konntest Du nur so den Kopf verlieren. Ich gebe zu, daß die Sache nun etwas verfahren ist. Ein bißchen mehr Vertrauen und alles wäre in Ordnung gewesen. Es ist aber noch nicht zu spät. Seit zehn Monaten kenne ich die Fragen, die Du jetzt in Deinem Brief geschrieben hast. Das war auch für mich keine einfache Situation. Ich und auch andere haben immer gehofft, daß Du einmal offen mit mir sprechen wirst. Deine letzte Reise muß Dir doch gezeigt haben, wie stark du trotz alledem unser Vertrauen besitzt. Und nun machst Du solch eine Dummheit. Mein Vorschlag ist, daß Du sofort zurückkommst. – Es läßt sich alles im Guten regeln. Die gleiche Auffassung hat H.M.
Ich schreibe Dir diese Zeilen, weil ich nach Deinem Schreiben zu urteilen, Dir und Deiner Familie helfen kann. Nach Deiner Ankunft komme sofort zu mir.

Erich

Verfasst wurde das Schreiben mit Wissen und wahrscheinlich auch im Auftrag der Staatssicherheit. Diese organisiert auch die Übergabe durch einen Kurier, der eigens dafür nach Hamburg fliegt. Die Kommunikation verläuft über eine Deckadresse, die Heinz als «Pauls 199» bezeichnet. Es handelt sich dabei um eine Hamburger Genossin, deren Haus in der Kolonie am See in Hamburg-Brahmfeld, Grenzring 199, vom Vorsitzenden der West-FDJ Herbert Mies als geheime Kontaktmöglichkeit verwendet wird. Anschrift wie auch das Kennwort «Gruß von Paul» sind Heinz bekannt. Eine solche Konstruktion erlaubt es, jenseits der offiziellen Postwege und damit auch möglicher Kontrollen zu kommunizieren. Da Heinz in seinen Briefen auch Details seiner Arbeit beschreibt, von denen die westlichen Behörden nichts wissen dürfen, ist dieser alternative Kommunikationsweg von großem Vorteil.

Er kommt fast täglich zum Grenzring 199 und fragt nach Post. Auch sein Antwortschreiben bringt er dorthin. Dem Kurier, der anreist, um es abzuholen, berichtet die Hamburger Genossin, dass Heinz einen verstörten, sentimentalen Eindruck machte, als er ihn brachte. Fiebrig hätte er ausgesehen und sich immer wieder ängstlich umgeblickt.

Lieber Erich

Ich habe am 9. Deinen Brief erhalten, wollte sofort Antwort geben, bin aber dann das erste Mal in meinem Leben zusammengekippt [...]
Ich bin zwar noch sehr elend, aber ich kann ja nicht ewig hier in der Bude hocken, darum gehe ich heute wieder raus und beginne mit der Antwort, die Du hoffentlich Mittwoch/Donnerstag in der Hand hast. – Ich möchte in diesem Brief ausführlich zu allen Dingen meines Lebens Stellung nehmen [...]

Wie schon in seinem Brief an Inge beschreibt Heinz detailliert seine Vergangenheit und die Beweggründe, wegen derer er sich 1942 selbst bei der Gestapo gemeldet hat. Dann versucht er zu erklären, warum er darüber so lange Stillschweigen gewahrt hat.

Nun wird natürlich jeder sagen, warum hast du das nicht offen angegeben, 45 gleich hätte es keine Schwierigkeiten gegeben und auch noch zur Parteiüberprüfung wäre es nicht zu spät gewesen und auch heute noch wäre es besser gewesen, offen zu reden anstatt so zu handeln wie ich es gemacht habe. Was ich jetzt schreibe, soll in keinem Fall zu meiner Entschuldigung dienen, ich bin mir über die Tragweite meiner Handlung jetzt völlig klar, habe ja hier genug Zeit zum Grübeln gehabt. Wenn ich es also schreibe, so ist es keine Entlastung, sondern es drängt mich einfach, alles so jemandem zu berichten und ist es auch nur schriftlich, da ich ja hier niemanden habe, zu dem ich offen sprechen kann.
Als ich 45 von Buchenwald befreit wurde, stürzte ich mich sofort in die Arbeit. Es gab keine Minute Zeit, alles war so neu und schön, endlich zeigen zu können, dass auch wir einen Staat aufbauen und lenken können. [...]
Ich schreibe das hier nicht, um mich beweihräuchern zu lassen, sondern um zu sagen, dass vom Lager aus, ohne Pause meine Entwicklung fortging ohne dass ich Gelegenheit noch die Absicht verspürte, irgendwie an meine Vergangenheit zu denken! – Dann kamen die ersten ausführlichen Fragebogen. Da sie mich immer wieder an meine von mir selbst abgeschlossene Vergangenheit erinnerten, habe ich immer innerlich eine starke Abneigung gegen sie verspürt und bewusst oder unbewusst, ich weiß es heute nicht mehr, sie so oberflächlich wie möglich behandelt. Ob ihr das glaubt oder nicht, ich habe nie das Gefühl gehabt, ich fälsche hier irgendwas, ich glaubte selbst an das, was ich schrieb.

Heinz schreibt, dass erst die wiederholten Vorladungen und Befragungen durch Anton Joos ihm seine Vergangenheit wieder vergegenwärtigten. Schon da rechnete er damit, dass alles aus sei, dass man in ihm nun einen Banditen sehen würde und ihn jederzeit abholen könne. Monatelang lebte er mit dieser Unsicherheit und wachsenden Ängsten, fühlte sich isoliert und kaltgestellt, bis er im August 1953 völlig überraschend den Auftrag erhielt, nach Westdeutschland zu fahren und gemeinsam mit Rolf Schnabel die Aktion «Abonnementen-Werbung» zu leiten. Als er davon erfuhr, brach offenbar die gesamte Anspannung der letzten Zeit aus ihm heraus. Er zeigte sich froh und begeistert, fast wie ein Kind, dem man völlig unerwartet ein lang ersehntes Geschenk macht. Es hielt ihn kaum auf seinem Stuhl, immer wieder sprang er auf, rieb sich vor Freude die Hände, fiel einigen der Genossen und Genossinnen gar um den Hals vor lauter Begeisterung.

Mein letzter Einsatz, wie habe ich mich gefreut über das Vertrauen, das kannst du dir gar nicht vorstellen! – Bis in die Wohnung von M. C. [evtl. John J. McCoy – bis August 1952 Hoher Kommissar der Amerikaner in der BRD] oder Adenauer wäre ich gegangen und hätte die Note dort selbst verteilt – Ich will mich nicht rechtfertigen, aber Tag und Nacht (frag Gundel) war ich unterwegs und was kam raus – Gerhard, der Vertreter von Paul, sagt mir schon drüben, bei der Vorbereitung müssen Verräter die Hand im Spiel gehabt haben.

Worum also ging es bei der Aktion «Abonnementen-Werbung»? In der Bundesrepublik sollte am 6. September 1953 ein neues Parlament gewählt werden. Auch die KPD stellte sich zur Wahl und hoffte auf den Einzug einer starken kommunistischen Fraktion in den Bundestag. Ihr Ziel war die Abwahl Konrad Adenauers. Sogar die Beteiligung an einer Regierungskoalition konnten sich die Parteistrategen vorstellen. Bei solch hohen Zielen war jegliche Unterstützung willkommen, und so wurde auch innerhalb der FDJ überlegt, wie man den westdeutschen Kommunisten zur Seite stehen könne. Der entscheidende Impuls kam schließlich aus Moskau. Am 25. August 1953 wurde Rolf Schnabel zu einer Besprechung bei der Hohen Kommission der UdSSR in Deutschland bestellt, der seit Mai 1953 bestehenden Nachfolgeeinrichtung der Sowjetischen Kontrollkommission. In dem Gespräch ging es unter anderem um die Unterstützung der westdeutschen Genossen. Doch die Pläne des FDJ-Sekretariats erschienen den «Freunden» zu kleinteilig. Sie schlugen vor, Tausende FDJler zur Verstärkung der Wahlkampfarbeit in die Bundesrepublik zu schicken, das Land mit Jugendlichen aus der DDR förmlich zu «überschwemmen».

Das sowjetische Interesse an einer solchen Aktion begründete sich in dem Glauben, damit eine breite Unterstützung für die eigene Deutschlandpolitik zu mobilisieren. Gerade hatte die Moskauer Führung den Westmächten erneut ein Angebot unterbreitet, das eine Friedenskonferenz über Deutschland und gesamtdeutsche freie Wahlen in Aussicht stellte. Diese Note sollte nun mit anderen, die sowjetische Deutschlandpolitik propagierenden Schriften von ostdeutschen Jugendlichen massenhaft im Westen verteilt werden. Damit war die Hoffnung verbunden, Adenauer zu schwächen, der sich für Westintegration der Bundesrepublik starkmachte, und gleichzeitig die KPD und ihren Kampf für die Wiedervereinigung zu stärken. Noch am selben Tag wurde im Zentralrat der FDJ ein entsprechendes Konzept erarbeitet. Gegen Abend begab sich Erich Honecker nach Karlshorst zu den sowjetischen Freunden, um die Umsetzung der Pläne zu besprechen. Dabei kam ausgerechnet von der Stelle, die seit mehr als einem Jahr Heinz mit großem Misstrauen und immer neuen Anschuldigungen begegnete, der Vorschlag, ihn gemeinsam mit Horst Schnabel den Einsatz leiten zu lassen. Die Hintergründe dieses Ansinnens bleiben leider unklar. War es Unachtsamkeit? Hatte man die Untersuchung gegen ihn aus dem Blick verloren? Zählten seine Erfahrungen und Erfolge bei ähnlichen Großaktionen in der Bundesrepublik mehr als alles Misstrauen? Oder steckte gar das Kalkül dahinter, ihn im Falle des Scheiterns der eilig anberaumten Kampagne als Verantwortlichen präsentieren und endgültig absägen zu können?

Auch wie Erich Honecker auf den Vorschlag reagierte, ist nicht überliefert. Ernsthafte Einwände äußerte er jedoch offensichtlich nicht. Er beorderte Heinz umgehend aus Halle, wo er gerade zu tun hatte, nach Berlin zurück. Auf der Sondersitzung des Sekretariats, zu der er an diesem Abend verspätet eintraf, präsentierte Honecker dann einen fertigen Einsatzplan, laut dem sechstausend FDJler in die Bundesrepublik geschickt werden sollten. Allerdings blieb nicht viel Zeit, das Ganze zu organisieren. Die Liste der anstehenden Aufgaben umfasste unter anderem den Druck von Informationsmaterial in Millionenauflage, die Auswahl und zumindest rudimentäre Vorbereitung der Jugendlichen, die Bereitstellung der nötigen finanziellen Mittel – für

Reise, Unterkunft und Verpflegung wurden 200 DM pro Teilnehmer veranschlagt, was sich auf 1,2 Millionen Deutsche Mark summierte – und die Ausstellung von Interzonenpässen für die Einreise in die Bundesrepublik. Letzteres gestaltete sich schwieriger als erwartet, was den Zeitrahmen noch enger werden ließ.

Heinz reiste am 30. August nach Hamburg, wo er gegen Abend Horst Schnabel traf. Die beiden gerieten in Streit, da Heinz das, was der eigentlich für die Westarbeit Verantwortliche bisher organisiert hatte, wieder umwerfen wollte, um alles noch größer und unter Einbeziehung auch der Bundesdeutschen FDJ-Funktionäre aufzuziehen.

Während seines Aufenthalts in der Bundesrepublik war Heinz rastlos unterwegs. Von Hamburg ging es nach Oberhausen, dann nach Leverkusen, nach München, Frankfurt, Krefeld, Bamberg und wieder zurück nach Hamburg. Überall fanden Treffs mit Genossen statt, konspirativ und an ausgefallenen Orten, wie im Tierpark, im Freibad oder auf einer Gartenbauausstellung. Einmal, in Bayern, rief er mehrere Funktionäre zu einer Besprechung mitten im Wald zusammen. In erster Linie ging es bei diesen Zusammenkünften um den Einsatz der FDJler aus der DDR, doch daneben versuchte Heinz, möglichst viel über die Situation im Bundesdeutschen Verband in Erfahrung zu bringen. Statt in den bereitgestellten Quartieren übernachtete er häufig im Hotel, gern auch mal in einem richtig schicken wie dem Regina Palast Hotel in München. In ihrem nach seiner Flucht geschriebenen Bericht bemerkte Gundel Kahl, die ihn während seines Aufenthalts begleitete, missbilligend, dass er sie und ihren Mann direkt vor dem Hotel laut und vernehmlich mit dem offiziellen FDJ-Gruß «Freundschaft» begrüßt, auf offener Straße revolutionäre Lieder gepfiffen und auf ihre Ermahnung hin, er solle das doch lassen, entgegnet hätte: «Warum denn, mir passiert doch nichts.»

Neben Gundel hielt Heinz auch zu deren Ehemann Franz Kahl engen Kontakt. Der ist für den gesamten illegalen Apparat der West-FDJ zuständig, kennt Anlaufpunkte, Kader und Quartiere. Offenbar selbst mit einigem unzufrieden und erfreut, dass sich jemand für ihn interessiert, vertraute er Heinz offen seine Probleme an und erzählte detailliert von seiner Arbeit.

Heinz – offenbar ganz in seinem Element – sammelte fieberhaft alles, was er in Erfahrung bringen konnte, um sich ein möglichst genaues Bild über die Situation der West-FDJ zu machen. Warum tat er das? War es ihm ein Bedürfnis, alles für die Sache zu tun, an die er glaubt? Dachte er, der Erfolg der FDJ sei vorrangig eine Frage der Organisation? Oder wollte er vor allem seinem Nachfolger Horst Schnabel, den er für mehr oder weniger unfähig hielt, beweisen, dass er es besser könne? War es verletzter Stolz, der ihn, den Abberufenen, alles daransetzen ließ zu beweisen, dass niemand außer ihm in der Lage sei, den Westverband zum Erblühen zu bringen? Oder handelte er tatsächlich im Auftrag irgendwelcher Geheimdienste? Doch hätte es dann noch einen Grund für ihn gegeben, trotz aller Verdächtigungen nach Ostberlin zurückzukehren?

Mehr als einmal verpasste Heinz geplante Treffen, kam zu spät oder wartete angeblich am falschen Ort. War die von ihm des Öfteren angeführte Zerstreutheit der Grund dafür, oder spielte er da schon mit dem Gedanken, einfach zu verschwinden, ohne sich am Ende dazu durchringen zu können? Seinen Aufenthalt im Westen verlängerte er wie schon mehrmals zuvor unabgesprochen, dieses Mal um ganze acht Tage. Fürchtete er die Rückkehr? Wollte er die westliche Freiheit, den Glanz der Hotels, die Ungezwungenheit der Bars, in denen er manchen Abend und mindestens einmal auch eine ganze Nacht verbrachte, noch ein bisschen länger auskosten?

Einmal verschwand er am Ende der Reise mit einem Koffer voll Geld – es waren wohl um die einhunderttausend Mark – im Hamburger Hauptbahnhof. Erst eine Stunde später kam er zurück und erklärte den wartenden Genossen, Magenprobleme gehabt zu haben. Stand er dort schon einmal auf dem Bahnsteig – unentschlossen und von Zweifeln geplagt?

Letztendlich erwies sich die Aktion «Abonnementen-Werbung» als veritables Desaster, wahrscheinlich das schlimmste, das die FDJ im Zuge der Westarbeit je verantwortet hat. Nur der kleinste Teil der eingesetzten Jugendlichen erreichte überhaupt den Zielort. Tausende wurden bereits aus den Zügen heraus verhaftet, in denen häufig mehrere Hundert von ihnen gemeinsam unterwegs waren. Da alle im selben Alter waren und ähnliche Geschichten von Kranken- und Verwandtenbesuchen vorbrachten, musste auch der argloseste Bundesgrenzschutzbeamte Verdacht schöpfen. Derart erfolglos war die ganze Aktion, dass sehr schnell von Verrat die Rede war und von Namenslisten, über die die westdeutschen Behörden angeblich verfügten.

Als noch katastrophaler als der Versuch der FDJ, die westdeutschen Genossen zu unterstützen, erwies sich der Wahlausgang vom Standpunkt der KPD. Mit lediglich 2,2 Prozent der Stimmen scheiterte sie an der 3-Prozent-Hürde und zog allen Träumen von Regierungsbeteiligung und Umsturz zum Trotz nicht einmal mehr ins Parlament ein.

> *[...] und dann meine Rückkehr – Nächtelang habe ich geschrieben, um ein reales Bild vom Verband zu vermitteln. – Nur mit Druck gelang es überhaupt, eine Aussprache herbeizuführen und was kam raus? [...]*
> *Das alles wurde überhaupt nicht besprochen – aber eins stand wieder im Mittelpunkt, die einfiltrierten «Agenten», die ja aus meiner Zeit stammen, sie waren Schuld an der Lage, obwohl von ca. 600 Instrukteuren und der Leitung einer Massenorganisation mit einem Führungskopf von 50 Kadern bis heute außer von zwei noch nicht bewiesen ist, dass es solche überhaupt gab.*

Die Aussprache, von der Heinz schreibt, fand am 28. September statt, am Tag vor seiner Flucht. An der Sitzung, auf der es um die bisherige und künftige Ausrichtung der FDJ in der Bundesrepublik ging, nahmen Erich Honecker, Rolf Schnabel und einige andere Genossen teil, die mit der Westarbeit befasst sind. Es kam zu einer harten Auseinandersetzung zwischen meinem Großvater und Erich Honecker, in der Letzterer ihm vorwarf, bei der Kaderarbeit versagt und unzuverlässige Elemente in die FDJ eingeschleust zu haben. Als Beispiel nannte er unter anderem Helmut Urbaneck, einen Mitarbeiter der Westabteilung, der sich vor wenigen Wochen in die Bundesrepublik abgesetzt hatte. Heinz versuchte, die Kritik abzuwehren und seinen Nachfolger für die Missstände mitverantwortlich zu machen. Ein weiterer Streit ergab sich, als Heinz' Vorschläge für die zukünftige Arbeit im Westen von den Genossen offen abgelehnt wurden. Seinen in nächtelanger Arbeit entstandenen Bericht zur Lage vor Ort scheint er gar nicht präsentiert zu haben.

Diese verpatzte Unterredung mit Honecker muss meinen Großvater sehr getroffen haben. Die mit seinem erneuten Westeinsatz verbundenen Hoffnungen, dass sich doch noch alles klären ließe und er eine neue Chance bekäme zu zeigen, was er leisten könne, sind wohl an diesem Tag in sich zusammengefallen. Vielleicht hat die Auseinandersetzung ihm klargemacht, dass sich nichts verändert hat und wahrscheinlich auch in Zukunft nicht wird, dass es nur einen Ausweg gibt.

Du stellst die Frage des Vertrauens – was musste ich denken bei all dem stummen Misstrauen um mich herum? – Nun ist es klar und von mir selbst in der Praxis erlebt – wenn man jemanden für einen anständigen Kerl hält, so spricht man offen mit ihm – sagt ihm, Du wie ist das da mit Deiner Vergangenheit, wir wissen dies und das, so wie ich es 100× mit Kadern gemacht habe. Es gibt aber noch einen anderen Weg, den man in Anwendung bringt, wenn es sich um Menschen handelt, die man schon für keine anständigen Leute mehr hält, die beobachtet man – isoliert sie und lässt sie ruhig weitermimen bis der Ring geschlossen ist und dann hauen die Sicherheitsorgane zu! – Offensichtlich wurde bei mir dieser Weg beschritten, 10 Monate lang [...]

Und nun zu Dir, keine Anklage soll das sein, sondern Dir Deine Frage des Vertrauens beantworten. Erich, Du weißt gar nicht, wie ich immer und immer wieder gerade von Dir das erlösende Wort erwartet habe. Ich habe keine Gelegenheit vorbeigehen lassen, fast jede Woche in diesen 10 Monaten, um mit Dir zu sprechen. Wie oft habe ich über Kaderfragen versucht, die Sprache auf mich zu bringen, wie dankbar wäre ich gewesen, hättest du gesagt, so und so ist es, das ist noch unklar bei Dir, muss noch untersucht werden, Du wirst nicht in dieser Funktion weiterarbeiten können, zur Schule kannst Du auch nicht gehen, geh in den Betrieb oder etwas anderes. – Nichts von alledem, Du tatest immer, als ob nichts wäre, aber alle Deine Anweisungen, Dein Benehmen stand im Widerspruch dazu.

So stellt der Brief an Erich Honecker auch eine Abrechnung mit einem seiner engsten Genossen dar. Wirkliche Freunde sind beide nie gewesen, doch sind sie einen Teil ihres Weges gemeinsam gegangen, haben sich für dieselbe Sache engagiert. Als sich jedoch die Hinweise verdichteten, dass mein Großvater fallen könnte, warnte Honecker ihn weder, noch bot er ihm Hilfe an, sondern schaute zu, wie er sich dem Abgrund immer weiter näherte. Sah Honecker in ihm einen Konkurrenten, den loszuwerden er froh war? Oder ergab er sich einfach mehr oder weniger blind den Anweisungen, die von verschiedenen Seiten an ihn herangetragen wurden? Fürchtete er, machtlos zu sein gegen die, die dabei die Finger im Spiel hatten? Glaubte er tatsächlich, Heinz wäre ein Feind, ein Agent und ein Verräter? Oder war es ihm einfach gleichgültig, war er so sehr damit beschäftigt, seinen eigenen Weg zu gehen und dabei möglichst hoch hinauszukommen, dass ihm keine Zeit blieb, sich um die zu kümmern, die hinter ihm zurückblieben?

Hier drüben in meiner Eigenschaft als Sekretär des Verbandes vor ein Adenauergericht zu kommen, ist zwar nicht begehrenswert, aber da kann man kämpfen, weiterkämpfen für dieselbe Sache und hat ein Ziel und viele Freunde. Bei uns aber? – Isoliert von allen, als Agent ausgestoßen, von der Familie getrennt, ohne Ziel, das kann ich nicht ertragen [...]
Ich sagte mir, lieber noch einige Jahre frei und auch ohne Eure Zustimmung für die Partei als Einzelgänger arbeiten als hinter Mauern diese Zeit zu verleben. – Vielleicht gelingt es mir, festen Fuß zu fassen, etwas großes zu tun, die Dinge zurückzuzahlen und mich damit vielleicht zu rehabilitieren. – So dachte ich in meiner Verfassung, um meine Handlung selbst vor mir zu entschuldigen. Eine billige Sache, ich ekele mich vor mir selbst! Dazu kommt, wenn man nicht mehr die Partei hinter sich spürt, ist man kraftlos und schwach! All meine Energie und Tatkraft, auf die ich bis jetzt immer gepocht habe, ist verschwunden, ich flattere ohne

Ziel wie ein Blatt im Winde. Allein um diesen Brief zu schreiben, habe ich fast 8 Tage gebraucht, immer wieder angesetzt und nach einer Seite wieder aufgehört. Das alles spielt aber jetzt keine Rolle. Was soll ich tun? Du schreibst, helfen kannst Du! – Erich, bitte, ich weiß genauso gut wie Du, dass mir jetzt niemand mehr helfen kann. Es ist klar, dass Du alles versprechen wirst, um mich zurückzuholen und niemand, am allerwenigsten ich würde es für falsch halten, wenn man alle Versprechen als Mittel zum Zweck betrachtet und sich Banditen gegenüber nicht an Versprechen gebunden fühlt [...]
Wenn ich doch bloß einen einzigen Menschen hätte, mit dem ich darüber sprechen könnte, wenn doch bloß Inge hier wäre oder einer von uns, zu dem ich Vertrauen und Kontakt habe, alles wäre leichter, aber so Tag und Nacht grübeln ohne Ergebnisse, immer an derselben Stelle nicht weiterkommen, ist furchtbar! [...]
Bitte gib Inge den Brief, ich fühle mich gerade ihr gegenüber sehr schuldig.

Dieter

Tatsächlich geht es Inge sehr schlecht. Noch immer hat sie kein Wort von dem erhalten, was Heinz ihr geschrieben hat. Mehrfach wird sie von der ZPKK und der Staatssicherheit befragt, wobei man ihr auch nahelegt, sich scheiden zu lassen und ihren Mädchennamen wieder anzunehmen. Eine Zeitlang bleibt ihre Mutter bei ihr. Bevor sie wieder abreist, spricht sie Inges Nachbarin und Genossin Gerda Eichler an und bittet sie, sich doch im ZK dafür einzusetzen, dass sich jemand um ihre Tochter kümmert, sie hätte Angst, sie könne sich etwas antun. Die Staatssicherheit, der Gerda Eichler von dem Gespräch berichtet, beauftragt diese, entgegen bisherigen Anweisungen, nach denen sie den Kontakt meiden sollte, sich doch wieder mit Inge zu unterhalten. Vielleicht wolle die sich ja einmal mit jemandem aussprechen. Falls dabei etwas Wichtiges zutage käme, bittet Stasioffizier Müller um sofortige Unterrichtung.

Am 17. Oktober klingelt ein Bote von «Fleurop» an Inges Wohnungstür und übergibt ihr einen Blumenstrauß mit einer beiliegenden Karte von Heinz. Er schreibt: «Liebes. Es geht mir besser. Brief an E. morgen fertig. Bitte ein paar Zeilen von Dir an 199. Ich bin und fühle mich sehr elend. Was sagen bloß die Eltern! Dieter»

Was mag Inge durch den Kopf gegangen sein, als sie fast drei Wochen nach dessen Flucht diese Nachricht von Heinz erhält? Kann sie sich noch vorstellen, ihm zu verzeihen, will sie sein Handeln verstehen, oder hat sie ihn schon längst verurteilt und sich innerlich von ihm losgesagt? Zögert sie, bevor sie zum Telefonhörer greift und zuerst die Partei, dann Honecker und schließlich die Staatssicherheit anruft, wo sie endlich jemanden erreicht?

Wenig später trifft Stasioffizier Müller in Inges Wohnung ein. Sie führen ein längeres Gespräch, in dessen Verlauf Inges Vater eintrifft. Der macht keinen Hehl daraus, was er von Heinz hält, und fragt, was dieser sich dabei denke, Blumen zu schicken, ob er vielleicht nicht mehr ganz klar im Kopf sei. Bilde sich Heinz am Ende gar ein, dass sie ihm verzeihen könnten, was doch wohl keinesfalls in Frage käme? Schließlich seien sie Genossen, und da gäbe es auch innerhalb der Familie keinerlei Rücksichten.

Ob Inge das auch so sieht, wird nicht klar. In seinem Bericht vermerkt Müller, dass sie während seines Besuchs sowohl gelacht als auch geweint habe, aber insgesamt einen entschlossenen Eindruck mache und bereit sei, alles zu tun, um ihren Ehemann in die DDR zurückzuholen. Er sagt ihr, sie würde noch Bescheid bekommen, wann und was sie Heinz schreiben solle.

Der wiederum ist zunehmend verzweifelt, weil er keine Antwort auf seine Briefe erhält, weder von Honecker noch von Inge. Drei Tage nachdem er ihr die Blumen geschickt hat, sendet er noch einen Brief, dieses Mal auf dem Postweg und an sie selbst adressiert statt wie bisher an Gerda Eichler.

Mein liebes liebes Mädel

Ich weiß nicht, wann Du diese Zeilen erhältst, vielleicht am 24. 10.! – Wenn ich auch alles, was ich getan habe so verabscheue, mich vor mir selbst ekele und immer noch nicht richtig begreife, wie ich dies tuen konnte, so habe ich doch noch größere Sorge um Dich! – Ich denke so oft an Dich, was wirst Du jetzt machen, wie geht es Dir, was denkst Du bloß von mir! Ich habe nicht nur mich, sondern vor allem auch Dich ruiniert, Dein Leben zerstört ...
Ich möchte und wollt Dir hier soviel schreiben, aber es geht nicht, einmal, weil es auf diesem Weg nicht möglich ist und zum anderen, weil es nicht über die Feder will. Soviel aber musst Du wissen und bitte bitte fest glauben! – Es gibt keinen Menschen, den ich so lieb habe wie Dich, dem ich so vertraue und achte. Wenn ich dies alles Dir trotzdem angetan habe, so nur weil ich einzig Angst vor Dir und Deiner konsequenten Haltung in allen Fragen, ohne Rücksicht auf Dich, hatte. Wenn noch einer diese Sache in Ordnung bringen kann, so bist Du es! – Ich habe keine Wünsche, ich weiß genau, ich habe kein Recht dazu, aber ich weiß ebenso genau, nur Du kannst mir helfen, bitte bitte schafft die Möglichkeit, mich zu erreichen, Hamburg auf 199, wo Du zu finden bist, ich kann es nicht erwarten! – Alles, was zwischen uns war, meine Arbeit, unser Leben war ehrlich, nichts war daran gekünstelt und verlogen, keine Minute möchte ich davon missen und ich bitte Dich, ob Du kommst oder nicht, unser gemeinsames Leben genauso ehrlich in Andenken zu behalten. [...]
Es fällt Dir schwer an mich zu denken, vielleicht hasst du mich jetzt, Du musst wissen, dass ich Dich sehr sehr lieb habe und auf Dich warte. Wenn ich bis zum 1. 11. keine Antwort von Dir habe, weiß ich, Du willst nichts von mir wissen.
Dieter

Inge gibt den Brief an die Staatssicherheit weiter und erhält den Auftrag, eine Antwort zu formulieren. Sie soll ihr Kommen ankündigen, dafür zwei mögliche Termine nennen und zur Begründung ihren schlechten Gesundheitszustand anführen, aufgrund dessen sie noch nicht sicher sei, wann sie fahren könne. Im Dokument der Staatssicherheit, in dem die Ziele und Maßnahmen zu Heinz' Ergreifung festgelegt sind, dem Operativplan, heißt es, es wären zwei Termine nötig, damit beim ersten festgestellt werden kann, ob Heinz beobachtet wird, und um ihn dann, sollte das nicht der Fall sein, beim zweiten gewaltsam in die DDR zurückzubringen. Falls er beschattet wird, ist geplant, dass Inge tatsächlich nach Hamburg fährt und ihn dort entweder überzeugt, freiwillig zurückzukommen, oder ihn, sollte das nicht fruchten, an einen Ort lockt, wo er ohne Aufsehen überwältigt werden kann. Inwieweit Inge in diese Pläne eingeweiht war, weiß ich nicht. Ende Oktober schreibt sie jedenfalls den gewünschten Brief und stellt ihr Kommen in Aussicht.

Bereits im Vorfeld schickt die Staatssicherheit einen Mitarbeiter, um die Lage vor Ort zu klären. Er beobachtet das Haus am Grenzring 199, über das der Briefverkehr abgewickelt wird. Als er am 29. Oktober der Bewohnerin des Hauses in einen nahegelegenen Gasthof folgt, sieht er, wie sie dort einen Mann trifft, den er für Heinz Lippmann hält, und ihm eine Zeitung übergibt. Als der von ihm als «X» bezeichnete Mann kurz darauf die Gaststätte verlässt, folgt ihm der Stasiagent kreuz und quer durch Hamburg. Laut seinem Bericht wirkt der Verfolgte sehr nervös, bleibt an Schaufenstern stehen, dreht sich immer wieder um, betritt Geschäfte, die er gleich darauf wieder verlässt. Hat er bemerkt, dass er beschattet wird?

Sein Weg endet in der Ulricusstraße, einer Bordellgasse, die auf beiden Seiten von Stahltoren begrenzt wird. Der Stasiagent sieht den Mann im dritten Haus auf der linken Seite verschwinden, dann schließt sich das Tor. Wegen der starken Polizeipräsenz vor Ort wagt er es nicht, ihm zu folgen. Da er aber allein unterwegs ist, kann er auch unmöglich gleichzeitig beide Zugänge zur Straße im Auge behalten. Mein Großvater, sofern er denn der Verfolgte war, hat ihn abgehängt.

Es gibt allerdings einige Ungereimtheiten an der Geschichte. Zum Ersten die Frage, was die Genossin Heinz an diesem Tag übergeben hat. Es wird wohl kaum nur eine Zeitung gewesen sein. Um den Brief von Inge kann es sich aber auch nicht gehandelt haben, da der Kurier, der ihn überbringt, erst am Tag darauf im Grenzring 199 eintrifft. Als die dort wohnende Genossin das Schreiben entgegennimmt, berichtet sie dem Überbringer, dass Heinz zuletzt am 28. 10. bei ihr gewesen sei, nach Post gefragt und sie informiert hätte, dass er für einige Tage nicht in Hamburg sein würde. Er wäre sehr, sehr nervös und aufgeregt, ein Nervenbündel gewesen. Warum hat sie in diesem Gespräch das Treffen vom 29. 10. nicht erwähnt? Und warum sollten sie sich an diesem Tag überhaupt getroffen haben, wenn Heinz doch eigentlich verreisen wollte? Hatte sich einer der Beteiligten im Datum geirrt? Hatte der Stasiagent meinen Großvater überhaupt gesehen oder ihn mit einem anderen Mann verwechselt?

Jedenfalls liefert er detaillierte Skizzen von der Umgebung und dem Grundstück Grenzallee 199. Sogar ein Grundriss des Hauses ist in den Akten zu finden.

Doch der Entführungsplan, der mit Übergabe von Inges Brief in Gang gesetzt werden soll, scheitert kurz darauf, als der von der Stasi beauftragte Mitarbeiter schon bei seiner Einreise in die Bundesrepublik verhaftet wird. Heinz, in dem Inges Brief und die Ankündigung, dass sie kommen wolle, große Hoffnungen wachgerufen haben, ist enttäuscht und verzweifelt, als sie nicht erscheint. Am Tag nach dem zweiten geplatzten Treffen schickt er ihr einen Brief und erkundigt sich voller Sorgen, ob man ihr die Reise untersagt habe, es ihr schlecht gehe oder ihr gar etwas zugestoßen sei? Zusätzlich verfasst er eine Liste mit Hamburger Straßen, auf denen er sich zu bestimmten Zeiten aufhalten wolle für den Fall, dass Inge oder ein Vertreter von Erich Honecker doch noch kommen würden. So schwankt mein Großvater zwischen einer Hoffnung, die ihm Tag für Tag trügerischer erscheint, und einer Verzweiflung, die allumfassend zu werden droht.

Als Inge am 16. November Heinz' besorgten Brief erhält, äußert sie gegenüber Stasioffizier Müller den Wunsch, nun doch selbst nach Hamburg zu fahren und ihren Mann zu treffen. Sie glaubt, ihn zur Rückkehr bewegen zu können. Müller schlägt vor, sie sofort nach Hamburg reisen zu lassen und mit ihr dort einen Treffpunkt zu vereinbaren, von dem aus beide auf einem vorgesehenen Weg zurückgebracht werden.

Doch dazu kommt es nicht, denn am 17. November ändert sich die Lage für alle Beteiligten, als die Westberliner Zeitung *Telegraf* titelt: «50 000 Westmark Kopfpreis – Leiter der FDJ-Westabteilung flüchtete in die Bundesrepublik – SED in Aufruhr». Offenbar hat der verhaftete Stasimitarbeiter den westlichen Behörden gegenüber Angaben über seinen Auftrag gemacht. Allzu viel scheint jedoch nicht an die Presse gedrungen zu sein, denn fast der gesamte Artikel beruht entweder auf Fehlinformationen oder der Phantasie des Verfassers. Dazu gehören neben der angeblich vom Staatssicherheitsdienst auf Heinz ausgesetzten Summe und der Information, dass er erst vor einigen Tagen geflohen sei, wohl auch die Behauptung, er würde vom Bundeskriminalamt beschattet und hätte umfangreiche Aussagen gemacht, aufgrund derer bereits etliche kommunistische Funktionäre im Westen verhaftet worden wären.

Vielleicht um herauszufinden, was an der Geschichte dran ist, schickt die Staatssicherheit nochmals den Geheimen Mitarbeiter nach Hamburg, der bereits Ende Oktober das Haus am Grenzring beobachtet hat und Heinz dabei quer durch die Stadt gefolgt ist. Doch auch er wird verhaftet und liefert der Polizei Informationen. Nach seiner Freilassung bleibt er längere Zeit im Westen mit einer Begründung, die seine Auftraggeber in Ostberlin für vorgeschoben halten. Da nun das Misstrauen geweckt ist, werden auch seine früheren Berichte überprüft, wobei man auf Unstimmigkeiten zwischen seinen und den Angaben der am Grenzring 199 wohnenden Hamburger Genossin stößt. Offizier Müller stellt die Frage, welche Aussagen der beiden stimmen, und äußert den Verdacht, der Geheime Mitarbeiter sei möglicherweise schon länger ein westlicher Agent.

Nach der Veröffentlichung im *Telegraf* kann mein Großvater nicht länger die Augen verschließen vor dem, was er bis dahin nicht oder zumindest lieber nicht so deutlich sehen wollte: Inge wird nicht kommen. Was immer sie versprochen hat, geschah wohl nicht aus eigenem Antrieb, sondern auf Initiative der Staatssicherheit. Er ist allein auf sich gestellt, und es gibt kein Zurück.

Nachdem er Inge in den ersten Monaten nach seiner Flucht förmlich mit Briefen überschüttet hat, schreibt Heinz ihr nun nicht mehr.

Zu schlimm ist für ihn die Vorstellung, wer diese Briefe lesen wird. Doch noch immer geht er regelmäßig zum Grenzring 199, um dort Schreiben zu hinterlegen und Post von einer unbekannten Person abzuholen, wie die dort wohnende Genossin nach Ostberlin berichtet. Leider gibt es keinerlei Hinweise darauf, um wen es sich dabei handeln könnte. Sollte diese Information stimmen, kann es im Grunde nur jemand mit Verbindungen zum ostdeutschen Establishment sein, der die geheimen Postwege kennt und sie zu nutzen weiß. Die Hamburger Genossin berichtet weiterhin, Heinz mache inzwischen einen sehr heruntergekommenen Eindruck und wirke verwahrlost. Seine Augen hätten immerzu einen fiebrigen Glanz und er sei sehr nervös. Wie hat Heinz diese Zeit im Hamburger Untergrund verlebt, womit seine Tage verbracht? Ungefähr ein Jahr später, als er in Frankfurt am Main in Untersuchungshaft sitzt, wird er sie folgendermaßen beschreiben:

> *Ich wohnte in der Zeit vom Oktober bis November in ca. 3 bis 4 Zimmern, darunter zwei Pensionen am Klosterstern. Überall solange, bis die Vermieter energisch den Ausweis zwecks Anmeldung verlangten, dann musste ich sowieso jedes Mal «abreisen». Mehrere Male hatte ich zwei Zimmer gleichzeitig, damit ich schnell wechseln konnte und habe sie zum Teil dann gar nicht bewohnt. Endlich fand ich ein Zimmer bei einer alten Dame in der Parkallee 80, Frau Leitner, der das ganze Haus gehörte und die es mit der Anmeldung nicht so ernst nahm. Ich sagte ihr, dass ich meine feste Wohnung in Düsseldorf hätte, woraufsie auf eine Anmeldung verzichtete. Nun hatte ich wenigstens ein ständiges Dach über dem Kopf. Aber immer noch lief ich ziel- und planlos durch Hamburg. Über zweieinhalb Monate ging ich vormittags gegen neun bis halb zehn aus dem Haus, um eine regelmäßige Arbeit vorzutäuschen und lief ziel- und planlos durch die Straßen immer eines anderen Stadtteils. Vom Ohlsdorfer Friedhof bis zum Tierpark bin ich durch die Straßen gehetzt, vormittags ins Kino und nachmittags dasselbe. Ich war völlig verzweifelt, und ich getraute mich nicht, einen Menschen anzusprechen, überall «erkannte» ich Verfolger, entweder von*

drüben oder von hier, um jeden Jugendlichen, der mir begegnete, machte ich einen Bogen; wollte ich essen gehen und es saß einer im Lokal, verließ ich es wieder. In jedem Geschäftsmann witterte ich einen Kriminalbeamten, der mich beobachtete. Stand ein einzelner Mann in der Parkallee in der Nähe meines Hauses, so ging ich nicht hinein solange er dort stand. Nachts ging ich bei offenem Parterre-Fenster so weit angezogen ins Bett, dass ich jederzeit fliehen konnte. Zwischendurch las ich alle erreichbaren Zeitungen, ob nicht etwas von mir drinstand. So war ich hin und her gehetzt und konnte keinen klaren Gedanken fassen.

Ob er sich bei seinen Streifzügen durch Hamburg an die Tage vor etwas mehr als zehn Jahren erinnert fühlt, als er ähnlich verzweifelt durch seine Heimatstadt Berlin irrte? Zumindest hat er dieses Mal Geld und kennt sich aus mit konspirativem Verhalten und geheimen Quartieren. Doch besonders das ständige Alleinsein macht Heinz zu schaffen. Er ist ein Mensch, der Kontakte sucht, der sowohl Bestätigung als auch die Auseinandersetzung mit anderen braucht. Die nicht enden wollenden Selbstgespräche zermürben ihn. Doch seine Situation ohne Papiere, in der Illegalität lebend und in ständiger Angst vor Verfolgung, macht es ihm sehr schwer, andere Menschen anzusprechen. Über das, was ihn wirklich bewegt, kann er sowieso mit niemandem reden, ohne sich und andere zu gefährden. Wann immer er sich doch einmal auf ein Gespräch einlässt, kommen schnell die Fragen danach, wo er herkommt und was er arbeitet, und es bleibt ihm nichts übrig, als Lügen zu erzählen.

Irgendwann hält er das alles nicht mehr aus: die Einsamkeit, die Angst, die Hoffnungslosigkeit. Er beginnt die Abende, an denen das Alleinsein besonders unerträglich scheint, in Bars und Kneipen zu verbringen. Und schließlich landet er dort, wo in Hamburg das Nachtleben pulsiert – in St. Pauli. Zu seinem Stammlokal avanciert das Regina-Kabarett auf der Großen Freiheit, wo Mitternachtsshow, Nachtprogramm und «Pretty Girls» zum Repertoire gehören. Hier sitzt er nun Abend für Abend, ein junger gut angezogener Mann, dessen Brieftasche eher locker sitzt. Und plötzlich ist es gar nicht mehr schwer, mit anderen ins Gespräch zu kommen. Auch wer er ist und woher er kommt, will hier keiner wissen. Besonders gut versteht er sich mit einer Barfrau namens Luise. Offensichtlich nimmt sie ihn des Öfteren mit zu sich nach Hause, denn er freundet sich auch mit ihren Wirtsleuten an.

Es scheint, als sei in diesen Tagen in ihm der Entschluss gereift, wenn es doch keine Rückkehr in sein altes Leben geben könne, sich ein neues aufzubauen. Er versucht, Arbeit zu finden, meldet sich auf Annoncen. Doch ohne Papiere, Lebenslauf und Zeugnisse schlagen alle Bemühungen fehl. Ziemlich schnell wird Heinz klar, dass Luise neben ihm einen festen Freund hat und genau wie die Wirtsleute nur an seinem Geld interessiert ist. Später schreibt die *Bild*-Zeitung spottend von der blonden Lu, die er mit teuren Geschenken überhäuft hätte und die trotzdem einen feurigen Spanier liebte.

Vielleicht hatte Heinz nie gelernt, echte Freunde von falschen zu unterscheiden. Was früher seine Position und seine politischen Verbindungen waren, ist jetzt der Reichtum, den er offen vor sich herträgt und hinter dem er sich versteckt. Vielleicht ist aber auch seine Einsamkeit so groß, dass sie ihm einfach keine Wahl lässt. Jedenfalls hält ihn nun nichts mehr in Hamburg. Er zieht weiter nach Frankfurt am Main, wo sich die Geschichte mit einer Frau, seinem Geld und dem Betrug in den nächsten Monaten fast identisch wiederholen sollte.

Währenddessen laufen in Ostberlin noch immer umfangreiche Ermittlungen in der Angelegenheit Lippmann. Seit mehr als zwei Monaten ist die ZPKK damit beschäftigt, zahlreiche nahe und entfernte Bekannte und Genossen von Heinz zu befragen – auch seine Ehefrau Inge. Sie fertigt für die ZPKK einen mehr als zwanzig Seiten langen Bericht an, in dem sie das Kennenlernen, die gemeinsame Arbeit und ihr Zusammenleben schildert. Ihre Darstellung erscheint mir aufrichtig und erstaunlicherweise frei von Wut oder Verbitterung. Genau und sachlich beschreibt sie, wie sie selbst Heinz erlebt hat, bevor sie sich am Ende von ihm lossagt:

*Fest steht heute, dass H. L. den Verband und die Partei verraten hat
und heute unser Feind ist. Wie lange das schon geht, kann ich nicht
abschätzen. Ich neige zu der Annahme, dass er lange Zeit wirklich
ehrlich an unserer Seite stand, sich ernste Sorgen um die Probleme
machte und schließlich durch die vielen Konflikte, die er nicht den
Mut hatte, durch eine ehrliche, selbstkritische Stellungnahme der
Partei gegenüber zu bereinigen, dem Feind in die Hände fiel.*

*Für mich ergeben sich daraus schwerwiegende Schlussfolgerungen,
abgesehen davon, dass ich mich scheiden lassen und damit alle Verbindungen zu Heinz Lippmann lösen werde.*

*Mir ist heute klar, dass ich nicht hätte zögern dürfen, die Partei
selbständig zu informieren. Ich bin überzeugt, dass dann alle
Fragen hätten rechtzeitig bereinigt oder, im anderen Falle, rechtzeitig aufgedeckt werden können und die Partei und der Verband vor
großem Schaden bewahrt worden wären. [...]*

*Die letzten 2 Jahre waren bitter, voller Sorgen und Kämpfe, die
unserer Partei galten – nur erträglich, weil ich glaubte, dass der
Mensch, zu dem ich gehörte, die Partei mit genauso heißem Herzen
liebt wie ich und dass wir gemeinsam helfen würden, ein besseres
Leben zu schaffen.*

Auch Erich Honecker wird von der ZPKK vernommen. Er sieht sich gleich drei Genossen gegenüber, die durchaus kritische Fragen stellen und ihn mehr als einmal mächtig ins Rudern bringen. So antwortet er auf die Frage, welche Lehren das Sekretariat aus der Aktion auf dem Petersberg gezogen habe, dass die Unternehmung damals durchaus kritisiert und als falsch eingestuft wurde, muss aber gleich einschränken, dass es wohl keine Dokumente gäbe, die das belegen würden.

Honecker zählt auf, was Heinz alles zur Last zu legen ist. So habe er in seiner Funktion als Westsekretär vorgeschlagen, amerikanische Panzer zu sprengen und Munition zu vernichten, Aktionen, die ganz klar provokatorischen Charakter trügen. Allerdings räumt er auch ein, dass Heinz beliebt war und insbesondere in der Westarbeit großen Einfluss hatte, sodass es nicht möglich war, ihm von heute auf morgen dieses Arbeitsfeld zu entziehen. Honecker spricht von gegensätzlichen

Signalen und fehlender Klarheit hinsichtlich Heinz' Situation. Trotzdem muss er sich bezüglich der Frage rechtfertigen, warum er den Beschuldigten mit einer führenden Rolle bei der Aktion «Abo-Werbung» betraut habe.

Keinen Zweifel lässt Honecker daran, was er zum gegenwärtigen Zeitpunkt von seinem ehemaligen Stellvertreter hält. Auf die Frage hin, ob der nicht in letzter Zeit besonders nervös gewirkt habe, antwortet er: «Der Hund war immer nervös.»

Sicherlich rührt Honeckers Wut auf meinen Großvater ein Stück weit daher, dass er durch dessen Flucht seine Position in FDJ und Partei gefährdet sieht. Denn während die ZPKK-Genossen in ihrer Kritik noch relativ moderat bleiben, sind die sowjetischen Freunde direkter. Sie argumentieren, dass der Verrat Heinz Lippmanns keinesfalls überraschend kam und es genügend Hinweise unter anderem auch von ihrer Seite gab:

> *Es besteht folglich kein Anlaß, die Tatsache der Flucht Lippmanns nach dem Westen als unerwartetes Ereignis zu bezeichnen. Es ist klar, daß der Vorsitzende der FDJ, Genosse Honecker, der von allen diesen Dingen Kenntnis hatte, politische Blindheit und Sorglosigkeit an den Tag legte und keinerlei Maßnahmen zur Untersuchung und Prüfung des Materials über Lippmann unternahm. [...]*
> *Die Schlafmützigkeit des Genossen Honecker ist umso unverzeihlicher, da die von Lippmann geraubte Summe aus Geldbeträgen besteht, die von einfachen Mitgliedern der FDJ während ihres Aufenthalts in Westdeutschland im September des Jahres eingespart und dem Zentralrat der FDJ zurückgegeben wurden.*

Es folgen mehrere Kritikpunkte an der Arbeit des Zentralrats im Allgemeinen und dem Führungsstil des Vorsitzenden im Besonderen und schließlich die Schlussfolgerung, dass Erich Honecker durch die Angelegenheit Lippmann in hohem Maße kompromittiert, das Vertrauen der unteren Funktionäre in ihn geschmälert und seine Autorität derart erschüttert sei, dass sie nur schwer aufrechterhalten werden könne. Deshalb wird dem Politbüro nahegelegt, sich umgehend mit der Lage in der FDJ zu beschäftigen. Trotz dieser recht klaren Ansage bleibt die Angelegenheit für Honecker – anders als für eine ganze Reihe von Funktionären, die im Zuge der Affäre auf zumeist weniger verantwortungsvolle Posten abgeschoben werden – ohne sichtbare Folgen.

Als die ZPKK Anfang Januar ihre Untersuchung abschließt, wird Erich Honecker zwar die größte Verantwortung und Hauptschuld dafür zugewiesen, dass Heinz Lippmann so lange unentdeckt arbeiten und schließlich fliehen konnte, doch konkrete Konsequenzen aus dieser Schlussfolgerung werden nicht benannt.

Über Heinz ist im ZPKK-Bericht zu lesen, dass er 1939 freiwillig ein Agent der Gestapo wurde und als solcher in mehreren Konzentrationslagern eingesetzt war. Seit seiner Entlassung aus Buchenwald soll er für den amerikanischen Geheimdienst gearbeitet haben und das wahrscheinlich auch immer noch tun. Aufgrund dieser Ermittlungsergebnisse fasst das SED-Politbüro folgenden Beschluss:

Heinz Lippmann wird als Agent der Gestapo und später der imperialistischen Geheimdienste und als krimineller Verbrecher aus der Partei ausgeschlossen.

Ein Agent war er nun also, sein ganzes Leben lang. Seit 1939 – in einem früheren Entwurf hieß es sogar 1933, da war Heinz gerade 12 Jahre alt – sollte jeder einzelne Tag, alles, was er getan hatte, von Verrat geprägt gewesen sein. Während ersterer Vorwurf offensichtlich auf Grundlage des in den Briefen an seine Frau und an Erich Honecker formulierten Eingeständnisses, sich 1942 selbst der Gestapo gestellt zu haben, konstruiert wurde, finden sich für sein angebliches Wirken im Auftrag des amerikanischen Geheimdienstes weder Beweise noch Indizien.

Mit dem Abschluss der Untersuchungen ist der Weg frei, den Abtrünnigen auch öffentlich zu diffamieren. Am 6. Januar 1954 äußert sich Erich Honecker auf der FDJ-Zentralratstagung ausführlich zur Angelegenheit Lippmann und kehrt dessen Tätigkeit der letzten Jahre in ihr Gegenteil. So soll er im Auftrag der Bonner Regierung versucht haben, die FDJ in Westdeutschland zu zerschlagen. Deshalb habe er provokative Aktionen organisiert, die den dortigen Behörden als Vorwand dienen sollten, gegen die Jugendorganisation vorzugehen. Mehrere größere ostdeutsche Zeitungen, darunter das *Neue Deutschland* und die *Junge Welt*, greifen die Verurteilung Heinz Lippmanns auf und veröffentlichen entsprechende Artikel.

Ob mein Großvater, der inzwischen in Frankfurt am Main lebt, davon weiß? Das SED-Parteiorgan und die FDJ-Zeitung gibt es damals im Westen nicht zu kaufen. Hat er es von ehemaligen Genossen erfahren? Oder hofft er insgeheim noch immer auf eine Rückkehr, darauf, dass sich irgendwie alles klären lasse?

Zunächst verläuft sein Leben in Frankfurt nicht viel anders als vorher in Hamburg. Bei der Hebamme Edith K. findet er ein Zimmer. Tagsüber läuft er stundenlang durch die Stadt, abends besucht er Kneipen und Nachtlokale. In der Carlo Bar lernt er Elisabeth kennen, die dort als Kellnerin arbeitet. Die junge verwitwete Frau war mit einem französischen Besatzungssoldaten verheiratet und hat aus dieser Ehe eine kleine Tochter namens Sissy. Heinz verliebt sich – vielleicht weniger in die Frau als in die Idee, wieder eine Familie, ein wirkliches Heim zu haben. Er ermöglicht ihr, aus den ärmlichen Verhältnissen zu entkommen, in denen sie damals lebt, kleidet sie neu ein und hilft ihr, eine der damals sehr begehrten neuerbauten Sozialwohnungen zu mieten. Er übernimmt den Baukostenzuschuss von 7500 DM, der nötig ist, um überhaupt bei der Wohnungsvergabe berücksichtigt zu werden, kauft Möbel und sogar ein Auto – alles auf ihren Namen, denn er verfügt noch immer über keinerlei gültige Papiere.

Doch das traute Familienidyll – sogar eine Adoption von Tochter Sissy zieht er in Erwägung – zerplatzt, als Heinz herausfindet, dass Elisabeth, obwohl sie ihm versichert, diese Beziehung sei beendet, weiterhin ihren früheren Freund Rolf trifft und den mittellosen Studenten mit seinem Geld unterhält. Es folgen Wochen und Monate wie aus einer Seifenoper, eine Ménage-à-trois mit Zerwürfnissen, Versöhnungen, Lügen und Erpressung. Elisabeth und ihr Freund weigern sich, Heinz die Wohnung und das Auto zu überlassen. Sie wissen um seine fehlenden Papiere und drohen, ihn bei der Polizei anzuzeigen. Um sie von Rolf fernzuhalten und vielleicht doch noch für sich zu gewinnen, geht Heinz mit Elisabeth für einige Wochen nach Hamburg.

Er erfüllt ihr jeden Wunsch und überhäuft sie mit Geschenken. Zurück in Frankfurt, verspricht sie tatsächlich, sich von Rolf zu trennen.

In dieser turbulenten Zeit erinnert sich Heinz an Anne Klein, seine alte Freundin aus Weimarer Tagen. Seitdem sie und ihre Mutter in den Westen gegangen sind, hat er nichts mehr von ihnen gehört. Doch erinnert er sich, wo sie damals hingezogen sind – nach Frankfurt. Und hier findet er auch Annes Mutter, die sich sehr über seinen Besuch freut. Ihre Tochter, berichtet sie, lebe inzwischen mit ihrem Mann und zwei kleinen Kindern in Würzburg.

Jahrzehnte später erzählt Anne mir, wie es für sie war, Heinz wiederzusehen:

Eines Tages stand er dann vor meiner Tür mit seinem Cadillac. Aber das war nicht mehr der Lippmann, den ich gekannt habe, und auch ich war nicht mehr dieselbe. Ich war aufgegangen in meiner kleinen Familie in dem täglichen Kampf ums Essen, Verdienen, Leben. Es war ein qualvolles Zusammentreffen. Es war nicht schön. Ich hatte nicht begriffen, wie schlecht es ihm damals schon ging, und ich habe ihn wieder ziehen lassen. Ich habe ihm zu verstehen gegeben, dass unser beider Leben auseinander ist, und das war ein sehr großer Fehler meinerseits. Das bereue ich heute noch.

Obwohl sie nun ohne trennende Grenze und nicht allzu weit voneinander entfernt leben, würden viele Jahre vergehen, bis die beiden sich wieder begegnen. Allerdings hält Heinz weiterhin sporadisch Kontakt zu Annes Mutter.

Über Elisabeth, die von einer Leinwandkarriere träumt, lernt er den Filmproduzenten Ramon F. kennen. Als der von Heinz' Problem mit den fehlenden Papieren erfährt, bringt er ihn mit Friedrich E. zusammen, einem Angestellten der Frankfurter Ausweisstelle. Sie treffen sich in der Westendstube, einem kleinen Lokal unweit des Polizeipräsidiums. Mein Großvater stellt sich als «Heinz Berger» vor, erzählt, dass er aus der Ostzone geflüchtet sei und einen Ausweis brauche. Als Friedrich E. zögert, verspricht Heinz, sich erkenntlich zu zeigen, und gibt ihm 50 DM. Daraufhin lässt E. ihn ein Antragsformular ausfüllen. Allerdings muss er noch einen festen Wohnsitz nachweisen, wofür Elisabeth bestätigen muss, dass sie gemeinsam in der Wohnung in der Westendstraße leben. Auch sie lässt sich dafür bezahlen, aber immerhin hält er ein paar Tage später einen bundesdeutschen Personalausweis auf den Namen «Heinz Berger» in den Händen. Insgesamt 2500 DM lässt er Friedrich E. dafür zukommen. Da er nun über gültige Papiere verfügt, kann er auch eine Lohnsteuerkarte beantragen und einen Führerschein erwerben. Damit hofft er, die Grundlage für eine bürgerliche Existenz zu legen.

Bleibt noch die Frage, wie er seinen Lebensunterhalt bestreiten kann. Denn inzwischen ist ihm klar, dass das Geld in seinem Koffer nicht ewig reichen wird. Das Leben in der Illegalität, Wohnung, Möbel, Kleidung und Geschenke haben die Summe empfindlich zusammenschrumpfen lassen.

Allerdings scheint Heinz nicht gerade ein Händchen für das Finanzielle zu haben. Es sieht so aus, als hätte er einigermaßen wahllos jede sich ihm bietende Gelegenheit ergriffen, um das Geld irgendwie anzulegen. Auf Vorschlag seiner Zimmerwirtin Edith K. investiert er zunächst eine Summe in ein privates Entbindungsheim, das die Hebamme eröffnen möchte. Solche Einrichtungen, quasi frühe Formen von Geburtshäusern, sind in der Nachkriegszeit, als die Krankenhausversorgung noch viele Lücken aufweist, durchaus üblich. Ob dem Projekt tatsächlich etwas geworden ist, konnte ich leider nicht herausfinden.

Als Nächstes versucht sich Heinz als Pressereferent von Ramons Firma «Starfilm». Mit Begeisterung steigt er in das Unternehmen ein, will sich an der Finanzierung von Filmen beteiligen. In einem ersten Projekt soll es um künstliche Befruchtung gehen. Letztlich scheitert die ganze Sache, da sich die «Starfilm» als mittelloses Unternehmen erweist, das von seinem Geld zu existieren gedachte.

Kurz darauf bringt Elisabeth ihn mit einem Bekannten zusammen, der in Offenbach eine Autovermietung betreibt. Auch dort steigt Heinz ein, finanziert ihm gegen eine Gewinnbeteiligung den Kauf eines weiteren Wagens. Doch wieder wird er betrogen, hat kaum Einkünfte und muss stattdessen hohe durch Unfälle und Beschädigungen entstandene Kosten tragen. Schließlich verkauft er das Auto mit Verlust.

Nach diesen Fehlschlägen versucht er es schließlich auf eigene Faust. Heinz eröffnet einen Mokkabar-Verleih. Dazu kauft er eine Anzahl italienischer Espressomaschinen, entwirft eine einfache Bar, die sich jederzeit an Bahnhöfen, Autobahnraststätten oder anderen viel frequentierten Orten aufstellen lässt. So installiert er am Frankfurter Hauptbahnhof, bei Kaufhof und auf dem Messegelände seine kleinen Kaffeebars. Das Gewerbe meldet er ordnungsgemäß an, besorgt sich einen Steuerberater und funktioniert ein Zimmer seiner Wohnung zum Büro um. Die Geschäfte laufen gut, und es scheint, als sei ein knappes Jahr nach seiner Flucht aus dem kommunistischen Funktionär ein angehender Geschäftsmann geworden.

Auch in sein Privatleben versucht Heinz etwas mehr Ordnung zu bringen. Im Sommer 1954 trennt er sich von Elisabeth, vielleicht weil ihm klargeworden ist, dass er von ihr nichts mehr zu erwarten hat, vielleicht auch nur, weil er sich neu verliebt hat. Seine neue Angebetete heißt Sibylla. Auch sie arbeitet als Barfrau – in der Kölner Tabu-Bar, die in den 1950er Jahren als Highlight des dortigen Nachtlebens gilt.

Aufgewachsen in schwierigen Verhältnissen inmitten von Kriegs- und Nachkriegswirren, hat sie, obwohl sie erst Anfang zwanzig ist, bereits eine Ehe hinter sich, die nach kurzer Zeit geschieden wurde und aus der ein kleiner Sohn stammt, der größtenteils bei seinen Großeltern aufwächst. Kurze Zeit nach ihrem Kennenlernen zieht Sibylla in Heinz' Frankfurter Wohnung mit ein. Eine Zeitung schreibt später, sie hätte dort sogar ein paar Wochen gemeinsam mit Elisabeth gelebt. Ob das stimmt, weiß ich nicht, auch nicht, wann und wie Heinz seine vorherige Geliebte doch noch dazu gebracht hat, ihm die Wohnung zu überlassen.

Das Bundeskriminalamt und der Verfassungsschutz fahnden nun schon fast ein Jahr lang vergeblich nach meinem Großvater. Im Mai 1954 suchen einige Polizeibeamte die am Grenzring 199 in Hamburg wohnende Genossin auf und forschen nach, ob bei ihr ein Mann aufgetaucht wäre, dessen Frau in Ostberlin lebt. Sie legen ihr Fotos vor, doch bei keinem der Abgebildeten handelt es sich um Heinz Lippmann. Danach scheinen die Behörden seine Spur wieder verloren zu haben.

Die Frankfurter Polizisten, die Heinz am 17. September 1954 verhaften, ahnen nicht, wen sie da vor sich haben. Wie sie ihm letztlich auf die Spur gekommen sind, ist auch nicht ganz klar. Heinz selbst ist überzeugt, dass Elisabeth oder jemand aus ihrem Umfeld ihn wegen seiner falschen Papiere bei der Polizei angezeigt habe. Erst bei den Vernehmungen wird den Ermittlern klar, um wen es sich wirklich handelt. Am 29. September 1954 meldet die Deutsche Presseagentur, der aus der Ostzone geflohene kommunistische Funktionär Heinz Lippmann sei wegen des Verdachts auf Beamtenbestechung festgenommen worden. Er sei mit einem gefälschten Pass und einem amerikanischen Luxuswagen ausgestattet gewesen, größere Geldbeträge habe er nicht bei sich gehabt. Insbesondere für die Boulevardpresse ist die Geschichte ein gefundenes Fressen: teure Autos, schöne Frauen, ein ausgeprägter Hang zum Nachtleben und im Mittelpunkt all dessen nicht etwa ein Filmstar oder Schlagersänger, sondern ein waschechter Kommunist! Als «roter Lebemann» und «Kassenräuber» erlangt Heinz einen zweifelhaften Ruf, den er lange nicht mehr loswird. Die Zeitungen überschlagen sich, sein Luxusleben in den schillerndsten Farben zu schildern. Manches, so wie der Artikel «Lisbeth und der Herr im Frack» in der Zeitung *Wochenend*, klingt wie die Parodie eines billigen Liebesromans:

Während jetzt seine linke Hand mit flüchtiger Liebkosung über Elisabeths nackten Arm streift, greift er mit der rechten in die Seitentasche seines Smokings und bringt ein braunledernes Kästchen zum Vorschein. Sein jovial-durchtriebenes Jungengesicht legt sich in würdige Falten.
«Erlaube mir, liebe Elisabeth», sagt er mit schmalziger Stimme, «dir anlässlich der Besiegelung unserer Freundschaft durch das Du eine kleine Aufmerksamkeit zu überreichen.»
Elisabeth stockt der Atem, als der Deckel des Kästchens aufschnappt.

Das flimmert, glitzert und funkelt in tausend Farben und Reflexen. Es ist ein kostbares Brillant-Kollier von unschätzbarem Wert. In Elisabeths Stimme weht die Atemlosigkeit fassungsloser Freude.

Was wohl die Genossen von der Staatssicherheit gedacht haben, als sie den Artikel in Heinz' Akte abhefteten – die übrigens wohl in Anspielung auf das gestohlene Geld den Decknamen «Verkäufer» trägt, nicht etwa «Verräter». Stellten sie sich so das Leben im Westen vor – voller Geld, Luxus, Lug und Betrug? Sie sollten noch einiges mehr zu lesen bekommen: dass der flüchtige Genosse ein türkisfarbenes Cadillac-Cabriolet mit Klimaanlage, elektrischen Fensterhebern, eingebauter Kaffeemaschine und, wie manche Zeitungen schreiben, weißen Reifen sein Eigen nenne. Wieder andere sprechen von einem schwarzen Ford 12M oder einem himmelblauen Studebaker. Auch in Bezug auf die Wohnungseinrichtung scheint jeder Reporter versucht zu haben, dem schon genannten noch einen besonders ausgefallenen Gegenstand hinzuzufügen: Die Rede ist von einem hochmodernen Fernsehapparat, einem Schreibtisch für 5000 DM, einem Flügel, einem Roulettetisch sowie zahlreichen, mit edlen Maßanzügen, Abendkleidern und Pelzmänteln gefüllten Kleiderschränken. Auch die genaue Adresse seiner Wohnung, Westerlandstraße 12, wird von vielen Zeitungen veröffentlicht. Bei der Höhe der von ihm gestohlenen Geldsumme gehen die Schätzungen weit auseinander: Sie liegen zwischen 170 000 Mark West und 2 Millionen Mark Ost. Um sein Vermögen noch zu vergrößern, soll Heinz in diversen Spielbanken verkehrt und erfolgreich an der Börse spekuliert haben.

Während die Zeitungen also immer neue Bilder seines Luxuslebens zeichnen, sitzt Heinz im Untersuchungsgefängnis in der Frankfurter Hammelsgasse und wartet auf seine Prozesse, wegen Beamtenbestechung und Unterschlagung ist er angeklagt. Dazu laufen noch Ermittlungen im Zusammenhang mit dem Vorwurf der Staatsgefährdung, die sich auf seine Aktivitäten als FDJ-Westsekretär beziehen. Was geht ihm durch den Kopf, während er sich nun hinter Gittern wiederfindet? Ist er erleichtert, dass das Leben auf der Flucht nun offenbar ein Ende hat? Wird er, da Beamte von Bundeskriminalamt und

Verfassungsschutz in seiner Zelle ein und aus gehen, seinem Vorhaben treu bleiben können, keinen der alten Genossen zu verraten?

Aus der Einsamkeit des Gefängnisses schreibt er nach langer Zeit noch einmal an Inge nach Ostberlin:

Meine liebe Inge   *Ffm. 12. 12. 54*

Ich schreibe Dir in der Hoffnung, dass Du wenigstens diesen Brief erhältst. Wie oft habe ich im letzten Jahr an Dich geschrieben, ohne je ein Lebenszeichen von Dir zu bekommen. Der Freund, der Dir den Brief überbringt, weiß alles von mir, Du kannst ruhig mit ihm über alles sprechen und Dich von ihm beraten lassen. Vertraue ihm, wenn Du noch ein bisschen Vertrauen zu mir hast und nicht das glaubst, was offiziell von mir gesagt wird und in der Presse steht. Besinnst Du Dich noch auf unseren letzten gemeinsamen Spaziergang am Döllnsee?? Mir war und ist oft, als wäre er gestern gewesen! – Ich wäre hier nicht so hilflos und entwurzelt, wärest Du bei mir gewesen! – Ohne Deine nüchterne und sachliche, aber doch so tiefe Liebe, war ich wie ein Boot ohne Steuer! – Ich habe das alles bis heute nicht vergessen! – Was machst Du nur, was macht Deine Gesundheit und wie wird man Dich gequält haben! –
Inge, ich hätte Dir soviel zu sagen und ich habe immer noch die Hoffnung auf ein Wiedersehen mit Dir! – [...]
Du kannst Dir gar nicht vorstellen, wie unentschlossen, innerlich zerrissen und hoffnungslos ich war und bin! – Wie fern ist all die schöne, schöne Zeit, und doch ist sie in Erinnerung oft so nahe. – Alles Gute für Dich und Deine Eltern. Hoffentlich bist Du Weihnachten nicht so einsam wie ich! –
Antworte auf jeden Fall!
Viele liebe Grüße von
    (darf ich noch sagen) Deinem Heinz

Ist der Mann, der diesen Brief geschrieben hat, derselbe wie der, dessen Fotos die Zeitungen drucken, in Anzug und Fliege, mit zwei Frauen im Arm und Champagnerglas in der Hand? Welcher von beiden ist der echte Heinz – der, der sich in Erinnerungen an seine alte Liebe ergeht, oder der, der nun schon zum zweiten Mal im letzten Jahr Heiratspläne schmiedet? Ist es die Einsamkeit, die aus ihm spricht, die ihn all die Dinge tun lässt, die eigentlich im Gegensatz zueinander stehen?

Am 6. Januar 1955 klingelt ein Unbekannter an Inges Wohnungstür. Als statt dieser ihr Vater öffnet, zeigt sich der Bote enttäuscht und etwas verwirrt, stammelt, dass er einen Brief für Inge Buchmann hätte und sofort eine Antwort bräuchte. Nach kurzem Zögern gibt er das Schreiben Albert Buchmann und verweist auf einen Bekannten namens Feldmann, der in einer Pension in Westberlin wohne und an den Inge sich wenden könne. Kaum ist der Fremde weg, öffnet Inges Vater den Umschlag. Er stellt fest, dass er von Heinz Lippmann ist, und gibt ihn an die ZPKK weiter.

So hat Inge auch diesen Brief nie erhalten. Vielleicht hätte es auch keinen Unterschied gemacht, wahrscheinlich hat sie längst mit Heinz abgeschlossen. Schließlich sind sie inzwischen geschieden.

Die Staatssicherheit schickt umgehend einen Mitarbeiter zur genannten Pension in Berlin-Dahlem, um mehr über den dort angeblich wohnenden Herrn Feldmann herauszufinden, aber offenbar ohne Erfolg.

Wer ist dieser Freund, der den von Heinz in einer Einzelzelle des Frankfurter Untersuchungsgefängnisses geschriebenen Brief nach Ostberlin brachte? Ist es jener Ramon F., dem Heinz seinen falschen Pass verdankt und von dem ein Vertrauensmann der westdeutschen Polizei behauptet, dass er Kontakte zu den Amerikanern unterhielte? Interessanterweise wird sein Name in den Prozessunterlagen nicht genannt. Obwohl er ja derjenige war, der den Kontakt zwischen Heinz und dem ebenfalls angeklagten Friedrich E. hergestellt hat, wird er nicht als Zeuge befragt. Die *Volksstimme*, Zeitung der westdeutschen KPD, will in Erfahrung gebracht haben, dass Ramon F. «spurlos verschwunden» sei, sich wahrscheinlich nach Berlin abgesetzt hätte. Woher die Zeitung diese Informationen bezieht und wie glaubwürdig sie sind, bleibt unklar.

Und mein Großvater? Was wollte er mit dem Brief erreichen? Hoffte er tatsächlich, dass Inge zu ihm kommen würde? Aber wie hätte er das seiner Sibylla erklärt? Oder gab es einen Auftraggeber für dieses Schreiben, vielleicht den Verfassungsschutz? Sollte er Inge in den Westen locken, damit auch ihr wegen ihrer Arbeit für die West-FDJ der Prozess gemacht werden könne? Rückblickend auf diese Zeit des Kalten Krieges, ist es manchmal schwer einzuschätzen, wo die Grenze zwischen Paranoia und Realität verläuft, ob die Tatsache, dass etwas absurd erscheint, auch bedeutet, dass es unmöglich ist.

Vielleicht ging es meinem Großvater auch nur um Inges Absolution, vielleicht hoffte er, dass Inge ihm verzeihen könnte, dass wenigstens sie, die ihm in den letzten Jahren am nächsten war, verstehen würde, warum er so gehandelt hatte, dass sie sehen würde, worüber er sich selbst nicht mehr recht sicher sein konnte – wer er wirklich war.

TEIL 3
ZWISCHEN DEN WELTEN

8   NIRGENDWO

Gefängnisalltag. Bleierne Zeit. Die Tage erscheinen endlos in ihrer Gleichförmigkeit. Etwas Abwechslung bieten einzig die Vernehmungen. Wechselnde Männer, die graue Anzüge tragen, als seien sie Uniformen. Es sind Vertreter der Staatsanwaltschaften, des Verfassungsschutzes, vom amerikanischen und englischen Geheimdienst. Sie fragen, und Heinz redet – mit manchen weniger, mit anderen mehr. Er berichtet von seiner Kindheit, seiner Jugend, der Zeit im KZ und seinem Weg zum Kommunismus. Er schildert seine Arbeit für die FDJ, die Funktionsweise des Apparates, das Zusammenspiel der Jugendorganisation in Ost und West. Er redet und redet. Und immer blickt er zurück, erinnert sich, lässt alles wieder und wieder an seinem inneren Auge vorbeiziehen: seine Flucht, den Diebstahl des Geldes, all die Entscheidungen, die sich nicht mehr ändern lassen, fest zementierte Fixpunkte seines Selbst, die ihn von nun an immer begleiten würden. Es ist, als hätte man sein Leben angehalten, nur um permanent zurückzuspulen und alles noch einmal abzuspielen, in der Hoffnung, Neues oder Widersprüchliches zu entdecken. Heinz scheint in einem nicht enden wollenden Redefluss festzustecken, der irgendwo in seiner Vergangenheit ansetzt, sich langsam vortastet, dabei mal hier, mal dort etwas nach oben spült, nur um jedes Mal am selben Punkt zu enden: der Zelle im Untersuchungsgefängnis in der Frankfurter Innenstadt. Das Leben draußen, seine Zukunft – nichts als weißes Rauschen.

Im Herbst 1954, während Heinz auf seine Verhandlung wartet, laufen bereits eine Reihe von politischen Strafverfahren gegen westdeutsche Kommunisten, andere stehen unmittelbar bevor. Das Bundesverfassungsgericht verhandelt über das von der Bundesregierung beantragte Verbot der KPD. In Heinz Lippmann, der viele der Angeklagten persönlich kennt, als hochrangiger FDJ-Funktionär und Verantwortlicher für die Westarbeit über tiefe Einblicke in die Arbeitsweise der Regierungskreise der DDR und die Verflechtungen zwischen Ost und West verfügt, sehen die Ermittler einen idealen Zeugen. Damit befindet sich Heinz genau in der Situation, die er unbedingt vermeiden wollte.

Ich kann nicht sagen, wie viel mein Großvater in den Befragungen preisgegeben hat, denn weder kenne ich die gesamten Vernehmungsprotokolle, noch habe ich eine konkrete Vorstellung davon, was er gewusst und was er verschwiegen hat. Die Aussagen, die ich gelesen habe, sind recht ausführlich. Insbesondere über die organisatorische und finanzielle Abhängigkeit der westdeutschen FDJ und der KPD von der DDR macht Heinz umfangreiche Angaben. Er nennt Beispiele, erläutert Hintergründe, und ich habe nicht das Gefühl, dass er versucht hat, nur das Nötigste zu sagen.

Wie sah er selbst seine Rolle? Was bewegte ihn zu seinen recht detaillierten Aussagen? Ging es ihm vor allem darum, sich selbst zu retten? Schließlich war seine Situation alles andere als angenehm. Die DDR hatte seine Auslieferung beantragt, im Westen drohte ihm neben den schon erfolgten Anklagen wegen Bestechung und Unterschlagung auch ein Verfahren wegen Staatsgefährdung. Die Angst, für Jahre hinter Gefängnismauern zu verschwinden, muss größer gewesen sein als die Loyalität denen gegenüber, die in ihm schon längst den Verräter sahen. Selbst wenn er oder ein Teil von ihm es gewollt hätte, wie konnte er sich offen für seine ehemaligen Genossen einsetzen, wenn seine einzige Chance, eine langjährige Haftstrafe zu vermeiden, darin bestand, glaubhaft zu machen, dass seine Flucht aus politischen Gründen erfolgt sei?

Vielleicht spielte neben diesen äußeren Zwängen auch ein Prozess in seinem Inneren eine Rolle, hatten sein Denken und seine Haltung sich verändert. Ein Jahr zuvor, als er sich zur Flucht entschloss, stand noch die persönlich empfundene Zurücksetzung und Bedrohung im Vordergrund, überdeckte im Ansatz schon vorhandene Zweifel am großen Ganzen. Inzwischen hatte er viel Zeit, nachzudenken und die

Vergangenheit mit Abstand zu betrachten. Möglicherweise öffnete ihm der Blick von außen auf sein Land tatsächlich ein Stück weit die Augen, sodass er einige Sachverhalte, die ihm schon länger Unbehagen bereiteten, mit einem Mal klar benennen konnte – und vielleicht auch musste. Trotzdem betonte Heinz auch später in Gesprächen und Briefen immer wieder, dass er nie einen Genossen verraten habe. Und vielleicht hielt er tatsächlich, wo es ihm möglich war, potenziell belastende Informationen zurück. So sagte er in einer Vernehmung, in der es um die Herstellung von Propagandamaterial ging, er wisse nicht, wo sich in der Bundesrepublik die illegalen Druckereien befänden, in denen nach dem Verbot der FDJ solche Schriften hergestellt wurden. Hatte er wirklich keine Ahnung, oder verschwieg er es bewusst? Möglich ist beides.

Neben den Vertretern verschiedener Ermittlungsbehörden suchen auch einige Geheimdienstler meinen Großvater auf. Alle haben Fragen und große Erwartungen, denn normalerweise sprechen sie mit aus der DDR geflohenen Ärzten und Abteilungsleitern, vielleicht auch mal mit einem mittleren SED-Funktionär, doch jemand, der die Zentren der Macht aus nächster Nähe kennt, ist selten, deshalb bemüht man sich um Heinz.

Er erinnert sich später, die Amerikaner hätten angeboten, ihn bis zum Abschluss seiner Prozesse in einer Villa in der Nähe von Frankfurt unterzubringen und ihm 1000 DM im Monat zu zahlen, außerdem würden sie die Verfahren so zu steuern versuchen, dass sie günstig für ihn ausgingen. Obwohl er das Angebot nach eigenem Bekunden ausschlug, kamen sie wieder und fragten ihn nach verschiedenen Personen. Heinz hielt sich zunächst zurück, nur wenn die amerikanischen Geheimdienstler von sich aus von konkreten Vorfällen erzählten, bestätigte er ihre Auffassung oder sagte, er hielte es für möglich, dass es so wäre. Etwas verwundert stellte er rückblickend fest, dass sie ihm trotz seiner Zurückhaltung keine Schwierigkeiten gemacht hätten.

Leider scheitern alle meine Versuche, mehr darüber herauszufinden, was sich damals im Frankfurter Untersuchungsgefängnis und eventuell darüber hinaus abgespielt hat. Sowohl die CIA als auch der britische Auslandsgeheimdienst MI6 teilen mir auf meine Anfrage mit, dass sie die Existenz von Unterlagen weder bestätigen noch verneinen könnten und grundsätzlich keine Auskünfte über Quellen oder Methoden der geheimdienstlichen Arbeit gäben.

Neben den ausländischen Geheimdiensten zeigt auch der Verfassungsschutz an Heinz Interesse. Günther Nollau, der spätere Präsident des Bundesamtes, ist regelmäßig im Frankfurter Untersuchungsgefängnis zu Gast. Wenige Jahre zuvor war er, ähnlich überstürzt wie mein Großvater, aus der DDR geflohen, weil er fürchtete, verhaftet zu werden. Vielleicht trägt diese geteilte Erfahrung, zusammen mit der Tatsache, dass Nollau die Verhältnisse im Osten Deutschlands aus eigenem Erleben kennt und nicht, wie manche seiner Kollegen, von blindem Antikommunismus geleitet ist, dazu bei, dass er und Heinz schnell Zugang zueinander finden. Nollau hält das Bestreben der Bundesregierung, die KPD verbieten zu lassen, für falsch. Er vertritt die Meinung, dass die Gefahr, die angeblich von den Kommunisten ausgeht, übertrieben wird, und außerdem befürchtet er, dass ein Parteiverbot die Beobachtung der politischen Aktivitäten nur erschweren würde. Hin und wieder besucht Nollau Kommunisten im Gefängnis, um mit ihnen die theoretischen Grundlagen ihrer Überzeugung zu diskutieren. Damit entspricht er wohl kaum den Vorstellungen, die Heinz von einem Mitarbeiter eines westlichen Geheimdienstes hat. Er bezeichnet Günther Nollau später als einen ausgesprochen aufrechten Mann und überzeugten, sogar linken Demokraten, der sich während der Nazizeit, als er als Rechtsanwalt in Krakau tätig war, anständig verhalten und einigen Menschen das Leben gerettet hätte. Wieweit sich mein Großvater Nollau gegenüber öffnet, was er dem Verfassungsschutz erzählt, bleibt weitgehend im Dunkeln, denn auf die Akten des deutschen Inlandsgeheimdienstes habe ich keinerlei Zugriff erhalten. Allerdings findet sich in den Unterlagen des Bundesgerichtshofes ein Schreiben, in dem es heißt, Heinz habe gegenüber dem Geheimdienst «wertvolle beweiskräftige Angaben» gemacht, weshalb er als wichtiger Zeuge in Sachen KPD-Verbot angesehen wird.

Zunächst muss er sich selbst vor Gericht verantworten. Weil er sich im Jahr zuvor mit Hilfe des Stadtassistenten Friedrich E. gefälschte Personaldokumente beschafft hat, wird er am 6. Januar 1955 wegen aktiver Bestechung, mittelbarer Falschbeurkundung und fortgesetzter Urkundenfälschung zu sechs Monaten Gefängnis auf Bewährung verurteilt. Noch im selben Monat folgt ein zweiter Prozess, in dem es um den Diebstahl der FDJ-Gelder geht. Er wird der Untreue in Tateinheit mit Veruntreuung schuldig gesprochen. Die Gesamtstrafe aus beiden Verfahren wird auf ein Jahr und drei Monate Gefängnis und 10 000 DM Geldstrafe festgesetzt. Gegen diese Entscheidung legt Heinz Revision ein, weshalb sie an den Bundesgerichtshof verwiesen wird, der im November 1955 entscheidet, dass er neben Untreue nicht auch wegen Veruntreuung verurteilt werden darf, da er das Geld schon durch die erste Tat erlangt habe. Im neuen Urteil, dass das Landgericht Frankfurt am Main im April 1956 trifft, wird die verhängte Haft auf neun Monate reduziert und zudem zur Bewährung ausgesetzt, während sich die Geldstrafe auf 5000 DM halbiert.

Bereits am 24. März 1955 wird der Haftbefehl gegen meinen Großvater aufgehoben, weil Richter wie Staatsanwalt davon ausgehen, dass beim derzeitigen Stand des Verfahrens wohl keine Fluchtgefahr besteht. Er muss sich einmal wöchentlich bei der Polizei melden und ist nach einem halben Jahr im Gefängnis wieder ein freier Mann.

Doch schon wenig später muss er sich erneut in einen Gerichtssaal begeben. Er ist als Zeuge der Anklage gegen seine ehemaligen Genossen bei der West-FDJ, Jupp Angenfort und Wolfgang Seiffert, geladen. Diesen 14. Mai 1955 bezeichnet er später als einen der schwersten Tage in seinem Leben. Hatte er doch seit seiner Flucht immer wieder beteuert, dass er auf keinen Fall zum Verräter werden wolle, ein Versprechen, das er damit wohl auch sich selbst gegeben hatte und das einzuhalten ihm nun schwerer erschien, als er sich das vorgestellt hatte.

Heinz steht im Zeugenstand. Er wünschte, er wäre an irgendeinem anderen Ort, egal wo, nur nicht hier. Die meisten der im Saal Versammelten mustern ihn neugierig, einige auch unbeteiligt oder mit offener Feindseligkeit. Doch das allein ist es nicht, an diese Situation hat er sich schon nach den zwei Prozessen, die er in den letzten Monaten in eigener Sache durchstehen musste, fast gewöhnt. Doch geht es heute eigentlich nicht um ihn – und dann auch wieder schon. Es geht darum, ob er jemals wieder in den Spiegel sehen wird, ohne dabei Verachtung und Scham zu empfinden.

Es geht um seine Vergangenheit und um seine Zukunft. Ihm gegenüber sitzen zwei alte Bekannte, Josef Angenfort und Wolfgang Seiffert. Sie meiden seinen Blick. Jahrelang haben sie zusammengearbeitet, dieselben Ziele verfolgt – Angenfort als Vorsitzender der westdeutschen FDJ, Seiffert als Chefredakteur der Zeitschrift *Junges Deutschland* und Heinz als zuständiger Sekretär im Zentralrat. Nun stehen sie auf unterschiedlichen Seiten. So sieht es zumindest aus, denn während Angenfort und Seiffert wegen Hochverrats der Prozess gemacht wird, ist Heinz Zeuge der Anklage.

Heinz fühlt sich innerlich zerrissen. Die Wochen seit seiner Entlassung aus der Untersuchungshaft hat er in ständiger Angst verbracht – davor, dass ihm etwas zustoßen könnte, dass seine alten Genossen nichts unversucht lassen würden, um sein Erscheinen vor Gericht zu verhindern. Nicht weniger fürchtete er, dass nichts passieren würde und er tatsächlich aussagen müsste. Seine Furcht wurde mit jedem Tag größer und beherrscht ihn nun, da der Moment tatsächlich gekommen ist, vollständig.

Während er die an ihn gerichteten Fragen mit einer Stimme beantwortet, die nicht ihm zu gehören scheint, wünscht er sich, es würde nicht nur schwarz oder weiß geben, nicht nur hier oder dort. Er wünscht, er müsse nicht die Entscheidung treffen, vor der er heute steht. Obwohl er es nicht richtig findet, dass Angenfort und Seiffert für etwas angeklagt werden, an das sie geglaubt haben – und er im Übrigen auch –, ist er hier und sagt aus, damit man ihn nicht für dasselbe Verbrechen einsperrt. Ein Ermittlungsverfahren wegen Staatsgefährdung gegen ihn läuft bereits. Er weiß, dass er für seine Freiheit einen hohen Preis zahlt. Er weiß, dass er mutig sein sollte und stark, doch er kann nicht mehr. Den neuen Menschen wollten er und seine Genossen erschaffen, und jahrelang war er überzeugt, dass ihm das zumindest bei sich selbst gelungen sei. An diesem Tag erkennt er, dass nach allem, was er erlebt und erreicht hat, er doch immer noch er selbst ist, mit allen Ängsten, Schwächen und Zweifeln, voller Wünsche, Hoffnungen und Egoismen. Und er will auf keinen Fall noch einmal ins Gefängnis. Er möchte leben, noch einmal neu anfangen, frei sein von den Irrtümern der Vergangenheit.

Die Akten des Bundesgerichtshofes geben ein Stück weit darüber Aufschluss, wie die unterschiedlichen Seiten versuchen, das Verfahren in ihrem Sinne zu instrumentalisieren. Zunächst meldet sich, einige Tage bevor Heinz vor Gericht erscheinen soll, Günther Nollau beim Oberbundesanwalt Dr. Wagner und merkt an, dass der Zeuge Lippmann sich wohl mit seiner Aussage sehr zurückhalten werde, unter anderem, weil er fürchte, sich selbst im Hinblick auf die ihm gegenüber erhobenen Vorwürfe zu belasten. Wagner entgegnet, dass das Verfahren gegen ihn zurzeit ruhe. Er stellt in Aussicht, eine mögliche Einstellung prüfen zu lassen, allerdings nur falls Lippmann weiterhin Reue zeige, auch indem er offen über die Tätigkeit der FDJ aussage.

Am 14. Mai 1955 sucht Heinz unmittelbar vor der Verhandlung persönlich den Oberbundesanwalt auf, der es allerdings ablehnt, mit ihm zu sprechen, und ihn auffordert, nach seiner Vernehmung wiederzukommen. In dem Gespräch, dass die beiden schließlich am Nachmittag führen, erklärt Heinz, in Kürze heiraten zu wollen, jedoch Bedenken wegen einer möglichen Strafverfolgung zu haben. Der Oberbundesanwalt entgegnet, dass man ihm eine gewisse wohlwollende Haltung zusichern könne, die Entscheidung aber letztlich dem Gericht zustehe, womit sich Heinz zufriedengeben muss.

Drei Wochen später erscheint der Verteidiger von Angenfort und Seiffert, der renommierte Rechtsanwalt Dr. Karl Friedrich Kaul, aus Ostberlin bei Wagner. Kaul ist einer der wenigen Strafverteidiger der DDR, die über die nötige Zulassung verfügen, um auch an bundesdeutschen Gerichten arbeiten zu können. Deshalb tritt er bei sämtlichen Staatsschutzverfahren gegen Kommunisten und ehemalige FDJ-Mitglieder in Erscheinung. Im Vier-Augen-Gespräch mit dem Oberbundesanwalt führt Kaul aus, es wäre ihm unverständlich, dass, wenn tatsächlich, wie vom Gericht unterstellt, eine Einheit zwischen der FDJ in Ost und West bestünde, Heinz Lippmann noch frei herumlaufe, denn dann seien die westdeutschen FDJ-Funktionäre nur ausführende Organe des Zentralrats gewesen, wobei sich Lippmann als dessen führender Funktionär doch erheblich strafbarer gemacht habe. Der Oberbundesanwalt lässt diese Darlegung wohlweislich unkommentiert.

Schon während des Prozesses gegen Angenfort und Seiffert hatte Kaul alles getan, um Heinz unglaubwürdig erscheinen zu lassen, und war dabei ausführlich auf die Delikte eingegangen, wegen derer er bereits verurteilt wurde, nicht ohne Andeutungen auf weitere Verbrechen zu machen. Zu guter Letzt und wahrscheinlich zum großen Entsetzen meines Großvaters las er Teile dessen nach seiner Flucht an Erich Honecker gerichteten Briefes vor, in dem er unter anderem schreibt, dass er sich nichts mehr wünsche, als, wenn irgend möglich, in die DDR zurückzukehren.

Am 4. Juni 1955 werden die Urteile gegen Seiffert und Angenfort verkündet. Wegen Vorbereitung zum Hochverrat erhalten sie Haftstrafen von vier Jahren Gefängnis beziehungsweise fünf Jahren Zuchthaus. Letztere ist die höchste in einem bundesdeutschen Verfahren gegen einen Kommunisten verhängte Haftstrafe. Die Urteilsbegründung stützt sich vor allem auf die Aussagen der Hauptzeugen – neben Heinz gehören dazu zwei weitere in den Westen geflohene ehemalige Mitarbeiter der FDJ-Westabteilung sowie ein V-Mann des Verfassungsschutzes. Sie alle bestätigten sowohl die organisatorische Einheit des Verbandes sowie die finanzielle Abhängigkeit des westlichen Zweigs von Ostberlin. Den Versuchen der Verteidigung, die Zeugen unglaubwürdig zu machen, folgen die Richter nicht:

Angeklagte und Verteidigung haben sich im wesentlichen darauf beschränkt, den Zeugen Fragen persönlicher Art zu stellen und Vorhaltungen zu nebensächlichen Punkten zu machen; den eigentlichen Kern ihrer Aussagen haben sie nicht angegriffen, obwohl sie dazu reichlich Gelegenheit hatten. Daraus schließt der Senat, dass die Angeklagten sich nicht in der Lage sahen, die wesentlichen Bekundungen der Zeugen zu erschüttern, wodurch ihr Bestreben, die

Zeugen als Beweismittel überhaupt auszuschalten, erklärt wird. Es hat sich auch kein Anhalt dafür gezeigt, dass die Zeugen die Angeklagten persönlich möglichst stark belasten wollten; bei Lippmann war sogar das Gegenteil deutlich erkennbar. Entscheidend bei der Bewertung ihrer Aussagen muss aber sein, dass diese in Einklang mit den übrigen Beweismitteln, insbesondere den Urkunden stehen. Aus ihnen ergibt sich z. B. die Einheit der FDJ unter der Leitung des Zentralrats schon so deutlich, dass insoweit auch ohne die Beurkundungen der Zeugen keine andere Feststellung hätte getroffen werden können.

In der Bundesrepublik werden ein Jahrzehnt nach dem Ende der nationalsozialistischen Diktatur jährlich mehrere hundert solcher politisch motivierter Urteile gefällt. Sie richten sich fast ausschließlich gegen Mitglieder der KPD, FDJ und anderer kommunistischer Organisationen, von denen einige bereits wegen ihres Widerstandes gegen die Nazis in Haft gesessen haben. Ihre Zahl ist im Schnitt zwanzig Mal höher als die der verurteilten NS-Verbrecher, von denen zudem viele mit deutlich milderen Strafen davonkommen.

Meinen Großvater hat die Rolle, die er in diesem und anderen Strafverfahren gespielt hat, noch lange belastet. Er fühlte sich schuldig, und es fiel ihm schwer, mit dem Stigma des Verräters zu leben. Sein eigenes Verfahren wegen Staatsgefährdung schwebte noch lange drohend über ihm. Vielleicht wurde eine Entscheidung bewusst verzögert, um ihn für Aussagen in weiteren Prozessen gefügig zu halten. Noch einige Male wird er als Zeuge vorgeladen. Zwar versucht er mehrfach, sich mittels vorgespiegelter Krankheiten oder Reisen zu drücken, doch letztlich ohne Erfolg. Erst 1957, nachdem er selbst noch einmal ausführlich in eigener Sache vernommen worden ist und Günther Nollau sich bei der Bundesanwaltschaft mehrfach für ihn eingesetzt hat, beschließt der Bundesgerichtshof die Einstellung der Ermittlungen, da «der Angeschuldigte nach der Tat sein mit ihr zusammenhängendes Wissen über staatsgefährdende Bestrebungen offenbart und dadurch dazu beigetragen hat, eine Gefahr für die verfassungsmäßige Ordnung abzuwenden».

Während Angenfort, Seiffert und einige andere seiner ehemaligen Genossen ihre Haftstrafen verbüßen, versucht Heinz in ein geregeltes bürgerliches Leben zurückzukehren. Am 20. Mai 1955 heiratet er – zum dritten Mal. Seine Angetraute heißt Sibylla, Heinz nennt sie Billie. Obwohl sie ihn 1954 als Geschäftsmann namens Heinz Berger kennengelernt hatte, hielt Billie über die Monate, die er im Gefängnis saß, zu ihm – trotz all der Enthüllungen, trotz seiner wahren Identität, die er ihr verschwiegen hatte, trotz der vielen Veröffentlichungen voller Klatsch, Tratsch und Häme, die auch sie nicht aussparten.

Gerne hätte ich sie gefragt, wie sie diese Zeit erlebt hat und weshalb sie damals trotz allem zu ihm stand, doch leider kam es nicht dazu. Zwar habe ich Sibylla ganz am Anfang meiner Recherchen in Köln, wo sie damals immer noch lebte, ausfindig gemacht. Doch als ich sie anrufe, ihr sage, wer ich bin und über wen ich mit ihr sprechen möchte, reagiert sie sehr zurückhaltend. Sie will nicht über meinen Großvater reden – zumindest nicht am Telefon, stimmt aber nach einigen Überredungsversuchen meiner Bitte zu, sie in Köln zu besuchen.

Als ich am verabredeten Tag bei ihr klingele, öffnet niemand. Ich versuche es ein paar Mal, warte, horche an der Tür. Alles bleibt still. Weil mir nichts Besseres einfällt, gehe ich spazieren und setze mich schließlich in eine Bäckerei mit angeschlossenem Café. Auf den Tischen liegen geblümte Decken. Es ist früher Nachmittag, und um mich herum sitzen nur alte Leute. Im Grunde könnte jede der hier versammelten älteren Damen Sibylla sein. Vielleicht ist sie hierher geflohen, um mich nicht treffen zu müssen, denke ich.

Nicht zum ersten Mal zweifele ich in dieser Situation an dem, was ich tue. Warum habe ich erst so spät begonnen, mich mit meinem Großvater zu beschäftigen, warum gerade jetzt, warum überhaupt? Habe ich eigentlich ein Recht, all die Dinge über ihn zu erfahren, die ich ausgegraben habe oder noch finden werde? Wenn ich mit den Menschen spreche, die meinen Großvater gekannt haben, dann ist es, als ob ich sein Leben durch die Hintertür beträte. Ich beobachte ihn, ohne dass er es weiß oder Einfluss darauf nehmen könnte. Ich habe mich auf die Suche begeben: Warum? Um zu wissen, wo ich herkomme? Um meinen Großvater zu verstehen, der sich nicht mehr selbst erklären kann, von dessen Leben ich nur Bruchstücke kenne, die nicht so recht zusammenpassen?

Und dann ist da noch die Frage, wie ich diesen Mann, der mein Großvater war, nennen soll in Gedanken und in Gesprächen mit denen, die ihn kannten? Heinz Lippmann? Heinz? Großvater? Opa? Nichts davon scheint zu passen, das eine wirkt zu fremd, das andere zu vertraut.

Obwohl ich ihn über die Jahre meiner Recherchen immer besser kennengelernt habe, ist da noch immer so etwas wie ein kleines Zögern, wann immer ich im Zusammenhang mit ihm die Worte «mein Großvater» denke, sage oder schreibe. Es fühlt sich ein wenig so an, als sei ich ein Hochstapler. Er hat sich selbst nie als Großvater erlebt, konnte von meiner Existenz nichts wissen, denn ich bin erst nach seinem Tod geboren. Andererseits fühle ich mich ihm schon in besonderer Weise verbunden, und seine Lebensgeschichte ist für mich mehr als irgendeine spannende Biographie.

Nachdem ich mich mehrere Stunden in der Nähe von Sibyllas Wohnung herumgedrückt, immer wieder geklingelt und vergeblich gewartet habe, bleibt mir nichts anderes übrig, als unverrichteter Dinge zum Bahnhof zu fahren und die Rückreise nach Berlin anzutreten. In den nächsten Tagen versuche ich mehrfach, sie telefonisch zu erreichen. Als es mir schließlich gelingt, sagt sie, sie wäre im Krankenhaus gewesen und es ginge ihr sehr schlecht. Ich wünsche gute Besserung und schicke ihr einen Strauß Blumen. In den nächsten Monaten melde ich mich regelmäßig, frage, ob ich meinen Besuch nachholen könne, doch sie lehnt jedes Mal ab, sagt, sie fühle sich nicht in der Lage, über meinen Großvater zu sprechen. Irgendwann gebe ich auf. Es bleibt mir nichts anderes übrig, als zu akzeptieren, dass Sibylla ihre Erinnerungen nicht mit mir teilen will oder kann. Ich muss mit dem Wenigen auskommen, das ich aus den Akten und Gesprächen mit anderen weiß.

Nach seiner Hochzeit beziehen Heinz, Billie und deren sechsjähriger Sohn eine Drei-Zimmer-Wohnung in der Dürener Straße in Köln. Zum ersten Mal seit Jahren führt Heinz so etwas wie ein Familienleben: Mutter, Vater, Kind. Sogar eine mögliche Adoption steht im Raum. Wie der Zufall es will, heißt der Junge ausgerechnet Peter – genau wie mein Vater, Heinz' leiblicher Sohn. Dachte er in dieser Zeit auch an ihn, den er seit Jahren nicht gesehen hatte, von dem er kaum noch etwas wusste und der für ihn nahezu unerreichbar in Ostberlin aufwuchs? Hoffte er auf ein Wiedersehen, oder hatte er endgültig mit diesem Teil seiner Vergangenheit abgeschlossen?

So hatte er sich sein neues Leben nicht vorgestellt. Er droht zu ersticken an dieser Eintönigkeit. Manchmal erwischt er sich bei dem Gedanken, dass er sich kaum weniger eingesperrt fühlt als in der Enge seiner Zelle – und das, wenige Wochen nachdem er entlassen worden ist und die neugewonnene Freiheit erleben konnte!

Jeden Morgen, jeden Tag dasselbe Einerlei: aufstehen, einen seiner Anzüge auswählen, die doch allesamt zu gut und teuer sind für das, was er jetzt tut, und in denen er sich noch stärker fehl am Platz fühlt, als es ohnehin schon der Fall ist. Dann die Koffer mit den Vorführgeräten und den Katalogen zum Auto schleppen und schließlich Stunde um Stunde die Adressen abklappern, die ihm sein Auftraggeber zur Verfügung gestellt hat. Wer hätte gedacht, dass er einmal für Siemens arbeiten würde – als Vertreter für Staubsauger und andere Haushaltsgeräte? Er jedenfalls nicht. Und es kommt ihm jeden Tag aufs Neue falsch vor. Es ist nicht die Arbeit an sich, die er scheut, nicht das Herumfahren, die Gespräche in viel zu kleinen Küchen und makellos aufgeräumten Wohnzimmern. Doch egal, ob er viel verkauft – was zugegebenermaßen selten vorkommt – oder wenig, nie verlässt ihn das Gefühl der vollkommenen Nutzlosigkeit seines Tuns. Nichts würde sich ändern in der Welt – lediglich die Wohnungen einiger Hausfrauen wären noch sauberer als zuvor, wovon ihre Ehemänner allerdings schon nach wenigen Tagen keine Notiz mehr nähmen. Heinz spürt, wie ihm sein Leben durch die Finger rinnt, und diese Erkenntnis erfüllt ihn von Tag zu Tag stärker mit Verzweiflung und Wut. Hat er dafür alles hingeschmissen und alle Brücken hinter sich abgebrochen, dass er jetzt Staubsauger verkauft? Staubsauger, die manche nicht benötigen, weil sie längst einen besitzen, und die meisten anderen, die einen bräuchten, sich nicht leisten können. Im Grunde wundert es ihn wenig, dass seine Verkaufsbilanz jämmerlich ist. Er lastet es dem Kapitalismus an, einem kranken, falschen System, das er jahrelang bekämpft hat und mit dem er sich auch jetzt nicht anfreunden kann, zumal er zum ersten Mal in seinem Leben zu spüren bekommt, was es bedeutet, Geldsorgen zu haben, nicht zu wissen, wie er im nächsten Monat die Miete zahlen würde und ob er das Auto, das er doch für seine Tätigkeit braucht, noch würde halten können.

In der Hoffnung auf einen Ausweg aus der Enge seines neuen bürgerlichen Lebens wendet sich Heinz einmal mehr der Politik zu. Er nimmt Kontakt zu mehreren Verlagen auf und schlägt Projekte vor, in die er sein über die Jahre erworbenes Wissen über das politische System und die gesellschaftliche Realität der DDR publizistisch einzubringen gedenkt. Der Kölner Verlag Kiepenheuer und Witsch zeigt sich interessiert. Man trifft sich zu Gesprächen und ist sich schnell einig, dass ein autobiographisch gefärbtes Werk das größte Potenzial bietet. Ein Vertrag wird geschlossen und ein Vorschuss gezahlt, doch Heinz wird das Buch nie fertigstellen. Es bleibt einer von mehreren gescheiterten Versuchen, sich rückblickend mit seinem schwierigen Lebensweg auseinanderzusetzen.

Bei einem seiner Besuche im Verlagshaus lernt er Wolfgang Leonhard kennen. Der hat mit *Die Revolution entlässt ihre Kinder* gerade ein solches Erinnerungsbuch veröffentlicht und wird Heinz in den nächsten Jahren immer wieder dazu ermutigen, auch die eigene Lebensgeschichte aufzuschreiben. In Leonhards Wohnung treffen sich einmal im Monat einige Freunde, die vieles von dem teilen, was auch mein Großvater erlebt hat. Sie alle waren einmal überzeugte Kommunisten, die sich für ihre Ideale aktiv einsetzten und einen Punkt erreicht hatten, an dem die Zweifel an dem, was sie taten und woran sie glaubten, so stark wurden, dass sie sich abwendeten. Trotzdem – und auch dass eint sie – hoffen sie weiter auf Veränderungen – im Osten wie im Westen. Weder im erstarrten Stalinismus auf der einen noch im Kapitalismus auf der anderen Seite sehen sie ihre politischen Ziele erfüllt. Ihren kleinen Gesprächskreis, in dem sie all das diskutieren, nennen sie scherzhaft das «Politbüro».

Ilse Spittmann, die Teil dieses kleinen Kreises ist, erzählt mir, dass sie nicht begeistert sind, als Wolfgang Leonhard Heinz mit zu den Treffen bringt. Mit den Artikeln über den «Kassenräuber» und «roten Lebemann» im Kopf betrachten sie ihn zunächst skeptisch, halten ihn für einen Gauner oder gar einen Stasiagenten. Doch das ändert sich schnell, und aus den neuen Bekannten werden Freunde fürs Leben. Was ihren Kreis zusammenhält, beschreibt Spittmann:

> *Uns einte die Überzeugung, dass es einen dritten Weg geben muss zwischen Ost und West, dass weder der Osten noch der Westen für uns ein Ideal war. Wir wollten also einen dritten Weg, einen unabhängigen Sozialismus, unabhängig von Ost und West.*

Ilse Spittmann und mein Großvater waren sich schon einmal Mitte der 1940er Jahre während einer Schulung für FDJ-Funktionäre begegnet, an der sie als Wilmersdorfer und er als Weimarer FDJ-Sekretär teilnahmen. Damals schlich Heinz sich am Abend mehrfach verbotenerweise in den Mädchenschlafsaal und unterhielt dort gemeinsam mit Margot Feist, der späteren Margot Honecker, die Anwesenden mit irgendwelchen wilden Geschichten aus dem kommunistischen Untergrund. Im Jahr 1949 floh Ilse, die inzwischen für ein vom ZK der SED herausgegebenes Informationsblatt arbeitete, zunächst nach Jugoslawien und kam zwei Jahre später in die Bundesrepublik. Dort fing sie 1956 als Redakteurin beim *SBZ-Archiv* an, einer Zeitschrift, die sich vorwiegend mit der Situation in der sowjetischen Besatzungszone beschäftigte und für die auch Heinz in den nächsten Jahren regelmäßig Artikel beisteuern sollte.

Bei unserem Gespräch in Spittmanns Kölner Wohnung wird viel gelacht. Es geht um Heinz' Frauengeschichten, seine Eskapaden, von denen einige rückblickend durchaus komisch wirken. Sie beschreibt meinen Großvater als einen herzlichen Menschen, einen guten Freund, der sich einerseits um seine Freunde gekümmert und sich für sie eingesetzt hat, der aber auch chaotisch und unzuverlässig sein konnte. Sie erinnert sich an seine Leidenschaft für Krimis, die auch sie teilte, weshalb sie sich manchmal zum gemeinschaftlichen Fernsehen trafen. Ich weiß noch, wie sehr mich dieses kleine Detail erfreute, zum einen wegen meiner eigenen Vorliebe für Krimis und zum anderen, weil solche persönlichen Begebenheiten, also Dinge, die nichts mit den großen Lebensentscheidungen, der Politik oder der Weltgeschichte zu tun haben, mir ganz besonders wertvoll erscheinen, vielleicht weil sie so selten Erwähnung finden oder auch weil ich hoffe, durch sie den Menschen kennenzulernen, der mein Großvater jenseits aller Rollen und Zwänge war. Ilse Spittmann erzählt, dass Heinz noch lange Zeit mit seiner Flucht aus der DDR haderte.

> *Es gab Augenblicke, da hat er sie sehr bereut und hat gedacht: Wäre ich mal dageblieben, dann wäre ich vielleicht ins Gefängnis gewandert, aber wäre auch wieder rausgekommen, und dann hätte ich doch dort etwas bewirken können, und dann kam wieder die Vernunft und sagte: «Gar nichts hättest du bewirken können, und Gott weiß, ob du das Gefängnis überlebt hättest, und von hier kannst du viel mehr tun.» Er war da sehr zerrissen.*

Während all der Jahre, die er in der Bundesrepublik lebte – sehr viel mehr als die in der DDR verbrachten –, ist er seinen Überzeugungen treu geblieben. Er hielt, erzählt Ilse Spittmann, am längsten in ihrem kleinen Kreis an dem Glauben fest, dass die DDR im Prinzip gut sei und nur schlecht geführt würde – von Männern, die eine an sich richtige Idee zur Mehrung ihrer eigenen Macht missbrauchten. In der aufgeladenen Atmosphäre dieser Zeit, in der die DDR und Kontakte zu ihr als gefährlich galten, machte ihm eine solche Auffassung das Leben nicht einfacher. Er war und blieb ein Fremdkörper in seiner neuen Heimat:

Er war so ein Wanderer zwischen den Welten. Er war nirgends richtig zu Hause, im Osten nicht mehr, nicht nur weil er von dort weggelaufen war, sondern auch weil er wusste, dass die Zweifel und Probleme, die ihn dazu getrieben hatten, fortbestanden. Und im Westen ist er eigentlich nie richtig angekommen. Brecht hat mal gesagt: «Ich bin nicht gern, wo ich herkomme. Ich bin nicht gern, wo ich hinfahre.» Und das genau trifft auf ihn zu. Er hat sich nie so richtig heimisch gefühlt im Westen, und im Osten hat er sich nicht mehr heimisch gefühlt. Da waren ihm auch die Wege verbaut. Und seine Kritik und Abneigung gegen das stalinistische System – die waren vollkommen ehrlich. Aber er hatte noch die große Hoffnung, dass das System wandlungsfähig, dass es reformfähig ist und dass da irgendwann mal ein Wandel eintreten kann.

Eine weitere Freundschaft, die sich aus dem kleinen Gesprächskreis in Wolfgang Leonhards Wohnung entwickelt, ist die zu Hermann Weber, den Heinz ebenfalls aus früheren Zeiten kennt. Doch als sie sich nach seiner Flucht wiederbegegnen, hat sich einiges verändert:

Er hat sich bei mir als Erstes entschuldigt, das war das Allererste, was er gemacht hat, dass er mich abgesetzt hat seinerzeit auf Befehl Honeckers. Und ich habe ihm dann gestanden, dass mir das damals gar nichts ausgemacht hatte, dass ich eigentlich ganz froh war, denn da erfüllten mich schon einige große Zweifel. Darüber war er überrascht, denn davon hatte ich ihm zuvor nichts sagen können. Und so haben wir uns dann ein bisschen aneinander herangetastet.

Ich treffe Hermann Weber am Rande einer Konferenz, an der er als Professor für DDR-Geschichte teilnimmt. Zu diesem Zeitpunkt stehe ich ganz am Anfang meiner Recherchen und spreche zum ersten Mal mit jemandem, der meinen Großvater gekannt hat, von meinem Vater einmal abgesehen, der sich leider nicht an ihn erinnern kann. Ich weiß nicht, ob es daran liegt, wie warm und herzlich Hermann Weber in diesem ersten Gespräch von Heinz erzählt, an der Selbstverständlichkeit, mit der er von ihm als meinem Großvater spricht, oder an der Tatsache, dass ich ihn zum ersten Mal durch die Augen eines anderen wahrnehme – jedenfalls habe ich das Gefühl, dass aus einer Ansammlung von Fakten plötzlich ein realer Mensch wird. Am Ende unseres Treffens überreicht mir Weber ein Geschenk. Es ist ein kleiner Hampelmann in Form eines Teufelchens mit Kochmütze auf dem Kopf und einem Holzlöffel in der Hand. Er hing jahrelang in der Küche meines Großvaters, der, wie Weber mir erzählt, gerne gekocht hat, wenn auch wenig abwechslungsreich. Fast immer gab es bei ihm Hackbraten, «Falscher Hase». In Restaurants, erinnert sich Hermann Weber, hätte Heinz dagegen fast ausschließlich Eisbein bestellt, wahrscheinlich weil er während seiner KZ-Haft jahrelang Hunger leiden musste. Das scheint naheliegend. Schließlich lässt sich kaum ein nahrhafteres Essen vorstellen als die von dicken Fettschichten umgebene Haxe. Aber vielleicht hat es ihm auch einfach nur geschmeckt – schon immer und ohne Hintergedanken.

Zum Jahreswechsel 1955/1956 veranstalten Heinz und Billie eine kleine Feier in ihrer Kölner Wohnung. Unter den Gästen sind auch Wolfgang Leonhard, Ilse Spittmann, Hermann Weber und seine Frau Gerda. Ilse Spittmann erinnert sich, dass an diesem Abend sehr viel getrunken wurde und bald alle nur noch in der Vergangenheit schwelgten. Als es dann auf Mitternacht zuging, stellten sich einige ans geöffnete Fenster und grölten kommunistische Kampflieder auf die Straße hinab. Sie schienen sich gegenseitig an Lautstärke und Inbrunst überbieten zu wollen, bis Heinz ins Zimmer stürmte und wütend das Fenster schloss. Obwohl auch er schon einiges getrunken hatte, wirkte er plötzlich nüchtern. Er warf den Freunden vor, sie wären unvorsichtig. Auch wenn sich in dieser Silvesternacht wohl kaum jemand für ein paar wehmütige Kommunisten interessierte, wollte mein Großvater, für den das Jahr zuvor noch hinter Gittern begonnen hatte und der jederzeit mit weiteren Verfahren rechnen musste, offensichtlich keinerlei Risiko eingehen.

Das Jahr 1956 beginnt für Heinz durchwachsen. Die sich mit dem XX. Parteitag der KPdSU und der Geheimrede Chruschtschows ankündigende Entstalinisierung in der Sowjetunion macht ihm Hoffnung darauf, dass ein Sozialismus möglich ist, der sich nicht auf die Verfolgung wirklicher oder eingebildeter Feinde stützt, der, statt von einer handverlesenen Parteispitze gelenkt, von einer breiten Basis getragen wird, und zwar nicht nur in Moskau, wo dieser Prozess gerade zaghaft seinen Anfang nimmt, sondern auch in Ostberlin, seiner politischen Heimat. Insofern verbindet sich für ihn mit der allgemeinen Hoffnung auf die Reformierbarkeit des Sozialismus auch eine sehr persönliche, nämlich die, in sein altes Leben zurückkehren zu können und an seiner Idee eines anderen Deutschlands weiterzuarbeiten.

Um sich klarzumachen, wie illusorisch eine solche Vorstellung zu diesem Zeitpunkt ist, muss er nur die Zeitung aufschlagen. Dort sorgt im Februar 1956 die Entführung Robert Bialeks von West- nach Ostberlin für Aufsehen. Bialek ist politischer Flüchtling wie er. Sie kennen sich aus den Anfangsjahren der FDJ, als Bialek an der Spitze des sächsischen Landesverbandes stand. Schon damals eckte er an mit seiner Art, offen seine Meinung zu sagen, statt Anweisungen von oben einfach unhinterfragt auszuführen. Und auch als Bialek zur Volkspolizei und später auf verschiedene kleinere Posten versetzt wurde, auf denen er sich bewähren sollte, änderte sich daran nichts. Schließlich blieb ihm als einziger Ausweg nur die Flucht. Im August 1953, also ungefähr vier Wochen bevor sich auch Heinz zu diesem Schritt entschloss, floh er nach Westberlin. Dort angekommen, zog er sich nicht etwa in ein unpolitisches Leben zurück, sondern setzte alles daran, den Stalinismus zu bekämpfen und mögliche oppositionelle Strömungen in der DDR zu fördern. So geriet Bialek mitten in die Propagandaschlacht des Kalten Krieges und fand sich mit einem Mal ganz oben auf der Liste der Personen, die die Staatssicherheit dringend auszuschalten wünschte.

Am Abend des 4. Februars 1956 wurde Robert Bialek von zwei MfS-Agenten, die sich in den Monaten zuvor in sein Leben geschlichen hatten, betäubt und nach Ostberlin entführt. Wahrscheinlich kam er schon kurz darauf ums Leben, die genauen Umstände seines Todes sind bis heute nicht geklärt. Diese Geschehnisse, die damals ein großes Presseecho finden, dürften auch die Ängste meines Großvaters befeuert haben. Deshalb begibt er sich Ende Februar mit sehr gemischten Gefühlen auf die Reise nach Berlin. Es ist der erste Besuch in seiner Heimatstadt seit seiner Flucht zweieinhalb Jahre zuvor.

Schon im Flugzeug ist Heinz nervös, und unterwegs in den Straßen Westberlins, fühlt er sich abwechselnd eingesperrt, beobachtet und verfolgt – wie eine Laborratte in einem Labyrinth, dessen einziger Ausgang nur zurück in ihren Käfig führt. Dann wieder kommt es ihm vor, als wäre alles wie immer, als sei er gar nicht fort gewesen und müsse sich nur in die nächste S-Bahn setzen, um zurückzukehren in sein altes Leben. Das etwas so einfach erscheint und doch gleichzeitig völlig unmöglich ist, kann er nur schwer ertragen. Erst als er sein Zimmer im Charlottenburger Hotel Astoria bezogen und die Tür hinter sich verschlossen hat, wird er allmählich ruhiger. Er setzt sich an den kleinen Schreibtisch neben dem Fenster und beginnt zu schreiben. Bis weit nach Mitternacht sitzt er dort, den Blick abwechselnd auf die dunkle Straße und das Papier vor ihm gerichtet. Anfangs kommen die Worte nur spärlich, doch dann, als sei eine kritische Masse erreicht, fangen sie an zu sprudeln. Heinz schreibt und schreibt und findet kein Ende. Nachdem er zehn Seiten gefüllt, noch einmal bis ins kleinste Detail die Gründe für seine Flucht und den Diebstahl des Geldes erläutert hat, lässt er den Stift erschöpft fallen. Er faltet die Blätter und stopft sie in ein Kuvert, das sich nur mit einiger Anstrengung verschließen lässt. Auf die Vorderseite schreibt er den Namen seines alten Freundes Kurt Goldstein. Die Adresse weiß er, ohne nachzudenken – als sei er gestern erst bei ihm gewesen. All seine Hoffnung ruht auf diesem Brief, darauf, dass der Freund kommen, ihn anhören und ihm vielleicht einen Ausweg aus seiner unerträglich erscheinenden Situation zeigen würde.

Die paar Stunden Schlaf, die ihm noch bleiben, sind von wirren Träumen erfüllt. Er ist zurück in seinem Büro im Zentralrat. Alles wirkt unverändert, als sei er noch immer der Zweite Sekretär. Auf dem Schreibtisch stapeln sich Aktenordner und Papiere. Seine persönlichen Sachen, Füller, Ersatzbrille und das Foto von Inge – nichts scheint zu fehlen. Während Heinz sich umschaut, unsicher, ob er sich setzen und einfach mit der Arbeit beginnen soll, klingelt das Telefon, und plötzlich ist er von einer lähmenden Angst erfüllt. Er traut sich nicht, den Hörer abzuheben, befürchtet aber gleichzeitig, wenn er es nicht täte, würde man ihn hier finden und mit Sicherheit verhaften. So steht er paralysiert da, die Panik wächst, während das Telefon klingelt und klingelt … Als er die Augen aufschlägt, hört er das Klingeln noch immer. Der Wecker neben seinem Bett zeigt halb acht. Mit zitternden Händen schaltet er ihn aus.

Während der nächsten Tage ist Heinz von früh bis spät in der Stadt unterwegs. Er besucht verschiedene Kaufhäuser und führt Gespräche über die Möglichkeit, dort einen der wenigen Kaffeeautomaten aufzustellen, die ihm noch von seinem Reichtum geblieben sind. Mehrmals trifft er seine Mutter, die sehr unter der räumlichen Trennung leidet. Zwar kann Charlotte Lewinsohn die DDR jederzeit verlassen, aber Reisen nach Köln sind schon aus finanziellen Gründen kaum möglich. Auch die schwierige Situation, in der sich ihr Sohn befindet, macht ihr zu schaffen. Sie fürchtet, er müsse wieder ins Gefängnis oder, schlimmer noch, falle den ostdeutschen Behörden in die Hände.

Die Abende verbringt Heinz im Hotel. Er wartet auf Kurt Goldstein – allerdings vergeblich. Als er sich eingestehen muss, dass der Freund nicht kommen wird, schreibt er einen zweiten Brief. Dessen Adressat, Heinz-Wolfram Mascher, ist ein alter Bekannter. Einst arbeiteten sie zusammen im Zentralrat der FDJ, dem Mascher als CDU-Mitglied angehörte. Anfang der 1950er Jahre nutzte er seine Stellung als Volkskammerabgeordneter, um Übergriffe auf Mitglieder der Jungen Gemeinden der evangelischen Kirchen in der DDR zu verhindern und Pfarrerskindern ein Studium zu ermöglichen. Heinz und ihn verbindet keine enge Freundschaft, doch kennt er den Kollegen als einen kritischen Zeitgenossen, der sich nicht gerne disziplinieren lässt. Und genau deshalb wendet er sich an ihn, in der Hoffnung, seine Unabhängigkeit gehe so weit, dass er sich bereit fände, einen öffentlich Verurteilten wie ihn zu treffen.

Beide Briefe – der an Goldstein wie der an Mascher – finden sich in Heinz' Stasiakte. Wie genau sie dorthin gelangt sind, lässt sich nicht ermitteln. Den Unterlagen lässt sich lediglich entnehmen, dass die Abteilung Leitende Organe des ZK der SED das MfS von der Existenz der Briefe in Kenntnis gesetzt hat. Es ist anzunehmen, dass ihre Empfänger sie in irgendeiner Weise abgeliefert haben, auch wenn nicht klar ist, an wen und warum. Ich kann nur spekulieren: Die Abteilung Leitende Organe war auch zuständig für die Übersiedlung von Parteimitgliedern von West- nach Ostdeutschland. Hatte Kurt Goldstein sich in der Hoffnung dorthin gewandt, eine Möglichkeit zu finden, Heinz zurückzuholen? In einem unserer Gespräche erzählt er mir, dass er das versucht hätte. Allerdings sagte er nichts von dem Brief, und da ich damals die Akte noch nicht kannte, konnte ich ihn nicht danach fragen.

In den Akten ist noch vermerkt, dass nach Rücksprache mit dem Minister und den sowjetischen Freunden Mascher «in dieser Angelegenheit nach Westberlin geschickt» wurde. Zu dem, was man Kurt Goldstein gesagt oder nicht gesagt hat, steht dort nichts.

Am 29. Februar 1956 besucht Heinz-Wolfram Mascher meinen Großvater in seinem Charlottenburger Hotel und erstattet im Anschluss bei der Staatssicherheit detailliert Bericht.

Um 19.30 Uhr erreichte ich das A. Hotel, fragte nach L., der dort auf seinen Namen gemeldet ist und in Zimmer 12 im 3. Stock, Doppelzimmer wohnt.
Ich wurde telefonisch verbunden, spürte, dass L. sehr erregt war. Er fragte mich, ob wir uns in seinem Zimmer unterhalten wollen oder in ein Restaurant gehen wollen, oder unten im Hotel sitzen wollen. Ich sagte ihm, dass ich auf sein Zimmer käme. Ausser dem Portier und einer älteren Dame war niemand im Vorraum des Hotels. L. empfing mich auf seinem Flur stark aufgeregt, und schloss sofort die Zimmertür hinter mir ab. L. war sehr nervös, was zirka eine ½ Stunde dauerte. Er fragte mich, ob ich begreifen könne, was es für ihn bedeuten würde, nach 2 Jahren wieder einen seiner politischen

Freunde zu sprechen. Unvermittelt fragte er, wie viel Mann hast du denn noch mitgebracht. Ich antwortete, genau so viel wie bei Dir im Schrank und unter dem Bett liegen. Er fragte im Gespräch, ob ich die Staatssicherheit informiert hätte. Ich antwortete: Du kennst ja meine Disziplinlosigkeit. Er bestellte telefonisch Abendbrot, Kaffee und Zitrone. Nach einer ¼ Stunde klopfte die Serviererin, worauf er eine Pistole zog, entsicherte und zur Tür ging. Ich beruhigte ihn und sagte, das ist doch sicherlich das Abendbrot.
Erst auf die Frage, wer da sei, öffnete er die Tür.

Im Laufe des Abends erzählt mein Großvater Heinz-Wolfram Mascher praktisch sein ganzes Leben und schildert ein weiteres Mal ausführlich die Gründe seiner Flucht. Am Ende fügt er hinzu, dass, wenn die Auswirkungen des XX. Parteitags auch in der DDR spürbar würden, er gerne dorthin zurückkehren würde. Er sei sogar bereit, eine Gefängnisstrafe wegen des gestohlenen Geldes auf sich zu nehmen. Einen Teil könne er zurückzahlen, indem er seine Wohnungseinrichtung verkaufe. Auch seine Frau wäre bereit, mit ihm in die DDR zu kommen. Als Mascher fragt, ob er ihm irgendwie unter die Arme greifen könne, warnt Heinz, dass es ihm vielleicht schaden würde, wenn er mit anderen über ihr Treffen spricht, er jedoch tun und lassen könne, was er für richtig halte. Dann sagt er: «Wie kann man mir nur helfen, ich bin ein heimatloser Sozialist, ich kann so nicht weiterleben.»

Die Waffe, die Heinz bei sich hat, ist eine Gaspistole, für die man keinen Waffenschein braucht. Den hätte er, da er vorbestraft ist, auch gar nicht bekommen. Dass er während des Treffens mit Mascher so offen mit der Pistole hantiert, zeigt, wie groß seine Angst gewesen sein muss, einer Entführung zum Opfer zu fallen. Auch bei allen zukünftigen Berlin-Reisen wird er sie bei sich tragen. Vielleicht war es ihm wichtig, dass Mascher die Waffe sieht, um über ihn dem MfS zu signalisieren, dass man seiner nicht so einfach habhaft würde, denn aus dem Gespräch ist ersichtlich, dass er durchaus mit der Möglichkeit rechnete, dass Mascher im Auftrag der Stasi zu ihm gekommen war.

Am nächsten Morgen fliegt Heinz zurück nach Köln. Die Staatssicherheit ordnet Postüberwachung für einige ihm nahestehende Personen an, darunter meine Großmutter, Heinz' zweite Ehefrau Inge Buchmann sowie seine Mutter Charlotte.

In Absprache mit dem ZK der SED wird Mascher zu Heinz nach Köln geschickt, um ihn zur Rückkehr zu drängen. Er soll ihm seine Ängste nehmen und ihm versichern, dass seine Angelegenheit nach der Übersiedlung in gerechter Weise überprüft würde.

In einer mit diesem Operativplan zusammen abgehefteten Charakterisierung Maschers heißt es, er sei für diese Aufgabe bestens geeignet, da er ein alter Freund von Heinz sei und der ihm vertraue. Hinzu käme, dass Mascher selbst von dessen Unschuld überzeugt sei und deshalb ein persönliches Interesse daran zeige, ihm die gewünschte Rückkehr zu ermöglichen. Am 13. März 1956 besucht Heinz-Wolfram Mascher meinen Großvater in Köln. Für Billie bringt er einen Blumenstrauß und für den kleinen Peter eine Tüte Bonbons mit. Heinz bekommt eine Broschüre der sowjetischen Botschaft in Köln mit den Beschlüssen des XX. Parteitags der KPdSU. In seinem Bericht an die Staatssicherheit beschreibt Mascher detailliert die Wohnung, in der die Lippmanns leben: Drei Zimmer mit Küche und Bad, ein Schlafzimmer und ein Wohnzimmer mit Radio, Bücherschrank und Fernsehgerät. Das dritte Zimmer hätten sie untervermietet, um die hohe Miete tragen zu können. Sogar eine kleine Grundrissskizze fertigt Mascher an.

Als das Gespräch auf Heinz' mögliche Rückkehr kommt, versichert Mascher ihm, dass er in Ostberlin eine Arbeit bekäme, die seinen Fähigkeiten und Interessen entspräche, eine Bestrafung dagegen unwahrscheinlich sei. Doch so leicht lässt sich Heinz nicht überzeugen. Er äußert die Befürchtung, dass man nur ein großes Spiel mit Mascher spiele, dessen Ziel es sei, ihn zurückzuholen – eine Vermutung, mit der er der Realität wohl ziemlich nahekommt. Auch wenn er es ehrlich mit ihm meine, könne er längst nicht sicher sein, dass auch die SED dies tue. Schließlich habe man ihn zu sechs Jahren Zuchthaus verurteilt, und es bestehe noch immer ein Haftbefehl gegen ihn. Es könnten zudem neue, erfundene Vorwürfe angeführt oder gar ein falsches Geständnis vorgelegt werden. Andererseits fühle er sich im Westen sehr unwohl, er leide darunter, als Vertreter für Siemens Waschmaschinen, Staubsauger und Kühlschränke verkaufen zu müssen und so ein Gesellschaftssystem zu stützen, dass er ablehne. Obwohl er aus der SED ausgeschlossen wurde, sähe er sich noch immer als Kommunist, so Heinz. Er wolle auch keine besondere Unterstützung für einen Neuanfang in der DDR, er würde schon selbst zurechtkommen. Er brauche aber einen sicheren Beleg dafür, dass man ihn nicht sofort auf Jahre einsperren oder einfach verschwinden lassen würde. Er schlägt eine schriftliche Erklärung des offiziell für Gnadengesuche zuständigen Staatspräsidenten Wilhelm Pieck vor. Die würde er dann als Absicherung bei einem Anwalt in Westdeutschland hinterlegen, denn das Wort eines so hohen Staatsmannes könne man nicht so einfach brechen.

Da Mascher ein solches Papier nicht besorgen kann, lösen sich die Rückkehrpläne bald in Luft auf. Ich hatte beim Lesen der verschiedenen Berichte das Gefühl, dass mein Großvater von Köln aus einen weitaus bodenständigeren Blick auf dieses Vorhaben hatte als während seines Aufenthalts in Berlin, wo offenbar seine Emotionen Achterbahn fuhren. Hinzu kommt, dass er bei allem Unbehagen langsam anfängt, im Westen Fuß zu fassen, und zwar in Bereichen, die eher seinen Interessen entsprechen als das Vertreter-Dasein. Deshalb trifft es ihn nicht ganz so hart, als man ihn bei Siemens wegen des gegen ihn anhängigen Staatsgefährdungsverfahrens entlässt.

Gemeinsam mit den neuen Freunden aus ihrem kleinen Kölner «Politbüro» hat er schon des Öfteren darüber phantasiert, was sie tun könnten, um nicht länger nur als Zaungäste den Veränderungen innerhalb des kommunistischen Systems zuzuschauen, sondern selbst politisch mitzumischen. Hermann Weber erinnert sich:

Da kam eben seine Natur wieder zum Zuge, er war ein ewiger Aktivist. Egal wie oder was, und jetzt wollte er eben, dass wir versuchen, entweder eine Zeitung zu machen oder Bücher zu schreiben, um das, was wir bereits erkannt hatten, nämlich dass das politische System der DDR etliche schwerer Fehler aufwies, welche dringender Reformen bedürften, auch einer breiteren Bevölkerung und vor allem den Kommunisten selber klarzumachen. Bloß das war am Anfang natürlich völlig utopisch. Wir waren ja alle arm wie die Kirchenmäuse, und wo sollte denn das Geld herkommen?

Vielleicht wirkt Heinz' Aktionismus ansteckend, jedenfalls sind sich Wolfgang Leonhard, Herrmann Weber und mein Großvater bald einig, als erstes gemeinsames Projekt die Geheimrede Chruschtschows drucken zu lassen und an SED-Funktionäre zu verschicken. So hoffen sie, die Diskussion über die stalinistischen Verbrechen, von denen Chruschtschow berichtet, in die DDR zu tragen, wo der Text bisher nicht zugänglich ist. Unterstützung finden sie beim Ostbüro der SPD, zu dessen Tätigkeitsbereich neben der Flüchtlingshilfe auch der Kontakt zu Sozialdemokraten und anderen Oppositionellen in der DDR sowie der Transport von Flugblättern und Propagandamaterial auf geheimen Wegen von West nach Ost gehören.

Im Juni 1956 ist es so weit. Eine zweiseitige Informationsschrift mit dem Titel *Der neue Kurs*, dem die Geheimrede Chruschtschows beiliegt, ist fertiggestellt und kann verschickt werden.

Doch auch wenn diese Ausflüge in Politik und Publizistik ihm eine gewisse Befriedigung verschaffen, stürzt Heinz in dieser Zeit immer wieder in Phasen tiefer Depressionen. Hermann Weber erinnert sich:

Heinz war eigentlich ein fröhlicher Mensch. In den fünfziger Jahren ist das kaum zum Ausdruck gekommen. Er hat mehrfach versucht, sich das Leben zu nehmen. Er war verzweifelt, wenn er zurückschaute auf das, was er getan hatte, und über das wenige, was ihm zu tun blieb, wenn er an seine Zukunft dachte.

Tatsächlich sind Heinz viele Wege verbaut. Insbesondere der Diebstahl des Geldes, sein zweifelhafter Ruf in der Presse und die Gerichtsurteile gegen ihn machen es ihm unmöglich, sich offen politisch zu engagieren oder unter seinem Namen zu publizieren. Er versucht, diese Hemmnisse so gut es geht zu umschiffen, und manchmal gelingt es ihm auch. So schreibt er an einen Freund:

Ich habe mich im Rahmen der Möglichkeiten, die für mich gegeben sind, eingeschaltet und arbeite bei den Falken und Jungsozialisten mit. Allerdings in einer Form, wo ich sie nicht kompromittieren kann. Das ist aber viel Arbeit und erinnert mich wohltuend an lange vergangene Zeiten.

9   FALSCHE FREUNDE

Als Heinz die Wohnungstür öffnet, kann er zunächst nicht glauben, wer da vor ihm steht. Billie hatte von einem alten Freund gesprochen, der nach ihm gefragt hätte, konnte sich aber partout nicht mehr an dessen Namen erinnern. Auch mit ihrer Beschreibung des Mannes hatte er nicht viel anfangen können. Der steht ihm nun gegenüber und lächelt unsicher. Keiner von beiden weiß so recht etwas zu sagen. So viel Zeit ist vergangen, seit sie sich das letzte Mal gesehen haben. Und doch fühlt sich Heinz durch das unerwartete Wiedersehen zurückversetzt in eine Vergangenheit, die ihm gleichzeitig weiter und näher vorkommt als die fünf Jahre, die ihr gemeinsames Wirken im FDJ-Zentralrat tatsächlich her ist.

Peter Heilmann streckt ihm die Hand entgegen. Heinz ergreift sie, zögernd zunächst, dann fester, schließlich umarmt er den ehemaligen Genossen und bittet ihn herein. Sie setzen sich in die Küche. Obwohl es erst früher Nachmittag ist, holt Heinz eine Flasche Schnaps aus dem Kühlschrank und schenkt jedem ein Glas ein. Sie stoßen an, trinken. Dann reden sie. Peter Heilmann erzählt von seiner Verhaftung, den Verhören voller falscher Anschuldigungen, denen er nichts entgegensetzen konnte als die Wahrheit. Niemand interessierte sich dafür, was er zu sagen hatte, solange es nicht dem entsprach, was man von ihm hören wollte. Dann endlich der Prozess. Das Urteil lautete: fünf Jahre Zuchthaus wegen Spionage. Was auch sonst? Fünf Jahre! Das sind sechzig Monate oder zweihundertsechzig Wochen, fast zweitausend Tage, von denen er jede einzelne Stunde gezählt habe. Immer wieder stockt Heilmann, seine Stimme wird brüchig, und er verstummt manchmal mitten im Satz. Dann gießt Heinz ihm schnell noch einen

Schnaps ein und einen für sich selbst. Während er den Schilderungen seines Freundes folgt, versucht er seiner eigenen Gedanken und Gefühle Herr zu werden. Wie leicht hätte ihm dasselbe Schicksal blühen können? Wäre es besser gewesen, all das auf sich zu nehmen? Die Verhöre, die Haft, die Angst, die Einsamkeit? Schließlich ist Peter Heilmann nun wieder ein freier Mann – und im Gegensatz zu ihm frei auch zu wählen, in welchem Teil Deutschlands er leben möchte.

Gleichzeitig quält Heinz sein schlechtes Gewissen, weil er damals, als Heilmann plötzlich verschwand, wie alle anderen einfach weitergemacht hatte, als wäre nichts gewesen, obwohl er doch ahnte, dass nicht richtig sein konnte, was da passierte. Auch deshalb fühlt er sich geradezu genötigt, Heilmanns Bericht seine eigene Lebensbeichte entgegenzusetzen. Als könnten seine Ängste und das von ihm durchlebte Leid ihn reinwaschen von seinen Verfehlungen. Als schließlich alles gesagt ist, sitzen sich die beiden Männer einige Minuten schweigend gegenüber. Obwohl kaum noch Licht durchs Fenster dringt und es fast stockdunkel ist in der kleinen Küche, schaltet Heinz die Lampe nicht ein. Stattdessen verteilt er den letzten Schnaps auf ihre Gläser. Auf unsere Freundschaft, sagt Heinz. Sie stoßen an.

In den nächsten Monaten entsteht ein reger Briefwechsel über Privates und Politisches, ab und an besuchen sie einander. Mein Großvater scheint froh zu sein, durch die Verbindung mit Heilmann einen Faden wiederaufgenommen zu haben, der ihn mit seinem alten Leben verbindet, der aber auch durch die neue kritische Haltung gegenüber der DDR, die beide inzwischen eint, weitergesponnen wird. Es ist ihm offenbar wichtig, sich mit jemandem austauschen zu können, der Ähnliches erlebt hat wir er. In einem der vielen Briefe an Peter Heilmann schreibt er von seiner Begeisterung für die neugewonnene Freiheit, alles lesen zu können, was an wissenschaftlichen Werken über den Sozialismus existiert und wovon ihnen in der DDR ein großer Teil – warum auch immer – vorenthalten wurde. Nun, da er sich umfassend orientieren könne, durchschaue er vieles besser:

*Und wenn ich auch durchaus nicht zu denen gehöre, die am politischen Bewusstsein der Massen zweifeln, so befürchte ich doch, dass die Ulbricht-Führung nur deshalb ihren stalinistischen Kurs weitersteuern kann, weil der Widerstand der Parteimitglieder und der Massen eben noch nicht so groß ist wie in Ungarn und Polen. Natürlich, die reaktionäre Politik der Bundesregierung und die ständige Bedrohung des drüben Geschaffenen sind ein willkommenes Mittel für Ulbricht und eigentlich müssten Adenauer und Ulbricht die besten Freunde sein, da sie doch gegenseitig durch die Politik den anderen stützen und an der Macht halten. [...]
Ich hab das noch gut in Erinnerung. Nach Stalins Tod 1953 war in ganz Europa für politisch geschulte Menschen bereits der beginnende Prozess der Entstalinisierung in der Sowjetunion sichtbar, in der DDR erlebten wir eine Blüte des Stalinismus und ich wäre sicher nicht den Weg gegangen, den ich gegangen bin, hätte ich die Zusammenhänge damals so erkannt wie sie waren und wie sie damals außerhalb Deutschlands auch bereits offen gesehen wurden. Nun ja, das ist nicht zu ändern. Mein Schicksal ist relativ unwichtig und hat keinerlei Bedeutung mehr, außer für mich selbst. Und das ist wenig genug.*

Was Heinz, zumindest anfänglich, nicht ahnt, ist, dass Peter Heilmann seine Nähe nicht etwa aus freien Stücken, sondern im Auftrag der Staatssicherheit sucht. Kurz vor seiner Haftentlassung ist er als Geheimer Mitarbeiter angeworben worden. Er wird nicht der Einzige bleiben, den das MfS im Umfeld meines Großvaters platziert. Und so weiß ich vieles über sein Leben in diesen Jahren ausgerechnet aus den Akten derer, vor denen er sich mit seiner Flucht in Sicherheit bringen wollte.

Als ich begann, mich näher mit meinem Großvater zu beschäftigen, war die Stasi-Unterlagen-Behörde einer meiner ersten Anlaufpunkte. Dort stellte ich einen Antrag auf Akteneinsicht oder, um ehrlich zu sein, zwei – einen als Enkelin und den anderen als Journalistin. Ich wollte ganz sichergehen, denn ich wusste nicht, welche Variante mir den schnellsten und umfassendsten Blick in die Akten ermöglichen würde. Außerdem war ich mir nicht ganz schlüssig, aus welcher Perspektive ich diesen Mann betrachten sollte, der zwar mein Großvater, aber doch ein Fremder war. Nachdem ich also meine beiden Anträge ausgefüllt und abgegeben hatte, passierte erst einmal eine ganze Weile nichts. Als mir das Warten zu lang wurde, beschloss ich nachzufragen und bekam eine Antwort, mit der ich nicht gerechnet hatte. Ich könnte die Akten nicht sehen, da das Bundesministerium des Inneren sie wegen der darin enthaltenen Informationen über die Verbindungen meines Großvaters zum Verfassungsschutz gesperrt hätte. Ich protestierte und warf ein, dass diese Tatsache bereits bekannt sei und Einzelheiten in der Lippmann-Biographie von Michael Herms publiziert wurden. Zu guter Letzt bot ich an, selbst mit dem zuständigen Mitarbeiter im Bundesinnenministerium zu sprechen. Dazu kam es dann aber nicht. Nach einer nochmaligen Wartezeit von einigen Wochen bekam ich die überraschende, aber erfreuliche Nachricht, dass ich nun doch Einsicht in die Akten nehmen dürfe.

Dann ist es endlich so weit. Ich betrete ein schmuckloses Bürogebäude von beeindruckendem DDR-Charme. Lange, neonbeleuchtete Gänge mit immer gleichen Türen und ein Geruch irgendwo zwischen Mensch, Papier und Staub. In einem etwas größeren Raum stehen Tische in Dreierreihen. Köpfe sind über Aktenstapel gebeugt. Es herrscht eine konzentrierte Stille, unterbrochen nur vom gelegentlichen Rascheln des Papiers. Am Kopfende des Raumes, den Lesetischen gegenüber, sitzt eine Mitarbeiterin der Behörde. Immer mal wieder hebt sie die Augen von dem Schriftstück, an dem sie gerade arbeitet, und blickt prüfend auf die Anwesenden, als wäre sie eine Lehrerin, die eine Klausur beaufsichtigt. Der äußere Eindruck ist kaum anders als in jedem beliebigen Bibliothekslesesaal, und irgendwie passt diese sachliche Atmosphäre so gar nicht zu den Schicksalen, die sich zwischen den Aktendeckeln verbergen. Die meisten der Anwesenden wirken wie Wissenschaftler, andere, als seien sie in eigener Sache hier. Ich frage mich, was sie empfinden, während sie in diesem Raum auf Höhe- und Tiefpunkte ihres Lebens stoßen, auf lange zurückliegende Erlebnisse, auf Freunde und solche, die sie dafür gehalten haben.

Vor mir liegen mehrere bis zum Anschlag gefüllte Aktenordner. Ich nehme den obersten und klappe ihn vorsichtig auf. Aufgeregt und neugierig auf das, was ich darin finden werde, frage ich mich, ob ich überhaupt ein Recht darauf habe, all die Dinge über meinen Großvater zu lesen, die ohne seine Zustimmung festgehalten wurden. Ich weiß, wenn ich erst einmal anfange, werde ich alles lesen. Ich werde all das, was in diesen Berichten falsch oder übertrieben ist, nicht einfach weglassen oder ausblenden können, werde oft nicht einmal wissen, was stimmt und was nicht. Trotzdem, wenn ich die Geschichte meines Großvaters erzählen will, bin ich auf die Informationen in den Akten angewiesen. Absurderweise bin ich trotz der fragwürdigen Umstände ihrer Entstehung dankbar, dass sie existieren, denn sonst wüsste ich noch weniger über ihn.

Ich mache mich an die Arbeit, und kaum dass ich über die ersten paar Seiten hinaus bin, habe ich den Raum, in dem ich mich befinde, und die anderen Menschen um mich herum vergessen. Eigentlich habe ich Fakten über Fakten erwartet, gekleidet in dürres Beamtendeutsch. Tatsächlich liest sich die Akte zeitweise wie ein Roman. Neben zahlreichen persönlichen Briefen enthält sie von unterschiedlichen Personen verfasste Berichte, die, oft überraschend detailliert, Situationen aus dem Leben meines Großvaters schildern. Es ist schwierig, nicht völlig in den Geschichten auf den verblichenen Seiten zu versinken. Ein paar Mal kommen mir angesichts der Tragik mancher Begebenheiten die Tränen, dann wieder erwische ich mich dabei, dass ich laut auflache über einige der Beobachtungen und Dialoge, die in ihrer Absurdität einfach nur komisch sind.

Neben seiner eigenen Akte, die den Vermerk «Operativvorgang Verkäufer» trägt, liegen vor mir auch die mehrerer inoffizieller Mitarbeiter, die meinen Großvater im Auftrag der Staatssicherheit bespitzelt haben. Darunter ist auch die Akte von Peter Heilmann, der zunächst als «Julius Müller» und später als «Adrian Pepperkorn» berichtete. Doch nicht nur er, sondern auch seine Frau, Gertraude Johanna Heilmann, stand in den Diensten des MfS. Ihre Decknamen lauteten korrespondierend «Julius Müller II» und «Adrian Pepperkorn II».

Als ich Johanna Heilmann treffe, sind diese Zeiten vorbei. Ihre Auftraggeber sind längst untergegangen, sie und ihr Ehemann 1999 vom Berliner Kammergericht wegen jahrzehntelanger nachrichtendienstlicher Tätigkeit zu Bewährungsstrafen verurteilt worden. Sie empfängt mich gemeinsam mit einem ihrer Söhne in ihrer Wohnung, in der sie seit dem Tod ihres Mannes alleine lebt. Johanna Heilmann erzählt von gemeinsamen Erlebnissen mit meinem Großvater, erinnert sich an seine Eigenarten und schildert die eine oder andere Anekdote. Dabei redet sie von ihm wie von einem guten Freund. Und das tut sie so überzeugend, dass es mir schwerfällt, es nicht zu glauben. Aber wie passt das zusammen mit dem, was sie und ihr Mann getan haben? Kann man jemanden als Freund begreifen und ihn gleichzeitig im Auftrag derer, von denen man weiß, dass sie ihm nicht wohlgesonnen sind, bespitzeln?

Ich denke, dass ich diese Dinge vielleicht besser verstehen kann, wenn ich mehr über Johanna Heilmann wüsste. Also frage ich sie nach ihrer Lebensgeschichte. Sie stammt aus einer Familie überzeugter Nationalsozialisten. Ihre Eltern traten schon vor 1933 der NSDAP bei, ein Bruder ging zur SA. Von diesem Umfeld geprägt, fühlte sie sich nach dem Zusammenbruch des Dritten Reiches maßlos betrogen und enttäuscht. Eine Schulfreundin nahm sie mit zum Antifaschistischen Jugendausschuss, der Vorläuferorganisation der FDJ, wo es ihr so gut gefiel, dass sie sich zur Mitarbeit entschloss. Wenig später schmiss sie die Schule, um zu arbeiten und Geld zu verdienen. Ihre Mutter, von Beruf Lehrerin, war wegen ihrer Nazi-Vergangenheit aus dem Schuldienst entlassen worden. Entsprechend schwierig gestaltete sich die finanzielle Situation der Familie. Zu diesem Zeitpunkt wurden bei der FDJ Sekretärinnen gesucht, und so kam Johanna zum FDJ-Zentralrat, wo sie ihren späteren Ehemann Peter und auch Heinz kennenlernte. Der habe, so erinnert sie sich, in dieser Zeit nur für die Arbeit gelebt, alles andere sei ihm wenig wichtig gewesen.

Vom MfS wurde sie 1951 angeworben. Johanna Heilmann sagt, man habe sie gefragt, ob sie das machen wolle, und da es für sie damals selbstverständlich gewesen sei, dieser Bitte zu entsprechen, habe sie unterschrieben. War es wirklich so einfach? Vielleicht. Sie war jung, die Zeiten schwierig, den eigenen Weg zu finden sicher nicht leicht. Aber warum hat sie immer weitergemacht, all die Jahre, auch als sie schon längst im Westen lebte? Heilmann spricht von der komplizierten Lage, von dem wenigen, was man damals im Westen von der DDR wusste, von dem vielen, das man im Osten über den Westen nicht verstand. Sie erklärt, dass Verständigung wichtig gewesen sei, um Konfrontation zu vermeiden. Die Antwort ist ziemlich lang und kompliziert, und richtig verstanden habe ich sie nicht. Vielleicht ist es einfach so, dass in der Zusammenarbeit mit einem Geheimdienst irgendwann ein Punkt erreicht ist, an dem man nicht mehr aussteigen kann, weil dann alles in sich zusammenstürzen würde – das eigene Selbstbild, der Freundeskreis, das Leben, das man sich aufgebaut hat. Und vielleicht ist es gerade der innere Teil dieser Konstruktion, der bis ins Heute wirkt, was erklären könnte, warum während des Gesprächs kein Wort des Bedauerns oder der Selbstkritik fällt.

Aber ich habe sie nicht aufgesucht, um mich zum Richter über ein Leben, das ich nicht leben musste, aufzuschwingen, sondern um mehr über meinen Großvater zu erfahren. Dafür, dass Johanna Heilmann bereit ist, mich zu treffen, empfinde ich Dankbarkeit und auch Respekt, denn sie macht nicht den Eindruck, als ob es ihr leichtfiele, über diese Zeit zu sprechen. Während wir uns unterhalten, raucht sie eine Zigarette nach der anderen. Obwohl es noch relativ früh am Vormittag ist, bittet sie ihren Sohn um ein Glas Cognac, und als sie trinkt, bemerke ich, dass ihre Hände ein wenig zittern.

Sie erzählt, dass Peter und sie Heinz und Billie im Sommer 1957 in Köln besuchten. Es war nur ein kurzer Abstecher von einer Reise, die sie in einem Preisausschreiben der Zeitschrift *Brigitte* gewonnen hatte. Weil er in Ruhe mit Peter sprechen wollte, habe Heinz die beiden Frauen ins Kabarett geschickt. Bei der dortigen Show sei viel nackte Haut zu sehen gewesen, was Johanna, die damals jung, ostdeutsch und hochschwanger war, als sehr unangenehm empfand. Noch am selben Abend musste sie mit Peter weiter, die beiden hatten aber nicht genug Geld für die Zugfahrt von Köln nach Hannover, von wo ihr Flug nach Berlin ging. Geld hatte Heinz auch nicht, aber er bot ihnen an, sie mit dem Auto hinzufahren. Er besaß einen alten klapprigen VW. Auf der Fahrt machte die Steuerung große Probleme, weil, wie sich später herausstellte, mehrere der Schrauben, mit denen die Lenkvorrichtung an der Achse befestigt ist, gebrochen waren. Trotzdem schafften sie es rechtzeitig zum Flughafen.

Später, erzählt Johanna Heilmann, hätte Heinz während seiner Berlin-Besuche häufig bei ihnen gewohnt. Sein Frühstück bestand in der Regel aus einer Flasche Bier und ein paar Zigaretten. Er war sehr nervös, konnte kaum mal ein paar Minuten ruhig auf dem Stuhl sitzen, sprang ständig auf und lief im Zimmer umher, während er angeregt mit ihnen über irgendetwas diskutierte. Tagelang sei er in der Stadt unterwegs gewesen, aber was er während dieser Zeit eigentlich genau gemacht hatte, wisse sie nicht.

Auch im August 1957 ist Heinz in Berlin. Damals wohnen die Heilmanns noch im Ostteil der Stadt, weshalb er sein Quartier bei Freunden seiner Mutter aufschlägt, die eine Fahrschule in der Charlottenburger Schlüterstraße betreiben. Kurz nach seiner Ankunft trifft er Peter Heilmann in einem Café am Kurfürstendamm. Während des Gespräches äußert Heinz die Absicht, nach Ostberlin zu fahren, um sich die nun fertiggestellte Stalinallee anzusehen und Bücher zu kaufen. Außerdem vereinbaren sie eine längere Zusammenkunft für den Folgetag. Treffpunkt soll der Löwenkäfig im Zoo sein. Diese Informationen teilt Peter Heilmann umgehend der Stasi mit, wo sofort ein größerer Einsatz gestartet wird. Mehrere Mitarbeiter werden losgeschickt, um Heinz möglichst lückenlos zu überwachen. Bei Betreten des demokratischen Sektors solle er sofort festgenommen werden, so der Einsatzbefehl. Das Kennwort zum Start der Aktion lautet: «Das Paket aus Köln ist eingetroffen.»

Am nächsten Tag spazieren Heinz und Peter mehrere Stunden gemeinsam durch den Zoo. So richtig sicher scheint sich mein Großvater in der Gegenwart seines Freundes dann doch nicht zu fühlen, jedenfalls gibt er ihm zu verstehen, dass er bewaffnet sei, und zeigt ihm seine Pistole. Er erzählt, dass er sich mit seiner Mutter treffen wolle. Ansonsten sprechen sie recht ausführlich über Heinz' publizistische Aktivitäten. Dabei erwähnt er, dass er an einem Roman arbeite, der zunächst in Fortsetzungen im *Stern* erscheinen solle. Der Arbeitstitel laute: *Agent zwischen Moskau und Bonn*. Es gehe darin um seine Arbeit in den Jahren 1951 bis 1953, wobei die Person des Agenten frei erfunden sei. Eine inhaltliche Skizze habe er bereits eingereicht, nun warte er auf die endgültige Bestätigung. Allerdings quälten ihn von Zeit zu Zeit Zweifel, ob er mit seinem Wissen, selbst wenn es zum Großteil fiktionalisiert sei, an die Öffentlichkeit gehen solle. Peter Heilmann rät ihm klar davon ab, da er sich damit wohl endgültig den Rückweg in die DDR verbauen würde.

Erschienen ist dieses Buch nie. Ob mein Großvater es tatsächlich auf Anraten Peter Heilmanns zurückgezogen, es nicht zu Ende geschrieben oder der *Stern* es nicht angenommen hat, weiß ich nicht.

In Zusammenhang mit der geplanten Veröffentlichung versucht Heinz, dem Freund zwei Begriffe aus der Welt der Spionage zu erläutern: Spiel und Rückspiel. Die Wahl des von ihm herangezogenen Beispiels muss Peter Heilmann dann doch einigermaßen schockiert haben. Von Spiel und Rückspiel würde man sprechen, erklärt Heinz, wenn er, also Peter, vom Staatssicherheitsdienst angeworben worden sei, er gleichzeitig aber aus ehrlicher Überzeugung für den Westen arbeiten würde. Seinen Auftraggebern berichtet Heilmann später, er habe nicht den Eindruck gehabt, Heinz habe ihn provozieren wollen, denn sie hätten beide ausgiebig über dieses Beispiel gelacht.

Heinz erzählt noch, er wolle unbedingt wissen, was seine ehemaligen Genossen in Ostberlin tatsächlich über ihn denken und wie es seiner zweiten Ehefrau Inge Buchmann gehe. So gern würde er sich mit ihr aussprechen.

Tags darauf setzen Heinz und Peter ihre Unterhaltung fort. In ihrem Verlauf fragt mein Großvater, ob Peter Heilmann jemandem von seinem Aufenthalt in Westberlin erzählt habe. Bei seiner Mutter seien nämlich zwei Männer mit ernsten Gesichtern aufgetaucht, die sich nach ihm erkundigt hätten. Seine Mutter habe die beiden resolut abgefertigt, indem sie ihnen gesagt habe, dass sie nicht Schuld daran trüge, dass ihr Sohn in den Westen gegangen sei, sondern die Verantwortung dafür bei ihnen und ihren Auftraggebern läge, die ihn verjagt hätten. Von ihr würden sie jedenfalls keine Auskunft über ihren Sohn bekommen, sagte sie noch, bevor sie ihnen die Wohnungstür vor der Nase zuschlug. Heinz zeigt sich wegen dieses Vorfalls beunruhigt. So etwas sei schon seit Jahren nicht mehr passiert, und nun ausgerechnet jetzt, während er sich in Berlin aufhielte. Er mache sich auch Sorgen, weil er auf jeden Fall verhindern wolle, dass seine Mutter seinetwegen in Schwierigkeiten gerate.

Peter Heilmann weist jeden Verdacht von sich, und mein Großvater scheint sich damit zufriedenzugeben. Beim Abschied wird er richtiggehend melancholisch, bezeichnet Peter als seinen einzigen wahren Freund, bittet ihn, gut auf sich aufzupassen und ihm regelmäßig zu schreiben, damit er sicher sein könne, dass ihm nichts zugestoßen sei.

Doch trotz des vollmundigen Freundschaftsschwurs, ein Keim des Zweifels muss sich bei meinem Großvater festgesetzt haben. Vielleicht ahnte er schon seit längerem etwas, und die ganze Geschichte mit dem angeblich geplanten Besuch in Ostberlin stellte nur einen Test dar.

Einer Freundin gegenüber hatte er kurz vor der Berlin-Reise geäußert, dass er in Peter Heilmann einen guten Freund sähe, dem er an sich nichts Schlechtes zutraue. Doch rein theoretisch bestünde doch die Möglichkeit, dass er im Auftrag des Staatssicherheitsdienstes handle. Dass dieses Mistrauen zumindest zu diesem Zeitpunkt noch nicht sehr tief ging und sich wahrscheinlich mehr aus der Situation meines Großvaters als aus seinem Gegenüber ergab, zeigt sich auch in dem ausführlichen Bericht, den Peter Heilmann seinen Auftraggebern liefert.

H. L. zeigte sich dauernd um meine Sicherheit und auch um die Sicherheit von Johanna sehr besorgt. Zunächst wollte er sich nicht mit mir in der Nähe des Bahnhofs Zoo sehen lassen und auch später hatte er immer Angst, dass ich durch ihn irgendwie gefährdet werden könnte. H. L. sagte mir mehrmals, dass ich unter allen Umständen vorsichtig und nicht leichtsinnig sein sollte. Er meinte, dass es keineswegs gut sein könnte, wenn ich durch ihn irgendwie in Schwierigkeiten [geriete], denn – und das bezog sich nicht nur auf

*mich – dürften die oppositionellen Kräfte in der DDR auf keinen
Fall irgendwie gefährdet werden.*

Peter Heilmann seinerseits lässt in seiner Darstellung nichts aus. In allen Einzelheiten schildert er Heinz' persönliche Probleme. So verdiene er gerade genug, um über die Runden zu kommen, sei aber weit davon entfernt, die Schulden abzahlen zu können, die sich aufgrund seiner Gerichtsurteile angesammelt haben. Deshalb hätte man ihm einen Bewährungshelfer zur Seite gestellt, der regelmäßig seine Angelegenheiten überprüfen solle. Auch während des Berlinbesuchs sei sein Geld knapp geworden, sodass er nicht wie geplant seiner Frau und seiner Geliebten Geschenke mitbringen könnte, sondern sich letztlich auf ein Feuerzeug für Billie beschränken müsste. Überhaupt sei seine Ehe zerrüttet und werde wohl vor allem aus finanziellen Erwägungen aufrechterhalten. Seine schwierige Lebenssituation sei Heinz inzwischen auch anzusehen:

> *H. L. befindet sich psychisch und physisch in einem sehr schlechten Zustand. Im Gegensatz zum vergangenen Jahr hat H. L. wesentlich abgenommen, was sich auch im Gesicht, das etwas eingefallen ist, zeigt. Er trinkt sehr stark, d. h. man könnte sagen, er säuft. Nur der Tatsache, dass sein Geld nicht sehr weit reicht, ist es zu danken, dass er nicht dauernd voll ist. Er trinkt fast ausschließlich «Doornkaat». – Er sagt selbst, dass seine einzige Rettung der Schnaps ist. Das Trinken ist auf seinen seelischen Zustand zurückzuführen. Er ist völlig deprimiert und befindet sich im Zustand der tiefsten Resignation. Er ist überzeugt, dass – durch die Fehler, die er gemacht hat – es keinen Weg mehr für ihn zu einem vernünftigen Leben gibt.*

Wieder zurück in Köln, geht es Heinz so schlecht, dass er einen Arzt aufsucht. Der stellt ein schweres Magengeschwür fest, spricht von der Gefahr eines Durchbruchs. Eigentlich will er ihn sofort in ein Krankenhaus einweisen, wovon er allerdings ablässt, als er erfährt, dass Heinz nicht krankenversichert ist. Stattdessen muss er nun zu

Hause das Bett hüten, Spezialnahrung essen und ständig Umschläge machen. Ob es ihm auch gelingt, auf den der Heilung abträglichen Alkohol zu verzichten?

Während Heinz versucht, sein Magenleiden auszukurieren, ist das MfS bereits dabei, «geeignete Maßnahmen auszuarbeiten, mit dem Ziel, den Beschuldigten Lippmann zu inhaftieren».

Um diesen Plan in die Tat umzusetzen, greift der Staatssicherheitsdienst auf eine ehemalige Geliebte Peter Heilmanns zurück. Hannelore Paulus floh bereits 1949 aus der DDR und wurde nach ihrer Flucht wegen angeblicher Spionage für den britischen Geheimdienst aus der SED ausgeschlossen.

Eine unerwartete Wendung nahm die ganze Geschichte, als Paulus mehr als sieben Jahre später plötzlich wieder in Ostberlin auftauchte und im Ministerium für Staatssicherheit um eine Aussprache bat. In diesem Gespräch erklärte sie, in den 1940er Jahren für den sowjetischen Geheimdienst gearbeitet zu haben, und zwar gemeinsam mit ihrem damaligen Vorgesetzten. Als dieser sich in den Westen absetzte, sollte sie im Auftrag der «Freunde» Kontakt zu ihm herstellen und ihn zur Rückkehr bewegen, was ihr nach eigenen Angaben aber nicht gelang. Kurz darauf flüchtet auch sie. Obwohl die zuständigen Mitarbeiter der Staatssicherheit keinerlei schriftliche Unterlagen fanden, die diese Angaben belegen, schienen sie wenig misstrauisch. Auch Paulus' Motivation, sich nach so vielen Jahren beim Ministerium in Ostberlin zu melden, wurde kaum hinterfragt. Offenbar gab man sich damit zufrieden, dass sie sich bereit erklärte, als Geheimer Mitarbeiter für das MfS zu arbeiten. Weiteres wollte man gar nicht so genau wissen.

Mich würde es dagegen interessieren, was Paulus dazu gebracht hat, der Stasi die Zusammenarbeit anzubieten. Ich vermute, dass es etwas mit ihrer Beziehung zu Peter Heilmann zu tun hatte, Belege dafür habe ich allerdings nicht.

Laut ihrer Aussage meldete sich Peter Heilmann nach seiner Entlassung aus dem Gefängnis umgehend bei Hannelore. Im Juli 1956 besuchte er sie in Koblenz und erklärte ihr, dass sich trotz der Haftstrafe nichts an seinen politischen Überzeugungen geändert habe. Heilmann seinerseits erzählte meinem Großvater später, nach

Hannelores Enttarnung, sie hätte sich an ihn gewandt, weil sie in die DDR zurückkehren wollte und nicht wusste, wie sie es trotz ihrer Vorgeschichte anfangen sollte. Er habe ihr dann einige Ratschläge erteilt und auch von eigenen Erfahrungen mit der Staatssicherheit im Zusammenhang mit seiner Haftentlassung berichtet. Davon, dass er sie dort hingeschickt habe, wie Heinz ihm vorwirft, könne aber keine Rede sein.

Am 2. Februar 1957 verpflichtet sich Hannelore Paulus offiziell als Geheime Informantin. Als ihr vorrangiges Ziel wird Aufklärung feindlicher Spionagedienste angegeben. Sie bekommt den Decknamen «Inge» und bald schon einen ersten konkreten Auftrag: Sie soll sich mit Heinz und seiner Ehefrau Billie anfreunden. Das fällt ihr nicht schwer, kann sie sich dabei doch auf den gemeinsamen Bekannten Peter Heilmann berufen. Da sie in Euskirchen unweit Kölns wohnt und als Versicherungsvertreterin tätig ist, kann sie die beiden ohne größeren Aufwand regelmäßig aufsuchen. Besonders zwischen ihr und Billie entwickelt sich eine recht enge Freundschaft. Paulus ist ein- oder zweimal in der Woche bei den Lippmanns zu Gast, übernachtet des Öfteren dort und lädt sie zu sich nach Hause ein.

Im August 1957, kurz nach Heinz' Berlinbesuch, wird Paulus beauftragt, den Kontakt zu Billie und Heinz zu festigen. Dabei komme es darauf an, deren vollstes Vertrauen zu gewinnen.

Hintergrund ist ein Entführungsplan, der in den nächsten Monaten immer detailliertere Züge annimmt. So werden Paulus vom MfS die finanziellen Mittel zur Verfügung gestellt, um ein eigenes Auto anzuschaffen, damit sie nicht mehr auf ihren Dienstwagen angewiesen ist. Sie soll Heinz anbieten, das Fahrzeug mit zu nutzen, und, wann immer möglich, ihre eigenen Dienstfahrten so legen, dass sie sich mit seinen Verpflichtungen decken und sie ihn im Auto mitnehmen kann. Das soll so weit Alltag und Normalität werden, dass sich etwaiges Misstrauen bei Heinz auflöst. Zusätzlich wird eine zweite Agentin mit Decknamen «Petra» nach Köln geschickt, die Heinz' Umfeld beobachten, den Kontakt zu Paulus halten und als Verbindungsperson zu einer Einsatzgruppe fungieren soll, die für die eigentliche

Entführung zuständig ist. Dazu soll «Inge», sobald konkrete Pläne für eine gemeinsame Fahrt mit Heinz bestehen, «Petra» über die geplante Abfahrtszeit und Route informieren, die diese wiederum an die Einsatzgruppe weitergibt. Die nimmt dann die Verfolgung auf, um Heinz, sobald sich die Gelegenheit ergibt, zu überwältigen und über die Grenze in die DDR zu bringen. «Inge» müsste, sobald die Aktion abgeschlossen wäre, ihr Leben im Westen aufgeben und in die DDR übersiedeln.

Doch dazu kommt es nicht, denn, so berichtet es Heinz, Hannelore erleidet am 30. Dezember 1957 während eines Besuches bei ihm eine schwere Gallenkolik und einen Nervenzusammenbruch, infolgedessen sie sich alles von der Seele redet. Fünf Stunden dauert ihr Geständnis, das Heinz auf Tonband festhält. Auch wenn Paulus den gemeinsamen Freund Heilmann mit ihrer Aussage nicht direkt belastet, kann Heinz doch eins und eins zusammenzählen. Als er im Februar 1958 ein weiteres Mal nach Berlin reist, ist aus dem zart keimenden Zweifel an Peter Heilmann eine Überzeugung geworden, an der kaum noch zu rütteln ist. Trotzdem trifft er ihn mehrfach und redet mit ihm über sein Leben, seine Arbeit, die politische Entwicklung in der DDR und der Bundesrepublik. Sie gehen spazieren, ins Kino und besuchen verschiedenste Bars – ganz so als wäre nichts gewesen. Erst einige Tage später, am 12. Februar 1958, nachdem sie gemeinsam Mittag gegessen haben, im Zoo gewesen sind und sich schließlich ins Hotel Astoria zurückgezogen haben, wo Heinz wie gewöhnlich logiert, konfrontiert er Peter Heilmann mit den Agentenvorwürfen. Punkt für Punkt zählt er die Dinge auf, die Paulus ihm gebeichtet hat und die einzig und allein den Rückschluss zulassen, auch Heilmann arbeite für die Staatssicherheit.

Dann bittet er Peter, ihm die Wahrheit zu sagen. Bereits all die Tage zuvor habe er ihm immer wieder Brücken gebaut, in der Hoffnung, er werde sich von selbst offenbaren. Und im Grunde fände er es nicht sonderlich schlimm, dass Peter mit der Staatssicherheit zusammenarbeite. Im Gegenteil, er könne es sehr gut verstehen, wenn er nach allem, was er in fünf Jahren Zuchthaus durchgemacht habe, sich dazu bereit erklärt hätte. Ihm würden auch keinerlei Konsequenzen drohen. Er müsse dann lediglich den Kontakt zu ihm abbrechen. Kurz und gut, er wolle Klarheit, endlich wissen, woran er ist.

Doch Peter Heilmann ergreift die ihm entgegengestreckte Hand nicht. Er streitet alles ab. Als Heinz ihn bittet, auf das Leben seiner Mutter zu schwören, dass er nicht für die Staatssicherheit arbeite, tut er das, ohne mit der Wimper zu zucken. Dann versucht Heilmann, die von Heinz angeführten Beweise zu entkräften, und beginnt sich schließlich unkontrolliert zu betrinken, als sei er von diesen «falschen» Anschuldigungen tief getroffen. Meinen Großvater scheint die ganze Maskerade beeindruckt zu haben, jedenfalls sagt er Peter Heilmann am folgenden Tag, er hätte seine Meinung nach ihrem gestrigen Gespräch völlig geändert und halte ihn nicht mehr für einen Agenten. Daraus ergäbe sich nun, dass die Staatssicherheit durch Paulus über die Verbindung zwischen ihnen und einige andere sensible Dinge Bescheid wisse und er sich deshalb in großer Gefahr befände. Peter müsse folglich die DDR so bald wie möglich verlassen und in den Westen ziehen.

Als sie sich am folgenden Tag erneut treffen, dreht Peter Heilmann den Spieß einfach um und macht nun seinerseits meinem Großvater Vorwürfe. So fände er es unverständlich, dass Heinz bereits am 30. Dezember alles von Paulus erfahren, sich aber mit dem Gespräch mit ihm noch bis zum Februar Zeit gelassen hätte. Und nun solle alles ganz schnell gehen und er sich am besten noch heute in den Westen absetzen. Er frage sich inzwischen, welche Gründe Heinz eigentlich habe, ihn zu irgendwelchen Handlungen zu drängen, und halte es unter den gegebenen Umständen für das Beste, den Kontakt zu ihm sofort abzubrechen. Dieser Rollentausch bringt Heinz vollends durcheinander, wie Heilmann in seinem Bericht an das MfS süffisant bemerkt.

Die Reaktion von Lippmann war außerordentlich interessant. Er wurde derartig wütend und geriet völlig aus dem Konzept. Begann, wie wild geworden, in dem Wagen, in dem wir noch saßen, hin und her zu fuhrwerken. Begann zu schreien und erklärte, jetzt werde er noch völlig verrückt, denn jetzt sehe es noch so aus, als wenn er derjenige gewesen sei, der die Dinge eingerührt und nicht ich, dass er also jetzt völlig aus dem Häuschen geraten wäre. Bis gestern Abend, nach unserer Unterhaltung, sei er davon überzeugt gewesen, dass ich also nicht für das Ministerium für Staatssicherheit arbeite, jetzt sei ihm wieder alles völlig unklar, was das heißen sollte, was ich mir einbilde, ob ich also völlig verrückt geworden sei.

In diesem Moment fuhr ein großer Mercedes links an uns vorbei, hielt halb vor dem Wagen, worauf Lippmann sofort den Motor anschaltete, den Rückwärtsgang hineinwarf und rückwärts gegen den dahinter stehenden Wagen donnerte. Aus dem halb vorgefahrenen Wagen stiegen zwei Männer aus und gingen in die gegenüberliegende Spielbude und dann fuhr der Wagen weiter.

Ich sagte zu Lippmann, was hast du eigentlich? Worauf er mich anbrüllte, ja ich habe keine Lust verschleppt zu werden. Gegen mich hat man es ja vorgehabt, mich zu verschleppen und nicht Dich und ich muss vorsichtig sein und ich kann mich nicht in Gefahr begeben.

Nachdem sich die beiden Männer an diesem Tag im Streit trennen, schreiben sie sich in den folgenden Wochen und Monaten eine Reihe von Briefen, in denen es vor allem um eine gemeinsame Aussprache unter Anwesenheit von Hannelore Paulus und Peter Heilmann geht. Letztendlich scheitert dieser Plan daran, dass Paulus, die inzwischen die Zusammenarbeit mit der Staatssicherheit aufgekündigt hat, Konsequenzen fürchtet und sich deshalb weigert, nach Westberlin zu reisen. Heilmann seinerseits ist gerade Vater geworden, will seine Frau nicht allein lassen und sieht, wie er sagt, gegenwärtig keine Möglichkeit, sich einen gültigen Interzonenpass zu besorgen, so bleibt die Angelegenheit vorerst in der Schwebe.

Obwohl aus den Briefen dieselbe Wut und das Misstrauen sprechen, die auch ihre letzten Gespräche in Berlin bestimmten, schickt Heilmann ihm ein Foto seines neugeborenen Sohnes, und Heinz lässt es sich nicht nehmen, auf das glückliche Ereignis einzugehen:

Obwohl Du mir die Geburt Deines Sohnes nur am Rande angekündigt hast, möchte ich [...] herzlich gratulieren. Schließlich kann er doch nichts für die Geschichte, die letztlich nur ein Ausdruck der schwierigen Verhältnisse in Deutschland ist. Man kann ihm nur wünschen, dass sein Leben von weniger Gefahren und Verwirrungen umgeben sein wird als das Unsrige!

Obwohl der Kontakt lockerer wird, reißt die Verbindung zwischen beiden auch in den nächsten Jahren nicht ab. Heinz berichtet später, Peter Heilmann habe ihm gegenüber die Arbeit für die Staatssicherheit doch noch zugegeben und er besäße ein Tonband mit dem Geständnis. Trotzdem trifft er sich weiterhin mit Heilmann und wohnt nach dessen Übersiedlung in den Westteil Berlins sogar immer mal wieder bei ihm. So erzählt mir Johanna Heilmann, wie Heinz sich, als ihr Sohn an Masern erkrankt war, liebevoll um ihn gekümmert, an seinem Bett gesessen und ihm vorgelesen habe. Die scheinbare Idylle hatte erst ein Ende, als sie eines Tages seine Pistole entdeckte und ihn zurechtwies, dass eine Waffe in einem Haus mit zwei kleinen Kindern – inzwischen war ein zweiter Sohn geboren – nichts zu suchen habe. Er solle sich entscheiden, entweder käme er unbewaffnet, oder er müsse sich nach einer anderen Unterkunft umsehen. Von da an hat mein Großvater nie wieder bei den Heilmanns gewohnt.

Auf den ersten Blick erscheint es merkwürdig, dass er die Freundschaft zu Peter Heilmann trotz dessen Verrats – wenn auch mit Einschränkungen – aufrechterhielt. Ich denke, dafür gab es mehrere Gründe. Zum einen hat er, wie er mehrmals erwähnt, Verständnis für die Situation seines Freundes. In gewisser Weise kann er sich mit dessen Schicksal identifizieren, das geprägt war von den Verfolgungserfahrungen in der NS-Zeit, die denen meines Großvaters ähnelten, und der Verhaftung durch die eigenen Genossen, die Heilmann erleiden musste und vor der er selbst davongerannt war. Vielleicht spielt auch der Gedanke eine Rolle, dass er möglicherweise an dessen Stelle nicht anders gehandelt hätte.

Doch das ist nur ein Teil seiner Motivation, ein anderer erklärt sich daraus, dass er Heilmann braucht aufgrund dessen Kontakten und Informationen, denn er folgt noch immer einer politischen Agenda. In einem Brief an Heilmann schreibt Heinz dazu, er sei überzeugt,

[…] dass der Stalinismus mit Ulbricht an der Spitze in der DDR nur beseitigt werden kann, wenn die antistalinistischen, sozialistischen Kräfte in der DDR durch Veränderung der Machtverhältnisse und der Politik in der Bundesrepublik, im Westen einen echten Verbündeten und Verhandlungspartner erhalten, durch den die Gefahr der Restauration der DDR ausgeschlossen wird.

Um diesen Prozess zu unterstützen, müsse man zum einen potenziell sozialistische Kräfte im Westen aktiv fördern, was Heinz mit seiner ehrenamtlichen Mitarbeit bei den Falken und Jungsozialisten versuche. Andererseits wäre es auch wichtig, zur objektiven Darstellung der ostdeutschen Verhältnisse in der bundesdeutschen Öffentlichkeit beizutragen, wofür er seine publizistische Arbeit nutze.

Und um das tun zu können, benötigt er, der seit Jahren keinen Fuß auf den Boden der DDR gesetzt hat, Informationen. Nur Menschen, die noch dort leben oder selbst über entsprechende Kontakte verfügen, können ihn mit Auskünften versorgen, wie Peter Heilmann also. Immer wieder tauschen sie sich über wichtige Persönlichkeiten und einschneidende Entwicklungen in der DDR aus. Doch Heinz' Interesse an Nachrichten von der anderen Seite erklärt sich nicht nur aus seiner persönlichen Motivation, sondern auch aus seiner Zusammenarbeit mit dem Bundesamt für Verfassungsschutz.

Leider weiß ich darüber nur sehr wenig. Auf meine Anfrage, ob ich dort Akten zu Heinz Lippmann einsehen könne, lautete die Antwort, diese seien bereits vernichtet worden. Das kann stimmen oder auch nicht, es bleibt mir nichts anderes übrig, als mich mit dieser Aussage abzufinden. Denn anders als bei den Unterlagen der Staatssicherheit gibt es hier kein gesetzliches Recht auf Einsichtnahme. Der Verfassungsschutz ist lediglich verpflichtet, darüber Auskunft zu geben, ob Akten zur eigenen Person vorliegen, und auch das nur, wenn man ein besonderes Interesse daran nachweisen kann. Zudem wurde alles, was über Heinz' Geheimdienstverbindungen in den Stasiakten steht, vor der Herausgabe an mich geschwärzt. Mir scheint dies ziemlich übertrieben, vor allem in Anbetracht der Tatsache, dass die Ereignisse, um die es geht, mehr als ein halbes Jahrhundert zurückliegen und der

Kalte Krieg, vor dessen Hintergrund sich alles abspielte, nun seit gut fünfundzwanzig Jahren Geschichte ist.

Was bleibt, ist ein erhebliches Ungleichgewicht an Informationen. Auf der einen Seite weiß ich dank der Stasiakten recht genau, was der ostdeutsche Geheimdienst unternahm, welche Mitarbeiter auf Heinz angesetzt waren und was sie berichteten. Andererseits kann ich über das meiste, das im Zusammenhang mit dem Verfassungsschutz steht, nur spekulieren. So weiß ich weder genau, seit wann Heinz in dessen Diensten stand und wie seine Mitarbeit genau aussah noch was seine Gründe waren, sich zur Zusammenarbeit bereit zu erklären. Denn es scheint schon merkwürdig, dass mein Großvater, der so lange betont hat, nicht zum Verräter werden zu wollen, ausgerechnet beim gegnerischen Geheimdienst anheuert. Was also hat ihn dazu bewogen?

Vielleicht wurde er dabei von einer gewissen Dankbarkeit gegenüber Günter Nollau geleitet, der inzwischen zum Leiter der Abteilung Linksradikalismus aufgestiegen war. Er hatte Heinz in der Zeit seiner Prozesse unterstützt und mit seinem Einfluss möglicherweise dazu beigetragen, dass im November 1957 das gegen ihn anhängige Verfahren wegen Staatsgefährdung eingestellt wurde.

Andererseits könnte Nollau auch Druck auf Heinz ausgeübt und seine Unterstützung für ihn an Bedingungen geknüpft haben. Allerdings denke ich, dass das – wenn überhaupt – nur subtil vonstattengegangen sein kann, sonst würde es nicht mit der Sympathie für Nollau zusammenpassen, die aus vielen Äußerungen meines Großvaters spricht. Ich glaube, dass die beiden auch deshalb gut miteinander auskamen, weil sie einiges gemeinsam hatten. Nicht nur mussten beide nach der Flucht aus der DDR in der Bundesrepublik neu anfangen, letztlich kämpfte Nollau mit einem ganz ähnlichen Problem wie Heinz: Er wurde seine Vergangenheit nicht los. Schon allein die Tatsache, dass er, ein DDR-Flüchtling, auch nachdem er schon Jahre in der Bundesrepublik lebte, weiter Kontakt zu Freunden und Verwandten im anderen Teil Deutschlands hielt, machte ihn in den Augen einiger politischer Gegner zum Sicherheitsrisiko. Und dann gab es da noch die Mordanklage, die ihm die Staatssicherheit kurz nach seiner Flucht 1950 nach Westberlin angehängt hatte, angeblich sollte er einen Polizisten erschossen haben. Zwar lehnten die westlichen Behörden das Auslieferungsgesuch wegen der konfus formulierten und unbewiesenen Vorwürfe ab, doch ganz befreien konnte sich Nollau nie von diesem Schatten seiner Vergangenheit. Er selbst sagte Jahrzehnte später: «Beweisen Sie einmal, dass Sie 1950 niemanden umgebracht haben.»

Im Hinblick auf sein Engagement beim Verfassungsschutz spielte Heinz' schwierige finanzielle Situation sicher eine Rolle. Das auf seiner Flucht gestohlene Geld, sein abenteuerliches Leben in den Monaten danach und die Informationen, die diesbezüglich durch die Presse geisterten, machten es ihm schwer, im Westen beruflich Fuß zu fassen. Sicher wurde die Jobsuche noch dadurch erschwert, dass er weder Abitur noch Studium, sondern nur eine kurze kaufmännische Ausbildung aus der Vorkriegszeit vorweisen konnte und der Hauptteil seiner beruflichen Erfahrungen aus dem kommunistischen Parteiapparat stammte. Im publizistischen und politischen Bereich wiederum stand ihm vor allem seine kriminelle Vorgeschichte im Weg. So wurden mehr als einmal Verträge kurz vor Abschluss aufgekündigt, nachdem die Auftraggeber ein paar Erkundigungen über ihn eingeholt hatten. Solche Vorkommnisse ließen Heinz stets deprimiert und verzweifelt zurück, gaben sie ihm doch das Gefühl, den Fehlern, die er in seinem Leben gemacht hatte, nicht entkommen zu können. Dass seine Möglichkeiten also begrenzt waren, machte ihn wohl zugänglicher für Handlungsweisen, die er unter anderen Umständen vielleicht nicht erwogen hätte, etwa die Mitarbeit beim Verfassungsschutz. Trotz allem denke ich nicht, dass es ihm nur ums Geld ging. Das wäre wohl schwer mit seinem Selbstbild, wie es in den überlieferten Briefen und Gesprächen erscheint, zu vereinbaren gewesen. Ein Stück weit wird er gehofft haben, damit politisch im Sinne seiner eigenen Ziele etwas bewegen zu können, zum Beispiel indem er Informationen lieferte, die er für wichtig hielt, und so mit seinen Analysen und Berichten dazu beitrug, die fast irrational zu nennende Angst vor dem Kommunismus einer sachlich realistischen Betrachtungsweise weichen zu lassen.

Als ich mit Hermann Weber über diese Fragen spreche, beschreibt er treffend den Zwiespalt, in dem sich Heinz befand:

Er saß zwischen allen Stühlen, als ewiger Aktivist zur Untätigkeit verbannt. Da hat er mir erzählt, sehr vorsichtig zunächst, er hat nicht gesagt, dass das so eng war, wie wir das heute wissen, dass er eben sich mit dem Verfassungsschutz eingelassen habe. Und nach und nach habe ich das alles verstanden.

Natürlich war der Verfassungsschutz in den sehr linken Kreisen, in denen Heinz verkehrte, nicht sonderlich gut angesehen, das war damals wohl nicht anders als heute. Insofern begab mein Großvater sich durch seine Mitarbeit auf eine Gratwanderung, von der er wahrscheinlich selbst nicht so genau wusste, wohin sie ihn führen würde.

10   IM NETZ DER GEHEIMDIENSTE

Heinz eilt die Treppe herunter zur Rezeption. Gerade hat er Bescheid bekommen, dass dort mehrere Pakete für ihn eingetroffen seien. Endlich. Er hatte sich schon Sorgen gemacht, dass irgendetwas schiefgegangen sei.

Eins nach dem anderen bringt er die in grobes Packpapier eingeschlagenen Bündel auf sein Hotelzimmer. Dann verriegelt er die Tür und reißt das erste Päckchen auf. Der Geruch nach frischem Papier und Druckerschwärze schlägt ihm entgegen. Er atmet ihn ein, als würde er an einem guten Glas Wein oder Whiskey schnuppern, dann nimmt er die oberste Zeitung heraus und streicht – vorsichtig, als könne er ihn verwischen, über den Titel: *Der Dritte Weg – Zeitschrift für modernen Sozialismus*. Seine Zeitschrift, sein Weg zurück in die politische Arbeit. Heinz spürt eine Zuversicht wie schon lange nicht mehr. Endlich kann er wieder aktiv sein, mitmischen, Einfluss auf die Entwicklung seines Landes nehmen.

Voller Energie macht er sich an die Arbeit. Aus dem Kleiderschrank holt er ein weiteres Paket. Es enthält Briefumschläge aus DDR-Produktion, wie sie auch von den dortigen Behörden genutzt werden. Darin verpackt er die Zeitschriften, Stück für Stück. Als er den ersten Umschlag zuklebt, katapultiert ihn der Geschmack des Klebstoffes auf seiner Zunge in die Vergangenheit, in sein Büro beim FDJ-Zentralrat, wo immer ein Stapel dieser Umschläge auf seinem Schreibtisch lag.

Nachdem alle Zeitschriften verpackt sind, setzt er sich an den kleinen Tisch in der Ecke des Hotelzimmers und macht sich ans Adressieren der Sendungen. Den ersten Teil erledigt er aus dem Gedächtnis, später nimmt er ein kleines abgegriffenes Notizbuch zu Hilfe. Die

Empfänger sind alte Bekannte – Genossen aus Ostberlin und anderen Teilen der DDR, solche, von denen er denkt, sie würden das eine oder andere schon mal kritisch hinterfragen, wären vom politischen System der DDR überzeugt, aber nicht unbedingt von dessen aktueller Ausgestaltung. Die Zeitschrift soll sie ermutigen, ihre Zweifel nicht nur still zu erdulden, sondern ihnen Taten folgen zu lassen. Seine Hoffnung, sein Traum ist es, so dazu beizutragen, dass sich genug kritische Stimmen erheben, um echte Veränderungen zu bewirken und einen Sozialismus zu schaffen, der seinem Namen gerecht wird und im besten Fall eine Strahlkraft entwickelt, der sich auch der Westen Deutschlands nicht würde entziehen können.

Als er mit dem Beschriften fertig ist, wird es schon dunkel. Er schnürt einen Teil der Umschläge zu einem Packen und holt seinen Mantel aus dem Schrank. Höchste Zeit, sich auf den Weg zu machen. In einer knappen halben Stunde soll er in den Zoo-Terrassen, dem neuen Restaurant am Bahnhof Zoo, seinen Kontaktmann treffen. Der wird dann das Paket nach Ostberlin bringen und die Umschläge von verschiedenen Briefkästen aus abschicken. Hoffentlich geht alles glatt, und der Kontaktmann lässt sich nicht erwischen. Heinz hat sich schon ein paar Ratschläge zurechtgelegt, die er dem Mann mit auf den Weg geben würde: Er solle die S-Bahn nehmen, am besten von der Endstation an, wo sie noch ganz leer ist. Da solle er das Paket unbemerkt unter einer der Sitzbänke verschwinden lassen und sich selbst in der Nähe platzieren. Erst auf der anderen Seite der Grenze, wenn keine Kontrollen mehr zu erwarten seien, solle er es wieder an sich nehmen, so könne ihm nichts passieren.

Während er durchs abendliche Westberlin eilt, fühlt Heinz eine angenehme Aufregung in sich aufsteigen. Wie gerne würde er selbst diesen Part übernehmen, wie gerne mit der S-Bahn in den anderen Teil der Stadt fahren, die ihm von früher vertrauten Orte wiedersehen. Ach was! Am allerliebsten würde er den Empfängern die Zeitschrift persönlich überreichen. Doch das ist leider unmöglich, es wäre viel zu gefährlich, nicht nur für ihn selbst, sondern – was vielleicht noch mehr zählte – für sein Unternehmen, von dem er sich viel erhofft: dem *Dritten Weg*.

Die Zeitschrift erscheint erstmals im Mai 1959. Inhaltlich beschäftigt sie sich mit aktueller Politik, greift Themen auf, über die im Osten sonst nichts veröffentlicht wird, und hinterfragt kritisch, von einem sozialistischen Standpunkt aus, die Entwicklungen im Westen Deutschlands. Heinz fungiert unter dem Namen Bernhard Bergen als Chefredakteur. Als Redaktionsadresse ist zunächst ein Koblenzer, später ein Kölner Postfach verzeichnet. Finanziert wird der *Dritte Weg* vom Verfassungsschutz, was Heinz aber nach außen hin zu verschleiern versucht. So erzählt er seinem Freund Hermann Weber, der regelmäßig Artikel beisteuert, das Geld für die Zeitschrift stamme von der Hans-Böckler-Stiftung des Deutschen Gewerkschaftsbundes. Weber wird allerdings misstrauisch, als er für einen Artikel 70 DM Honorar erhält, denn normalerweise übernehmen die Gewerkschaften bei solchen Publikationen bestenfalls die Druckkosten. Als er Heinz daraufhin zur Rede stellt, behauptet der, einen gewissen Betrag vom Springer-Verlag bekommen zu haben, und setzt noch hinzu, Lenin hätte schließlich auch Gelder vom deutschen Generalstab angenommen, um die russische Revolution zu ermöglichen. Daher sähe er keine Probleme darin, Unterstützung für den *Dritten Weg* von jeglicher Seite zu akzeptieren.

Während Heinz also Lenin heranzieht, um die Wahl seiner Unterstützer zu rechtfertigen, verfolgt der Verfassungsschutz eigene Ziele. Günther Nollau schreibt in seiner Autobiographie, sie wollten in der DDR und unter westdeutschen Kommunisten Diskussionen über die von Chruschtschow in Gang gesetzte Entstalinisierung anregen, Kontakte zu Regimegegnern herstellen und sie für ihre Abwehrzwecke nutzen. Wie groß der inhaltliche Einfluss des Verfassungsschutzes auf den *Dritten Weg* ist, lässt sich schwer sagen. So berichtet Nollau, dass alle vierzehn Tage in seiner Kölner Wohnung Redaktionstreffen stattfanden, auf denen er unter anderem darauf achtete, dass die Autoren mit der in der Zeitschrift geäußerten Kritik an der Politik der Bundesregierung nicht über die Stränge schlugen. Hermann Weber dagegen besteht darauf, dass an den Artikeln, die er und mit ihm befreundete Autoren wie Wolfgang Leonhard verfasst haben, nie etwas geändert wurde.

Die Auflage beträgt anfangs fünfhundert Exemplare. Wie viele von ihnen ihre Empfänger tatsächlich erreichen, bleibt unklar, denn im Postfach der Redaktion gehen nur wenige Leserbriefe ein.

Der Zeitpunkt für ein solches Projekt scheint jedenfalls günstig. In Diskussionen unter ostdeutschen Intellektuellen spielt die Idee eines dritten Weges zwischen Kapitalismus und Kommunismus Ende der 1950er Jahre durchaus eine Rolle. So fühlt sich Walter Ulbricht bemüßigt, im Juni 1959 öffentlich auf diese Vorstellung einzugehen:

Was bedeutet diese Konzeption des sogenannten Dritten Weges? Sie bedeutet den Versuch, den Realitäten des Lebens auszuweichen, dem gesetzmäßigen Kampf zwischen dem Neuen und dem Alten, zwischen dem Fortschritt und der Reaktion auszuweichen, um gewissermaßen zwischen den Fronten, ohne Kampf und Konflikt zum Ziele zu gelangen. Zwischen den Fronten kann man nur das Leben einbüßen.

Im Sommer 1959 reist der frischgebackene Chefredakteur zu den Weltfestspielen nach Wien. Im Gepäck hat er eine Sonderausgabe des *Dritten Weges*, die anlässlich des Festivals in doppelter Auflage von tausend Stück erschienen ist, und das Buch *Schein und Wirklichkeit in der DDR*, an dem er als Koautor mitgewirkt hat. Vor Ort trifft er eine ganze Reihe von Freunden und Bekannten, darunter Wolfgang Leonhard, Hermann Weber und Peter Heilmann. Mit Letzterem kommt er, nachdem ihre Verbindung wegen der gegenseitigen Vorwürfe zuletzt eher lose war, mehrfach zusammen. Heilmann schreibt dazu an seine Auftraggeber nach Ostberlin, Heinz habe ihm erklärt, er würde seine frühere Haltung bereuen und an einem Kontakt mit ihm sehr interessiert sein. Mein Großvater dagegen erwähnte in späteren Jahren mehrfach, dort in Wien hätte Peter Heilmann ihm seine Stasimitarbeit gestanden. Er habe das Gespräch auf Tonband aufgezeichnet und für alle Fälle aufbewahrt.

Heinz ist nicht nur nach Wien gekommen, um für den *Dritten Weg* und sein Buch zu werben, er hat auch Pläne in persönlicher Sache. Die Tatsache, dass die Weltfestspiele in Wien stattfinden und sich dort auch eine Delegation des ostdeutschen Jugendverbandes eingefunden hat, ermöglicht es ihm, mit seinen ehemaligen Genossen zusammenzutreffen, ohne sich dafür unmittelbar in Gefahr zu begeben, eine Gelegenheit, die er sich nicht entgehen lassen will. Doch die erhoffte Begegnung erweist sich als schwieriger als gedacht. Die gut fünfhundert Delegierten der DDR haben in einem vollständig umzäunten Zeltlager Quartier bezogen, zu dem Heinz der Zutritt verweigert wird. Er versucht, ihm bekannte Funktionäre auf Veranstaltungen anzusprechen – auch damit scheitert er.

Es muss demütigend gewesen sein, von seinen ehemaligen Genossen einfach stehengelassen zu werden – ein Aussätziger, an den jedes Wort verschwendet wäre. Heinz ersäuft seinen Kummer, dann trinkt er sich Mut an. Inmitten der jungen Menschen aus aller Welt läuft er durch die Festivalstadt auf der Suche nach bekannten Gesichtern. In einer Nebenstraße entdeckt er ein Auto mit Ostberliner Nummernschild. Er erkennt den Fahrer und versucht ihn in ein Gespräch zu verwickeln, doch der knallt ihm nur an den Kopf, er solle sich wegscheren und sich schämen, ihn überhaupt angesprochen zu haben. In diesem Moment kehrt FDJ-Zentralratsmitglied Ronald Trisch zum Wagen zurück. Heinz verstellt ihm den Weg, versucht, auch ihn von seinem Ansinnen zu überzeugen. Er beteuert, er sei extra deshalb nach Wien gekommen, um einmal menschlichen Kontakt zu einem der Genossen zu bekommen. Auch Trisch entgegnet, er solle sich fortscheren. Ob es in der FDJ-Delegation eine offizielle Anweisung gab, mit welchen Worten man Kontaktversuche des Verräters Lippmann abwehren solle?

Mein Großvater hat solche Beschimpfungen inzwischen wohl schon so oft gehört, dass er sie einfach an sich abprallen lässt und unbeeindruckt weiterredet. Sie würden ganz falsch von ihm denken, er wäre nie des Geldes wegen geflohen, und Trisch müsse ihm unbedingt helfen, mit einem seiner alten Genossen in Kontakt zu treten. Doch der entgegnet nur, wenn er etwas von ihnen wolle, soll er doch nach Berlin kommen, worauf Heinz abwinkt und sagt, er würde nicht noch mal zehn Jahre ins KZ gehen. Als er merkt, dass er so nicht weiterkommt, drückt er Trisch einen Brief an Konny Naumann, den Leiter der FDJ-Delegation, in die Hand. Darin schreibt er:

Lieber Konny!

Du weißt, dass ich in Wien bin. Nicht – wie ihr erklärt – als «Agent» und Organisator dieses komischen Antifestivals, sondern als ein Mensch, der die einzige Gelegenheit, die sich seit Jahren geboten hat, Euch auf neutralem Boden zu sprechen, auszunützen. Sicher, ich habe viele Fehler begangen, sicher, mich belastet eine Sache, die mir selbst nie Vorteil gebracht hat. Aber andererseits wisst ihr genauso gut wie ich, dass meine Flucht nicht aus materiellen Gründen erfolgte.
Inge Lange, Wolfgang Steinke und auch Du wissen, wie rückhaltlos ich 10 Jahre lang, ohne meine Person zu schonen – gearbeitet habe. Ihr wisst weiter, dass ich genug Möglichkeiten gehabt hätte, mich auf unsauberen Wegen zu «bereichern», wenn dieses meine Absicht gewesen wäre. Alles das ist Euch bekannt. Ihr sprecht hier in Wien mit allen, deshalb bitte ich Euch, ein paar Stunden auch für mich zu opfern. Es geht mir nur um die Klarstellung verschiedener Fragen, die mir keine Ruhe lassen. Keinem Menschen – auch wenn er sich vergangen haben sollte – kann man eigentlich eine letzte Aussprache verwehren. Ich bin sicher, es würde auch für Euch nicht wertlos sein. […]
Ich bitte Dich, Konny, aus rein menschlichen Motiven, um ein solches kurzes Gespräch. Ich bin bereit, mich allein jeder Aussprache zu stellen. Es wäre nur gut, wenn Inge Lange und andere dabei wären, die mich aus meiner früheren Arbeit kennen. Was ich will, sind zwei Dinge:

1) Einen menschlichen Rat von Euch,
2) Die Klarstellung meiner vergangenen und gegenwärtigen politischen Haltung und beruflichen Situation.

Daran muss Euch wie mir gelegen sein …

Es folgen mehrere organisatorische Vorschläge, wo und wann sie sich treffen könnten. Doch dazu kommt es nicht, sein Brief bleibt unbeantwortet.

Die Umstände seiner nun fast sechs lange Jahre zurückliegenden Flucht scheinen meinen Großvater nach wie vor zu quälen. Er kann die Vergangenheit nicht ruhen lassen. Noch immer ist es ihm wichtig, was die ehemaligen Genossen von ihm denken. Heinz erträgt es nicht, dass sie ihn für einen Verräter und Dieb halten, und er kann sich die Fehler, die er damals gemacht hat, nicht verzeihen. Vielleicht hofft er, wenn er es nur schaffen würde, dass die, die ihn am meisten verdammen, ihm und seinem Handeln auch nur ein kleines bisschen Verständnis entgegenbrächten, auch er selbst endlich akzeptieren könnte, was er getan hat.

Doch was hat es mit dem «menschlichen Rat» auf sich, den er sich erhofft? Denkt er immer noch an eine Rückkehr in die DDR? Und was meint er, als er schreibt, «es würde auch für Euch nicht wertlos sein»? Will er überlaufen? Sich anbieten als Doppelagent? Handelt er gar im Auftrag des Verfassungsschutzes? Oder will er sich nur interessant machen, damit die alten Genossen sich doch noch dazu durchringen, ihn zu treffen?

Wie viel weiß der Verfassungsschutz von Heinz' verzweifelter Kontaktanbahnung in Wien? Über die Reise dorthin muss es Absprachen gegeben haben, denn schließlich ist er auch in Sachen *Dritter Weg* bei den Weltfestspielen unterwegs. Gab es Aufträge, die darüber hinausgingen, möglichst viele Zeitschriften unter die Leute zu bringen? Möglich ist es, denn ein solches Festival mit Gästen aus aller Herren Länder bietet gute Gelegenheiten, Informationen zu sammeln, neue Kontakte zu knüpfen und alte zu reaktivieren. Zumindest Letzteres ist Heinz nicht gelungen. Am 4. August 1959 gehen die Weltfestspiele zu Ende. Die ostdeutsche Delegation reist ab, und Heinz bleibt nichts anderes übrig, als nach Köln zurückzufahren, ohne erreicht zu haben, worauf er hoffte. Immerhin hat er ein paar neue Bekanntschaften geschlossen. So brachte ihn Hermann Weber mit einem Mann zusammen, den er von seiner Arbeit für die *Junge Gemeinschaft*, die Zeitschrift des sozialistischen Jugendverbandes der Falken, kennt. Der damals 24 Jahre alte Michael Gromnica, aufgewachsen in Westberlin, ist aktives Mitglied der Falken und hauptamtlicher Mitarbeiter der SPD. Was zu diesem Zeitpunkt weder Weber noch mein Großvater ahnen, ist, dass er 1957 eine Verpflichtungserklärung des MfS unterschrieben hat und seitdem als Geheimer Mitarbeiter über alles und jeden berichtet, der ihm wichtig erscheint. Gromnica versteht es, das Vertrauen seines Gegenübers zu gewinnen, und besonders gut funktioniert das bei meinem Großvater. Hermann Weber erinnert sich:

Ich hatte Heinz und Gromnica in Wien bekannt gemacht und war dann völlig überrascht, denn als ich nach ein paar Wochen mal nach Köln kam, waren das schon Busenfreunde. Ich hatte immer meine Distanzen gewahrt, aber Heinz war anders. Er hat schnell Kontakt gefunden. Es war angenehm, persönlich mit ihm zu tun zu haben. Er war auch ein Mensch, der nach Anerkennung strebte. Dass so viele Agenten von der Stasi bei ihm Unterschlupf fanden, hängt auch damit zusammen, dass er Freundschaften suchte. Er wollte mit Menschen zusammen sein. Abends ging er meistens in die Kneipe an der Ecke, da hat er mit wildfremden Leuten sich dann angefreundet und sonst was erzählt.

Erwähnter Besuch Michael Gromnicas in Köln findet im Oktober 1959 statt. Heinz ist vor kurzem von Billie geschieden worden und lebt jetzt im Zentrum der Stadt, in einer Wohnung, die gleichzeitig als sein Büro fungiert. Die selbständige Haushaltsführung ist wohl noch etwas ungewohnt für ihn, denn Gromnica beschreibt die Räume als «unwahrscheinlich unaufgeräumt» und fügt hinzu, dass dort eine «wahnsinnige Schlamperei» herrsche. Leserbriefe aus der DDR und Unterlagen zu Heinz' Kontakten lägen offen herum, von Konspiration keine Spur. Trotzdem hat Gromnica offensichtlich keine Gelegenheit, entsprechende Informationen zu notieren, jedenfalls tauchen sie in seinem Bericht nicht auf. Vielleicht verzichtet er auch bewusst darauf, Namen zu nennen, um die gerade erst geschaffene Vertrauensbasis nicht zu unterminieren.

Das scheint sich auszuzahlen, denn nur ein halbes Jahr später lässt

Heinz seinen neuen Bekannten bereits allein in seiner Wohnung übernachten. Der hat nun alle Zeit der Welt, dessen Unterlagen gründlich zu durchforsten. Dabei findet er unter anderem Berichte über Gespräche, die mein Großvater bei seinem letzten Berlinaufenthalt mit Heinz-Wolfram Mascher geführt hat. Die beiden haben kürzlich wieder Kontakt aufgenommen, und inzwischen trifft sich Mascher, der 1958 von der Staatssicherheit angewiesen wurde, den Kontakt zu Heinz abzubrechen, aus eigenem Antrieb mit ihm. Deshalb ist es nicht unproblematisch, dass diese Informationen nun beim MfS landen. Darüber hinaus liefert Gromnica eine Reihe weiterer Namen. Außerdem berichtet er, dass Heinz ihm vertraue und er selbst alles unternehme, um ihm seine Freundschaft zu demonstrieren und ihn in Sicherheit zu wiegen.

Heinz bezieht Michael Gromnica in die Arbeit für den *Dritten Weg* ein. Er soll von Westberlin aus die Verteilung der Zeitschrift unterstützen und außerdem soweit möglich Kontakt zu Sympathisanten in der DDR herstellen. Sogar mit seinen Auftraggebern beim Verfassungsschutz macht er ihn bekannt und sorgt damit zumindest indirekt dafür, dass der Stasiagent Gromnica fortan auch als V-Mann für den westdeutschen Geheimdienst tätig wird.

Es ist anzunehmen, dass die zweihundert Exemplare der Zeitschrift, die Gromnica jeden Monat erhält und über Kontaktpersonen in den Osten verschicken soll, auf direktem Weg bei der Stasi landen, zusammen mit ausführlichen Berichten zu Redaktionsinterna. Und schon bald verfügt das MfS über eine weitere Quelle im inneren Kreis des *Dritten Weges*: Walter Barthel, aus Sachsen stammend und erst vor kurzem aus der DDR geflohen, studiert nun Politik, ist aktiv im Sozialistischen Deutschen Studentenbund und geheimer Informant der Staatssicherheit. Gromnica macht ihn mit Heinz bekannt. Ob er das auf eine entsprechende Anweisung hin und im Wissen um Barthels Verpflichtung tut oder ob dieser sich letztlich aufgrund eines nützlichen Zufalls beim *Dritten Weg* einschleichen kann, weiß ich nicht. In den Akten lässt sich keine Verbindung zwischen beiden Zuträgern finden. Auch Barthel gewinnt schnell Heinz' Vertrauen. Der bietet ihm an, als redaktioneller Mitarbeiter anzufangen. Fortan schreibt

Barthel regelmäßig Artikel für die Zeitschrift. Seinem Führungsoffizier berichtet er, dass Heinz eine persönliche Zuneigung zu ihm entwickelt habe, sehr vertrauensselig und mitteilsam sei und dass er, wenn sich das noch ausbauen ließe, dort «grandios abschöpfen» könne.

So weiß man in Ostberlin recht genau Bescheid über den *Dritten Weg*, seine Macher und Förderer. Auf einem Blatt in der Akte meines Großvaters, auf dem steht, dass Heinz Lippmann als Herausgeber des *Dritten Weges* fungiere, hat ein Mitarbeiter handschriftlich «Hört, hört!!» vermerkt. In einem Bericht von Peter Heilmann wiederum wurde der bestimmt zwanzigmal im Text vorkommende Begriff «Zeitschrift Dritter Weg» jedes Mal fein säuberlich durchgestrichen und mit «Hetzschrift Dritter Weg» ersetzt. Es scheint, als hätte das Ministerium das kleine Zeitschriftenprojekt durchaus ernst genomen:

Das Renegatenzentrum «Der dritte Weg» ist eine Zentrale der politisch-ideologischen Diversion gegen die DDR, die gleichzeitig versucht, ihre Verbindungen in die DDR für die Sammlung von Spionageinformationen auszunutzen. Die Zentrale setzt sich aus Renegaten und Verrätern zusammen, die ehemalige Funktionäre in politischen und gesellschaftlichen Organisationen der DDR waren.
[...]
Durch die Verbreitung der Hetzschrift versucht das Renegatenzentrum revisionistische Theorien in die DDR zu schleusen und schwankende und politisch nicht gefestigte Menschen, besonders Intellektuelle in Zweifel zur Politik unserer Partei zu bringen.

Ob es Heinz und seinen Mitstreitern tatsächlich gelungen ist, Leser zum Zweifeln oder gar Handeln zu animieren, bleibt fraglich. Ilse Spittmann jedenfalls schätzt die Wirksamkeit des Zeitungsprojekts rückblickend als sehr begrenzt ein:

Also erstens kamen ganz wenige Exemplare offenbar überhaupt nur an Leute, die man hätte beeinflussen können, denn das wurde alles sehr schnell aufgedeckt von der Stasi und abgefangen. Außerdem hatten die Leute auch Angst. Was sollten sie damit machen?

Wenn sie das gefunden und gelesen haben, sobald sie es weitergaben, riskierten sie, ins Gefängnis zu gehen. Das war noch tiefster Kalter Krieg damals. Und die meisten hatten einfach Angst. Wenn sie das nicht anzeigten und ablieferten, dann schmissen sie es weg. Also viel Sinn hatte das, glaube ich, nicht. Aber damals machte man sich auch Illusionen darüber, was man tun konnte und was nicht.

Heinz glaubt fest an den Erfolg seines Projekts. Ständig macht er neue Pläne, wie man die Wirkung des *Dritten Weges* verbessern, die Opposition in der DDR stützen und fördern könnte. Weil er das Gefühl hat, von hier aus am wirkungsvollsten arbeiten zu können, kommt er häufig nach Berlin, zeitweise erwägt er sogar, seinen Hauptwohnsitz hierher zu verlegen. Aber er vergisst nicht die Gefahr, die seine Arbeit mit sich bringt und die ihm gerade hier, wo Ost und West so nah beieinanderliegen, besonders bewusst ist. Deshalb nutzt er bei allen Reisen in die Stadt einen Personalausweis auf den Namen Heinz Brill.

Eine Bekannte von ihm arbeitet in einer Westberliner Bibliothek, wo sie mit Menschen aus dem Ostteil der Stadt zusammenkommt, die dort Bücher ausleihen und in einem Lesezimmer westliche Zeitungen lesen. Dort will Heinz künftig auch den *Dritten Weg* auslegen. Seine Bekannte soll dann versuchen, mit den Lesern ins Gespräch zu kommen, und so nach und nach eine informelle Gruppe aufbauen, mit der regelmäßig Diskussionen geführt und so letztlich auch Informationen gewonnen werden können.

Ein anderer Plan sieht vor, mit finanzieller Unterstützung des Verteidigungsministeriums in Berlin ein Zentrum zu schaffen, das als Anlaufstelle für Oppositionelle aus der DDR dient, diese mit hilfreichen Argumenten und Materialien versorgt und gleichzeitig wiederum versucht, Wissen über die politischen und wirtschaftlichen Entwicklungen in Ostdeutschland zu sammeln.

Berlin ist in diesen Jahren eine spannende Stadt, durch deren Mitte die Frontlinie des Kalten Krieges verläuft. Hier bieten sich Heinz immer wieder Möglichkeiten, Kontakte anzubahnen und Informationen zu sammeln. So wie in einem Nachtclub am Wittenbergplatz, wo er einen Mitarbeiter der senegalesischen Botschaft kennenlernt, der nach Berlin entsandt worden ist, um die hiesigen Entwicklungen zu beobachten. Heinz nimmt ihn vor den Pöbeleien des Wirtes in Schutz, verwickelt ihn in ein Gespräch und schlägt ihm vor, sich doch in Ostberlin mit Honeckers Nachfolger, dem neuen FDJ-Vorsitzenden Horst Schumann, zu treffen – etwas, dass er sicher selber gern getan hätte. Da er das nicht kann, hofft er, über den Kontakt zu dem Senegalesen einige Informationen zu bekommen.

Doch Berlin ist ein heißes Pflaster, und im Laufe des Jahres 1961 spitzen sich nicht nur die politischen Spannungen um die Vier-Mächte-Stadt zu, auch das Projekt *Dritter Weg* gerät mehr und mehr aus dem Lot. Der Bibliotheksplan scheitert, weil deren Leiter sich weigert, solch undurchsichtiges Blättchen im Lesesaal auszulegen. Und auch das Verteidigungsministerium lässt nichts mehr von sich hören. Angesichts der aufgeladenen Situation will sich wohl niemand zu weit aus dem Fenster lehnen. Vielleicht gab es aber auch nie ein ernsthaftes Interesse von offizieller Seite, hatte man sich nur höflich Heinz' Ideen angehört.

Nachdem sich all diese Pläne zerschlagen haben und damit auch ein möglicher Umzug nach Berlin in weite Ferne gerückt ist, muss Heinz einen weiteren Rückschlag einstecken. Einer der Kuriere, die den *Dritten Weg* nach Ostberlin transportieren, offenbart Heinz seine Kontakte zur Staatssicherheit. Der junge Mann gibt zu, schon längere Zeit die Umschläge mit dem *Dritten Weg*, statt sie wie vereinbart in Ostberliner Briefkästen einzuwerfen, direkt beim MfS abgeliefert zu haben. Zu dieser Zusammenarbeit sei es gekommen, weil sein Hund einen anderen gebissen hätte und er dadurch in eine Schlägerei verwickelt wurde. Der drohenden Bestrafung hätte er nur durch die Unterzeichnung einer Verpflichtungserklärung entgehen können. Außerdem stecke er in Geldnöten, weshalb ihm die 150 DM von der Staatssicherheit, die er nun zusätzlich zur selben Summe von Heinz erhalte, sehr gelegen kämen. Scheinbar quält ihn nun aber ein schlechtes Gewissen, weshalb er noch von einer Reihe anderer Aktivitäten berichtet. So erzählt er, dass er den Auftrag erhalten habe, für 5 DM Kondome zu kaufen, diese aufzurollen, hineinzuspucken und auf dem Gelände des Jungsozialisten-Camps Rehberge zu verteilen, um damit die Unmoralität des Lagers unter Beweis zu stellen. Er behauptet aber, dass er dem nicht nachgekommen wäre, da er das Geld schon vorher ausgegeben habe.

Am Ende des Gesprächs, das Heinz mit seinem Miniphon aufzeichnet – dem damals kleinsten Tonbandgerät der Welt, oft zu Spionagezwecken verwendet –, sagt er dem Jungen, er müsse den Kontakt zu ihm abbrechen, und rät ihm, seinem Führungsoffizier gegenüber eine Herzkrankheit vorzutäuschen und zu erklären, er könne die Tätigkeit nicht weiter ausführen, da er die ständige Aufregung nicht verkrafte. Die Bitte des Kuriers, ihn doch weiter mit Material zu versorgen, damit er der Staatssicherheit gegenüber so tun könne, als ob er noch immer für sie arbeite, lehnt er ab. Gleichzeitig verzichtet er nach Rücksprache mit dem Verfassungsschutz darauf, Anzeige gegen den jungen Mann zu erstatten.

Allerdings spricht Heinz mit etlichen Freunden und Bekannten über den Vorfall, darunter auch Michael Gromnica, Walter Barthel und Peter Heilmann, die ihr Wissen allesamt umgehend an die Staatssicherheit weitergeben. Ob das wiederum Konsequenzen für den Jungen hatte, bleibt offen.

Michael Gromnica bringt diese Geschichte etwas in Bedrängnis, denn er hatte den Jungen ursprünglich für die Mitarbeit beim *Dritten Weg* angeworben. Außerdem sind gegen ihn in den letzten Monaten bereits einige andere Verdachtsmomente aufgetaucht, die schließlich in einer Aussprache diskutiert wurden, an der neben den gemeinsamen Kontaktleuten vom Verfassungsschutz auch Heinz teilnahm. Zwielichtig erschienen vor allem die Eltern von Gromnicas Ehefrau Erika, die sich als überzeugte Kommunisten erwiesen. Zudem sei deren Anschrift im Ostberliner Ortsteil Johannistal eine Deckadresse des MfS. Gromnica gab sich ahnungslos und versuchte sich mit dem Argument zu verteidigen, er hätte schließlich Erika geheiratet und nicht ihre Eltern. Deshalb würde er sich für deren politische Ansichten nicht im Geringsten interessieren. Offenbar waren seine Ausführungen recht einleuchtend, denn am Ende kam man überein, dass Gromnica seine Tätigkeit für den Verfassungsschutz weiterführen solle.

In seinem Bericht an die Staatssicherheit mokiert sich Gromnica darüber, dass Heinz seine Aussagen während des Gesprächs immer wieder in Frage stellte und ihn in unverschämter Weise persönlich angriff, wohl um sich selbst möglichst klar von ihm zu distanzieren, was wiederum aus dem Blickwinkel meines Großvaters verständlich erscheint, denn schließlich hatte er selbst Gromnica dem Verfassungsschutz empfohlen und wollte nun wohl verhindern, dass im Fall der Fälle der Verdacht entstünde, er hätte dort absichtlich einen Maulwurf platziert.

Michael Gromnica berichtet seinen Auftraggebern vom wachsenden Misstrauen gegen seine Person, in dessen Folge er kaum noch verwertbare Informationen liefern könne. Denen bleibt nichts anderes übrig, als der Tatsache ins Auge zu blicken, dass ihr Informant in schwierigem Fahrwasser manövriert und innerhalb kürzester Zeit auffliegen könnte. Im August 1961 entscheidet die Staatssicherheit, ihn zurückzuziehen. Einerseits will man wohl nicht riskieren, dass er festgenommen wird und damit in eine Situation gerät, Dinge zu verraten, die man dem Westen nicht preisgeben möchte, andererseits hofft man, aus einem medienträchtigen Überlaufen in den Osten propagandistischen Nutzen zu ziehen.

Diese Entscheidung fällt wenige Tage nach dem Bau der Berliner Mauer. Da kommt ein Westberliner, der freiwillig in die DDR geht, natürlich gelegen. Noch dazu, da er detailliert von den verwerflichen Aktivitäten der westdeutschen Geheimdienste berichten kann, denen es letztlich nur darum ginge, dem sozialistischen Staat die Existenzgrundlage zu entziehen, indem sie dessen Bürger verunsicherten und schließlich in den Westen lockten, wogegen nur eine effektive Abgrenzung – wie soeben im Mauerbau vollzogen – helfen könne.

Zufällig steht, als Michael Gromnica am 26. August 1961 den entscheidenden Anruf erhält, Heinz praktisch neben ihm. An diesem Samstagabend sind beide am Wittenbergplatz verabredet. Da Gromnica zunächst nicht erscheint, ruft Heinz bei dessen Frau an, um sich nach ihm zu erkundigen. Die macht auf ihn einen äußerst aufgeregten Eindruck und bittet ihn eindringlich, ihrem Mann zu sagen, er solle sich sofort bei ihr melden. Als der mit einer halben Stunde Verspätung eintrifft, suchen sie noch einmal die Telefonzelle auf. Durch die halbgeöffnete Tür hört Heinz Teile des Gesprächs mit. Ich weiß nicht, ob er Gromnica noch immer verdächtigt und deshalb so genau hinhört oder ob seine Aufnahmefähigkeit durch die Geheimdienstarbeit im Allgemeinen so weit sensibilisiert ist, jedenfalls gelingt es ihm sogar, einiges von dem zu verstehen, was Gromnicas Ehefrau Erika sagt. Einer der Sätze, den er zweifelsfrei zu hören meint, lautet: «Der Hund ist überfahren worden.» Später wird er davon ausgehen, dass es sich dabei um einen Code handelt, über den Gromnica seine Abberufung mitgeteilt wurde.

Nach dem Telefonat fahren Gromnica und mein Großvater noch gut eineinhalb Stunden durch die Stadt und sehen sich die neuerrichteten Grenzanlagen an. Danach setzt Heinz seinen Begleiter vor dessen Wohnung ab. Sie vereinbaren ein weiteres Treffen für den nächsten Abend.

Als Gromnica die Verabredung nicht einhält und auch jegliche Versuche, ihn telefonisch zu erreichen, scheitern, wird Heinz nervös. Er kontaktiert gemeinsame Bekannte wie Walter Barthel, doch niemand weiß etwas über den Verbleib Gromnicas. Schließlich wendet sich Heinz an dessen Mutter, die berichtet, er habe noch am Samstag Abend gegen 22.30 Uhr seinen Hund zu ihr gebracht und erklärt, er und Erika müssten kurzfristig zu einer Tagung reisen. Der Flug nach Frankfurt solle angeblich am Montag um zehn Uhr gehen. Doch auch in Tempelhof tauchen die Gromnicas am fraglichen Morgen nicht auf. Als Nächstes macht sich Heinz gemeinsam mit Gromnicas Mutter daran, in Westberlins Unfallkliniken und Krankenhäusern nach ihnen zu suchen. Inzwischen ist er fast zu einhundert Prozent davon überzeugt, dass die beiden in den Osten übergelaufen sind.

Walter Barthel, der fast den ganzen Tag mit Heinz zusammen ist, berichtet, dass er im Laufe des Nachmittags immer nervöser und konfuser agiert. Heinz befürchtet sogar, dass die Westberliner Polizei die Panne zum Vorwand nehmen und ihn verhaften könnte. Deshalb verpackt er all seine Notizen und vertraulichen Unterlagen in fünf große Luftpostbriefe und schickt sie an eine Privatadresse in Köln. Er telefoniert mehrfach mit seinem Kontakt beim Verfassungsschutz, denn er mutmaßt, dass die Enttarnung Gromnicas das Ende seiner

Zusammenarbeit mit dem Geheimdienst bedeutet. Von östlicher Seite bleibt es unterdessen überraschend still – keine propagandistische Ausschlachtung des in den Osten Übergelaufenen, keine öffentliche Enthüllungen seiner Kenntnisse.

Dem Verschwinden Michael Gromnicas gingen turbulente Tage voraus. Der Mauerbau hat Heinz' Pläne für seinen Berlinaufenthalt ordentlich durcheinandergewirbelt. Eigentlich wollte er seinen alten Bekannten Heinz-Wolfram Mascher treffen. Als die Mauer gebaut wird, weilt der gerade in Tokio, um an der Weltkonferenz gegen die Atombombe teilzunehmen. Seine Frau besucht mit dem gemeinsamen, erst wenige Wochen alten Baby an diesem 13. August ihre Eltern in Westberlin und beschließt, vorerst dortzubleiben. Alle sind sehr nervös. Niemand weiß, was die nächsten Tage und Wochen bringen werden. Wird es Heinz-Wolfram Mascher gelingen, trotz des Mauerbaus nach Westberlin zu gelangen?

Am 19. August fährt Heinz mit Maschers Frau nach Tempelhof, um herauszufinden, ob er wie geplant am Westberliner Flughafen eintreffen wird. Da das nicht der Fall ist, nehmen sie an, dass er aufgrund der politischen Entwicklungen auf eine andere Route ausweichen musste.

Am 20. August dann die gute Nachricht: Heinz-Wolfram Mascher ist in Westberlin. Zwar hat er keinen Passierschein bekommen, den seit dem Mauerbau alle DDR-Bürger benötigten, um nach Westberlin einzureisen, doch er nutzt die allgemeine Unsicherheit in diesen ersten Tagen des neuen Grenzregimes und gelangt mit Hilfe seines Volkskammerausweises in den Westen. Heinz trifft Mascher noch am selben Abend im Haus von dessen Schwiegereltern im Neuköllner Ortsteil Buckow. Sie führen erregte Diskussionen. Heinz befürchtet, Mascher könne Probleme bekommen, wenn er – zumal ohne Passierschein – in den Osten zurückgeht. Auch seine Frau will mit dem Kind im Westen bleiben. Doch Mascher lässt nicht mit sich reden. Er ist der Meinung, dass er aus dem Inneren der DDR mehr bewirken, bestimmte negative politische Entwicklungen verhindern könne, dass, wenn er wie so viele einfach ginge, dort alles nur schlimmer würde. Also macht er sich auf den Rückweg nach Ostberlin, und zunächst scheint alles gutzugehen.

Bereits am 26. August besucht er erneut den Westteil der Stadt – dieses Mal mit einem gültigen Passierschein. Wieder trifft er sich mit Heinz. Sie sprechen über die aktuelle politische Situation in der DDR und verabreden eine weitere Zusammenkunft in zwei Wochen. Doch dazu kommt es nicht. Noch am Tag seiner Rückkehr wird Mascher in Ostberlin verhaftet. Praktisch zeitgleich erhält Gromnica die Anweisung, in die DDR überzulaufen. Es scheint, als sähen maßgebliche Kräfte bei der Staatssicherheit den Moment gekommen, um aus all den über die letzten Monate und Jahre gesammelten Informationen Kapital zu schlagen.

Nach seiner Verhaftung wirft man Mascher vor, ein Agent zu sein und über seine Kontakte zu Heinz Lippmann dem Verfassungsschutz zugearbeitet zu haben. Offenbar hat mein Großvater aus Gesprächen mit Mascher gewonnene Erkenntnisse an den Geheimdienst weitergeleitet und ihm den Decknamen «Chera» gegeben. Ob er Mascher in seine Geheimdienstkontakte eingeweiht hat, lässt sich nicht sagen, scheint aber zweifelhaft. So erwähnte Heinz einmal gegenüber Gromnica, dass er mit Mascher im Grunde nur Diskussionen über verschiedene politische Fragen führe, dabei aber am Rande auch immer wichtige Informationen abfallen.

Als Heinz im November 1961 wieder nach Westberlin reist, plant er, sich mit Maschers Ehefrau zu treffen. Sie hat ihn um Rat gebeten, da sie brieflich von ihrem Ehemann unter Druck gesetzt würde, in die DDR zurückzukehren. Völlig verunsichert, wisse sie nicht, wie sie sich verhalten solle. Einerseits fühle sie sich im Westen sicher, andererseits wolle sie ihrem Mann nicht durch ihr Fernbleiben schaden.

Heinz kommt mit dem festen Vorsatz nach Berlin, sie von der Rückkehr abzuhalten. Inzwischen weiß er – aus welchen Quellen, ist nicht einmal dem sonst immer gut informierten Stasizuträger Walter Barthel klar –, dass Mascher in seinen Verhören recht erfolgreich die Rolle des sorglosen Funktionärs spielt, der sich – naiv und sentimental – einem alten Freund anvertraut hätte und so im Grunde unverschuldet in die Fänge des westdeutschen Geheimdienstes geraten sei. Deshalb, hofft Heinz, hätte Mascher keiner allzu hohe Strafe zu erwarten. Allerdings befürchtet er, dass dessen Frau, sollte sie wirklich nach Ostberlin zurückgehen, Aussagen machen könnte, die sie alle belasten würden. Seine Vorgesetzten beim Verfassungsschutz sind allerdings der Meinung, es sei ihre persönliche Entscheidung und er solle sich nicht einmischen.

Letztendlich bekommt er dazu nicht mehr die Gelegenheit, denn als er in Berlin eintrifft, ist Maschers Ehefrau bereits nach Ostberlin zurückgekehrt. Später schreibt sie Heinz, dass es ihr so weit gutginge, sie ihr Haus, das Auto und alle Habseligkeiten zurückbekommen hätte und sogar wieder an ihrer alten Arbeitsstelle eingestellt worden sei.

Mein Großvater hält weiterhin Kontakt zu den in Buckow wohnenden Schwiegereltern von Mascher. Bei einem Besuch im April 1962 erfährt er, dass Mascher zu fünf Jahren Zuchthaus verurteilt worden sei, erst 1966 kommt er frei. Auch nach seiner Entlassung bleibt er in der DDR, doch seine politische Karriere ist zu Ende. Er tritt in die SED ein und arbeitet fortan als Justiziar in der Ostberliner Zentrale der Handelskette «Konsum». Heinz hat ihn meines Wissens nie wiedergesehen.

Heinz-Wolfram Mascher sollte nicht der Einzige aus dem engeren Bekanntenkreis meines Großvaters bleiben, der in den Tagen nach Gromnicas Überlaufen verhaftet wird. Auch Hans-Joachim Helwig-Wilson gerät damals in die Fänge der Staatssicherheit. Den Westberliner Bildjournalisten, der eine Vielzahl großer Zeitungen vom *Tagesspiegel* bis zur *Bild* mit Fotos und Informationen aus der DDR belieferte, hatte Heinz im Jahr zuvor über den gemeinsamen Bekannten Gromnica kennengelernt.

Mein Großvater und Helwig-Wilson waren sich von Anfang an sympathisch und trafen sich, wann immer sich Heinz in Berlin aufhielt. Politisch einte sie ihr kritischer Blick auf die Verhältnisse in der DDR. Heinz erzählte Helwig-Wilson von seiner Arbeit für verschiedene Radiosender und andere Publikationen und natürlich von seiner Zeitschrift. Er sah in der Bekanntschaft mit dem Fotografen auch deshalb einen Glücksfall, weil der sich aufgrund seiner Akkreditierung in der DDR relativ frei bewegen konnte, was für ihn selbst unmöglich war. Es entstand eine fruchtbare Zusammenarbeit, Helwig-Wilson lieferte Informationen und Bilder aus der DDR, die mein Großvater für den *Dritten Weg* verarbeitete. Allerdings erwähnte Heinz mit keinem Wort, dass die Zeitschrift vom Verfassungsschutz finanziert wird, und auch über seine und Gromnicas Kontakte zum westdeutschen Geheimdienst ließ er Helwig-Wilson im Dunkeln – eine Tatsache, die für diesen zur tragischen Falle werden sollte.

In den Tagen nach dem Mauerbau sind Hans-Joachim Helwig-Wilson und mein Großvater gemeinsam entlang der Sektorengrenze unterwegs. Sie fotografieren die eilig errichteten Befestigungsanlagen, die ungläubigen Blicke der umstehenden Menschen, die schwerbewaffneten, oft blutjungen Soldaten.

Die Staatssicherheit hat Helwig-Wilson schon länger im Visier. Seine Berichterstattung ist den Machthabern zu kritisch, seine Fotos zeigen mehr, als ihnen lieb ist. Einige seiner Abnehmer, wie das Ministerium für Gesamtdeutsche Fragen und die Zeitung des SPD-Ostbüros *Freie Junge Welt*, gelten als «Spionage-Zentralen». Weil damit zu rechnen ist, dass er gewarnt sein würde, sobald die Flucht Gromnicas in den Osten bekannt würde, entschließt man sich, zu handeln, bevor es zu spät ist.

Am 28. August, einen Tag nach dem Verschwinden Gromnicas, bekommt Helwig-Wilson ein Telegramm aus Ostberlin. Es stammt von Dieter Wilms, dem Leiter der Berolina-Werbung, zu dem Helwig-Wilson enge Kontakte unterhält. Wilms hat zuvor einen Anruf von einem Stasimitarbeiter bekommen, der sich als Redakteur des *Neuen Deutschlands* ausgab und behauptete, man bräuchte dringend einen Bildreporter aus Westberlin. Diese Information gibt der ahnungslose Wilms an Helwig-Wilson weiter, der sich ohne zu zögern auf den Weg macht. Er nimmt die S-Bahn, denn dank seiner Akkreditierung ist es für ihn kein Problem, die andere Hälfte der Stadt aufzusuchen. Vielleicht eine halbe Stunde nachdem Helwig-Wilson losgefahren ist, wählt Heinz dessen Telefonnummer. Er will ihm vom Verschwinden Gromnicas erzählen, ihn warnen, dass ihn dessen wahrscheinliches Überlaufen in Gefahr bringen könnte. Doch er erreicht nur seine Frau, die ihm sagt, wohin ihr Mann unterwegs ist. Hätte mein Großvater etwas tun können, um ihn aufzuhalten? In einem längeren Telefongespräch, dass ich mit Helwig-Wilson führte, meinte er, Heinz hätte vielleicht versuchen können, die S-Bahn zu stoppen. Doch wäre das wirklich möglich gewesen? Er wusste ja nicht, in welchem Zug Helwig-Wilson saß, und hätte kaum eigenhändig den gesamten S-Bahn-Verkehr lahmlegen können. Dazu wäre es nötig gewesen, Polizei oder Verfassungsschutz einzuschalten, und das hätte Zeit gekostet, die er nicht hatte. Es war einfach zu spät. Warum hatte er Helwig-Wilson nicht schon am Abend zuvor gewarnt? Es müsste ihm doch klar gewesen sein, dass Gromnicas Wissen über den *Dritten Weg* und die Verflechtungen mit dem Verfassungsschutz in den Händen des ostdeutschen Geheimdienstes großes Unheil anrichten könnte. Vielleicht hoffte er in den Stunden nach der geplatzten Verabredung noch auf eine andere Erklärung für Gromnicas plötzliches Verschwinden. Am Ende zögerte er zu lange, um Helwig-Wilson noch aufhalten zu können.

Und so fährt die S-Bahn an diesem Montagvormittag in den Bahnhof Friedrichstraße ein, wie an jedem anderen Tag auch. Der Fotograf steigt aus, macht sich auf den Weg zum Hackeschen Markt und damit in sein Verderben. Vor dem Gebäude der Berolina-Werbung spricht ihn ein Mann an, der sich als Mitarbeiter des *Neuen Deutschlands* vorstellt und ihn bittet, in ein wartendes Auto zu steigen. Sie fahren los. Helwig-Wilson achtet kaum auf die Straßenzüge, die an ihnen vorbeifliegen. Er erzählt von einer Moskaureise, von der er kürzlich zurückgekehrt ist. Noch immer ist er überzeugt, dass die Fahrt im Verlagsgebäude des *Neuen Deutschlands* enden würde. Erst als der Wagen auf den Hof der Stasizentrale in der Lichtenberger Magdalenenstraße rollt, merkt Helwig-Wilson, dass etwas nicht stimmt. Auf die Frage, ob er verhaftet sei, bekommt er aber keine Antwort. Durch unzählige Türen und Flure führt man ihn, er wird durchsucht, muss sich ausziehen, Häftlingskleidung anlegen und wird in eine Zelle gesperrt. Gegen Abend beginnen die Verhöre. Man wirft ihm vor, ein Verfassungsschutzagent zu sein, legt ihm Fotos vor, auf denen Heinz zu sehen ist. Er soll gestehen, dass er mit dem Verbrecher Lippmann zusammengearbeitet habe. Helwig-Wilson besteht darauf, er sei Journalist und habe nur Pressearbeit geleistet, Kontakte zu Geheimdiensten bestreitet er. Doch das wollen seine Befrager nicht hören, sie machen einfach weiter, stellen dieselben Fragen, wieder und wieder, Tag für Tag, stundenlang. Nach zwei Wochen bricht Helwig-Wilson zusammen und unterschreibt ein Geständnis, in dem er zugibt, Agent des Verfassungsschutzes zu sein. Wegen Spionage und Hetze wird er zu dreizehn Jahren Zuchthaus verurteilt. Körperlich und psychisch geht es ihm da schon sehr schlecht. Die nächsten Jahre verbringt er in verschiedenen Haftkrankenhäusern. 1965 wird er als einer der ersten Häftlinge vom Westen freigekauft. Sein Gesundheitszustand ist desolat, monatelang muss er in stationäre Behandlung, doch die Haftschäden bleiben das ganze Leben.

Am Telefon erzählt mir Hans-Joachim Helwig-Wilson, dass an der Haft und ihren Folgen seine Familie zerbrochen sei. Ich habe nicht den Mut zu fragen, was genau vorgefallen ist. Später lese ich, dass seine beiden Kinder, zum Zeitpunkt der Festnahme drei und fünf Jahre alt, ihn nicht wiedererkannt hätten, als er zurückkehrte. Zu viel Zeit war vergangen, zu wenig Ähnlichkeit hatte der abgemagerte Fremde mit dem, der er einmal gewesen war.

Einige Zeit nach seiner Freilassung besucht ihn ein Mitarbeiter des Verfassungsschutzes. Er äußert sich erstaunt darüber, dass sich Helwig-Wilson trotz seiner Verbindungen zum Geheimdienst in der angespannten Situation des Augusts 1961 nach Ostberlin getraut hätte. Als Helwig-Wilson einwirft, er wäre sich solcher Kontakte nie bewusst gewesen, ist es an seinem Gegenüber, verwundert zu sein. Man sei überzeugt gewesen, dass Heinz ihn in die Hintergründe seiner Tätigkeit eingeweiht habe.

Als Helwig-Wilson mir sagt, er hätte Heinz nicht übel genommen, was er getan hat, kann ich das kaum glauben. Aber er scheint es ernst zu meinen. Er erzählt, dass Heinz seine Familie finanziell unterstützte, während er im Gefängnis saß. Nach der Haft wollte er sich dafür bedanken, schrieb ihm und schlug vor, sich doch wieder einmal persönlich zu treffen. Heinz beantwortete keinen seiner Briefe und meldete sich nie wieder bei ihm. Vielleicht hat ihn sein schlechtes Gewissen, die Angst vor Vorwürfen, denen er nichts hätte entgegensetzen können, davon abgehalten. Er hatte wohl nicht den Mut, sich dem zu stellen, was er doch eigentlich wusste, dass er selbst einen Teil der Verantwortung dafür trug, was seinem Freund zugestoßen war.

Am Ende unseres Gesprächs fügt Helwig-Wilson noch hinzu, er glaube, Heinz habe damals die ganze Situation nicht richtig überblicken können – all die Fäden, die im Netz der Geheimdienste zusammenliefen, um sich wieder zu trennen, und bei denen man nie sicher sein konnte, wo sie ihren Anfang nahmen und wo sie endeten.

Spätestens in diesen Sommertagen des Jahres 1961 müsste meinem Großvater klargeworden sein, dass aus seiner Arbeit für den Geheimdienst, die ihm vielleicht mitunter wie ein beliebig manipulierbares Spiel erschien, bitterer Ernst geworden war. Trotzdem nimmt er die Verhaftung von zwei ihm nahestehenden Menschen, für deren Schicksal er mindestens Mitverantwortung trägt, nicht zum Anlass, sich aus diesem zwielichtigen Geschäft zurückzuziehen. Vielleicht will er das bisschen Illusion von Macht und Einfluss, das ihm geblieben ist, nicht aufgeben. Möglicherweise wirkt das Gefühl, in Geheimnisse eingeweiht zu sein, selbst im Kalten Krieg der Nachrichtendienste mitmischen zu können, wie eine Droge, von der nur schwer wieder loszukommen ist. Vielleicht treibt Heinz auch einfach die pure Existenzangst, die Unsicherheit darüber, wovon und wie er leben soll – als Staubsaugervertreter oder Geheimagent. Bereits im Jahr zuvor hatte er Gromnica gegenüber erklärt, dass er die Rückkehr in ein bürgerliches Dasein kaum mehr für möglich halte und im Grunde auch nicht mehr dazu bereit wäre.

Blicke ich auf das Leben, das mein Großvater in diesen Jahren führte, spricht einiges dafür, dass er es damit ernst meinte. Seit der Trennung von Billie hat er sich offenbar von dem Gedanken an eine neuerliche Ehe oder auch nur eine längerfristige Beziehung verabschiedet. Seine Freundinnen wechseln so häufig, dass ich beim Lesen der Akten schnell den Überblick verliere. Häufig überschneiden sich die Verhältnisse, es gibt Freundinnen in Köln und andere in Berlin. Hat Heinz das Gefühl, dass seine Geliebte ihn umziehen, mit ihm zusammenleben oder ihn gar heiraten will, reagiert er panisch und beendet die Verbindung. Bei aller Flüchtigkeit seiner aktuellen Beziehungen scheint Heinz seine zweite Ehefrau Inge Buchmann nicht vergessen zu können. Immer wieder versucht er, Kontakt aufzunehmen und herauszufinden, wie es ihr geht. Im Jahr 1957, als Peter Heilmann noch in Ostberlin lebte, bat er ihn, sich beim Verlag «Neues Leben», wo sie inzwischen arbeitete, nach ihr zu erkundigen. Noch immer verspürt er den Wunsch, sich einmal mit ihr auszusprechen, wie er seinem Freund anvertraut.

Jahre später erfährt mein Großvater von Heinz-Wolfram Mascher, dass Inge im Krankenhaus liege und es ihr sehr schlecht gehe. Er bittet Mascher, ihr einen Brief zu überbringen und von etwas Geld, dass er ihm gibt, ein Geschenk zu kaufen. Es sind nicht die letzten Zeilen, die er an sie richtet. Ob sie seine Briefe überhaupt erhält und auch liest, ist ungewiss, ebenso, was ihn dazu bringt, sich immer wieder bei ihr zu melden. Liebt er sie noch? Treibt ihn sein schlechtes Gewissen an, weil er sie bei seiner Flucht einfach zurückgelassen hat, oder die Sehnsucht nach seinem alten Leben, als die Welt noch in Ordnung schien? Ob er auch versucht herauszufinden, wie es seiner ersten Frau und seinem Sohn geht? In den Akten der Staatssicherheit findet sich nur ein einziger Hinweis darauf. Peter Heilmann berichtet, dass Heinz im Mai 1963 beim Filmfest in Oberhausen mit Inge Kleinert gesprochen habe, die in ihrer Funktion als Direktorin des DEFA-Dokumentarfilmstudios dort anwesend war. Leider finden sich keinerlei Informationen darüber, wie lange und worüber sie sich unterhalten haben. Meinem Vater, der damals fünfzehn war, hat meine Großmutter jedenfalls nichts von dem Treffen erzählt.

Zu Heinz' Leben jenseits der Bürgerlichkeit gehören auch große Mengen von Alkohol und Zigaretten. Walter Barthel berichtet, dass Heinz während der gemeinsamen Gespräche in der Regel eine ganze Packung rauche und die Schachtel dann nervös zerrupfe, bis nur noch der Boden übrig sei, den er benutze, um sich darauf Notizen zu machen. Von dieser Gewohnheit, Informationen und Ideen, wo er geht und steht, auf allen verfügbaren Materialien festzuhalten, haben mir auch einige seiner Freunde berichtet. Hermann Weber übergab mir bei einem unserer Treffen im Jahr 2007 sogar einen dicken Hefter, der mit solchen Zetteln vollgestopft war. Ich weiß noch, dass ich mir beim Durchblättern wie ein Schatzsucher vorkam. Immer wieder ging ich die Zettel, Bierdeckel und Zigarettenschachteln durch, sortierte sie neu und inspizierte nochmals genauestens in der Hoffnung, irgendetwas Neues, Überraschendes oder Ungeheuerliches über meinen Großvater zu erfahren. Leider scheiterte ich schon daran, dass ich viele der handschriftlich verfassten Notizen gar nicht entziffern, andere beim besten Willen in keinen sinnvollen Zusammenhang bringen konnte.

Da ist ein vergilbter Umschlag, auf dem «Wolfram» steht, zweimal durchgestrichen. Darin befindet sich ein noch vergilbterer Zettel mit der Aufschrift: «Mittwoch, 19^{00} Café Bülow Schöneberg – Hauptstr. 16». Dann ein Packen zusammengehefteter Blättchen, die von verschiedenen Kellnerblöcken stammen. Unter den Aufschriften wie «Bärenbier bringt gute Laune» und «Berliner Kindl Qualitätsbier» sind statt den üblichen Bestellwünschen bunt durcheinander Namen, Adressen, Telefonnummern, Buchtitel und Stichworte zur aktuellen politischen Lage, aber auch eine Liste mit den Decknamen seiner Quellen notiert, unter anderem: «Linse» für Helwig-Wilson, «Chera» für Mascher und «Paulus» für Peter Heilmann.

Unter den teilweise kaum zu entziffernden Schnipseln stoße ich immer wieder auf Aufzeichnungen über Heinz' Berlinaufenthalte. Es sind regelrechte kleine «Tagebücher» in Form von zusammengehefteten Zetteln, auf denen, ordentlich durchnummeriert, Daten und Uhrzeiten für Verabredungen mit Kontaktpersonen notiert sind. Manchmal benutzt Heinz deren wirkliche Namen, dann wieder offensichtliche Tarnnamen wie «Nixe» oder «Rübe». Zum Inhalt der Gespräche ist nur selten etwas vermerkt.

Seine Papiere enthalten auch Notizen, die er sich offenbar während der Treffen mit seinen Kontaktpersonen gemacht hat. Es handelt sich dabei um Stichworte oder Satzfetzen, die sich, soweit erkennbar, mit der Situation in Ostdeutschland befassen: «Arbeitsplatzwechsel-Verbot, Landflucht aus LPGs, viel Unzufriedenheit in Arbeiterschaft und unter kleinen Funktionären, DDR Bevölkerung für Verhandlungen, Passierscheine, erschwerte Ausreise [...]»

Einige der Notizen in seinem Ordner lassen sich nur schwer einordnen. Auf einem kleinen, mit diversen Kritzeleien versehenen Stück Pappe steht «Niederschönhausen Majakowskiring» und dazu das Datum «25.8.». Im Majakowskiring in Ostberlin war ein großer Teil der SED-Führungsriege zu Hause. Walter Ulbricht lebte dort, Ministerpräsident Otto Grotewohl, Justizministerin Hilde Benjamin, Stasichef Erich Mielke und auch Gerhard Heidenreich, Heinz' Freund aus alten Tagen und inzwischen stellvertretender Leiter des Hauptverwaltung Aufklärung genannten Auslandsnachrichtendienstes. Warum hat mein Großvater diese Adresse notiert? War sie ein Treffpunkt, Gedankenstütze oder mögliches Ziel seiner Geheimdienstaktivitäten? Und was hat es mit dem 25. August auf sich? Handelt es sich dabei um den Sommer 1961, als Michael Gromnica in die DDR berufen und Heinz-Wolfram Mascher verhaftet wurde? Auch dessen Name steht auf dem Stück Pappe, auf dessen Rückseite Heinz eine Adresse in Buckow notiert hat – möglicherweise die von Maschers Schwiegereltern.

Leider kenne ich niemanden, der diese Fragen beantworten könnte, und auch die Akten geben in dieser Richtung keinen Aufschluss. So wird sich wohl nicht klären lassen, ob es irgendeinen Zusammenhang gibt zwischen diesem Stück Pappe und den schicksalhaften Ereignissen des Sommers 1961.

Zwischen all den handgeschriebenen Zetteln unterschiedlicher Größe und Schattierung finden sich auch ein paar maschinengeschriebene Seiten. Eines dieser Schreiben beschäftigt sich mit der *Deutschen Friedensunion (DFU)*, einer im Dezember 1960 in Stuttgart gegründeten Partei, die sich für militärische Abrüstung und die deutsche Wiedervereinigung einsetzte und der auch eine Reihe von ehemaligen Mitgliedern der 1956 verbotenen KPD angehörte. Finanziert wurde sie, wie sich später herausstellte, in Teilen von der SED.

Ein Adressat oder Auftraggeber für die Analyse ist nicht verzeichnet, aber es ist naheliegend, dass Heinz sie für den Verfassungsschutz angefertigt hat, der die neue Partei seit ihrer Gründung beobachtet. Dabei geht es auch um die Entscheidung, ob die DFU – wie von der SPD gefordert – als Tarnorganisation der KPD verboten werden soll. Die Möglichkeit dazu schätzt Heinz in seinem Bericht allerdings als gering ein, da der Partei dazu eine staatsfeindliche Tätigkeit nachgewiesen werden müsste.

In einem weiteren Papier – offenbar ein teils handschriftlich, teils mit der Maschine geschriebener Entwurf – macht mein Großvater konkrete Vorschläge, wie gegen die DFU vorgegangen werden kann. Sein Plan ist es, die lokale Presse in den Hochburgen der Partei gezielt mit entsprechenden Informationen zu versorgen. Im Ergebnis sollen Veröffentlichungen entstehen, die die DFU als kommunistische Tarnorganisation entlarven und damit in der Öffentlichkeit diskreditieren.

Heinz' Arbeit für den Verfassungsschutz bezog sich also offensichtlich nicht nur auf die DDR, sondern auch auf kommunistische Strömungen in der Bundesrepublik. Begriff er sie als Teil dessen, als das er auch die DDR-Führung sah, eine stalinistische Verformung, die dem wahren Sozialismus, wie er ihn auffasste, im Wege stand? Oder hatte er die Überzeugungen, die ihn einst antrieben, zu diesem Zeitpunkt längst aus den Augen verloren, war die Arbeit für den Geheimdienst für ihn zum Selbstzweck geworden?

Fest steht, dass Heinz unbeirrt weiterarbeitet. Im November 1961 ist er wieder in Berlin. Er will mit einigen seiner noch vorhandenen Kontakte zusammenkommen und, soweit möglich, neue auftun. Doch während dieses Aufenthaltes erwartet ihn eine unangenehme Überraschung. Drei Monate nach seinem Verschwinden lädt der Überläufer Michael Gromnica in Ostberlin zu einer internationalen Pressekonferenz. Als Heinz von dessen Enthüllungen erfährt, reagiert er panisch. Er versucht, so viele Informationen wie möglich über dessen Darstellungen zu bekommen, was sich als recht schwierig erweist. Der DDR-Rundfunk sendet nur kurze Meldungen, und auch beim RIAS, wo Heinz Bekannte hat, über die er mehr zu erfahren hofft, verfügt man lediglich über äußerst knapp gehaltenes Material der ostdeutschen Nachrichtenagentur ADN. Erst bei der Westberliner Niederlassung der Deutschen Presseagentur hat er mehr Glück. Hier bekommt er einen siebzehnseitigen ADN-Bericht zu lesen, der die gesamte Aussage Gromnicas enthält.

Mit wachsender Erleichterung, aber auch Verwunderung blättert er die Unterlagen durch. Gromnica erwähnt ihn zwar mehrfach, spricht von ihm als «Typ eines heruntergekommenen Lebemanns, der aus der Angst heraus, eines Tages für seine Verbrechen zur Verantwortung gezogen zu werden, der Trunksucht verfallen ist», nennt ihn aber nicht ein einziges Mal bei seinem richtigen Namen, sondern immer nur Pertinax, nutzt also ein Pseudonym, wobei der dahinterstehende Klarname nur wenigen Eingeweihten bekannt sein dürfte. Einige Wochen später erwähnt Gromnica in einem Interview mit der *Berliner Zeitung*, es handele sich bei Pertinax um einen Heinz Brill – auch das eine Insiderinformation. Diesen Decknamen nutzte mein Großvater häufig auf seinen Reisen nach Westberlin.

Zwar ist Heinz heilfroh, dass er noch einmal – wie es scheint – glimpflich davongekommen ist, hatte er doch damit gerechnet, von Gromnica öffentlich enttarnt und bloßgestellt zu werden, was das Ende für seine Geheimdiensttätigkeiten und wohl auch die politischen und publizistischen Aktivitäten bedeutet hätte. Allerdings fragt er sich nach den Gründen für Gromnicas Zurückhaltung, die sich im Übrigen nicht nur auf die Verschleierung von Heinz' Identität beschränkt, sondern sich auch darin zeigt, dass er im Großen und Ganzen recht allgemeine und schwer beweisbare Dinge berichtet, obwohl er über genug Wissen und Unterlagen verfügt, um Tatsachen zu enthüllen und zu belegen, die auch im Westen auf großes Interesse gestoßen wären. Stattdessen verpufft die allgemein als Propagandaaktion wahrgenommene Inszenierung weitestgehend wirkungslos.

Heinz entwickelt verschiedene Theorien zu Gromnicas Verhalten. So könne es sein, dass der vor seiner Flucht der Staatssicherheit nur Teile seines Wissens offenbart habe und nun davor zurückschrecke, sich völlig zu öffnen, weil er damit eingestehen würde, Informationen zurückgehalten zu haben. Diese Variante wäre für Heinz besonders vorteilhaft, würde sie doch bedeuten, dass der ostdeutsche Geheimdienst längst nicht über all das Bescheid weiß, was Gromnica hätte berichten können. Möglich wäre nach Heinz' Überlegungen auch eine Intervention von sowjetischer Seite, die unter Umständen momentan keine Verschärfung im Verhältnis zwischen DDR und der Bundesrepublik wünschte und deshalb weitergehende Veröffentlichungen unterbunden haben könnte. Und dann hat er noch eine dritte Vermutung, mit der er, ohne es zu wissen, genau ins Schwarze trifft. Es könne doch sein, dass es in seiner Nähe einen weiteren Mann der Staatssicherheit gäbe, den man nicht gefährden wolle, indem man durch Heinz' Enttarnung in seinem Umfeld zu viel Staub aufwirbelt. Genau diesem Mann, nämlich Walter Barthel, berichtet er von seinen Überlegungen, die dieser seinerseits an das MfS weitergibt, nicht ohne einzuschränken, dass Heinz die Version mit dem Stasimann nicht weiter zu beschäftigen scheine und er sie überhaupt nur einmal kurz erwähnt habe.

Schon kurz nach der Flucht Gromnicas hatte Barthel in einem Bericht an die Staatssicherheit darauf hingewiesen, dass Lippmann und eine weitere Person, deren Name in den Akten geschwärzt ist, «tote Leute» – also für die weitere geheimdienstliche Bearbeitung wertlos – wären, sollte Gromnica sein gesamtes Wissen öffentlich machen. Das scheint Barthel ernstlich zu beunruhigen, denn er bittet, «wenn keine gewichtigeren Pläne bestehen», die Enthüllungen zumindest aufzuschieben, um ihm mehr Zeit zu verschaffen, womit er in Ostberlin wohl auf offene Ohren stößt.

Hat mein Großvater die Vermutung, es könne einen weiteren Stasiagenten in seiner Nähe geben, wirklich so auf die leichte Schulter genommen, wie es Barthel darstellt? Kaum zu glauben, hatten sich doch mit Peter Heilmann, Hannelore Paulus und Michael Gromnica nun schon drei Menschen in seiner engsten Umgebung als heimliche Zuträger des MfS erwiesen. Da hätte Misstrauen doch fast schon ein Reflex sein müssen. Andererseits, selbst wenn er davon ausgegangen wäre, dass es weitere Agenten in seinem Umfeld gäbe, konnte er nicht wissen, um wen es sich dabei handelte, was es nicht einfach machte, Konsequenzen zu ziehen. Vielleicht waren solche Gedanken einfach zu beunruhigend. Hätten sie doch letztlich bedeutet, dass Heinz in jedem, ob Freund, Kollege oder flüchtigem Bekannten, einen Verdächtigen sehen müsse, er sich auf niemanden wirklich verlassen könne und letztlich ganz auf sich allein gestellt wäre. Solche Anwandlungen hatte mein Großvater auch. Mehr als einmal vermutete er, dass ihn eine seiner Geliebten für den Geheimdienst bespitzele, wobei er meistens auf den östlichen, aber auch immer mal wieder auf einen westlichen tippte. Und auch andere Freunde und Bekannte, einschließlich derer, die tatsächlich Agenten waren, hat er des Öfteren gegenüber anderen verdächtigt.

Seine gute Freundin Ilse Spittmann erinnert sich, dass dieses Gefühl, nie ganz sicher sein zu können, mit wem er es eigentlich zu tun habe, Spuren hinterließ:

Heinz bewegte sich ja, ohne das nun so genau zu wissen, mitten unter diesen Stasiagenten, und abgesehen von dem Gewöhnungsfaktor, hat es ihn nervös gemacht. Er war immer nervös. Er war ein sehr spontaner Mensch, ein wirklich geregeltes Leben, einen geregelten Tagesablauf, das kannte er einfach nicht. Er reagierte immer spontan, aber immer auf der Hut, und auch wenn er spontan gesprochen hat, irgendwann kriegte er dann die Sorge: «Habe ich da etwas Falsches gesagt?» Er hatte immer das Gefühl, er muss nach allen Seiten gucken, er ist umstellt. Er fühlte sich nie sicher. Das war auch ein Grund, warum er sich hier im Westen nie wirklich zu Hause gefühlt hat, obwohl es Zeiten und Momente gegeben hat, wo er sich sehr wohl gefühlt hat. Er war ein Mensch, der gerne gelebt hat und der gerne gut gelebt hat. Aber schon allein, er hat unglaublich viel getrunken, und er hat unglaublich viel vertragen können. Er hat also zum Beispiel an gemeinsamen Abenden oft eine ganze Flasche Doornkaat einfach so weggekippt. Mir ist immer ganz schlecht geworden, wenn ich das gesehen habe. Aber er war dann nicht zu bremsen: «Also ich vertrag das doch.» Und es stimmte, er hat auch eine Menge vertragen, und man hat ihm das nicht angemerkt. Aber natürlich hat es seine Gesundheit zerstört.

Vielleicht hatte mein Großvater durchaus konkrete Vermutungen, was die Stasiagenten in seinem Umfeld betraf, und nutzte sie für seine eigenen Interessen. In diese Richtung gehen jedenfalls die Überlegungen von Ilse Spittmann, die, auch wenn sie in Heinz' Geheimdienstaktivitäten im Einzelnen nicht eingeweiht war, doch einiges von dem mitbekam, was ihn in dieser Zeit bewegte. Im Gespräch mit mir brachte sie das Komplexe und Absurde der damaligen Situation zum Ausdruck:

> *Heinz' beste Kontaktleute wie dieser Walter Barthel und Michael Gromnica, das waren also seit Jahren bezahlte Agenten der Stasi, die alles, was sie von ihm erfuhren, gemeldet haben. Ich glaube aber nicht, dass sie das beim Verfassungsschutz, für den er ja weiterhin arbeitete, nicht gewusst haben und dass man dort keinen Verdacht hegte. Ich glaube viel eher, dass er diese Kontakte mit Wissen und Billigung des Verfassungsschutzes aufrechterhielt. Während es genau umgekehrt im Osten sicherlich Leute gegeben hat, die dachten, dass sie ihn steuern, denn es ging dabei in der Hauptsache um den Austausch von Informationen. Und er hat also auch Hinweise, die er zum Beispiel von Walther Barthel bekam, über irgendwelche internen Vorgänge in der SED-Führung selektiert in seinen Publikationen verwendet – wenn sie ihm halbwegs glaubhaft erschienen. Da kann ich mir schon vorstellen, dass die dadrüben auch gedacht haben, sie steuern ihn und nicht umgekehrt. Denn sie wussten natürlich von seiner Verbindung zum Verfassungsschutz und nutzten das aus, ohne zu wissen, ob sie sich nicht selbst in einer ganz ähnlichen Situation befanden. Es war eine wirre, eine sehr wirre Zeit.*

Wer in dieser Verworrenheit wen oder was kontrollierte und wie sich die einzelnen Akteure gegenseitig beeinflussten, wird sich kaum abschließend klären lassen. Insbesondere solange nur die Akten einer Seite einsehbar sind, während die der anderen weiterhin unter Verschluss gehalten werden, wird vieles im Dunkeln bleiben.

So ist es gut möglich, dass einige in diesem Kapitel geschilderte Situationen sich so nie abgespielt haben, sondern von Heinz gezielt falsch dargestellt wurden, um die um ihn gruppierten Stasiagenten mit Fehlinformationen zu füttern – eine Annahme, die allerdings voraussetzt, dass er diese tatsächlich als solche erkannt oder zumindest verdächtigt hat.

Heinz jedenfalls scheint nicht viel aus dem Fall Gromnica gelernt zu haben. Bereits wenige Wochen nach dessen Verschwinden lädt er Walter Barthel nach Köln ein und lässt ihn für die gesamte Zeit seines mehrtätigen Aufenthalts allein in seiner Büro-Wohnung übernachten, während er selbst mit seiner derzeitigen Freundin außerhalb wohnt. Er bringt Barthel mit seinen Vorgesetzten beim Verfassungsschutz zusammen, wo dieser erste Aufträge erhält. Unter anderem soll er über einen Kongress des Sozialistischen Deutschen Studentenbundes in Frankfurt am Main berichten. Heinz scheint hin- und hergerissen zwischen Arglosigkeit und Misstrauen. So fragt er Barthel während der Zusammenkunft beim Verfassungsschutz offen nach etwaigen Kontakten zum MfS, nicht ohne zu versichern, es ginge ihnen nicht darum, die Gefängnisse zu füllen, sie müssten nur wachsam sein. Immer wieder macht er ihm gegenüber Andeutungen oder lässt scheinbar achtlos persönliche Unterlagen liegen, vielleicht, wie Barthel vermutet, als Prüfung seiner Loyalität.

Trotzdem macht der sich fleißig Notizen, die er später zu seitenlangen Berichten für die Staatssicherheit verarbeitet. Darin beschreibt er detailliert Heinz' Wohnsituation in einer abgelegenen Einfamilienhaussiedlung und vergisst nicht zu erwähnen, dass er, will er nachts sein Auto in die Garage fahren, erst aussteigen und ein Gartentor öffnen muss. Auch von Heinz' Sekretärin berichtet er. Die Mutter zweier Kinder wohne ebenso einsam und müsse auf dem Heimweg vom Bahnhof gar einen nachts unbeleuchteten Weg durch den Wald nehmen, um nach Hause zu gelangen. Bedauernd fügt er noch hinzu, dass sie zwar über den Büroschlüssel, nicht aber über den Schlüssel für Heinz' neuerdings immer verschlossenen Stahlschrank verfüge.

Einmal, als Heinz sich sein Auto borgt, um kurz Bier zu holen und dann länger als eine Stunde wegbleibt, glaubt Barthel, entdeckt worden zu sein. Er befürchtet, Heinz hätte seine im Handschuhfach verstauten Notizen entdeckt und gelesen. Der lässt sich allerdings nach seiner Rückkehr nichts anmerken, behauptet, er habe nur das Auto ein bisschen ausprobieren wollen.

Wohl als zusätzliche vertrauensbildende Maßnahme macht Barthel, als er einige Zeit später heiratet, Heinz sogar zu seinem Trauzeugen. Stolz berichtet er, er hätte die Gelegenheit genutzt und Fotos von Heinz gemacht, der sich sonst der Kamera konsequent verweigere. Mich lässt es einigermaßen sprachlos zurück, wie dieser Mann sein eigenes Leben, bis in die persönlichsten Momente hinein, im Sinne seiner Auftraggeber zu instrumentalisieren bereit ist. Was mag ihn dazu getrieben haben? Bedingungsloser Glaube, krankhafter Ehrgeiz, eine übersteigerte Wahrnehmung der eigenen Wichtigkeit?

Heinz findet sich wegen des Mauerbaus in einer schwierigen Situation. Insbesondere die Abriegelung Westberlins – lange Zeit der wichtigste Ort für seine Tätigkeit – sowie die Verhaftung von Hans-Joachim Helwig-Wilson und Heinz-Wolfram Mascher bedeuten, dass er praktisch von sämtlichen Informationsquellen abgeschnitten ist. Deshalb setzt er große Hoffnungen in seine Reise zu den Weltfestspielen in Helsinki, die im Sommer 1962 stattfinden. Dort plant er, neue Kontakte zu Teilnehmern aus beiden deutschen Staaten, aber auch aus Afrika und der Sowjetunion herzustellen. Vielleicht hegt er sogar eine leise Hoffnung, dass ihm nun gelänge, woran er drei Jahre zuvor in Wien gescheitert war – mit einem seiner alten Genossen aus der FDJ ins Gespräch zu kommen.

Doch die Realität sieht anders aus. Aus dem Quartier der westdeutschen Festivaldelegation wird er kurzerhand rausgeschmissen, und die DDR-Teilnehmer, die mit der MS Völkerfreundschaft angereist sind und auf dem Schiff residieren, schotten sich derart ab, dass an sie kein Herankommen ist. Als dann noch das *Neue Deutschland* von der Anwesenheit des «westdeutschen Geheimdienstagenten Heinz Lippmann» berichtet und die FDJ-Delegation die Geschichte zum Anlass für eine an Bord der MS Völkerfreundschaft einberufene Pressekonferenz nimmt, ist seine Person endgültig desavouiert. Der eigens aus Ostberlin angereiste Rechtsanwalt Friedrich Karl Kaul fährt zu dieser Gelegenheit schweres Geschütz auf. Wie schon im Prozess gegen Jupp Angenfort und Wolfgang Seiffert tituliert er Heinz als «Banditen und kriminellen Verbrecher». Außerdem sei er ein «Verfassungsschutzagent, der Nollau persönlich untersteht». Obgleich Heinz nicht das erste Mal mit solchen Vorwürfen konfrontiert wird, muss ihn die großangelegte Inszenierung und ihr Widerhall selbst in den finnischen Medien einigermaßen schockiert haben. GM «Kurt» alias Walter Barthel berichtet, dass er «furchtbar verstört» sei und «sich in großer Aufregung befindet». Heinz kann kaum noch Veranstaltungen besuchen, geschweige denn wie geplant irgendwelche Kontakte aufbauen. Erschöpft und entnervt reist er schließlich vorzeitig ab.

Auch die Arbeit für den *Dritten Weg* wird zunehmend schwieriger. Heinz kommt kaum noch an Informationen aus der DDR, und wenn, dann stammen sie in der Regel von dort akkreditierten westdeutschen Journalisten, weshalb er sie, wie jeder andere auch, genauso gut der Presse entnehmen könnte. Leserbriefe oder sonstige Rückmeldungen schaffen es nur noch vereinzelt über die abgeriegelte Grenze, sodass praktisch keine Möglichkeit besteht, herauszufinden, wie viele der wenigen mühsam eingeschleusten Exemplare der Zeitschrift überhaupt ihre Empfänger erreichen.

Hinzu kommen Auseinandersetzungen innerhalb der Redaktion der Zeitschrift über die politische Ausrichtung und Ziele. Einige der Autoren sprechen sich für eine Annäherung an die SPD aus. Heinz ist dagegen, er ordnet sich nach wie vor weiter links im politischen Spektrum ein. Ein Teil der Kollegen kann sich vorstellen, den *Dritten Weg* frei vom Einfluss der Geheimdienste als Plattform der DDR-Emigration weiterzuführen. Anderen geht es gerade darum, destabilisierend in die DDR hineinzuwirken.

In dieser Zeit äußert Heinz mehrfach ernsthafte Zweifel am Sinn seiner Arbeit. Walter Barthel berichtet:

Er sagte mir, dass er die Illusion des Dritten Weges längst verloren habe und dieses Unternehmen nur noch betreibe, um hier und da einmal Genossen helfen zu können.
Für ihn gebe es keine Perspektive mehr. Er sei im gewissen Sinne ein Abenteurer und mache das ganze nur noch aus Freude am Risiko. Er wisse jedoch, dass es eines Tages mit ihm aus sein werde.
Öfter habe er in letzter Zeit schon überlegt, ob es nicht doch falsch gewesen sei, dass er aus der DDR weggegangen sei, aber für ihn gebe es selbstverständlich kein Zurück mehr.

Barthel nimmt diese Eröffnung zum Anlass, seinen Führungsoffizieren detaillierte Vorschläge zu unterbreiten, wie sie sich Heinz' schwierige Situation zunutze machen könnten. Er ist überzeugt, dass es in dessen angespannter Gemütslage möglich wäre, Heinz umzudrehen. Nötig wäre ein Angebot von sowjetischer Seite, das ihm für den Fall, dass er bereit sei, sein Wissen zu offenbaren, Straffreiheit sowie die Möglichkeit zusichere, wieder in der DDR zu leben. Am besten solle ein Treffen an der Autobahn vorgeschlagen und Heinz unmittelbar danach verhaftet werden. Abschließend schreibt Barthel: «Ein öffentlicher Prozess gegen Lipp wäre doch gerade jetzt eine Köstlichkeit.» Er fügt hinzu, es wäre am besten, wenn dessen derzeitige Geliebte ihn kurz vor dem Angebot verließe, weil er dann einen Nervenzusammenbruch erleiden würde und unzweifelhaft zu allem bereit wäre. Um ganz sicherzugehen, schaltet sich Barthel selbst ein und versucht Differenzen zwischen Heinz und seinen Vorgesetzten beim Verfassungsschutz zu schüren. So verbreitet er, Heinz hätte seine Berichte zum Teil erfunden und außerdem Gelder des *Dritten Weges* unterschlagen. Ob an diesen Vorwürfen etwas dran war und welche Folgen sie für meinen Großvater hatten, lässt sich nicht herausfinden.

Wenig später bekräftigt Barthel in einem Brief an das MfS noch einmal seine Vorschläge. Er lässt es so aussehen, als bestünden keine Zweifel, dass Heinz umgedreht werden könne. In diesem Zusammenhang erwähnt er noch eine weitere Person, deren Name in den Akten geschwärzt ist. Bei ihr würde so etwas wohl nicht funktionieren, weshalb Barthel vorschlägt: «Ihn solle man stillschweigend verschwinden lassen. Die dann einsetzende Konfusion wäre einzigartig.» Es sei nicht schwierig, es bei geschicktem Vorgehen wie Selbstmord aussehen zu lassen.

Mich macht es einigermaßen fassungslos zu lesen, wie Barthel hier in wenigen Sätzen das Leben eines anderen Menschen zur Disposition stellt. Hat er gestockt, innegehalten, bevor er diesen Vorschlag verfasste, der sich wie die Anstiftung zu einem Mord liest? Und warum? Weil ihn die von ihm verursachte «Konfusion» erheitert hätte? Weil er es konnte und sich, indem er es auch tat, wichtiger und mächtiger fühlte? War ihm überhaupt klar, dass seine Vorschläge Folgen haben konnten, oder war es für ihn alles nur ein großes, irgendwie amüsantes Spiel?

Ich habe nie mit dem 2003 verstorbenen Walter Barthel gesprochen. Anders als Peter Heilmann ist er für seine IM-Tätigkeit nicht juristisch belangt worden. Nach seiner Enttarnung in den 1990er Jahren behauptete er, er habe in seiner Rolle als Doppelagent für Staatssicherheit und Verfassungsschutz immer nur im Sinne seiner linken Überzeugung und des Friedens gehandelt.

Dass Barthels Anregungen letztlich nicht verwirklicht wurden, hing wohl damit zusammen, dass seine Führungsoffiziere sie für schwer umsetzbar hielten. In einem Treffbericht heißt es, Barthel habe «zu manchen Dingen äußerst verworrene Vorstellungen, die von vornherein als unreal einzuschätzen» seien.

Am 27. September 1962 stirbt Charlotte Lippmann, Heinz' Mutter. Ich glaube, das Verhältnis zwischen den beiden war nicht immer ganz einfach. So ließ er ihre Briefe manchmal monatelang unbeantwortet, bis ihre Sorge so groß wurde, dass sie sich selbst an entfernte Bekannte wandte, um irgendeine Nachricht von ihrem Sohn zu bekommen. Ein anderes Mal besuchte sie ihn in Köln und sprach zu seinem Entsetzen wahllos Nachbarn und Gäste in den umliegenden Kneipen an, um sich nach ihm zu erkundigen.

Und doch hat sie durch alle schwierigen Zeiten hindurch zu ihm gehalten und er zu ihr. Wann immer er in Westberlin war, trafen sie sich. Trotz seiner finanziellen Schwierigkeiten schickte er ihr bis zuletzt regelmäßig Geld, um damit ihre schmale Rente aufzubessern. Der Tod seiner Mutter kommt für Heinz in einer Zeit voller Zweifel und Unsicherheiten. Mit ihr verliert er einen Menschen, der ihn kennt und liebt wie kein anderer und der ihn all die Jahre immer noch ein bisschen mit dem verband, was einmal seine Heimat war. Nun ist sie tot, und Heinz kann nicht einmal zu ihrer Beerdigung. Oder fährt er doch? Allen Ängsten zum Trotz? Unter falschem Namen? Ich weiß es nicht. Mein Vater hat keinerlei Erinnerungen – weder an den Tod seiner Großmutter noch an eine Beerdigung. Er weiß nur, dass sie irgendwann nicht mehr da war.

Anfang März 1963 findet in Heinz' Wohnung eine grundsätzliche Besprechung mit seinen Kontaktleuten beim Verfassungsschutz statt, an der auch Günther Nollau teilnimmt. Dabei berichtet Heinz von den Aktivitäten der letzten Jahre: Er habe dem Geheimdienst über fünftausend Meldungen im Umfang von sechstausend Seiten geliefert. Dazu kämen neununddreißig personelle Verbindungen, die durch die Zeitung hergestellt worden seien, davon zehn in die DDR. Letztendlich gewährt man ihm eine Gnadenfrist. Der *Dritte Weg* würde zunächst weiter erscheinen, während Heinz die Zeit nutzen solle, sich eine andere Arbeit zu suchen, denn im Frühjahr 1964 wäre endgültig Schluss und das Erscheinen der Zeitschrift würde eingestellt.

Damit findet sich Heinz Mitte der 1960er Jahre erneut an einem Tiefpunkt seines Lebens. Sein Traum, von außen in die DDR hineinzuwirken, die Opposition zu stärken und ihr zu signalisieren, dass ein dritter Weg zwischen Stalinismus und Kapitalismus existiert, ist gescheitert.

Peter Heilmann erzählt er von seiner Enttäuschung. Die letzten Jahre hätte er geglaubt, eine brauchbare Arbeit gefunden zu haben, mit der er seinen Auffassungen Ausdruck verschaffen und einen gewissen Einfluss ausüben könne, doch nun hätte sich alles zerschlagen. Walter Barthel schildert Heinz' Zustand noch dramatischer: Er habe Schulden, saufe exzessiv, spräche wirr, zittere. Vor kurzem sei er mit dem Auto sturzbetrunken gegen einen Bus gefahren und am nächsten Tag überzeugt gewesen, dass er den Unfall nur geträumt habe.

Auch den Verfassungsschutz-Kollegen bleibt nicht verborgen, wie schlecht es um Heinz steht. Sie befürchten, er könne sich tatsächlich etwas antun oder aber zum sowjetischen Geheimdienst überlaufen. Da man es beim Verfassungsschutz so weit gar nicht erst kommen lassen will, ist man bemüht, Heinz dabei zu unterstützen, ein Auskommen zu finden, und versucht, ihm mit Hilfe von Beziehungen journalistische Aufträge zu verschaffen.

Solche Unterstützung hat Heinz durchaus nötig. Passiert es doch immer wieder, dass ihm sein Name und sein Vorleben in die Quere kommen und Verträge noch im letzten Moment platzen, weil den Auftraggebern klarwird, mit wem sie sich eingelassen haben. So ergeht es ihm bei einer geplanten Zusammenarbeit mit dem NDR. Er hat mit dem Sender über eine Fernsehserie mit dem Titel «Bornholmer Straße» verhandelt. Zehn Folgen sollen produziert werden. Im August 1964, als der Vertrag schon unterschriftsreif ist, erhält er ganz unvermittelt eine Absage. Brieflich wird ihm mitgeteilt, dass man sich wegen seiner politischen Vergangenheit außerstande sähe, mit ihm zusammenzuarbeiten. Heinz wirft das völlig aus der Bahn. Er erleidet einen Kollaps, von dem er sich nur schwer erholt.

Die nächsten Jahre schlägt sich Heinz als freier Journalist durch. Er arbeitet unter anderem für den Sender Freies Berlin, verfasst Analysen für verschiedene Auftraggeber wie zum Beispiel die japanische Botschaft in Bonn. Darin geht es um den Einfluss der DDR und Chinas in Afrika, die politische Lage im Osten, die illegale kommunistische Presse im Westen Deutschlands und vieles mehr. In einem Brief an den befreundeten Historiker Wolfgang Leonhard witzelt er:

Ich komme mir vor wie eine wandelnde Analyse – wenn Du jemals eine wandelnde Analyse gesehen haben solltest – ich denke vornehmlich nur noch in Tarnzeitungen, chinesisch-afrikanischen Kategorien usw. und beginne, mich zu einem Afrika-Astrologen zu entwickeln.

Unter dem Pseudonym Harald Ludwig arbeitet Heinz für die Deutsche Welle, für die er Beiträge über Afrika, Lateinamerika und Osteuropa erstellt. Mitte der 1960er Jahre kann er sich gar über eine Verpflichtung als fester Freier freuen, was ihm eine bestimmte Anzahl von Aufträgen und damit auch ein etwas kalkulierbareres Einkommen garantiert. Für ihn ist es ein wichtiger Schritt, denn zumindest muss er nun nicht mehr Monat für Monat von neuem zittern, ob er das Geld für die Miete und seine anderen festen Ausgaben zusammenbekommt. Neben dieser materiellen Sicherheit dürfte die Perspektive, die sich ihm damit für seine nähere Zukunft auftat, auch dazu beigetragen haben, ihm aus dem Tief herauszuhelfen, in das er durch die turbulenten Entwicklungen einige Jahre zuvor geraten war.

Zu seinem Vorgesetzten bei der Deutschen Welle, Hans Lindemann, pflegt Heinz ein freundschaftliches Verhältnis. Beide sind ehemalige DDR-Flüchtlinge, und auch sonst haben sie einiges gemeinsam. Man besucht sich gegenseitig, lädt sich zum Essen ein.

Als ich Hans Lindemann in einem Berliner Hotel zum Gespräch treffe, erscheint er mit einer Mappe voller Zeitungsausschnitten und viel zu erzählen. Seine Erinnerungen sind höchst lebendig, und immer wieder streut er kleinere komische Anekdoten ein. Seine gute Laune ist ansteckend, und ich denke, dass es vielleicht ihr Sinn für Humor war, der die beiden Männer verband. Hans Lindemann nennt meinen Großvater «Enrico», ein Spitzname, den er seiner Zeit bei der Deutschen Welle verdankt, als er viele Artikel und Analysen zu Lateinamerika und speziell Chile schrieb.

Hans Lindemann erinnert sich, dass Heinz das *Neue Deutschland* lesen konnte wie kein anderer. Während er selbst die SED-Parteizeitung meist schnell gelangweilt beiseitelegte, gelang es Heinz, selbst in scheinbar belanglosen Artikeln feinste Nuancen auszumachen und so Rückschlüsse auf sich ankündigende wirtschaftliche oder politische Entwicklungen zu ziehen.

Als im Berliner Büro der Deutschen Welle ein Redakteur gesucht wird, bewirbt Heinz sich um den Posten. Damit hätte er endlich eine feste Anstellung und sogar in Berlin, der Stadt, die, selbst geteilt und zerrissen, noch immer seine Heimat ist. Seine Chancen stehen gut, aufgrund seines Wissens und seiner Erfahrungen wäre er eigentlich der ideale Kandidat. Trotzdem bekommt er die Stelle nicht, und die Gründe dafür liegen nicht vordergründig in seiner Qualifikation, sondern wie schon so oft in seiner Vergangenheit. Hans Lindemann erzählt:

Der Leiter des damaligen Berliner Büros wollte ihn nicht haben, und ich nehme an, er wollte ihn deshalb nicht haben, weil Ostberlin ihn da nicht sehen wollte. Denn dieser Herr, der das Berliner Büro der Deutschen Welle leitete, hat sage und schreibe seit 1956 für die Staatssicherheit gearbeitet, und logisch: Einen Heinz Lippmann, der so gut über die DDR Bescheid wusste wie kaum ein anderer, den wollten sie nicht im Berliner Büro der Deutschen Welle sehen. Also hat dieser Herr wieder die alten Geschichten, die längst verjährt waren, dem Intendanten auf den Tisch geknallt, der natürlich, ängstlich, wie er war, gesagt hat: «Nein, dann nehmen wir ihn nicht.» Und ich habe ihn sofort angerufen, diesen Herrn, habe gesagt: «Wie können Sie das machen? Wie können Sie einen Mann, der in Auschwitz gelitten hat, der mal einen Fehler gemacht hat, der aber längst verjährt ist, wie können Sie das hier so an die große Glocke hängen!» Das hat mich natürlich sehr empört.

Ändern kann auch der wütende Anruf Lindemanns nichts. Der Posten wird anderweitig vergeben, und Heinz bekommt einmal mehr zu spüren, wie sehr seine Vergangenheit noch immer sein Leben bestimmt. Von Zeit zu Zeit weiten sich die Zweifel, die ihn plagen, zu schweren Depressionen aus. Ursachen dafür gibt es viele: Da ist seine Existenzangst, die Befürchtung, keine oder nicht mehr genug Arbeit zu bekommen, Sorgen um seine Gesundheit – wegen seines wiederkehrenden Magenleidens glaubt er, an Krebs erkrankt zu sein – und nicht zuletzt eine immer pessimistischer werdende Weltsicht. Sie lässt ihn einmal die Überzeugung äußern, im nächsten Jahr würde der Dritte Weltkrieg ausbrechen, und ein nächstes Mal erklären, er wäre sicher, dass bald alle linken Kräfte in der Bundesrepublik eingesperrt würden – er selbst eingeschlossen. Manchmal fühlt er sich so schlecht, dass er an Selbstmord denkt. Einmal, so erzählt er Peter Heilmann, habe er sich sogar schon die entsprechenden Medikamente besorgt.

11 AM ENDE DES WEGES

Heinz sitzt am Schreibtisch. Um ihn herum Zeitungen der letzten Tage: *Neues Deutschland*, *Junge Welt*, *FAZ*, *Süddeutsche*, *Stern*, *Spiegel*. Überall derselbe Name, dasselbe Gesicht. Sein alter Genosse Erich Honecker ist ganz oben angekommen. Vor wenigen Tagen, am 3. Mai 1971, ist er zum Ersten Sekretär des Zentralkomitees der SED gewählt worden. In Gedanken sieht Heinz den Moment der Ernennung vor sich, hört den Beifall, die nicht enden wollenden Reden – Ehrenbezeugungen und Dankesbekundungen. Beinahe spürt er den Händedruck, mit dem er selbst ihm gratulierte – vor fast zwanzig Jahren, als Honecker auch gerade zum Ersten Sekretär gewählt wurde und er sein Stellvertreter war, damals bei der FDJ. Ist es Bedauern, das er nach all der Zeit spürt? Nach allem, was ihm vorgeworfen wurde, nach allem, was er erkannt hat, wofür er in den letzten Jahren eingetreten ist? Er schiebt das Gefühl von sich, aber der Gedanke, einmal gedacht, hat sich in sein Bewusstsein gedrängt, wo er sich festsetzt, um ihn zu quälen. Was, wenn er nicht geflohen wäre? Würde er mit all den anderen applaudieren, Honeckers Hand schütteln, während er darüber nachdächte, wie gut seine Chancen stünden, zum Minister ernannt zu werden? Heinz fühlt sich schlecht. Nicht weil er geflohen ist und heute nicht zu einer Machtelite gehört, die er längst mit kritischen Augen betrachtet. Es ärgert ihn, dass er nicht loslassen kann, was einmal sein Leben war, dass ein Teil von ihm noch immer dort ist in Ostberlin.

In den nächsten Monaten wird sich Heinz viel mit der Vergangenheit beschäftigen, allerdings weniger mit seiner eigenen als mit der Erich Honeckers, dessen Biographie er schreibt. Die Idee dazu trägt er schon länger in sich. Bereits Mitte der 1960er Jahre hat er davon gesprochen, dass er über ein solches Projekt nachdenke. Vielleicht wäre es bei derartigen Überlegungen geblieben und das Honecker-Buch hätte dasselbe Schicksal ereilt wie die vergeblichen Versuche, eine eigene Autobiographie zu verfassen. Doch sowohl seine Freundin und Kollegin Ilse Spittmann, Chefredakteurin der Zeitschrift *Deutschland Archiv*, für die Heinz regelmäßig schreibt, als auch Herausgeber Berend von Nottbeck zeigen sich von der Idee begeistert. Allerdings befürchten sie, ein anderer Verlag könnte ihnen zuvorkommen, weshalb die Biographie schon zur Herbstmesse 1971 erscheinen soll. Bis dahin bleiben weniger als sechs Monate, in denen das Buch recherchiert, geschrieben und produziert werden muss. «Ein wahnsinniges Gewürge», erinnert sich Ilse Spittmann.

Denn natürlich kann Heinz längst nicht den gesamten Lebensweg Erich Honeckers aus eigenen Erinnerungen nacherzählen. Die gemeinsam erlebte Zeit erstreckte sich letztlich auf wenige Jahre. Für die übrigen Abschnitte ist er auf Dokumente angewiesen, die längst nicht alle im Westen verfügbar sind. Wie also herankommen an die Unterlagen, die sich jenseits der Grenze und teilweise im privaten Besitz Honeckers befinden? Verleger Berend von Nottbeck sieht das Ganze pragmatisch und schreibt kurzerhand einen Brief an den DDR-Staatschef. Er berichtet von seinem Vorhaben, eine Biographie zu veröffentlichen, und bittet um die Klärung einiger offener Fragen sowie die Zusendung von Material. Dabei verschweigt er nicht, wer der Autor des Buches ist. Außer von Nottbeck glaubt keiner so recht an eine Reaktion aus Ostberlin, am allerwenigsten Heinz selbst. Umso erstaunter reagiert er, als nach kurzer Zeit ein Paket mit den gewünschten Papieren eintrifft. Offizieller Absender ist das Komitee der antifaschistischen Widerstandskämpfer, doch im Begleitschreiben heißt es, dass die Unterlagen im Namen Erich Honeckers geschickt wurden. Ilse Spittmann hat noch gut in Erinnerung, wie überrascht sie alle waren und welche Bedeutung dieses kleine Paket für Heinz hatte:

Er war gerührt. Er war ausgesprochen gerührt, hat das als eine persönliche Geste von Honecker genommen. Und es hat ihn gestärkt in seiner Meinung oder seiner Hoffnung, dass sich da in der DDR etwas ändern könnte. Ich kann auch nur spekulieren, warum Honecker das gemacht hat, denn an sich war Lippmann ein Verräter, ein Krimineller, ein Agent. Man hatte ihm sogar nachgeworfen, dass er ein Gestapo-Spitzel gewesen sei. Warum dann dieser Sinneswandel? Also, ich kann nur zwei Gründe dafür finden: Das eine war das politische Umfeld. Honecker hatte Ulbricht abgelöst, hatte ihn praktisch gestürzt und musste eine neue Politik machen, und diese neue Politik war also eine gewisse, in Anführungsstrichen, «Liberalisierung nach innen» und eine Öffnung nach Westen, und dafür kam dieses Buch gerade recht. Und außerdem war das wahrscheinlich so eine gewisse Sentimentalität. Die waren beide, Honecker wie Lippmann, Opfer des Faschismus. Sie haben beide, Honecker im Zuchthaus Brandenburg, gesessen und Lippmann erst in Auschwitz und dann in Buchenwald. Und dann haben sie in der ersten Aufbauzeit zusammengearbeitet in der FDJ. Das verbindet natürlich auch. Es war ja nun auch schon eine Weile her, dass der Heinz weggegangen war. Da ist eine gewisse Sentimentalität wahrscheinlich und wahrscheinlich auch die Spekulation, der wird nicht zu schlecht über mich schreiben, was ja auch stimmt.

Mit diesen Unterlagen kann Heinz sich an die Arbeit machen. Er schreibt schnell und konzentriert, von einer ungekannten Energie beflügelt. Unterstützung bekommt er dabei nicht nur von Ilse Spittmann und anderen alten Freunden, sondern auch von einer Frau, die erst vor kurzem in sein Leben getreten ist: Anita M. Die Historikerin aus den USA kommt 1967 zu einem Studienaufenthalt in die Bundesrepublik. Im Rahmen ihrer Dissertation führt sie Interviews mit verschiedenen DDR-Experten und befragt auch Heinz. Aus diesen Fachgesprächen wird bald mehr, und zum ersten Mal nach langer Zeit scheint Heinz wieder eine Frau gefunden zu haben, an die sich zu binden er bereit ist.

Gern hätte ich mehr erfahren über Anita, die Zeit, die sie mit meinem Großvater verbracht, und den Menschen, den sie in ihm gekannt hat, doch leider ist sie zu keinem Gespräch bereit. Meine Briefe beantwortet sie in diesem Sinne freundlich, aber entschieden. So bin ich ein weiteres Mal auf die wenigen Informationen angewiesen, die einige gemeinsame Bekannte geben können, sowie auf das, was in den Akten steht.

Im Herbst 1969 fliegt Heinz in die USA, wo er zusammen mit Anita an einer Tagung der University of South Carolina teilnimmt. Danach reisen sie gemeinsam für mehrere Wochen durch das Land. Von der University of Washington, an der auch Anita M. lehrt, erhält Heinz das Angebot, eine Doktorarbeit zum Thema Kaderschulung im Sozialismus zu schreiben – eine verlockende Offerte für einen Mann, der nicht einmal über ein Abitur verfügt. Als sich dann während eines Gesprächs am Institute of Soviet Studies in New York die Option herauskristallisiert, das Ganze mit einem gleichlautenden Forschungsauftrag zu finanzieren, scheint ausgemacht, dass er sich die nächsten Jahre ganz der wissenschaftlichen Arbeit widmen würde. Neben der fachlichen Anerkennung reizt ihn wohl auch die Chance, im Land der unbegrenzten Möglichkeiten noch einmal neu anzufangen, weit weg von seiner Vergangenheit die an ihm zu hängen scheint wie ein unnützer Klotz, der immer, wenn Heinz sich so weit an ihn gewöhnt hat, dass er seine Existenz eine Zeitlang vergessen kann, ihn unsanft auf den Boden der Tatsachen hinunterzieht.

Zunächst kehren Heinz und Anita nach Deutschland zurück. Sie verbringen ein paar Tage in Berlin, wo sie Peter Heilmann von ihrem Amerikaaufenthalt und Heinz' akademischen Plänen berichten. Sie erzählen ihm auch, dass sie noch nicht wüssten, wann genau sie ihr gemeinsames Abenteuer beginnen würden.

Warum aus diesen Plänen nichts geworden ist, wer von beiden letztlich Bedenken hatte, weiß ich nicht. Spätestens als Heinz dann mit der Arbeit an der Honecker-Biographie begann, hatte sich die Option eines neuen Lebens in Amerika wohl erledigt.

Heinz schafft es tatsächlich, sein Buch: *Honecker – Porträt eines Nachfolgers* rechtzeitig fertigzustellen – allerdings erst nachdem er, mit Streichungen und Überarbeitungen bis zur allerletzten Minute, seinen Verleger zur Verzweiflung getrieben hat. Das Buch wird ein Erfolg. Es erscheint zur rechten Zeit und trifft auf ein breites Medienecho. Die Kritiken sind weitgehend positiv, und in den nächsten Jahren sollten sogar eine amerikanische und eine britische Ausgabe folgen.

In der DDR dagegen wird die weltweit erste Honecker-Biographie geflissentlich übersehen. Ob der Beschriebene selbst sie trotzdem las? Er müsste doch neugierig darauf gewesen sein, welches Bild sein ehemaliger Genosse von ihm gezeichnet hat.

Mit dem Erscheinen seines Buches kann sich Heinz als ernstzunehmender politischer Publizist und DDR-Experte in der bundesdeutschen Öffentlichkeit etablieren, und zwar – und darin besteht der entscheidende Durchbruch für ihn – zum ersten Mal unter seinem wirklichen Namen. Nachdem er sich jahrelang hinter Pseudonymen verstecken musste, tritt er nun als Heinz Lippmann auf.

Ilse Spittmann erklärt, wie es zu dieser Entscheidung kam:

Der Verlag hat gesagt: «Das geht nur so. Wir sind angewiesen auf Heinz' persönliche Erinnerungen, und die kann er nicht unter Harald Ludwig schreiben. Der war da nicht dabei, der kannte Honecker nicht.» Das ging überhaupt nur, das hatte nur Authentizität und eine publizistische Wirkung, wenn er unter seinem Namen schrieb, und das war also dann seine öffentliche Rehabilitierung, denn von da an schrieb er bei uns im Deutschland Archiv, *bei der* Deutschen Welle *und überhaupt als Heinz Lippmann.*

Sicher war es für meinen Großvater eine Genugtuung, seinen Namen auf einem Buchdeckel zu finden in feinen, klaren Buchstaben gleich unter dem in wuchtigen Lettern gesetzten «Honecker», ihn in Zeitungen zu lesen, ohne dass es dabei um die Verfehlungen seiner Vergangenheit ging. Nach vielen Jahren des Versteckens, in denen er Heinz Berger war, Lothar Pertinax und Harald Ludwig, ist er endlich wieder er selbst.

Als Honecker-Experte gefragt, wird Heinz zu Radio- und Fernsehinterviews geladen. Erstmals seit langer Zeit erfährt er auf breiter Basis eine Wertschätzung, die sich an dem festmacht, was er weiß und wer er ist, ohne dass ihm dabei sein früheres Leben in die Quere kommt.

Interessant ist, dass es zu den Angriffen aus dem Osten, die er und die Vertreter seiner bisherigen Publikationen immer befürchtet haben, nicht kommt. Weder auf das Erscheinen der Honecker-Biographie noch auf die sich anschließenden Veröffentlichungen gibt es irgendeine Reaktion aus Ostberlin. Dabei wäre es sicher ein Leichtes gewesen, entsprechende Informationen zu lancieren, Heinz' Buch als das erlogene Werk eines Verräters und Verbrechers darzustellen.

Vielleicht war dieser veränderte Umgang, das Ausbleiben von persönlichen Angriffen und Verleumdungen, tatsächlich Teil eines politischen Richtungswechsels, ein vorsichtiges Zeichen der Erneuerung. Andererseits wäre es wohl auch schwierig gewesen, einem Autor zuerst Material zukommen zu lassen und ihn dann, nicht aufgrund seines Werkes, sondern seiner Person, zu verurteilen. Vielleicht war man in Ostberlin mit dem Inhalt des Buches auch so weit einverstanden, dass dessen öffentliche Verunglimpfung als wenig sinnvoll erschien.

Darüber hinaus war Heinz zu diesem Zeitpunkt als Gegner und Angriffsziel wohl einfach nicht mehr so interessant. Bereits im Dezember 1969 hatte die Staatssicherheit den gegen ihn gerichteten Vorgang «Verkäufer» zu den Akten gelegt. Nachdem Heinz mit dem Ende des *Dritten Weges* offenbar die Zusammenarbeit mit dem Verfassungsschutz eingestellt hatte, bekam das MfS kaum noch Zugang zu ihm, denn zu Informanten wie Barthel oder Heilmann hielt er nur noch losen Kontakt. Man versprach sich aber augenscheinlich auch nicht mehr allzu viel Informationsgewinn durch ihn, jedenfalls nicht genug, um den Aufwand, einen weiteren Mitarbeiter in seinem Umfeld zu platzieren, zu rechtfertigen. Der letzte Eintrag in der Akte «Verkäufer» lautet:

Im Vorgang wurde ein Verräter bearbeitet, [geschwärzt]. Hinweise auf eine konkrete Feindtätigkeit gegen die DDR aus der letzten Zeit liegen nicht vor. Unsererseits gibt es keine Möglichkeiten mehr für eine zielstrebige Vorgangsbearbeitung.

Eines der Interviews, die Heinz im Zuge der Veröffentlichung des Honecker-Buches gibt, hört eine alte Freundin, Anne Klein. Es ist fast zwanzig Jahre her, dass er, kurz nach seiner Flucht, vor ihrer Tür stand und sie ihn wegschickte, eine Entscheidung, die sie selbst bei unserem Gespräch, Jahrzehnte nach seinem Tod, noch immer bereute. Doch damals hatte sie wohl kaum eine Wahl. Sie war verheiratet, Mutter zweier Kinder, und was immer sie mit Heinz verband, war Jahre her. Sie hatten sich weit voneinander entfernt und waren sich fremd geworden.

Als Heinz im Herbst 1971 unvermutet wieder in ihr Leben tritt, lebt Anne allein. Ihr Mann ist einige Jahre zuvor verstorben, die Kinder sind aus dem Haus. Heinz' Stimme ruft Erinnerungen wach:

Als ich dieses Interview gehört habe, hatte ich das Gefühl, das war wieder dieser Lippmann, wie ich ihn kannte, und da konnte ich nicht anders, da habe ich den Sender angerufen und habe um die Adresse gebeten. Aber die haben mir die Adresse nicht gegeben, das dürfen die nicht. Die sagten: «Schicken Sie einen Brief, wir leiten den weiter.» Das habe ich gemacht, und ein paar Tage später kam ein Anruf. Wir haben kurz geredet, und ich habe ihm gesagt, dass ich mich wahnsinnig für ihn freue, über seinen Erfolg mit dem Buch und die Interviews, und dass ich jetzt das Gefühl habe, er habe endlich seinen Weg gefunden. Drei Tage später stand er vor meiner Tür. Er hatte seinen Weg noch nicht gefunden. Also, er war völlig ausgelaugt, und er ist nicht zu mir gekommen, weil er mich himmelhoch jauchzend, zu Tode betrübt liebte, sondern er hat nichts weiter gesucht als Wärme und Ruhe. Die habe ich ihm gegeben. Ich habe ihm einfach nur das Gefühl gegeben, er ist bei mir zu Hause, und das hat er aufgesogen wie ein nasser Schwamm. Wir haben in dieser Zeit nicht von Politik geredet, und er hat nicht von sich geredet. Wir haben wahnsinnig viele Spaziergänge gemacht. Wir haben einfach nur mal gelebt.

Vielleicht hat mein Großvater in Anne, seiner Freundin aus Weimarer Tagen, aus einer Zeit, in der für beide etwas Neues begann, dem er voller Hoffnung und sie voller Fragen begegnete, auch in gewissem Sinne sein Zuhause gefunden, einen Menschen, bei dem er ganz er selbst sein konnte, der ihn kannte in seinem früheren Leben wie in diesem und in dessen Nähe all die Masken und Mäntel, die er sich in den Jahrzehnten seit ihrem Kennenlernen zugelegt hatte, abfielen wie von selbst.

Trotzdem hält Heinz die Beziehung zu Anita aufrecht, reist im Frühjahr 1972 mit ihr für mehrere Wochen in die USA. Nachdem er sich von ihr verabschiedet hat, ist Anne überzeugt, ihn nie wiederzusehen, doch er bleibt nicht in Amerika, kehrt zu Anne zurück.

Im Sommer 1973 kann sich Heinz über einen beruflichen Neustart freuen. Am 1. Juli tritt er eine Stelle beim Gesamtdeutschen Institut an. Der Weg dorthin war nicht einfach, denn auch hier gab es zunächst Vorbehalte aufgrund seiner Vergangenheit.

Die Behörde beschäftigt sich hauptsächlich mit den Entwicklungen in der DDR. Zu ihren Kernaufgaben gehört die politische Bildung. So werden Informationsbroschüren erstellt, Filme verliehen und Vortragsveranstaltungen für Schulklassen organisiert, die einen DDR-Besuch planen. Des Weiteren übernimmt das Institut auch humanitäre Aufgaben wie Rechtsberatungen, Unterstützung von Flüchtlingen und Hilfslieferungen unter anderem von Medikamenten an Bedürftige und Institutionen in der DDR. Eine zentrale Rolle kommt der Forschungsabteilung zu, in deren Referat für Politik Heinz arbeitet. Hier werden mittels öffentlicher Unterlagen und Publikationen aus der DDR Analysen und Berichte zu politischen, wirtschaftlichen und kulturellen Themenbereichen angefertigt. Nach jeder ZK-Sitzung und jedem Parteitag werten Heinz und seine Kollegen sämtliche verfügbaren Zeitschriften aus, vom *Neuen Deutschland* bis zum *Kämpfer*, der Zeitschrift der Kampfgruppen. Anhand der daraus zu entnehmenden Informationen und dem eigenen Hintergrundwissen versuchen sie, die aktuellen Entwicklungen möglichst genau zu erfassen. Die so gewonnenen Erkenntnisse finden zur Unterrichtung des Ministeriums für Innerdeutsche Beziehungen Verwendung, werden aber auch ans Bundeskanzleramt, an die Ständige Vertretung der Bundesrepublik in Ostberlin, an ausländische Botschaften und in manchen Fällen wohl auch an Geheimdienste weitergegeben. Nicht nur deshalb ist das Gesamtdeutsche Institut für die DDR eine «Agenten- und Diversionszentrale», die das MfS mit Hilfe zahlreicher Mitarbeiter zu überwachen versucht.

Für Heinz ist diese erste feste Anstellung seit seiner Flucht vor zwanzig Jahren eine echte Erleichterung. Er empfindet seine Arbeit für das Gesamtdeutsche Institut als Neuanfang, so erinnert sich Gunter Holzweißig, der damals sein Vorgesetzter ist. Für den fast zwei Jahrzehnte Jüngeren, der sich erst im Laufe seiner kurzen Berufslaufbahn mit der DDR zu beschäftigen begann, wird Heinz zu einem Mentor, aus dessen reichen Erfahrungs- und Wissensschatz er einiges für sich mitnehmen kann.

In anderem bleibt Holzweißig sein neuer Kollege fremd. So kann er damals kaum die Ängste nachvollziehen, die Heinz im Laufe der Jahre so verinnerlicht hat, dass sie ihn auch in dieser ruhigeren Phase seines Lebens heimsuchen:

Ich erinnere mich, dass, als Heinz Lippmann mich das erste Mal in seine Wohnung eingeladen hat, ich den Weg nicht gefunden und mich arg verspätet habe. Und er war, als ich es dann endlich geschafft hatte, in seiner Angst geradezu aufgelöst, ob mir denn irgendwas passiert sei, und ich konnte das gar nicht verstehen. Ich war vielleicht nur eine halbe Stunde oder eine Stunde zu spät, aber seine Besorgnis, die ist mir noch in lebhafter Erinnerung.

Obwohl Heinz wie sein Chef seit einiger Zeit SPD-Mitglied ist und er es sogar schafft, Gunter Holzweißig dazu zu motivieren, zur einzigen Demonstration seines Lebens zu gehen, trennen sie politisch Welten.

Kurz nach seinem Einstand hat er mir seine Honecker-Biographie geschenkt und hat darin eine Widmung geschrieben, mit der ich inhaltlich nicht ganz einverstanden war: «In der Hoffnung auf eine gute, verständnisvolle und kameradschaftliche Zusammenarbeit im Interesse eines menschlichen Sozialismus in beiden deutschen Staaten», wobei er die «beiden deutschen Staaten» doppelt unterstrichen hat. Da war ich sicherlich anderer Meinung. Heinz Lippmann, soweit ich das eben erkannt habe, hat bis zum Schluss an den sogenannten Dritten Weg geglaubt, den wollte er eigentlich realisiert sehen, also den Mittelweg zwischen Kapitalismus und Sozialismus.

Heinz ist ein großer Bewunderer Willy Brandts und unterstützt insbesondere dessen neue Ostpolitik der Annäherung und Entspannung. Umso mehr bestürzt ihn Brandts Rücktritt infolge der Enttarnung des DDR-Spions Günter Guillaume. Kurz nachdem er davon erfahren hat, formuliert er im Namen der SPD-Mitglieder unter den Kollegen eine Erklärung, mit der sie Brandt das Vertrauen aussprechen und ihn, der nach wie vor den Parteivorsitz innehat, dazu auffordern, den eingeschlagenen Weg unbedingt fortzusetzen:

Die Betriebsgruppe der SPD im Gesamtdeutschen Institut hat mit tiefer Erschütterung von Deinem Rücktritt als Bundeskanzler Kenntnis genommen. So, wie Du mit Deiner Verneigung vor dem Getto-Mahnmal in Warschau die Verantwortung übernahmst, die Du nicht zu verantworten hattest, genau so hast Du jetzt wieder Dein hohes Maß an Verantwortungsbewußtsein eindeutig unter Beweis gestellt. [...]
Die internationale Betroffenheit bei den Menschen und Regierungen in West- und Osteuropa ist ein Ausdruck Deiner großen internationalen Anerkennung, weil Du für die Welt das humanistische, das friedliebende Deutschland verkörperst.

Die Affäre Guillaume erschüttert im Frühjahr 1974 das politische Establishment der Bundesrepublik. Ein DDR-Spion in unmittelbarer Nähe zum deutschen Bundeskanzler – das hatte es noch nicht gegeben.

Als bekannt wird, dass der Verfassungsschutz bereits seit Mai 1973 über Verdachtsmomente gegen Guillaume verfügte, ist die Aufregung groß. Günther Nollau, Präsident des Bundesamtes für Verfassungsschutz, muss erklären, warum zwischen dem Bekanntwerden erster Indizien und der Verhaftung Guillaumes fast ein ganzes Jahr verging, in dem dieser weiterhin in seiner Position mit Zugang zu geheimen Unterlagen und vertraulichen Gesprächen belassen wurde. Das ist auch eine der Kernfragen, die der Anfang Juni eingesetzte parlamentarische Untersuchungsausschuss Günther Nollau stellt. Der beruft sich auf fehlende Beweise – außer einigen abgefangenen Funksprüchen aus den 1950er Jahren, in denen die Initialen und ungefähren Geburtsdaten eines Agentenehepaars auftauchen, die auf die Guillaumes passen könnten, hatte der Verfassungsschutz zunächst nichts in der Hand – zu wenig, um damit vor Gericht zu bestehen. Also wurde Guillaume erst einmal observiert. Dass er trotz allem den Kanzler sogar in den Urlaub begleitete und bis fast unmittelbar vor seiner Verhaftung Zugang zu sensiblen Informationen hatte, versucht Nollau mit Kommunikationsproblemen zwischen ihm, dem damaligen Innenminister Hans-Dietrich Genscher und Willy Brandt zu erklären. Insgesamt macht er vor dem Untersuchungsausschuss keine sonderlich gute Figur, verstrickt sich in Widersprüche, beruft sich auf Erinnerungslücken und bleibt so die Erklärung für das von der Öffentlichkeit als dilettantisch empfundene Agieren seiner Behörde weitgehend schuldig.

Zwar hat der Abschlussbericht des Gremiums für ihn keine unmittelbaren Folgen, aber letztendlich sollte Nollau die Affäre nicht überstehen. Im September 1975 geht er vorzeitig in den Ruhestand.

Auch Heinz findet sich in den Sommermonaten des Jahres 1974 unvermutet im Fokus der Ermittler wieder. Eines Tages stehen Beamte mit einem Durchsuchungsbeschluss vor der Tür seiner Wohnung in Bad Godesberg, wohin er wegen seiner Anstellung beim Gesamtdeutschen Institut gezogen ist.

Ich nehme an, es handelte sich um Ermittler des Bundeskriminalamtes, das die Untersuchung im Fall Guillaume übernommen hatte. Wann genau die Aktion stattfand und mit welcher Begründung Heinz'

Wohnung durchsucht wurde, ließ sich leider nicht feststellen. Ilse Spittmann vermutet, dass es eventuell mit Heinz' recht enger Beziehung zu Günther Nollau und der unvorteilhaften Rolle, die dieser in der Affäre Guillaume spielte, zusammenhing. Vielleicht traute das BKA dessen Einschätzungen nicht mehr und beschloss, lieber eine Person zu viel als eine zu wenig zu überprüfen. Wie die Ermittler dabei auf meinen Großvater kamen, weiß ich nicht. Möglicherweise agierten sie nach einer Art Rasterfahndung, in die Heinz wegen gewisser Parallelen zwischen seiner und Guillaumes Biographie geraten sein könnte. Wie der war er in den 1950er Jahren als Flüchtling unter Umgehung des regulären Notaufnahmeverfahrens, das auch die Überprüfung auf eine mögliche Agententätigkeit umfasste, in die Bundesrepublik gekommen. Beide wohnten in Bad Godesberg, gerade einmal zehn Autominuten voneinander entfernt. Und wie Guillaume arbeitete Heinz in einer Bundesbehörde, wenn auch an ungleich weniger exponierter Position. Da offenbar nichts Verdächtiges gefunden wird, bleibt die Durchsuchung von Heinz' Wohnung äußerlich folgenlos. Doch im Inneren hat ihn das Ganze erschüttert. Feststellen zu müssen, dass man ihm nach den mehr als zwanzig Jahren, die er nun schon im Westen lebt, noch immer nicht ganz traut, ihn als mögliche Gefahr betrachtet, muss ihm wohl ein weiteres Mal schmerzhaft klargemacht haben, dass er auch hier nie ganz dazugehören wird, dass seine Vergangenheit, auch wenn sie schon so lange zurückliegt, noch immer seine Gegenwart bestimmt. Die Stabilität, die er sich gerade erkämpft hat, bekommt erneut Risse.

Ähnliche Unterstellungen sollten ihn sogar noch bis über den Tod hinaus begleiten. So verbreitet Stasiagent Walter Barthel 1978 im *Extra-Dienst*, einem in Westberlin erscheinenden linkssozialistischen Blatt, dessen Inhalt, wie man heute weiß, zumindest in Teilen vom MfS bestimmt wurde, dass Heinz nach der Veröffentlichung seiner Honecker-Biographie «eine Wandlung vollzogen» hat. Konkreter wird Barthel nicht und bleibt auch jeglichen Beleg für diese Behauptung schuldig, mit der er wohl andeuten will, Heinz wäre in seinen letzten Lebensjahren in den Osten übergelaufen. Noch 1998, als die

DDR längst Geschichte und Barthels IM-Tätigkeit öffentlich bekannt geworden ist, rückt er nicht von dieser Theorie ab.

Gunter Holzweißig, der ihn darum bittet, doch die Quellen dafür offenzulegen, schickt Barthel einen Brief, in dem er behauptet, Heinz habe ihn 1972 besucht und eindringlich darum gebeten, seine Beziehungen nach Ostberlin zu nutzen, um ihm ein Gespräch mit Erich Honecker zu vermitteln. Er sei fest davon überzeugt gewesen, dass sein Buch über Honecker eine Wiederannäherung ermöglichen würde. Barthel entgegnete laut eigener Darstellung, dass er über solche Verbindungen nicht mehr verfüge, sagte aber zu, die Bitte an den Vorsitzenden der Sozialistischen Einheitspartei Westberlins, SEW, Gerhard Danelius, weiterzugeben. Kurze Zeit später soll Danelius Barthel die Übermittlung der Bitte bestätigt haben. Die Gewissheit, dass es zu dem gewünschten Treffen auch tatsächlich gekommen ist, zieht Barthel aus einem vieldeutigen Grinsen Danelius' sowie einigen Indizien, deren konkrete Benennung er noch 1998 mit der Begründung verweigert, er würde damit möglicherweise eine andere Person belasten.

Es bleibt also alles recht vage, und letztlich halte ich es für wenig glaubwürdig, dass mein Großvater Honecker tatsächlich getroffen, und für noch unwahrscheinlicher, dass er seine über die Jahre und mit seinen Erfahrungen gewandelten Überzeugungen wegen eines solchen Gespräches komplett umgeworfen haben sollte. Gut vorstellen kann ich mir dagegen, dass er Barthel gegenüber den Wunsch geäußert hat, noch einmal mit Honecker zu sprechen. Ich glaube, von dieser Vorstellung, seinen «Urfehler», als den er die überstürzte Flucht und insbesondere den Diebstahl des Geldes sein Leben lang betrachtete, wiedergutmachen zu können, wenn er die Möglichkeit erhielte, sich denen gegenüber, die sein damaliges Verhalten am stärksten als Verrat gesehen haben, nur einmal vorbehaltlos erklären zu können, konnte er sich nie lösen. Er wollte wohl einfach nicht als der Verräter und Dieb leben müssen, als die er sich nie empfunden hat.

Am 10. August 1974 lädt Heinz zu einem Skatabend in seine Wohnung. Mit dabei ist Lothar Kirchmeyer, ein Freund und Kollege aus dem Gesamtdeutschen Institut. Neben dem gemeinsamen Arbeitsplatz verbinden sie auch ihre politischen Überzeugungen, die Tatsache, dass sie sich als Sozialisten sehen, die Hoffnung hegen, dass in Deutschland eines Tages eine menschliche Form des Sozialismus zum Zuge kommen und die Teilung des Landes beenden wird. Beide gehören der SPD an, auch weil, wie Lothar Kirchmeyer mir erzählt, das damals die einzige Partei ist, die Menschen wie sie aufnimmt, in der sowohl aufgeschlossene Christen als auch linke Sozialisten willkommen sind. Und wo hätten sie auch hingehen sollen? Die der SED nahestehende Deutsche Kommunistische Partei (DKP) kommt für sie nicht in Frage. Sonst gibt es damals nichts links von der SPD. Keiner Partei anzugehören ist für die Freunde ebenso wenig eine Option, dafür denken sie zu politisch, glauben sie zu sehr an die Notwendigkeit von Veränderungen und die Möglichkeit, Einfluss zu nehmen, indem sie sich organisieren.

Auch an diesem Augustabend in Bad Godesberg wird sicherlich über Politik diskutiert. Heinz hat für seine Gäste eine Hühnersuppe gekocht, scheinbar nicht das Rechte an diesem Sommertag, denn die Teller leeren sich nur langsam, stattdessen fliegen die Karten. Eine Runde nach der anderen wird gespielt. Dann, irgendwann zwischen dreiundzwanzig Uhr und Mitternacht, machen sich Heinz' Skatpartner auf den Heimweg. Zuvor hat er sich noch mit Lothar Kirchmeyer für den folgenden Morgen im Gesamtdeutschen Institut verabredet, denn obwohl Wochenende ist, haben beide Dringendes zu erledigen.

Gegen fünf Uhr früh ruft Heinz seine Freundin Anne an. Seit er der Arbeit wegen nach Bad Godesberg gezogen ist, führen die beiden eine «Wochenendehe», wie Anne es nennt. Doch dieses Mal ist sie in Neu-Isenburg geblieben, wo sie wohnt und arbeitet. «Er hat gesagt, schick mir einen Notarzt, mir geht es schlecht. Und jetzt stehen sie mal in Neu-Isenburg und haben den Mann am Telefon, den sie lieben [...] Also, ich konnte nichts anderes machen, als wirklich einen Arzt anzurufen.» Als Anne nach dem Telefonat mit dem Arzt erneut versucht, Heinz zu erreichen, meldet er sich nicht. Stark beunruhigt ruft sie Kirchmeyer an, der nur fünfundzwanzig Kilometer von Bad Godesberg entfernt wohnt und, so hofft sie, schnell dort sein kann. Kirchmeyer macht sich sofort auf den Weg, doch als er kurz nach halb sieben bei Heinz klingelt, erhält auch er keine Antwort. Schließlich bricht er die Tür auf und findet ihn auf dem Boden des Schlafzimmers neben seinem Bett. Da ist er schon tot.

Erst kurz vor neun Uhr trifft der Notarzt ein. Lothar Kirchmeyer ist in diesem Moment so wütend, dass er ihm damit droht, ihn anzuzeigen. Der Arzt entgegnet, auch ein früheres Erscheinen hätte Heinz nicht mehr retten können. Er sei an plötzlichem Herztod gestorben, da käme jede Hilfe zu spät.

Mein Großvater wurde nur 52 Jahre alt.

Seine Freunde reagieren mit Unglauben und Erschütterung auf sein plötzliches Ende. Einige bezweifeln gar, dass es sich dabei um einen natürlichen Tod gehandelt habe. Auch ich habe oft darüber nachgegrübelt, ob mein Großvater wirklich einen plötzlichen Herztod gestorben oder ob er nicht doch, wie einige vermuteten, umgebracht worden ist. Auf den ersten Blick scheint es, denkt man an das Leben, das er geführt, die Feinde, die er sich gemacht, die Geheimdienste, mit denen er zu tun hatte, nicht ausgeschlossen. Doch wer könnte – zu diesem Zeitpunkt, Mitte der 1970er Jahre – ein Interesse an seinem Tod gehabt haben? Die Staatssicherheit, wie mancher aus seinem Freundeskreis vermutete? Zwar hat es solche Fälle von gezielten Mordanschlägen auf dem Gebiet der Bundesrepublik gegeben, aber in welcher Größenordnung und mit welchen Hintergründen ist weitgehend unklar, nicht zuletzt, weil die für die Auslandsspionage zuständige Hauptverwaltung Aufklärung, als das Ende der DDR nicht mehr abzuwenden war, den größten Teil der vorhandenen Akten vernichtete.

Ein solches Szenario lässt sich also weder zu einhundert Prozent ausschließen noch konkret beweisen. Doch warum hätte das MfS Heinz ermorden sollen, einen Mann, der zu diesem Zeitpunkt einer von gut zweihundertfünfzig Angestellten einer Bundesbehörde war, der einen Schreibtischjob machte und dessen Wissen über DDR-Interna zum Großteil mehr als zwanzig Jahre alt und in einer Vielzahl von Veröffentlichungen frei zugänglich war? Sein «Operativvorgang» hatte das MfS bereits vor fünf Jahren zu den Akten gelegt, weil die Erträge, die man sich von ihm versprach, nicht mehr dem Aufwand entsprachen, den eine weitere Bearbeitung verursacht hätte. Dieselbe Institution soll das Risiko eingegangen sein, ihn auf dem Boden eines anderen Staates ermorden zu lassen? Um was zu tun? Rache zu nehmen? Eine potenzielle Gefahr auszuschalten?

Und wenn es nicht die Staatssicherheit war? Schließlich haben auch andere Geheimdienste gemordet. Allerdings fällt mir zu dieser Annahme noch viel weniger ein sinnvolles Motiv ein. Sämtlichen westlichen Geheimdiensten wäre es problemlos möglich gewesen, ihn zu verhaften, hätten sie in ihm eine Gefahr, sprich einen Spion für den Osten gesehen. Insgesamt erscheint mir die Mordtheorie reichlich weithergeholt und wenig plausibel, zumal das Leben meines Großvaters um vieles mehr noch, als es zu solchen Hypothesen einlud, ihn zu einem nicht unwahrscheinlichen Opfer für den plötzlichen Herztod machte, eine der häufigsten Todesursachen in der westlichen Welt: Alkohol, Zigaretten, Stress, zu wenig Schlaf, eine insgesamt unstete Lebensführung – seine «Laster» lesen sich wie ein Risikokatalog aus der Gesundheitsaufklärung. Hinzu kommt, dass er wohl durchaus im Vorfeld Beschwerden hatte. Jedenfalls erinnert sich Hermann Weber, dass Heinz wenige Wochen vor seinem Tod ein EKG anfertigen ließ, was wahrscheinlich nicht grundlos geschah, allerdings wohl auch keine beunruhigenden Ergebnisse erbrachte.

Andererseits kann ich gut verstehen, dass einige seiner Freunde nach seinem unerwarteten frühen Tod solche Vermutungen hegten. Auch deshalb frage ich mich, ob es nicht angemessen gewesen wäre, wenn der Arzt vor Ausstellen des Totenscheins genauere Untersuchungen zur Todesursache hätte vornehmen lassen. Doch wie immer man dazu steht, weder hätte es meinen Großvater wieder lebendig gemacht noch lässt sich heute etwas daran ändern.

Trotz der Mutmaßungen und Gerüchte im Zusammenhang mit seinem plötzlichen Ende denke ich, dass mein Großvater eines natürlichen Todes gestorben ist, in dem Sinne, dass es nicht ein einziges mysteriöses Ereignis war, dass ihn getötet hat. Letztlich hat ihn sein Leben mit allem, was ihm zugestoßen ist und was er selbst getan hat, so beansprucht, dass seine Lebensgeister aufgebraucht waren, lange bevor es an der Zeit gewesen wäre, zu gehen. Die vielen Leben, die er gelebt hat, manchmal nacheinander, manchmal parallel, haben all die Jahre auch vielfach an ihm gezehrt.

Und trotzdem sein Tod erklärbar ist, macht es ihn für mich nicht weniger traurig. Selbst jetzt, mehr als vierzig Jahre später und obwohl ich schon lange weiß, dass er nicht mehr lebt, erfüllt mich der Gedanke mit Trauer. Es ist schmerzlich, dass er gerade zu einem Zeitpunkt starb, als er nach Jahren des Umherirrens angekommen zu sein schien, und dass es ihm nicht vergönnt war, das Ende der deutschen Teilung zu erleben, die auch ihm viel Leid gebracht hat. Ich glaube, die friedliche Revolution in der DDR hätte ihn begeistert. In den Folgejahren hätte er sicherlich den anderen, den demokratischen und humanitären Sozialismus vermisst, den er sich für das ganze Land gewünscht hatte. Doch zumindest hätte er wieder seine alte Heimat besuchen können, seinen Sohn sehen, mit ihm sprechen, ihm zuhören und ihn kennenlernen können. Auch ich wäre ihm sehr gerne begegnet, dem Mann, der mein Großvater war.

Fünf Tage nach seinem Tod, am 16. August 1974, findet auf dem Zentralfriedhof in Bonn Bad Godesberg eine Trauerfeier für Heinz statt. Viele Freunde sind gekommen, Kollegen, Bekannte aus alter und jüngerer Zeit – am Ende haben sich mehr Menschen versammelt, als in die kleine Trauerkapelle passen, weshalb die geplanten Programmpunkte kurzerhand ins Freie verlegt werden. Auch einige Geheimdienste sind vertreten. Für das MfS ist Peter Heilmann mit seiner Ehefrau Johanna angereist. Im sogenannten Treffbericht, in dem der Auftrag zur Teilnahme an der Trauerfeier festgehalten ist, heißt es: «Durch den Tod des Renegaten LIPPMANN erfolgt ein Zusammentreffen einer Reihe operativ interessanter Personen.» Heilmann solle den Anlass nutzen, um seine Verbindungen in diese Kreise weiter zu pflegen. Auch einige Verfassungsschutzmitarbeiter befinden sich unter den Trauergästen, ob dienstlich entsandt oder aus persönlicher

Anteilnahme, lässt sich nicht sagen. Lothar Kirchmeyer vermutet, dass sich sogar noch mehr Geheimdienstler vor Ort befanden, etwa vom BND und der CIA – ein Gipfeltreffen der Kalten Krieger inmitten von Grabsteinen und Blumengestecken.

Und so stehen sie um Heinz' Sarg. Ost-Geheimdienstler neben denen aus dem Westen, Antikommunisten neben überzeugten Sozialisten, Flüchtlinge und Alteingesessene, Gewerkschaftler und Bundesbeamte. Sie alle haben ihn gekannt, manche mehr, manche weniger gut. Einige von ihnen waren echte Freunde, die ihn auf seinem Lebensweg ein Stück begleitet haben. Doch spätestens als zum Abschluss der Feier die Lieder «Wann wir schreiten Seit' an Seit'» und «Brüder, zur Sonne, zur Freiheit» erklingen, ist es vorbei mit der scheinbaren Einmütigkeit unter den Trauergästen. Entrüstet verlassen einige Mitarbeiter des Gesamtdeutschen Instituts den Friedhof. Später behaupten sie, es seien kommunistische Lieder, gar «Die Internationale» gesungen worden. Unter den Indignierten, so erinnert sich Kirchmeyer, befand sich auch der Personalratsvorsitzende des Instituts, im Dritten Reich hauptberuflich Reichsarbeitsdienstführer: ein Nazi, wie er mir entrüstet mitteilt.

Vom Friedhof begibt sich ein Teil der Trauergäste in das Gasthaus «Zur alten Post», wohin Anne Klein geladen hat. Danach trifft sich der engste Kreis in Heinz' Wohnung, wo man zusammensitzt und Erinnerungen an den verstorbenen Freund austauscht. Auch Peter Heilmann ist dabei und sorgt dafür, dass einiges des dort Gesagten Eingang in die Stasiakten findet, so auch der Hinweis, ein Telegramm mit der Todesnachricht sei an Heinz' Sohn Peter Lippmann geschickt worden.

Auch wenn er dieses Schreiben nie erhalten hat, sorgt mein Vater in den Wochen nach Heinz' Tod indirekt für Unruhe. Im Unwissen um seine Adoption gehen Heinz' Freunde davon aus, dass ihm als seinem einzigen Sohn, sofern er denn in Bonn erschienen wäre, ein Anrecht auf Heinz' Hinterlassenschaft zustände. An sich hätte damit auch niemand ein Problem, wären da nicht die zwei Stahlschränke in Heinz' Wohnung. Vor Jahren hat er sie vom Verfassungsschutz bekommen, und einige der Freunde vermuten, dass sie noch immer bis oben hin voller Geheimdienstunterlagen stecken. Bei dem Gedanken, dass nun Heinz' Sohn diese sensiblen Papiere eventuell mit nach Ostberlin nehmen würde, wurde Kirchmeyer, der Anne Klein bei der Wohnungsauflösung unterstützt, nach eigener Aussage doch etwas mulmig. Kirchmeyer wendet sich an Günter Nollau. Sie treffen sich, um die Sache durchzusprechen, und Nollau rät, die Schränke am besten von seinen Mitarbeitern durchsehen zu lassen. So geschieht es, und während Anne Klein, wie sie mir erzählt, einigermaßen fassungslos danebensteht, lassen die Männer den Inhalt der Stahlschränke fast vollständig in großen blauen Müllsäcken verschwinden.

Da Heinz' Sohn nicht auftauchte, wurden die Sachen seines Vaters anderweitig verschenkt. Seinen schweren hölzernen Schreibtisch zum Beispiel übernahm Anita. Sie ließ ihn den ganzen Weg über den Atlantik bis nach Amerika transportieren, wo er wohl noch heute in ihrem Arbeitszimmer steht.

Einige wenige Dinge fanden über Heinz' Freunde den Weg zu mir. Da ist eine Löschwiege von seinem Schreibtisch, die mir Gunter Holzweißig geschenkt hat, ein halbrundes Ding mit einem Griff drauf, in das man Löschpapier einspannen kann. Interessant anzusehen, aber nach heutigen Maßstäben völlig nutzlos. Trotzdem liegt es nach wie vor an meinem Arbeitsplatz und erinnert mich an meinen Großvater. Und dann der kleine hölzerne Koch aus seiner Küche – gleichzeitig Teufelchen und Hampelmann –, den mir Hermann Weber überließ. Und nicht zuletzt einige wenige Fotos aus Heinz' letzten Lebensjahren, die ich von Anne Klein bekommen habe – die einzigen privaten Fotos, die ich von meinem Großvater besitze – kleine Dinge, doch ich bin sehr dankbar, sie zu haben.

Begraben ist Heinz nicht in Bad Godesberg, sondern in Frankfurt am Main. Anne Klein sorgte dafür, dass er dort im Grab ihrer Familie beerdigt wird. Jahrzehnte später, in einem neuen Jahrtausend, begleite ich sie auf dem Weg vom Seniorenstift, in dem sie jetzt wohnt, zum Friedhof. Trotz der langen Zeit, die seit Heinz' Tod vergangen ist, scheint Anne Klein aufgewühlt von den Erinnerungen, von unserem Zusammentreffen, von dem Weg, den wir gemeinsam gehen. Nach einigen Minuten des Schweigens beginnt sie zu erzählen:

Ich glaube, es gibt nur ganz wenige Phasen in Heinz' Leben, in denen er wirklich einmal nur er selber war, und es ist ein Jammer um das Potenzial, das der Mann hatte, sowohl geistig wie auch seelisch. Aber er ist nicht reinzuwaschen insofern, er hat viele, viele Fehler in seinem Leben gemacht und hat das auch gewusst und darunter gelitten. Aber ein Mann, der mit zwanzig Jahren in diese Hölle geschickt wird und dann eigentlich immer ein gejagtes Leben hat, kann er noch ganz normal denken wie andere? Hat er nicht ein ganz anderes Empfinden? Auch vielleicht sogar ein anderes Rechtsempfinden? Oder vielleicht baut er sich eine Illusion auf, die Welt zu verbessern, und stößt, wie er, dauernd an irgendwelche Grenzen, und irgendwann wird er abgestumpft. So leg ich mir das zusammen, ich kann es mir nicht anders vorstellen. Aber ich wollte doch wenigstens, dass er dann seine Ruhe hat, und da habe ich ihn halt mit heimgenommen in das Grab meiner Eltern. Kein Mensch hat das Gegenteil gesagt, keine der Frauen, die mit ihm gelebt haben. Und jetzt ist es so, dass ich ihn wenigstens besuchen kann. Ich bin ganz bestimmt kein gläubiger Mensch, war noch nie einer, und ich bin auch kein Friedhofsgänger in dem Sinne, aber manchmal tut es ganz gut.

Als ich dann tatsächlich vor dem Grab meines Großvaters stehe, seinen Namen neben denen von Anne Kleins Eltern und ihrem Ehemann lese, empfinde ich eine tiefe Dankbarkeit, für das, was sie getan hat, dafür, dass sie ihm, der sein Leben lang herumgeirrt ist, sei es auf der Flucht vor den Schrecknissen seiner Zeit, den erlebten und den drohenden, oder auf der Suche nach etwas Besserem als dem Gegenwärtigen, eine wirkliche Ruhestätte gegeben hat.

Ihrer beider Leben hatten sich nur für verschwindend kurze Momente berührt, wie zwei Himmelskörper, die um sich fremde Sterne kreisen und dabei für ein kurzes Stück ihres Weges dieselbe Flugbahn teilen. Und doch waren sie sich offenbar so nahegekommen, dass etwas entstand, das selbst Heinz' Tod überdauerte. Und das ist vielleicht die für mich wichtigste Erkenntnis meiner langen Suche: Mein Großvater, von dem ich viel Tragisches, Trauriges und auch Zwiespältiges erfahren habe, über den ich aber insgesamt noch immer sehr wenig weiß, ist trotz der Abgründe, die er durchquert hat, nicht endgültig an sich und den Menschen verzweifelt, sondern hat sich die Fähigkeit bewahrt, anderen ein Freund zu sein.

EPILOG

Wer war nun dieser Mann mit den vielen Leben? Ein Kämpfer und wohl auch ein Träumer, oft schwach und von Ängsten beherrscht, dann wieder getrieben von Tatendrang bis zu Überheblichkeit und Leichtsinn.

Er erlebte, wie die Welt, in die er hineingeboren war und die er zu kennen glaubte, sich auflöste und in etwas Unbegreifliches verwandelte, das ihn um ein Haar verschlungen hätte. Aus diesem Abgrund zogen ihn Fremde heraus, die zu Freunden und Genossen wurden und deren Menschlichkeit inmitten des Grauens er zu seinem Leitbild machte, dem er durch all die Irrungen und Wirrungen seines Lebens folgte. Sein Glaube, im Sozialismus ein politisches System gefunden zu haben, in dessen Zentrum eben diese Menschlichkeit steht, erwies sich als nahezu unerschütterlich. Selbst als er miterleben musste, wie unmenschlich die Wegbereiter dieses Neuen mit echten und vermeintlichen Gegnern umgingen, fiel es ihm schwer, daraus Konsequenzen zu ziehen. Erst als ihn die Ängste übermannten, selbst in die Mühlen dieser Verfolgungsmaschinerie zu geraten, ergriff er die Flucht.

Die Vorstellung, nun ein Leben weitab von jeglicher Politik und frei von trügerischen Idealen führen zu können, erwies sich schnell als Illusion. Der Glaube, der ihn aus Dunkelheit und Verzweiflung geleitet hatte, ließ sich nicht abschütteln, oder vielleicht war er es auch selbst, der sich an ihm festhielt. Daran änderten weder das gestohlene Geld etwas, von dem ihm wohl selbst nicht ganz klar war, ob es nun die Grundlage für ein neues oder für die mögliche Rückkehr in sein altes Leben sein sollte, noch die Anschuldigungen und Verdächtigungen, mit denen er bis zu seinem Tod konfrontiert wurde und die darüber hinaus weiterbestanden. Das Ziel eines humanen Sozialismus vor Augen, erwies er sich bei der Wahl der Mittel und Helfer nicht als zimperlich. Andererseits versuchte er, seine Ideale auch im persönlichen Umfeld zu leben. Freunden und Bekannten zu helfen, wo er konnte, war Heinz offenbar ein wirkliches Bedürfnis. Auch er selbst fand immer wieder die Unterstützung von anderen, und vielleicht half ihm diese gelebte Menschlichkeit im Kleinen darüber hinweg, dass die Welt im Allgemeinen und Deutschland im Besonderen sich bei weitem nicht so entwickelten, wie er es sich erhofft hätte.

Und jenseits des Politischen? Das ist wohl am schwersten zu beantworten. Hätte er sich ein anderes Leben gewünscht – mit einer Familie, in der Nähe seines Sohnes? Wäre er dann glücklicher geworden, hätte weniger den Rausch, das Risiko und die Extreme gesucht?

Wie viel von dem, was er gelebt hat, kam aus ihm selbst? Und wie viel erklärt sich aus dem, zu dem er durch Vorurteile und Zuschreibungen, durch die Menschen um ihn herum und die Zeit, in der er lebte, gemacht wurde?

Am Ende ist es wohl immer ein Zusammenspiel von inneren und äußeren Einflüssen, die einen Menschen ausmachen. Sie lassen sich kaum auseinanderdividieren, zumal es sich dabei ja nicht um statische Größen handelt, sondern um Faktoren, die stets in Bewegung sind, sich gegeneinander verschieben und immer neue Konstellationen bilden. In Zeiten voller Extreme, zwischen nationalsozialistischem Terror und Kaltem Krieg, war es wohl ungleich schwerer, sich nicht selbst zu verlieren. Und wäre Heinz nicht in den Stürmen und Strudeln der deutschen Geschichte hin und her geworfen worden, nach oben gespült und dann wieder heruntergerissen, dann hätte er vielleicht ein Leben geführt, wie sein Vater es sich für ihn vorgestellt hatte, damals, als er nur ein winziges Menschenkind war und die Ereignisse der folgenden Jahrzehnte unvorstellbar erschienen: das Leben eines Geschäftsmanns, erfolgreich, aber bodenständig, achtbar und unauffällig – ein ganz normales Leben.

PERSONENVERZEICHNIS

Ackermann, Anton (1905-1973) war ein SED-Funktionär, der Anfang der 1950er Jahre zum inneren Führungszirkel der DDR gehörte. Weil er den Ulbricht-kritischen Kurs von Wilhelm Zaisser und Rudolf Herrnstadt unterstützte, wurde er 1953 aller Ämter enthoben und 1954 aus dem Zentralkomitee der SED ausgeschlossen. 1956 wurde er rehabilitiert.

Barthel, Walter (1931-2003) war ein Journalist und Doppelagent. Barthel wuchs in Sachsen auf und siedelte 1958 nach Westberlin über, nachdem er wegen «Fraktionismus» und «Titoismus» seinen Studienplatz an der Humboldt-Universität verloren hatte. Noch im selben Jahr begann er als Inoffizieller Mitarbeiter für das MfS zu arbeiten. In den Folgejahren agierte er parallel als V-Mann des Verfassungsschutzes. Ab Mitte der 1960er Jahre gehörte er als Berliner Landessekretär des Sozialistischen Deutschen Studentenbundes zu den führenden Köpfen der studentischen Protestbewegung.

Brumme, Johannes (1909-1967) war ein Pädagoge und Antifaschist, der seit 1937 im KZ Buchenwald inhaftiert und dort im Lagerwiderstand aktiv war. Nach Kriegsende arbeitete er im Thüringer Volksbildungsministerium und lehrte an verschiedenen ostdeutschen Universitäten.

Busse, Ernst (1897-1952) war ein kommunistischer Politiker und ab 1937 Häftling im KZ Buchenwald, wo er einer der führenden Personen im Lagerwiderstand war. Von 1945 bis 1947 hatte er das Amt des Innenministers in der Thüringer Landesregierung inne. 1950 wurde er wegen seiner Kontakte, die er als Funktionshäftling zur SS unterhalten hatte, von einem sowjetischen Militärtribunal zu lebenslanger Haft verurteilt. Er starb im Sonderlager Workuta.

Dahlem, Franz (1892–1981) war ein einflussreicher SED-Funktionär, der sowohl dem Politbüro als auch dem Zentralkomitee der Partei angehörte. Wegen seines Ansehens und seiner Popularität unter den Genossen galt er als innerparteilicher Rivale von Walter Ulbricht. 1953 wurde er aus dem ZK ausgeschlossen und verlor wegen nicht parteigemäßen Verhaltens alle Ämter. 1956 wurde er rehabilitiert, blieb aber fortan eine politische Randfigur.

Danelius, Gerhard (1913–1978) war ein deutscher Politiker und Vorsitzender der Sozialistischen Einheitspartei Westberlins (SEW).

Goldstein, Kurt (1914–2007) war ein deutsch-jüdischer Kommunist, der von 1936 bis 1938 für die Internationalen Brigaden im Spanischen Bürgerkrieg kämpfte. Ab 1939 in Frankreich interniert, wurde er 1942 an Deutschland ausgeliefert und nach Auschwitz deportiert. Nach der Befreiung aus dem KZ Buchenwald amtierte er als Vorsitzender des Landesjugendausschusses Thüringens. 1946 kehrte Goldstein ins seine Heimatstadt Dortmund zurück und übernahm 1950 den Vorsitz des FDJ-Zentralbüros in der Bundesrepublik. 1951 siedelte er in die DDR über und arbeitete dort zunächst in der Westabteilung des ZK der SED und ab 1956 in leitender Stellung beim Rundfunk der DDR.

Heidenreich, Gerhard (1916–2001) war ein SED-Funktionär und Generalmajor im Ministerium für Staatssicherheit. Er war seit 1948 Mitglied und 1949/50 Zweiter Sekretär des Zentralrats der FDJ. Heidenreich gehörte zum Gründungskreis des Außenpolitischen Nachrichtendienstes und wurde 1951 zum stellvertretenden Leiter ernannt.

Heilmann, Peter (1922–2003) war ein Publizist und langjähriger Stasiagent. Von den Nationalsozialisten als Halbjude verfolgt, machte er nach dem Kriegsende Karriere als FDJ-Funktionär. 1951 wurde er in Ostberlin verhaftet, wegen Spionage angeklagt und zu fünf Jahren Zuchthaus verurteilt. In der Haft erklärte er sich bereit, für die Staatssicherheit als «Geheimer Informator» zu fungieren. Nach seiner Entlassung siedelte er 1956 nach Westberlin über, von wo er weiter seinen Auftraggebern berichtete. 1999 wurde er wegen seiner geheimdienstlichen Tätigkeit zu einer Bewährungsstrafe verurteilt.

Herrnstadt, Rudolf (1903-1966) war ein Journalist und kommunistischer Politiker. Als Mitglied des ZK der SED setzte er sich in den frühen 1950er Jahren für eine Demokratisierung innerhalb der Partei ein. Wegen dessen diktatorischen Führungsstils betrieb Herrnstadt die Absetzung Walter Ulbrichts als Generalsekretär. Nachdem er mit dieser Initiative gescheitert war, verlor er sämtliche Posten und wurde aus der SED ausgeschlossen.

Heymann, Stefan (1896-1967) war ein deutsch-jüdischer Kommunist, der ab 1933 in verschiedenen Konzentrationslagern inhaftiert war. Nach dem Krieg wurde er Mitglied der KPD-Landesleitung Thüringen und in den 1950er Jahren Botschafter der DDR in Ungarn und Polen.

Honecker, Erich (1912-1994) war 1946 Mitbegründer der Freien Deutschen Jugend, deren Vorsitz er bis 1955 innehatte. 1971 wurde er zum Generalsekretär des Zentralkomitees der SED berufen und löste damit Walter Ulbricht an der Spitze der DDR ab.

Joos, Anton (1900-1999) war ein Kommunist und SED-Funktionär. Ab 1950 leitete er den Sektor Allgemeine Angelegenheiten in der Kaderabteilung des ZK der SED. Ab 1949 war Joos Mitglied der Zentralen Parteikontrollkommission und maßgeblich an der Vorbereitung der ersten großen Parteisäuberung beteiligt.

Lange, Inge (1927-2013) war SED-Funktionärin und eine der wenigen Frauen in den obersten Machtgremien der DDR. Von 1952 bis 1961 fungierte sie als Sekretär im Zentralrat der FDJ. Ab 1961 leitete sie die Abteilung Frauen im ZK der SED. Von 1973 bis 1989 gehörte sie als Kandidatin dem Politbüro der SED an.

Leonhard, Wolfgang (1921-2014) war ein Historiker und Kommunismus-Experte. Er verbrachte die Zeit des Nationalsozialismus größtenteils in der Sowjetunion und kehrte 1945 nach Deutschland zurück. Dort war er in der Abteilung Agitation und Propaganda des ZK der SED tätig und lehrte an der Parteihochschule. 1949 brach er mit dem Stalinismus und floh gemeinsam mit Ilse Spittmann nach Jugoslawien. 1950 siedelte er in die Bundesrepublik über, wo er Mitbegründer der Unabhängigen Deutschen Arbeiterpartei wurde. 1955 veröffentlichte er das Buch *Die Revolution entlässt ihre Kinder* über seinen politischen Lebensweg.

Mascher, Heinz-Wolfram (1927–1993) war ein Funktionär der FDJ und CDU-Abgeordneter in der Volkskammer. Von 1949 bis 1959 war er Mitglied im Zentralrat der FDJ, in dessen Auftrag er Kontakt zu christlichen Kreisen in der BRD hielt. 1961 wurde er unter dem Vorwurf, ein Verfassungsschutzagent zu sein, verhaftet und 1963 zu einer mehrjährigen Haftstrafe verurteilt. 1966 kam er frei.

Matern, Hermann (1893–1971) war ein Kommunist und SED-Funktionär. 1945 kehrte er aus dem Moskauer Exil nach Deutschland zurück. Seit 1948 war er Vorsitzender der Zentralen Parteikontrollkommission und damit für die innerparteiliche Disziplin verantwortlich.

Merker, Paul (1894–1969) war ein SED-Funktionär und Mitglied des Politbüros. Als Einziger im engeren Führungskreis der Partei setzte er sich öffentlich für die Gründung eines jüdischen Staates und die Entschädigung für die von den Nationalsozialisten enteigneten Vermögen ein. 1950 wurde er aus der SED ausgeschlossen, 1952 wurde er unter der Beschuldigung verhaftet, ein zionistischer Agent und an der Prager Verschwörung rund um Slansky beteiligt gewesen zu sein. 1955 wurde er zu acht Jahren Zuchthaus verurteilt, allerdings bereits 1956 aus der Haft entlassen und in einem geheimen Prozess freigesprochen.

Naumann, Konrad (1928–1992) war ein SED-Funktionär und Mitglied des Politbüros. Seit 1952 war er Mitglied des Zentralrates der FDJ und leitete in dieser Funktion die ostdeutsche Delegation bei den Weltfestspielen der Jugend in Wien 1959.

Slansky, Rudolf (1901–1952) war seit 1945 Generalsekretär der Kommunistischen Partei der Tschechoslowakei. 1951 wurde er verhaftet und des Hochverrats angeklagt. In einem antisemitisch anmutenden Schauprozess wurden er und zehn weitere hohe Parteifunktionäre, die meisten wie Slansky jüdischer Herkunft, zum

Tode verurteilt und kurze Zeit darauf hingerichtet. In den 1960er Jahren wurde Slansky rehabilitiert.

Ulbricht, Walter (1893–1973) war als Erster Sekretär des ZK der SED bis zur Ablösung durch Erich Honecker 1971 der mächtigste Mann in der DDR.

Weber, Hermann (1928–2014) war ein Historiker und Politikwissenschaftler. Er trat 1945 in die KPD ein, studierte an der Parteihochschule und fungierte als Chefredakteur der Zeitung der westdeutschen FDJ. 1953 wurde er wegen seines politischen Engagements von den bundesdeutschen Behörden festgenommen und kam erst im Jahr darauf frei. Wegen wachsender Zweifel brach er mit dem Stalinismus, wurde 1954 als Agent aus der KPD ausgeschlossen und trat 1955 in die SPD ein. Als Wissenschaftler beschäftigte er sich weiterhin intensiv mit dem Kommunismus und wurde zu einem der wichtigsten Experten auf diesem Gebiet.

Wolf, Walter (1907–1977) war ein kommunistischer Politiker und Pädagoge. Von 1938 bis 1945 war er im KZ Buchenwald inhaftiert. Nach der Befreiung fungierte er von 1945 bis 1947 als Minister für Volksbildung in Thüringen.

Zaisser, Wilhelm (1893–1958) war der erste Minister für Staatssicherheit der DDR. Nach dem Aufstand vom 17. Juni 1953 plante Zaisser gemeinsam mit Rudolf Herrnstadt, Ulbricht zu stürzen. Nachdem der Versuch gescheitert war, wurde Zaisser aus dem Zentralkomitee, dem Politbüro und der Partei ausgeschlossen und als Minister abgesetzt. Seine Frau verlor ihre Position als Ministerin für Volksbildung.

ANMERKUNGEN

1 Familiengeschichten

Seite 35 «Er ist viel jünger gestorben, als ich es jetzt bin ...»
Persönliches Gespräch mit Peter Kleinert am 7.8.2011

2 Nicht hier und nicht dort

Seite 42 «Heinz war definitiv der schönste Junge in der Klasse ...»
Persönliches Gespräch mit Gershom Tryster am 6.3.2007

Seite 43 «Er war nicht hier, und er war nicht da.»
Persönliches Gespräch mit Gershom Tryster am 6.3.2007

Seite 46 «Ich wäre ein ganz anderer Mensch ...»
Persönliches Gespräch mit Gershom Tryster am 6.3.2007

3 Eine schicksalhafte Entscheidung

Seite 60 «Und so kam der Wahnsinnsentschluss aus Verzweiflung geboren ...»
Brief von Heinz Lippmann an Erich Honecker
BStU, MfS AOP 8075/70, Bd. 1, S. 305

4 In allergrößter Dunkelheit

Seite 65 «Ich arbeitete einige Tage in einem Kommando ...»
Heinz Lippmann, unveröffentlichtes autobiographisches Manuskript, 1960

Seite 68 «In den Monaten meiner Haft war ich bisher nur mit verzweifelten Menschen zusammen gekommen ...»

Heinz Lippmann, unveröffentlichtes autobiographisches Manuskript, 1960

Seite 70 «Am 7. April 1920 habe ich den Kaufmann Erich Lippmann zu Berlin geheiratet ...»
Bitte um die Anfechtung der Ehelichkeit ihres Sohnes Heinz Lippmann von Charlotte Lewinsohn

Landesarchiv Berlin, A Rep. 358-02
Nr. 58800 S. 10 f.

Seite 75 «Es lässt sich danach insgesamt nicht eine größere Ähnlichkeit des Prüflings mit Genovich als mit dem gesetzlichen Vater feststellen ...»
Schreiben des Staatsanwalts an Charlotte Lewinsohn vom 18. Januar 1944, Landesarchiv Berlin, A Rep. 358-02 Nr. 58800 S. 19

Seite 78 «Es entwickelte sich nun nach der Operation folgender Dialog ...»
Persönliches Gespräch mit Justin Sonder am 21. 3. 2007

Seite 80 «Diese Baracke war eigentlich äußerlich wie alle anderen.»
Persönliches Gespräch mit Justin Sonder am 21. 3. 2007

Seite 80 «Der Pfleger stellte sich vor ...»
Persönliches Gespräch mit Justin Sonder am 21. 3. 2007

Seite 81 «Es hatte für mich eine außergewöhnlich große Bedeutung ...»
Persönliches Gespräch mit Justin Sonder am 21. 3. 2007

Seite 82 «Dieser Akt des Widerstandes ist für mich so wichtig, dass ich seit Jahrzehnten, wann immer ich von diesen Vorgängen berichte, Heinz Lippmann erwähne ...»
Persönliches Gespräch mit Justin Sonder am 21. 3. 2007

Seite 82 «Meine liebe liebe Mutti!! ...»
Brief von Heinz Lippmann an seine Mutter Charlotte Lewinsohn,
Auschwitz 22. 10. 1944

5 Ein anderes Deutschland

Seite 88 «Die Vernichtung des Nazismus mit seinen Wurzeln ist unsere Losung ...»
Schwur von Buchenwald
zitiert nach: http://lag-buchenwald.vvn-bda.de/bucher/dokument2-2/

Seite 90 «Wir haben ihm das Zimmer gezeigt ...»
Persönliches Gespräch mit Anne Klein am 28. 2. 2007

Seite 95 «Das Reden musste er noch lernen ...»
Persönliches Gespräch mit Anne Klein am 28. 2. 2007

Seite 96 «Wir wollen hier keine großen Sonntagsreden halten ...»
Persönliches Gespräch mit Dorothea Stenzel am 11. 1. 2012

Seite 96 «Für uns stand unsere Arbeit damals unter der großen Überschrift: Das neue Leben muss anders werden ...»
Persönliches Gespräch mit Klaus Herde am 24. 8. 2011

Seite 97 «Natürlich gab es schon damals vieles, was mir nicht gefiel ...»
Heinz Lippmann, unveröffentlichtes autobiographisches Manuskript, 1960

Seite 99 «Der Heinz hatte eine Schwäche für Frauen ...»
Persönliches Gespräch mit Kurt Goldstein am 13. 2. 2007

Seite 101 «Sehr bald stellte ich fest, dass ich sehr überstürzt und unüberlegt gehandelt hatte ...»
Heinz Lippmann, Ergänzung zu meinem Lebenslauf
BArch DY 30/IV 2/4/411 Bd. 1, S. 34 f.

6 Auf dem Weg nach oben

Seite 107 «So wie wir 45 in Thüringen alles miteinander besprochen haben ...»
Persönliches Gespräch mit Kurt Goldstein am 13. 2. 2007

Seite 112 «Er war hundertprozentig überzeugt von dem, was in der DDR geschieht ...»
Persönliches Gespräch mit Hermann Weber am 28. 2. 2007

Seite 113 «Um unserem gemeinsamen Sohn Peter eine ruhige und gleichmäßige Entwicklung zu sichern ...»
Heinz Lippmann, Ergänzung zu meinem Lebenslauf
BArch DY 30/IV 2/4/411 Bd. 1, S. 37

Seite 114 So hatte Helga G. 1943 als Siebzehnjährige ein Ehepaar wegen ihrer abweichenden politischen Ansichten denunziert ...
BStU, MfS 10232/83 Bd. 1

Seite 116 «Liebes! Ich hab doch noch gar keinen Geburtstag! ...»
Brief von Heinz an Inge Lippmann vom 29. 9. 1951
BStU, MfS AOP 8075/70, Bd. 4, S. 337 ff.

Seite 118 «Die Frage der Gesundheit macht mir überhaupt erst richtig Sorge, seit du da bist ...»
Brief von Heinz an Inge Lippmann vom 29. 9. 1951

BStU, MfS AOP 8075/70, Bd. 4, S. 340 ff.

Seite 122 «Heinz hat drei weitere Funktionäre und mich zu seinem Auto gerufen ...»
Persönliches Gespräch mit Hermann Weber am 28. 2. 2007

Seite 129 «Die Reaktion der Parteiführung war für mich eine große Enttäuschung ...»
Heinz Lippmann, unveröffentlichtes autobiographisches Manuskript, 1960

Seite 134 «Bei der Ausfüllung der ersten Fragebogen habe ich verschwiegen, dass ich mich damals der Gestapo stellte ...»
Im Untersuchungsgefängnis verfasster Lebenslauf vom 21. 9. 1954
BArch B362/2074, S. 85

Seite 135 «Verkehr nicht mehr mit mir ...»
Bericht Peter Heilmanns an die Staatssicherheit vom 13. 8. 1956
BStU, MfS AOP 8075/70, Bd. 3, S. 126

Seite 136 «Ich war schwer erschüttert ...»
Brief von Heinz an Inge Lippmann vom 1. 10. 1953
BStU, MfS AOP 8075/70, Bd. 1, S. 172

7 Auf der Flucht

Seite 139 Laut einer späteren Aussage Honeckers ...
Befragung Erich Honeckers durch die ZPKK am 4. 12. 1953
BArch DY 30/IV 2/4/411 Bd. 1, S. 51

Seite 141 «Ich hatte bereits meine Arbeit abgeschlossen ...»
Heinz Lippmann, unveröffentlichte autobiographische Skizze 1956, S. 13 f.

311

Seite 144 «An dem Tag rief er bei mir an ...»
Persönliches Gespräch mit Karl Thomasius am 14. 2. 2007

Seite 145 «Ich war fertig ...»
Im Untersuchungsgefängnis verfasster Lebenslauf vom 21. 9. 1954
BArch B362/2074, S. 97 ff.

Seite 149 «Als meine [Thomasius] Vorlage dran war ...»
Persönliches Gespräch mit Karl Thomasius am 14. 2. 2007

Seite 150 «Das Mitglied des Zentralrats der FDJ, Heinz Lippmann ...»
Protokoll der Sitzung des Sekretariats des Zentralrates der Freien Deutschen Jugend vom 30. September 1953
BArch DY24-2524

Seite 151 «Wir verurteilen auf das Schärfste ...»
Schreiben der FDJ-Kreisleitung Freiberg an Erich Honecker vom 6. 10. 1953
BArch DY24-003856

Seite 151 «Wir danken dem Sekretariat des ZR für die eingeleiteten Maßnahmen zur Liquidierung des Agenten Lippmann.»
Schreiben der Bezirksleitung der FDJ Schwerin an das Sekretariat des Zentralrates der FDJ vom 3. 10. 1953
BArch DY24-003856

Seite 151 «Nicht hart genug, kann unserer Meinung nach, die Strafe für solche Elemente sein ...»
Schreiben der FDJ-Bezirksleitung Rostock an das Sekretariat des Zentralrates der FDJ vom 6. 10. 1953
BArch DY24-003856

Seite 152 «Mein liebes, liebes Mädel! Was habe ich nur getan! ...»
Brief von Heinz an Inge Lippmann vom 1. 10. 1953
BStU, MfS AOP 8075/70, Bd. 1, S. 168

Seite 153 «Ich kann dir nicht beschreiben ...»
Brief von Heinz an Inge Lippmann vom 1. 10. 1953
BStU, MfS AOP 8075/70, Bd. 1, S. 172 f.

Seite 154 Und tatsächlich findet sich in den Akten der ZPKK ein solches Papier.
BArch DY 30/IV 2/4/411 Bd. 1, S. 26 ff.

Seite 154 «1.) In den Fragebogen Lippmanns gibt es Widersprüche ...»
BArch DY 30/IV 2/4/411 Bd. 1, S. 26

Seite 154 «2.) Die frühere Frau Lippmanns, Inge Guttmann-Lichtenstein ...»
BArch DY 30/IV 2/4/411 Bd. 1, S. 26

Seite 155 «3.) Zu ernsthaftem Verdacht gibt die Tatsache Anlass ...»
BArch DY 30/IV 2/4/411 Bd. 1, S. 26

Seite 155 «4.) Wie Honecker mitteilte, weigerte sich Lippmann ...»
BArch DY 30/IV 2/4/411 Bd. 1, S. 26

Seite 155 «5.) Im Juni 1951 wurde in Düsseldorf eine Gruppe leitender Funktionäre des Zentralen Büros der FDJ mit Lippmann an der Spitze von der Polizei verhaftet ...»
BArch DY 30/IV 2/4/411 Bd. 1, S. 26

Seite 156 «6.) Am 17. Juni 1951 wurde auf Initiative Lippmanns vor dem Sitz der Hohen Kommission der westlichen Besatzungsmächte am Petersberg eine große Demonstration der FDJ durchgeführt ...»
BArch DY 30/IV 2/4/411 Bd. 1, S. 27

Seite 157 «7.) In der Zeit von September bis Oktober 1952 vertrat Lippmann den im Urlaub weilenden Erich Honecker ...»
BArch DY 30/IV 2/4/411 Bd. 1, S. 27

Seite 160 «Man kam doch ins Schwanken ...»
Befragung Erich Honeckers durch die ZPKK am 4.12.1953
BArch DY 30/IV 2/4/411 Bd. 1, S. 56 f.

Seite 160 «Wenn ich jetzt daran denke, verzweifle ich ...»
Brief von Heinz an Inge Lippmann vom 1.10.1953
BStU, MfS AOP 8075/70, Bd. 1, S. 173

Seite 162 «Lieber Dieter! Habe Deinen Brief von Deinem Mädel erhalten ...»
Brief von Erich Honecker an Heinz Lippmann vom 8.10.1953
BStU, MfS AOP 8075/70, Bd. 1, S. 234

Seite 163 «Lieber Erich Ich habe am 9. Deinen Brief erhalten ...»
Brief von Heinz Lippmann an Erich Honecker
BStU, MfS AOP 8075/70, Bd. 1, S. 303

Seite 164 «Nun wird natürlich jeder sagen, warum hast du das nicht offen angegeben ...»
Brief von Heinz Lippmann an Erich Honecker
BStU, ZA, MfS AOP 8075/70, Bd. 1, S. 305 f.

Seite 165 «Mein letzter Einsatz, wie habe ich mich gefreut über das Vertrauen ...»
Brief von Heinz Lippmann an Erich Honecker
BStU, MfS AOP 8075/70, Bd. 1, S. 308

Seite 167 In ihrem nach seiner Flucht geschriebenen Bericht ...
BStU, MfS AOP 8075/70, Bd. 2, S. 63

Seite 169 «und dann meine Rückkehr ...»
Brief von Heinz Lippmann an Erich Honecker
BStU, MfS AOP 8075/70, Bd. 1, S. 308 f.

Seite 170 «Du stellst die Frage des Vertrauens ...»
Brief von Heinz Lippmann an Erich Honecker
BStU, MfS AOP 8075/70, Bd. 1, S. 309 f.

Seite 171 «Hier drüben in meiner Eigenschaft als Sekretär des Verbandes vor ein Adenauergericht zu kommen, ist zwar nicht begehrenswert ...»
Brief von Heinz Lippmann an Erich Honecker
BStU, MfS AOP 8075/70, Bd. 1, S. 312 ff.

Seite 173 «Liebes. Es geht mir besser ...»
Brief von Heinz an Inge Lippmann
BStU, MfS AOP 8075/70, Bd. 1, S. 267

Seite 173 In seinem Bericht vermerkt Müller ...
BStU, MfS AOP 8075/70, Bd. 1, S. 265

Seite 174 «Mein liebes liebes Mädel Ich weiß nicht, wann Du diese Zeilen erhältst ...»
Brief von Heinz an Inge Lippmann
BStU, MfS AOP 8075/70, Bd. 1, S. 320 f.

Seite 178 Doch noch immer geht er regelmäßig zum Grenzring 199 ...
BStU, MfS AOP 8075/70, Bd. 2, S. 87

Seite 178 «Ich wohnte in der Zeit vom Oktober bis November in ca. 3 bis 4 Zimmern ...»
Im Untersuchungsgefängnis verfasster Lebenslauf vom 21.9.1954
BArch B362/2074, S. 101 f.

Seite 181 «Fest steht heute, dass H. L. den Verband und die Partei verraten hat ...»
Inge Lippmann: Bericht über die Tätigkeit und das Verhalten Heinz Lippmanns (1949–1953)
BArch DY 30/IV 2/4/411 Bd. 1, S. 130 f.

Seite 181 So antwortet er auf die Frage, welche Lehren das Sekretariat aus der Aktion auf dem Petersberg gezogen habe, dass die Unternehmung damals durchaus kritisiert und als falsch eingestuft wurde ...
Befragung Erich Honeckers durch die ZPKK am 4. 12. 1953
BArch DY 30/IV 2/4/411 Bd. 1, S. 48

Seite 182 «Der Hund war immer nervös.»
Befragung Erich Honeckers durch die ZPKK am 4. 12. 1953
BArch DY 30/IV 2/4/411 Bd. 1, S. 52

Seite 182 «Es besteht folglich kein Anlaß, die Tatsache der Flucht Lippmanns nach dem Westen als unerwartetes Ereignis zu bezeichnen ...»
BArch DY 30/IV 2/4/411 Bd. 1, S. 179

Seite 183 «Heinz Lippmann wird als Agent der Gestapo und später der imperialistischen Geheimdienste und als krimineller Verbrecher aus der Partei ausgeschlossen.»
Beschluss des Politbüros vom 6. 10. 1953
BArch DY 30/IV 2/4/4484, S. 195

Seite 185 «Eines Tages stand er dann vor meiner Tür ...»
Persönliches Gespräch mit Anne Klein am 28. 2. 2007

Seite 188 «Während jetzt seine linke Hand mit flüchtiger Liebkosung über Elisabeths nackten Arm streift ...»
Wochenend, Nr. 42 vom 16. 10. 1954
BStU, MfS AOP 8075/70, Bd. 2, S. 268

Seite 190 «Meine liebe Inge
Ich schreibe Dir in der Hoffnung, dass Du wenigstens diesen Brief erhältst ...»
Brief von Heinz an Inge Lippmann vom 12. 12. 1954
BStU, MfS AOP 8075/70, Bd. 2, S. 210 f.

8 Nirgendwo

Seite 198 Allerdings findet sich in den Unterlagen des Bundesgerichtshofes ein Schreiben ...
BArch B362/2073, S. 101

Seite 202 «Angeklagte und Verteidigung haben sich im wesentlichen darauf beschränkt, den Zeugen Fragen persönlicher Art zu stellen und Vorhaltungen zu nebensächlichen Punkten zu machen ...»
BArch B362/2075, S. 35 f.

Seite 203 In der Bundesrepublik werden ein Jahrzehnt nach dem Ende der nationalsozialistischen Diktatur jährlich mehrere hundert solcher politisch motivierter Urteile gefällt.
vgl. Alexander von Brünneck: Politische Justiz gegen Kommunisten in der Bundesrepublik Deutschland 1949–1968, edition suhrkamp, Frankfurt am Main 1978

Seite 203 «der Angeschuldigte nach der Tat sein mit ihr zusammenhängendes Wissen ...»
Beschluss des 3. Strafsenats des Bundesgerichtshofes in der Sitzung vom 28. 11. 1957
BArch B362/2073, S. 107

Seite 208 «Uns einte die Überzeugung, dass es einen dritten Weg geben muss zwischen Ost und West ...»
Persönliches Gespräch mit Ilse Spittmann am 27. 2. 2007

Seite 209 «Es gab Augenblicke, da hat er sie sehr bereut ...»
Persönliches Gespräch mit Ilse Spittmann am 27. 2. 2007

Seite 210 «Er war so ein Wanderer zwischen den Welten ...»
Persönliches Gespräch mit Ilse Spittmann am 27. 2. 2007

Seite 210 «Er hat sich bei mir als Erstes entschuldigt ...»
Persönliches Gespräch mit Hermann Weber am 28. 2. 2007

Seite 215 In den Akten ist noch vermerkt, dass nach Rücksprache mit dem Minister und den sowjetischen Freunden Mascher «in dieser Angelegenheit nach Westberlin geschickt» wurde.
BStU, MfS AOP 8075/70, Bd. 3, S. 22

Seite 215 «Um 19.30 Uhr erreichte ich das A. Hotel ...»
Heinz-Wolfram Mascher: Bericht über die Aussprache zwischen Heinz Lippmann und mir am 29. Februar 1956, 19.30 Uhr–24.00 Uhr
BStU, MfS AOP 8075/70, Bd. 3, S. 33

Seite 218 «Da kam eben seine Natur wieder zum Zuge ...»
Persönliches Gespräch mit Hermann Weber am 28. 2. 2007

Seite 219 «Heinz war eigentlich ein fröhlicher Mensch ...»
Persönliches Gespräch mit Hermann Weber am 28. 2. 2007

Seite 220 «Ich habe mich im Rahmen der Möglichkeiten, die für mich gegeben sind, eingeschaltet und arbeite bei den Falken und Jungsozialisten mit ...»
Brief von Heinz Lippmann an Peter Heilmann vom 26. 8. 1957
BStU, MfS AIM 589/85, Bd. 3, S. 100

9 Falsche Freunde

Seite 223 «Und wenn ich auch durchaus nicht zu denen gehöre, die am politischen Bewusstsein der Massen zweifeln ...»
Brief von Heinz Lippmann an Peter Heilmann vom 14. 10. 1956
BStU, MfS AIM 589/85, Bd. 1, S. 160 f.

Seite 230 «H. L. zeigte sich dauernd um meine Sicherheit und auch um die Sicherheit von Johanna sehr besorgt ...»
Bericht Peter Heilmanns über das Zusammentreffen mit Heinz Lippmann vom 10. 8. 1957
BStU, MfS AIM 589/85, Bd. 3, S. 51

Seite 231 «H. L. befindet sich psychisch und physisch in einem sehr schlechten Zustand ...»
Bericht Peter Heilmanns über das Zusammentreffen mit Heinz Lippmann vom 10. 8. 1957
BStU, MfS AIM 589/85, Bd. 3, S. 51

Seite 232 «... geeignete Maßnahmen auszuarbeiten, mit dem Ziel, den Beschuldigten Lippmann zu inhaftieren.»
Treffbericht «Julius Müller» [Peter Heilmann] vom 13. 8. 1957
BStU, MfS AIM 589/85, Bd. 3, S. 31

Seite 235 «Die Reaktion von Lippmann war außerordentlich interessant ...»
Bericht von Peter Heilmann vom 17.2.1958
BStU, MfS AIM 589/85, Bd. 5, S. 140

Seite 236 «Obwohl Du mir die Geburt Deines Sohnes nur am Rande angekündigt hast ...»
Brief von Heinz Lippmann an Peter Heilmann vom 1.4.1958
BStU, MfS AOP 8075/70, Bd. 4, S. 125

Seite 238 «[...] dass der Stalinismus mit Ulbricht an der Spitze in der DDR nur beseitigt werden kann ...»

Brief von Heinz Lippmann an Peter Heilmann vom 26.8.1957
BStU, MfS AIM 589/85, Bd. 3, S. 101

Seite 240 «Beweisen Sie einmal, dass Sie 1950 niemanden umgebracht haben.»
Der Spiegel 22/1974: Affäre Nollau: Angriff aus dem Hinterhalt
http://www.spiegel.de/spiegel/print/d-41739225.html

Seite 241 «Er saß zwischen allen Stühlen ...»
Persönliches Gespräch mit Hermann Weber am 28.2.2007

10 Im Netz der Geheimdienste

Seite 245 «Was bedeutet diese Konzeption des sogenannten Dritten Weges ...»
Rede Walter Ulbrichts in Dresden am 26.6.1956
zitiert nach: Der Spiegel 38/1959: Krägenbrings Abweichung
http://www.spiegel.de/spiegel/print/d-42622617.html

Seite 247 «Lieber Konny! Du weißt, dass ich in Wien bin ...»
Brief Heinz Lippmanns an Konrad Naumann
BArch DY24/011901 S. 22

Seite 249 «Ich hatte Heinz und Gromnica in Wien bekannt gemacht ...»
Persönliches Gespräch mit Hermann Weber am 28.2.2007

Seite 249 ... Gromnica beschreibt die Räume als «unwahrscheinlich unaufgeräumt» ...
Abschrift eines Tonbandes vom 14.10.1959
BStU, MfS AIM 587/85, Bd. 3, S. 315

Seite 251 Seinem Führungsoffizier berichtet er, dass Heinz eine persönliche Zuneigung zu ihm entwickelt habe ...
Walter Barthels: Bericht über den Aufenthalt bei Lippmann; Oktober 1961
BStU, MfS AOP 8075/70, Bd. 5, S. 156

Seite 251 Auf einem Blatt in der Akte meines Großvaters, auf dem steht, dass Heinz Lippmann als Herausgeber des *Dritten Weges* fungiere, hat ein Mitarbeiter handschriftlich «Hört, hört!!» vermerkt.
BStU, MfS AOP 8075/70, Bd. 4, S. 235

Seite 251 In einem Bericht von Peter Heilmann wiederum wurde der bestimmt zwanzigmal im Text vorkommende Begriff «Zeitschrift Dritter Weg» jedes Mal fein säuberlich durchgestrichen und mit «Hetzschrift Dritter Weg» ersetzt.
Abschrift eines Tonbandes: Gespräche mit Heinz Lippmann vom 18.9.1959
BStU, MfS AIM 589/85, Bd. 6, S. 409 ff.

Seite 251 «Das Renegatenzentrum ‹Der dritte Weg› ist eine Zentrale der politisch-ideologischen Diversion gegen die DDR ...»
BStU, MfS ZAIG 484, S. 255

Seite 251 «Also erstens kamen ganz wenige Exemplare offenbar überhaupt nur an Leute ...»
Persönliches Gespräch mit Ilse Spittmann am 27. 2. 2007

Seite 256 «Der Hund ist überfahren worden.»
BStU, MfS AOP 8075/70, Bd. 5, S. 113

Seite 262 Später lese ich, dass seine beiden Kinder, zum Zeitpunkt der Festnahme drei und fünf Jahre alt, ihn nicht wiedererkannt hätten ...
Simon Burnett: Ghost Strasse – Germany's East Trapped Between Past and Present, Black Rose Books, 2007, S. 203

Seite 264 Peter Heilmann berichtet, dass Heinz im Mai 1963 beim Filmfest in Oberhausen mit Inge Kleinert gesprochen habe ...
BStU, MfS AIM 589/85, Bd. 8, S. 62

Seite 268 Gromnica erwähnt ihn zwar mehrfach, spricht von ihm als «Typ eines heruntergekommenen Lebemanns ...»
Hermann und Gerda Weber: Leben nach dem «Prinzip links» – Erinnerungen aus fünf Jahrzehnten, Ch. Links Verlag, Berlin 2006, S. 216

Seite 269 Das scheint Barthel ernstlich zu beunruhigen, denn er bittet, «wenn keine gewichtigeren Pläne bestehen», die Enthüllungen zumindest aufzuschieben.
Bericht von GM «Kurt» alias Walter Barthel vom 4. 9. 1961
BStU, MfS AOP 8075/70, Bd. 5, S. 128

Seite 270 «Heinz bewegte sich ja, ohne das nun so genau zu wissen, mitten unter diesen Stasiagenten ...»
Persönliches Gespräch mit Ilse Spittmann am 27. 2. 2007

Seite 271 «Heinz' beste Kontaktleute wie dieser Walter Barthel und Michael Gromnica, das waren also seit Jahren bezahlte Agenten der Stasi ...»
Persönliches Gespräch mit Ilse Spittmann am 27. 2. 2007

Seite 273 Als dann noch das *Neue Deutschland* von der Anwesenheit des «westdeutschen Geheimdienstagenten Heinz Lippmann» berichtet ...
Neues Deutschland vom 2. 8. 1962, S. 5

Seite 273 Wie schon im Prozess gegen Jupp Angenfort und Wolfgang Seiffert tituliert er Heinz als «Banditen und kriminellen Verbrecher».
Neues Deutschland vom 3. 8. 1962, S. 7

Seite 274 GM «Kurt» alias Walter Barthel berichtet, dass er «furchtbar verstört sei und sich in großer Aufregung befindet».
Bericht von GM «Kurt» alias Walter Barthel
BStU, MfS AOP 8075/70, Bd. 5, S. 179

Seite 274 «Er sagte mir, dass er die Illusion des Dritten Weges längst verloren habe ...»
BStU, MfS AIM 10996/66, Bd. 4, S. 9 f.

Seite 275 «Ein öffentlicher Prozess gegen Lipp wäre doch gerade jetzt eine Köstlichkeit.»
Abschrift eines Briefes des GM «Kurt» alias Walter Barthel vom 3. 9. 1963
BStU, MfS AIM 10996/66, Bd. 8, S. 36

Seite 275 «Ihn solle man stillschweigend verschwinden lassen ...»
Abschrift eines Briefes des GM «Kurt» alias Walter Barthel vom 1.3.1963
BStU, MfS AIM 10996/66, Bd. 7, S. 96

Seite 276 In einem Treffbericht heißt es, Barthel habe «zu manchen Dingen äußerst verworrene Vorstellungen ...»
Treffbericht zu Treff mit GM «Kurt» alias Walter Barthel vom 25.10.1963
BStU, MfS AIM 10996/66, Bd. 8, S. 52

Seite 277 Er habe Schulden, saufe exzessiv, spräche wirr, zittere ...

Abschrift eines Briefes des GM «Kurt» alias Walter Barthel vom 6.10.1963
BStU, MfS AIM 10996/66, Bd. 8, S. 40

Seite 278 «Ich komme mir vor wie eine wandelnde Analyse ...»
Brief Heinz Lippmanns an Wolfgang Leonhard vom 29.4.1964
BArch N 1526/89

Seite 279 «Der Leiter des damaligen Berliner Büros wollte ihn nicht haben ...»
Persönliches Gespräch mit Hans Lindemann am 27.2.2007

11 Am Ende des Weges

Seite 282 «Ein wahnsinniges Gewürge»
Persönliches Gespräch mit Ilse Spittmann am 27.2.2007

Seite 283 «Er war gerührt ...»
Persönliches Gespräch mit Ilse Spittmann am 27.2.2007

Seite 285 «Der Verlag hat gesagt: «Das geht nur so ...»
Persönliches Gespräch mit Ilse Spittmann am 27.2.2007

Seite 287 «Im Vorgang wurde ein Verräter bearbeitet ...»
Beschluss zum Einstellen eines Operativvorgangs vom 17.12.1969
BStU, MfS AOP 8075/70, Bd. 5, S. 238

Seite 287 «Als ich dieses Interview gehört habe, hatte ich das Gefühl, das war wieder dieser Lippmann, wie ich ihn kannte ...»
Persönliches Gespräch mit Anne Klein am 28.2.2007

Seite 289 «Ich erinnere mich, dass, als Heinz Lippmann mich das erste Mal in seine Wohnung eingeladen hat, ich den Weg nicht gefunden und mich arg verspätet habe ...»
Persönliches Gespräch mit Gunter Holzweißig am 10.1.2007

Seite 290 «Kurz nach seinem Einstand hat er mir seine Honecker-Biographie geschenkt ...»
Persönliches Gespräch mit Gunter Holzweißig am 10.1.2007

Seite 290 «Die Betriebsgruppe der SPD im Gesamtdeutschen Institut hat mit tiefer Erschütterung von deinem Rücktritt als Bundeskanzler Kenntnis genommen ...»
Von Heinz Lippmann verfasste, unveröffentlichte Erklärung der Betriebsgruppe der SPD im Gesamtdeutschen Institut vom 7.5.1974

Seite 294 «Er hat gesagt, schick mir einen Notarzt, mir geht es schlecht ...»
Persönliches Gespräch mit Anne Klein am 28. 2. 2007

Seite 297 «Durch den Tod des Renegaten LIPPMANN erfolgt ein Zusammentreffen einer Reihe operativ interessanter Personen.»

Treffbericht IM «Pepperkorn» alias Peter Heilmann vom 14. 8. 1974
BStU, MfS AIM 589/85, Bd. 13, S. 8

Seite 300 «Ich glaube, es gibt nur ganz wenige Phasen in Heinz' Leben, in denen er wirklich einmal nur er selber war ...»
Persönliches Gespräch mit Anne Klein am 28. 2. 2007

Das für dieses Buch verwendete Papier ist FSC®-zertifiziert.